Beck-Rechtsberater:
Teilzeitarbeit

**Beck-Rechtsberater:
Teilzeitarbeit**

Von
Jürgen Holland

3., völlig neu bearbeitete Auflage
Stand: 1. März 1992

Deutscher
Taschenbuch
Verlag

Redaktionelle Verantwortung: Verlag C. H. Beck, München
Umschlaggestaltung: Celestino Piatti
Umschlagbild: Birgit Koch
Gesamtherstellung: C. H. Beck'sche Buchdruckerei, Nördlingen
ISBN 3 423 05272 4 (dtv)
ISBN 3 406 36207 9 (C. H. Beck)

# Vorwort zur dritten Auflage

Dieses Taschenbuch soll Teilzeitkräften, Betriebsräten und Personalsachbearbeitern bzw. Inhabern kleinerer Betriebe die alltäglichen Rechtsprobleme der Teilzeitarbeit in einer leicht verständlichen Sprache mit vielen Beispielen vermitteln. Die für sie interessanten Rechtsvorschriften sind behandelt. Einzelfragen findet der Leser anhand der Gliederung und des Stichwortverzeichnisses.
Teilzeitarbeit nimmt in der Bundesrepublik wie in allen Industrieländern ständig zu. Von den über 30 Mio. sozialversicherten Arbeitnehmern in Deutschland sind in den alten Bundesländern mehr als 2,4 Mio. in einem Arbeitsverhältnis mit weniger als der üblichen wöchentlichen Arbeitszeit beschäftigt. Hinzu kommt noch einmal eine auf 2,8 Mio. geschätzte Zahl von Beschäftigten, die – zu Recht oder zu Unrecht – nicht von der Sozialversicherung erfaßt werden. In den neuen Bundesländern wird eine ähnliche Zunahme der Teilzeitbeschäftigung erwartet.
Der Verfasser führt als Jurist bei der Angestelltenkammer Bremen, einer Körperschaft öffentlichen Rechts, der alle im Lande Bremen tätigen Angestellten angehören, im Jahr zahlreiche Beratungsgespräche mit Teilzeitbeschäftigten. Diese Beratungen erweisen, daß Teilzeitbeschäftigte im Betrieb nicht selten schlechter behandelt werden als Vollzeitbeschäftigte, daß sie auch vom Betriebsrat vernachlässigt werden und daß sie selbst über ihre Rechte nicht Bescheid wissen und sie nicht geltend machen, obwohl sie häufig im Verhältnis zu Vollzeitbeschäftigten in derselben Zeit mehr leisten. Auch viele Arbeitgeber wissen über die Rechte der Teilzeitbeschäftigten zu wenig Bescheid und betrachten Teilzeitkräfte in einem verengten Blickwinkel als Reservoir für die Aufstockung oder den Abbau der betrieblichen Arbeitskräftekapazitäten. Teilzeitkräfte werden häufig als erste zu „Überstunden" aufgefordert und sind die ersten, die bei einer Kündigung ins Auge gefaßt werden.
Mit dem Beschäftigungsförderungsgesetz 1985 wurde versucht, der Benachteiligung der Teilzeitkräfte entgegenzusteuern. Es wurde erstmals ausdrücklich gesetzlich vorgeschrieben, daß Teilzeitkräfte nicht wegen der Teilzeit gegenüber vollzeitbeschäftigten Arbeitnehmern unterschiedlich behandelt werden dürfen, es

sei denn, daß sachliche Gründe die unterschiedliche Behandlung rechtfertigen.

Das Beschäftigungsförderungsgesetz 1985 hat aber andererseits Beschäftigungsformen wie die Anpassung der Arbeitszeit an den Bedarf („Abrufarbeit" bzw. „kapazitätsorientierte variable Arbeitszeit") und die Teilung des Arbeitsplatzes mit anderen Arbeitnehmern mit gegenseitigen Vertretungspflichten („job-sharing") zugelassen. Im ersten Fall wird das wirtschaftliche Risiko vorübergehender Schwankungen des Auftrags- bzw. Arbeitsanfalls vom Arbeitnehmer aufgefangen; im zweiten Fall trägt er das personelle Risiko des Ausfalls anderer Arbeitnehmer im Betrieb. Beide Risiken sind herkömmlicherweise vom Arbeitgeber zu tragende Risiken.

Ein Kapitel für sich sind die „geringfügig Beschäftigten."

Sie erhalten in vielen Betrieben weder den Urlaub noch die Feiertage bezahlt. Ebenso wird nicht beachtet, daß geringfügig Beschäftigte, wenn sie eine Angestelltentätigkeit verrichten, ohne Rücksicht auf die vereinbarte Stundenzahl bei Krankheit Anspruch auf Entgeltfortzahlung für sechs Wochen haben.

Teilzeitarbeit ist bei den Arbeitnehmern gefragt. Dem Angebot an offenen Teilzeitstellen steht eine zehnfache Nachfrage gegenüber, wobei zwei Drittel der Arbeitssuchenden eine Beschäftigung am Vormittag wünschen. Teilzeitarbeit kommt privaten Bedürfnissen entgegen. Nicht nur Arbeitssuchende, auch Beschäftigte auf Vollzeitarbeitsplätzen würden eine verkürzte Arbeitszeit wählen, wenn ihnen der Betrieb die Möglichkeit hierzu bieten würde. Teilzeitarbeit ist eine Chance zu mehr Lebensqualität und zur Übernahme sozialer Aufgaben wie der Betreuung von Pflegebedürftigen.

Die klassische sozialversicherungspflichtige Teilzeitarbeit wird heute noch zu über 90 Prozent von Frauen geleistet. Bei den geringfügig Beschäftigten ohne Sozialversicherungsschutz stellen die Frauen die überwiegende Mehrheit. Die Verbesserung der Lage der Teilzeitarbeitnehmer trägt daher zur Gleichstellung der Frau in der Arbeitswelt ganz entscheidend bei. Sie macht weiter die Doppelbelastung von haushaltsführenden Teilzeitarbeitnehmerinnen und -arbeitnehmern erträglicher. Dreiviertel der teilzeitarbeitenden Frauen sind verheiratet und haben ein oder zwei Kinder.

Die Chancengleichheit der Teilzeitarbeitnehmer wird erst herge-

stellt sein, wenn im betrieblichen Alltag genügend qualifizierte Dauerarbeitsplätze in Teilzeitarbeit vergeben werden und wenn der Wechsel zwischen Vollzeit- und Teilzeitbeschäftigung entsprechend der individuellen Lebenssituation problemlos und ohne Rechtsverlust möglich ist.
Der Verfasser bedankt sich bei seinen Kolleginnen und Kollegen von der Angestelltenkammer Bremen für Anregungen und Hinweise.

Bremen, im Februar 1992　　　　　　　　　　　　　　Jürgen Holland

## Übersicht über die wichtigsten
## Rechtsänderungen seit der Vorauflage 1990

– Die Rechtsprechung zum Arbeitsrecht der Teilzeitbeschäftigten hat seit der Vorauflage wieder viele Verbesserungen unter dem Blickwinkel der Gleichbehandlung der Frauen ergeben; besonders haben jetzt auch geringfügig beschäftigte Arbeiterinnen (und damit auch ihre männlichen Kollegen) Anspruch auf Lohnfortzahlung im Krankheitsfall.

– Der Gesetzgeber hat zwei Varianten reduzierter Arbeit im Alter beschlossen. Einmal zur Entlastung des Arbeitsmarktes das Gesetz über Altersteilzeit, in Kraft seit 1. 1. 1989, ein Modell eines vom Arbeitgeber und der Arbeitslosenversicherung finanzierten Teilvorruhestands. Es ist ähnlich wie das zum 31. 12. 1988 ausgelaufene Vorruhestandsgesetz, befristet, diesmal bis zum 31. 12. 1992, und anders als sein Vorgänger (250 Tarifverträge über Vorruhestand) in der Praxis auf erhebliche Skepsis besonders der Tarifparteien gestoßen, mit der Folge, daß es so gut wie nicht in Anspruch genommen worden ist. Der Teilvorruhestand konnte den Vorruhestand nicht ersetzen und scheint eher eine Antwort auf individuelle Gegebenheiten. Als zweite Variante einer reduzierten Arbeitszeit ist ab 1. 1. 1992 aufgrund des Rentenreformgesetzes 1992 in der Rentenversicherung Teilrente anstelle der vollen Altersrente möglich. Die Teilrente kann erst nach Erfüllung der Voraussetzungen für eine Altersrente in Anspruch genommen werden und vermindert unter Umständen das Rentenkonto des Teilzeitarbeitnehmers, was durch eine Verlängerung der Lebensarbeitszeit ausgeglichen werden kann.

– Im Zuge der Rentenreform '92 werden sich ab 1992 auch die Hinzuverdienstgrenzen für Altersrentner ändern; die Einkommensanrechnung bei Witwen-/Witwerrenten wird auf die Waisenrente für über 18 Jahre alte Waisen und auf die Erziehungsrente ausgedehnt. Diese neuen Bestimmungen sind im Sozialgesetzbuch VI (Rentenversicherung) enthalten, das die bisherigen Bestimmungen des Angestelltenversicherungsgesetzes und der Reichsversicherungsordnung ablöst.

– Weiter wurde in der Sozialversicherung ab 1. 1. 1992 der

Grenzwert für die – sozialversicherungsfreie – geringfügig entlohnte Beschäftigung auf DM 500,– im Monat angehoben.
– Ab 1. 7. 1992 erhalten alle Beschäftigten Sozialversicherungsausweise, auch die sozialversicherungsfrei geringfügig Beschäftigten. Bei letzterer Gruppe gelten Ausnahmen für die in Privathaushalten Tätigen und für Schüler. Insgesamt werden die Rentenversicherungsträger bis Ende 1995 Ausweise für über 30 Millionen Versicherte ausstellen.
– Arbeitnehmer haben für ab 1. 1. 1992 geborene Kinder Anspruch auf Erziehungsurlaub bis zum vollendeten 3. Lebensjahr des Kindes; Erziehungsgeld wird ab 1. 1. 1993 bis zum 24. Lebensmonat statt bisher bis zum 18. Monat gezahlt. Die Zahlung von Krankengeld bei Verdienstausfall wegen Erkrankung eines Kindes wurde erheblich ausgeweitet.
– Steuerrecht: Der vom 1. 7. 1991 bis zum 30. 6. 1992 befristete Solidaritätszuschlag zur Lohn- und Einkommensteuer in Höhe von 7,5% wird auch auf die Pauschsteuer erhoben.
– Die Bedeutung der Teilzeitarbeit spiegelt sich endlich auch in der Tarifpolitik wieder, wo sie bisher, abgesehen von der Chemischen Industrie, kaum zur Kenntnis genommen wurde. Die Tarifrunde 1989 im Einzelhandel hatte neben anderen Schutzbestimmungen für Teilzeitbeschäftigte den Anspruch auf Elternurlaub und Elternteilzeitarbeit zum Ergebnis. Im Tarifrecht des öffentlichen Dienstes wurden ab 1. 4. 1991 als Reaktion auf die Rechtsprechung des Bundesarbeitsgerichts und des Europäischen Gerichtshofes zahlreiche für Teilzeitbeschäftigte nachteilige oder Frauen diskriminierende Vorschriften beseitigt. Insbesondere fallen jetzt auch im Angestelltenbereich die weniger als 18 Wochenstunden Beschäftigten unter den Schutz der Tarifverträge; ausgenommen sind im wesentlichen nur noch die sozialversicherungsfreien geringfügig entlohnten Beschäftigten.
– Die Wiedervereinigung durch den Beitritt der DDR zur Bundesrepublik zum 3. 10. 1990 hatte nach dem Einigungsvertrag vom 31. 8. 1990 (Gesetzeskraft seit 29. 9. 1990) die weitgehende Erstreckung bundesdeutschen Rechts auf das Beitrittsgebiet zur Folge.
Im Arbeitsrecht bestand in der DDR bis zum 1. 7. 1990 in bestimmten Fällen ein Rechtsanspruch auf eine Verringerung der Arbeitszeit (frühere Absätze 3 und 4 des § 160 im Arbeitsgesetzbuch der DDR). Zusammen mit der Rechtsprechung einiger Ar-

beitsgerichte zum Rechtsanspruch auf Verringerung der Arbeitszeit beziehungsweise auf Beurlaubung aus Gründen der Fürsorgepflicht kann dieses Thema noch eine Rolle bei dem gemeinsamen Arbeitsgesetzbuch spielen, das nach Art. 30 des Einigungsvertrages in Aussicht genommen worden ist. Ein besonderer Markstein bei der Ausführung des Einigungsvertrages war die Herstellung der Rechtseinheit im Rentenrecht. Die Rentenreform '92 (Sozialgesetzbuch VI) wurde zeitgleich zum 1.1. 1992 auch im Beitrittsgebiet eingeführt. Die Zusatz- und Sonderversorgungssysteme wurden durch das Renten-Überleitungsgesetz integriert. Auch nach der Übernahme der Sozialversicherungsgesetze sind in der Anpassungsphase im Beitrittsgebiet die vom Lohnniveau abhängigen Bemessungsgrößen und Grenzwerte niedriger als in der alten Bundesrepublik.

Im Text werden abweichende Regelungen in den neuen Ländern und Ostberlin, soweit sie für dieses Buch eine Rolle spielen, angegeben.

# Inhaltsverzeichnis

Übersicht über die wichtigsten Rechtsänderungen seit der Vorauflage 1990 ................................................. IX
Abkürzungsverzeichnis ............................... XIX
Weiterführende Literatur ............................. XXI

## 1. Kapitel. Teilzeitbeschäftigte; Arbeitszeit, Arbeitsort; Pausen; soziale Absicherung

1. Täglich kürzere Arbeitszeit oder weniger Arbeitstage ......... 5
2. Feste (konstante) Arbeitszeit ........................... 7
   a) Festlegung der Dauer und Lage der Arbeitszeit ............ 8
   b) Verpflichtung zur Ableistung von Überstunden ........... 10
3. Gleitende Arbeitszeit ................................. 11
4. Vereinbarung über die Anpassung der Arbeitszeit an den Bedarf („kapazitätsorientierte variable Arbeitszeit"; „Arbeit auf Abruf") 12
5. Vereinbarung über Arbeitsplatzteilung („job-sharing") ........ 18
6. Arbeitsort zuhause: Fernarbeit oder Heimarbeit oder echter Selbständiger ........................................... 20
   a) Heimarbeit im Arbeitsverhältnis (Fernarbeit) ............. 20
   b) echte Heimarbeit bzw. Gleichstellung ................... 22
   c) Arbeitnehmerähnlicher oder echter Selbständiger? ......... 25
7. Gesetzliche Höchstarbeitszeit; Pausen; Mindestruhezeit ....... 26
8. Schwellenwerte beim Einstieg in die Sozialversicherung ....... 28

## 2. Kapitel. Verkürzung bisheriger Arbeitszeit

1. Verkürzung der Arbeitszeit aus betrieblichen Gründen; Änderungskündigung ..................................... 29
   a) Änderungskündigung zum Zweck der Verkürzung der Arbeitszeit .......................................... 29
   b) Kurzarbeit ....................................... 34
   c) Allgemeine Arbeitszeitverkürzung; Auswirkungen für Teilzeitkräfte ........................................ 34
2. Verkürzung der Arbeitszeit auf Wunsch des Arbeitnehmers ..... 37
   a) Unterrichtung der Arbeitnehmer über Teilzeitarbeitsplätze ... 37
   b) Anspruch auf Teilzeitbeschäftigung .................... 37
   c) Kindesbetreuung – Anspruch auf Teilzeitstelle bzw. Sonderurlaub ............................................ 39
   d) Schwerbehinderte – Anspruch auf Teilzeitstelle ........... 43

e) Wiederaufstockung einer aus persönlichen Gründen verkürzten Arbeitszeit ... 45
f) Teilvorruhestand (Altersteilzeit) ... 46
3. Mitbestimmung des Betriebsrates bei der Gestaltung der Arbeitszeit ... 48

## 3. Kapitel. Stellung im Betrieb

1. Wahlrecht und Wählbarkeit zum Betriebsrat; Teilnahme an Betriebsversammlungen ... 56
2. Kündigung; Kündigungsschutz ... 58
   a) Regelkündigungsfrist für Angestellte und Arbeiter; Probezeit . 59
   b) Kürzere Kündigungsfrist bei Aushilfskräften; zeit- und zweckbefristete Verträge ... 62
   c) Verlängerte Kündigungsfrist bei älteren Angestellten und Arbeitern ... 64
   d) Kündigungsgrund ... 65
3. Gleichbehandlung ... 69
   a) Verbot der unterschiedlichen Behandlung von Teilzeitkräften gegenüber Vollzeitbeschäftigten nach Art. 1 § 2 Abs. 1 BeschäftigungsförderungsG ... 69
   b) Allgemeines Willkürverbot; Gleichheitssatz des Grundgesetzes und Gleichbehandlungsgebot im Arbeitsrecht ... 73
   c) Spezielle Diskriminierungsverbote ... 74
      aa) Diskriminierungsverbot hinsichtlich des Geschlechtes; indirekte Benachteiligung der Frauen ... 74
      bb) Gewerkschaftliche Betätigung ... 77
   d) Beweislast bei Verstößen gegen die Vorschriften über Gleichbehandlung und die Diskriminierungsverbote ... 78
   e) Überwachungsaufgabe des Betriebsrates ... 80

## 4. Kapitel. Anwendung des Gleichbehandlungsgebotes im einzelnen; Rechte und Pflichten der Teilzeitbeschäftigten

1. Gleicher Lohn; gleiche Betriebsrente; andere Leistungen des Betriebes ... 81
   a) Gleicher Stundenlohn ... 81
   b) Vergütung von Überstunden und Mehrarbeit ... 86
   c) Sonderzuwendungen (Einmalleistungen wie 13. Gehalt, Urlaubsgeld, Weihnachtsgeld) ... 87
   d) Betriebliche Gehaltserhöhungen ... 87
   e) Gleiche Betriebsrente ... 88
   f) Andere Leistungen des Betriebes ... 91

## Inhaltsverzeichnis

g) Geringverdienende Vorsicht mit den Verdienstgrenzen bei Pauschversteuerung! ................................. 94
2. Verdienstsicherung ..................................... 95
   a) bei Krankheit ...................................... 95
   b) Verdienstsicherung bei sonstigen Verhinderungen an der Arbeitsleistung; übliche Freistellungskataloge; Arbeitsbefreiung zur Kindespflege ..................................... 100
   c) Verdienstsicherung bei Mutterschutz; Schutzzeit; Mutterschaftsgeld; Arbeitgeberzuschuß ......................... 102
   d) Verdienstsicherung bei Arbeitsruhe an Feiertagen .......... 107
   e) Gleicher Urlaub; Verdienstsicherung bei Urlaub ............ 109
   f) Zusatzurlaub für Schwerbehinderte ...................... 118
   g) Bildungsurlaub .................................... 118
   h) Gleichbehandlung beim Arbeitsschutz ................... 119
3. Mehrfacharbeitsverhältnisse; Zulässigkeit von Nebentätigkeiten; Wettbewerbsverbot ..................................... 119

### 5. Kapitel. Soziale Sicherung

1. Geringfügige Beschäftigung/Schwellenwerte ................. 122
   a) Kurzfristige Beschäftigung ........................... 122
   b) Beschäftigung in geringem Umfang und gegen geringen Arbeitslohn ............................................ 124
   c) Ermittlung des Arbeitsentgelts; Prognose für die Entgelt/Zeitgrenzen; gelegentliches Überschreiten ................... 126
   d) Mehrere Beschäftigungen ............................. 128
   e) Meldung und Sozialversicherungsausweis auch bei geringfügiger Beschäftigung ..................................... 129
2. Besondere Personengruppen .............................. 130
   a) Unständige Beschäftigte .............................. 130
   b) Schüler ............................................ 131
   c) Studenten .......................................... 132
   d) Praktikanten ....................................... 132
   e) Rentner ............................................ 133
   f) Beamte, Beamtenpensionäre ........................... 133
   g) Selbständige ........................................ 134
3. Verteilung der Beitragslast; Aufzeichnungspflichten; Meldeverfahren und Sozialversicherungsausweis ..................... 134
   a) Beitragslast ......................................... 134
   b) Aufzeichnungspflichten .............................. 141
   c) Meldeverfahren und Sozialversicherungsausweis ........... 142
4. Besonderheiten der Krankenversicherung ................... 145
   a) Jahresarbeitsentgeltgrenze ............................. 145
   b) nochmals: Geringfügige Beschäftigung .................. 147

c) Familienversicherung .............................. 147
  d) Krankengeld ..................................... 148
  e) Pflegekrankengeld ................................ 152
  f) Teilzeitarbeit zur Belastungserprobung, Arbeitstherapie und stufenweisen Wiedereingliederung ...................... 152
5. Besonderheiten der Rentenversicherung .................. 154
6. Besonderheiten der Arbeitslosenversicherung .............. 157
  a) Beitragspflicht .................................... 157
  b) Besondere Personenkreise .......................... 158
  c) Eingeschränkte Arbeitszeit; gesundheitliche Gründe; Verfügbarkeit; Leistungsanspruch ......................... 159
  d) Besonderheiten bei Heimarbeit bzw. Arbeit zu Hause ...... 166
  e) Anrechnung von Nebeneinkommen auf Arbeitslosengeld, Arbeitslosenhilfe und Unterhaltsgeld ...................... 167
  f) Teilunterhaltsgeld bei Teilzeitmaßnahmen der beruflichen Bildung ............................................ 169
  g) Altersübergangsgeld ............................... 170
7. Besonderheiten der Unfallversicherung ................... 171
8. Sozialleistung Erziehungsgeld; Erziehungsurlaub ........... 171
  a) Erziehungsgeld .................................... 171
  b) Erziehungsurlaub .................................. 175
  c) Kündigungsschutz wegen Kindesbetreuung .............. 176
  d) Sozialversicherung ................................. 177
  e) Urlaubsfragen ..................................... 179
  f) Beamte ........................................... 181
  g) Ausschluß/Anrechnung anderer Sozialversicherungsleistungen ................................................ 182
  h) Sonderkündigungsrecht zum Ende des Erziehungsurlaubs ... 183
  i) Vorzeitige Beendigung des Erziehungsurlaubs ........... 183

# 6. Kapitel. Steuer

1. Lohnsteuerpauschalierung nach § 40a EinkommensteuerG ..... 185
  a) Kurzfristige Beschäftigung .......................... 186
  b) Beschäftigung in geringem Umfang und geringen Arbeitslohn . 188
  c) Stundenlohngrenze ................................ 188
2. Pauschalierung der Kirchensteuer ....................... 190
3. Aufzeichnungspflichten des Arbeitgebers ................. 191
4. Lohnsteuerkarte günstiger ............................. 191

# 7. Kapitel. Arbeitnehmerkammerbeiträge in den Ländern Bremen und Saarland

*Inhaltsverzeichnis* XVII

## 8. Kapitel. Wichtige Entgeltgrenzen für Teilzeitbeschäftigte und Rentner

1. Allgemeine Grenzwerte für Geringverdiener mit fortlaufender Beschäftigung .................................................. 197
2. Hinzuverdienst beim Bezug von Arbeitslosengeld, Arbeitslosenhilfe sowie Unterhaltsgeld vom Arbeitsamt ................. 198
3. Hinzuverdienstgrenzen bei Teilvorruhestand (Altersteilzeit) und Vorruhestand ................................................... 199
4. Hinzuverdienstgrenzen für Rentner; Hinweise; Teilrente ab 1. 1. 92 ............................................................. 200
   a) Renten wg. vermind. Erwerbsfähigkeit ................. 200
   b) Renten wg. Alters .................................... 201
   c) Kinderzuschuß zur Rente .............................. 205
   d) Einkommensanrechnung bei Renten wg. Todes ........... 206
5. Rentenreform 92: Anhebung der Altersgrenzen; Teilrente; Hinzuverdienste und andere Einkommen ........................... 207
   a) Anhebung der Altersgrenzen ........................... 207
   b) Teilrente ............................................ 208
   c) Hinzuverdienste und andere Einkommen ................ 210
6. Sozialabgaben auf Hinzuverdienste von Rentnern; Übersicht .... 224

### Textanhang

1. BeschäftigungsförderungsG ................................. 227
2. Bürgerliches Gesetzbuch .................................. 229
3. ArbeiterlohnfortzahlungsG ................................. 231
4. FeiertagslohnzahlungsG ................................... 234
5. SchwerbehindertenG ....................................... 236
6. KündigungsschutzG ........................................ 239
7. BundesurlaubsG ........................................... 239
8. HeimarbeitsG ............................................. 242
9. AltersteilzeitG .......................................... 245
10. Gesetz zur Verbesserung der betrieblichen Altersversorgung ... 249
11. Arbeitszeitordnung ....................................... 250
12. Sozialgesetzbuch IV ...................................... 251
13. Sozialgesetzbuch V ....................................... 257
14. ReichsversicherungsO, Sozialgesetzbuch VI ................ 260
15. ArbeitsförderungsG ....................................... 263
16. Geringfügigkeitsrichtlinien/Meldeformulare ............... 273
17. BundeserziehungsgeldG .................................... 297
18. EinkommensteuerG ......................................... 301
19. LohnsteuerdurchführungsVO ................................ 303
20. Lohnsteuerrichtlinien .................................... 303

Stichwortverzeichnis ........................................ 309

# Abkürzungsverzeichnis

| | |
|---|---|
| a.A. | anderer Auffassung |
| aaO | am angegebenen Ort |
| Abs. | Absatz |
| AiB | Arbeitsrecht im Betrieb (Zeitschrift) |
| ANBA | Amtliche Nachrichten der Bundesanstalt für Arbeit |
| AngestelltenversicherungsG | Angestelltenversicherungsgesetz |
| AP | Arbeitsrechtliche Praxis (Entscheidungssammlung) |
| ArbG | Arbeitsgericht |
| ARSt. | Arbeitsrecht in Stichworten |
| Art. | Artikel |
| AZO | Arbeitszeitordnung |
| BAG | Bundesarbeitsgericht |
| BArbl. | Bundesarbeitsblatt (Zeitschrift) |
| BAT | Bundesangestelltentarifvertrag |
| BB | Betriebsberater (Zeitschrift) |
| BeschäftigungsförderungsG | Beschäftigungsförderungsgesetz 1985 |
| BfA | Bundesversicherungsanstalt für Angestellte |
| BGBl. | Bundesgesetzblatt |
| BGB | Bürgerliches Gesetzbuch |
| BSG | Bundessozialgericht |
| BTDs | Bundestagsdrucksache |
| BVerfG | Bundesverfassungsgericht |
| BVerwG | Bundesverwaltungsgericht |
| DB | Der Betrieb (Zeitschrift) |
| EuGH | Europäischer Gerichtshof |
| EzA | Entscheidungssammlung zum Arbeitsrecht |
| GG | Grundgesetz |
| I.d.F. | In der Fassung |
| Info | Information |
| info also | Informationen zum Arbeitslosenrecht und Sozialhilferecht (Zeitschrift) |
| I.V.m. | In Verbindung mit |
| Kapovaz | Kapazitätsorientierte variable Arbeitszeit |
| LAG | Landesarbeitsgericht |
| LAG Ba-Wü. | Landesarbeitsgericht Baden-Württemberg |
| Nr. | Nummer |

## Abkürzungsverzeichnis

| | |
|---|---|
| NJW | Neue Juristische Wochenschrift (Zeitschrift) |
| NZA | Neue Zeitschrift für Arbeitsrecht |
| PersV | Die Personalvertretung (Zeitschrift) |
| ReichsversicherungsO | Reichsversicherungsordnung |
| SGB | Sozialgesetzbuch |
| SozR | Sozialrecht (Entscheidungssammlung, herausgegeben von Richtern des Bundessozialgerichts) |
| USK | Urteilssammlung der Krankenkassen |
| vgl. | vergleiche |
| v.H. | von Hundert |
| VO | Verordnung |
| z.B. | zum Beispiel |
| ZTR | Zeitschrift für Tarifrecht |
| ZumutbarkeitsAO | Zumutbarkeitsanordnung |

# Weiterführende Literatur

a) rechtlicher Art:

Becker/Danne/Lang/Lipke/Mikosch/Steinwedel, Gemeinschaftskommentar zum Teilzeitarbeitsrecht, Verlag Luchterhand, Neuwied, Darmstadt 1987;

Däubler, Das Arbeitsrecht, Leitfaden für Arbeitnehmer, Band 2, 8. Auflage, rororo-Verlag Hamburg 1991;

H. Frey, Flexible Arbeitszeit, zeitgemäße Vertragsformen bei wechselndem betrieblichem Personalbedarf, Verlag C.H. Beck, München 1985;

Mager (Herausgeber)-Winterfeld-Göbel-Seelmann, Beschäftigungsförderungsgesetz, Wirtschaftsverlag Bachem in Köln 1985;

W. Müllner, Privatisierung des Arbeitsplatzes: Chancen, Risiken und rechtliche Gestaltbarkeit der Telearbeit, Boorberg-Verlag Stuttgart-München-Hannover 1985;

H. M. Pfarr/K. Bertelsmann, Gleichbehandlungsgesetz, Hessendienst der Staatskanzlei Hessen, Wiesbaden 1985;

G. Schaub, Arbeitsrechtshandbuch, Verlag C.H. Beck, München, 6. Auflage 1987.

b) andere Materialien zur Teilzeitarbeit:

Paul G. Maciejewski, Telearbeit – ein neues Berufsbild der Zukunft, R. v. Decker's Verlag, G. Schenck, Heidelberg 1987.

Statistische Angaben ohne Einzelnachweis sind den Statistischen Jahrbüchern für die Bundesrepublik Deutschland (Herausgeber: Statistisches Bundesamt Wiesbaden), der Tagespresse und der aufgeführten Fachliteratur entnommen.

Unabhängig von den Notwendigkeiten der individuellen Existenzsicherung gehen Arbeitszeitwünsche in Richtung Teilzeitarbeit (vgl. die bundesweite EMNID-Untersuchung 1979/80 im Auftrag des Bundesarbeitsministeriums und für Bremen im Auftrag der Angestelltenkammer Bremen die Untersuchung von H. Stück über Arbeitszeitwünsche der Angestellten im Lande Bremen, 1985, unveröff. Manuskript, zu beziehen von der Angestelltenkammer Bremen).

Der gleitende Ruhestand ist im Bereich der Chemischen Industrie durch den Tarifvertrag über Vorruhestand und Alters-Teilzeit im Wege der arbeitsrechtlichen Lösung, d.h., durch Finanzierung über die Arbeitgeber, realisiert worden (Quelle: Bundesarbeitgeberverband Chemie e.V., Wiesbaden 1985).

Besonders wird auf die Forschungsberichte im Auftrage des Bundesministers für Arbeit und Sozialordnung zu den Themen „Befristete Arbeitsverträge nach dem Beschäftigungsförderungsgesetz" von Chr. F. Büchtemann/A. Höland, 1989, „Sozialversicherungsfreie Beschäftigung" von W. Friedrich, 1989, und „Telearbeit und Arbeitsrecht" von Kilian/Borsum/Hoffmeister aus dem Jahr 1986 hingewiesen.

Einen Eindruck von der rechtspolitischen Diskussion über das Beschäftigungsförderungsgesetz vermitteln Oppolzer-Wegener-Zachert (Herausgeber) in „Flexibilisierung/Deregulierung, Arbeitspolitik in der Wende (Ergebnisse eines Symposions)", VSA-Verlag, Hamburg 1986

Zum Beleg, daß Teilzeitverdienste kein Indikator für soziale Bedürftigkeit sind, vgl. die auf das verfügbare Einkommen des jeweiligen Familienhaushalts bezogene Untersuchung von H. Stück, Die „modernen" Arbeitnehmer, Einkommens- und Haushaltssituation der Angestellten – Das Beispiel Bremen; VSA-Verlag, Hamburg, 1991.

Eine Bestandsaufnahme der am herkömmlichen Familienhaushalt orientierten Regelungen des Arbeitsförderungsgesetzes mit viel statistischem Material zur Teilzeitbeschäftigung und Arbeitslosigkeit von Frauen sowie Novellierungsvorschläge unter Emanzipationsgesichtspunkten enthält das Gutachten „Gleichberechtigung und Arbeitsförderungsgesetz" im Auftrag des Niedersächsischen Frauenministeriums von W. Däubler vom Oktober 1991.

## Was ist Teilzeitarbeit?

## 1. Kapitel. Teilzeitbeschäftigte; Arbeitszeit; Arbeitsort; Pausen; soziale Absicherung

Teilzeitbeschäftigte sind die Arbeitnehmer, deren regelmäßige Wochenarbeitszeit kürzer ist als die regelmäßige Wochenarbeitszeit vergleichbarer vollzeitbeschäftigter Arbeitnehmer des Betriebes. Ist eine regelmäßige Wochenarbeitszeit nicht vereinbart, so ist die regelmäßige Arbeitszeit maßgeblich, die im Jahresdurchschnitt auf eine Woche entfällt (§ 2 Absatz 2 des Gesetzes über arbeitsrechtliche Vorschriften zur Beschäftigungsförderung, als Artikel 1 des Beschäftigungsförderungsgesetzes 1985 vom 26. 4. 1985 mit Wirkung vom 1. 5. 1985 verkündet).

Bei Teilzeitarbeit wird in der Regel nur ein Teil des bei Vollzeitbeschäftigung zustehenden Verdienstes gezahlt. Sie bedeutet daher Arbeitszeitverkürzung ohne Lohnausgleich und steht in einem Spannungsverhältnis zur allgemeinen Arbeitszeitverkürzung mit Lohnausgleich, wie sie die Gewerkschaften mit ihrer tariflichen Arbeitszeitpolitik anstreben.

Teilzeitarbeit ist Ausdruck betrieblicher Rationalisierung oder Ausdruck der Humanisierung von Arbeitsplätzen- oder beides. Teilzeitarbeit und der damit verbundene niedrigere Verdienst sind nicht mit sozialer Bedürftigkeit gleichzusetzen. Vielfach handelt es sich um einen Hinzuerwerb zum Normalverdienst eines Haushaltspartners (vgl. die auf Familienhaushalte bezogene Untersuchung von H. Stück, Die „modernen" Arbeitnehmer, Einkommens- und Haushaltssituation der Angestellten – Das Beispiel Bremen, S. 91). Die Verdienstunterschiede zwischen Vollzeit- und Teilzeitarbeitnehmern werden im statistischen Normalfall durch die gleichmäßige Teilhabe beider Gruppen am Familien-Haushaltseinkommen weitgehend eingeebnet; dieses herkömmliche und vorherrschende Erwerbsmuster begünstigt allerdings nicht die Emanzipation der Frau im Berufsleben. Umso wichtiger ist die Herstellung voller Gleichberechtigung der Teilzeitkräfte und Regelungen, die die Rückkehr der Frau in den

## 1. Kapitel. Teilzeitbeschäftigte; Arbeitszeit, Arbeitsort

Beruf erleichtern. Jedenfalls wird es unabhängig von der gesellschaftlichen Entwicklung und trotz fortschreitender allgemeiner Arbeitszeitverkürzung immer Arbeitnehmer geben, die nur einen Teil der Arbeitszeit vergleichbarer vollzeitbeschäftigter Arbeitnehmer des Betriebes arbeiten wollen oder müssen.

Teilzeitarbeit erfolgt aus den verschiedensten Gründen und in den verschiedensten Vertragsgestaltungen, zum Beispiel zur Aushilfe, als Krankheits- oder Urlaubsvertretung, als Nebenerwerbstätigkeit, als Arbeit auf Abruf, als Leiharbeit im Rahmen der gewerblichen Arbeitnehmerüberlassung usw.

Deswegen kommen im Einzelfall zusätzliche rechtliche Regelungen in Betracht. Diese werden in diesem Buch aber nur am Rande gestreift, soweit sie nicht unmittelbar mit der Ausgestaltung der Arbeitszeit zu tun haben.

Dieses Buch bezieht sich nur auf die Rechtsverhältnisse der in Teilzeit Tätigen in einem Arbeitsverhältnis bzw. der in Heimarbeit Beschäftigten. Teilzeit-„arbeit" ist natürlich auch im Rahmen einer selbständigen Tätigkeit z.B. als freiberuflicher Handelsvertreter im Nebenerwerb möglich. Für die Unterscheidung ist zu prüfen, ob weisungsgebunden-abhängige Beschäftigung eingegliedert in einem fremden Betrieb oder Haushalt vorliegt. Die Entscheidung kann im Einzelfall schwierig werden, etwa bei Personen, die auftragsbezogen honoriert werden und außerhalb des Betriebes tätig sind. Es kann sich um Angehörige freier Berufe handeln; vielleicht liegt auch ein Heimarbeitsverhältnis vor. Diese Zweifel treten auch bei Personen auf, die nur eine ganz geringfügige Tätigkeit ausüben. Entsprechend dem Schutzanliegen unseres Arbeits- und Sozialversicherungsrechts wird im Zweifel ein Arbeitsverhältnis angenommen. Anders würden vor allem die Mehrfachbeschäftigten rechtlos und unversichert bleiben. Aus diesen Erwägungen werden etwa Zeitungsausträger regelmäßig als Arbeitnehmer angesehen.

Für den Bereich der Sozialversicherung obliegt die Klärung dieser Frage den gesetzlichen Krankenkassen, an die Sie sich gegebenenfalls wenden sollten.

## Teilzeitarbeit: Frauenarbeit!

Statistik
- **Sozialversicherte Teilzeitarbeit:**
 In der alten Bundesrepublik stellten die Teilzeitbeschäftigten ab 18 Wochenstunden (Halbtagsbeschäftigung und mehr) 1990 etwa 2,4 Millionen der 22,8 Millionen Beschäftigten (13,4 Millionen Männer und 9,4 Millionen Frauen), die arbeitslosenversichert waren. **Bei den voll sozialversicherten Teilzeitbeschäftigten handelt es sich ungefähr zu über 90% um Frauen.** Den 2,23 Millionen Frauen in Teilzeitarbeit standen nur 183 000 teilzeitbeschäftigte Männer gegenüber (Dez. 90). Etwa 11% der Arbeitssuchenden suchten Teilzeitarbeit.
 In den neuen Bundesländern waren in DDR-Zeiten von insgesamt 9 Millionen Beschäftigten eine Million Frauen teilzeitbeschäftigt. Bei besonderen familiären Verpflichtungen nach dem bis zum 1. 7. 1990 geltenden § 160 Abs. 3 und 4 des Arbeitsgesetzbuchs der DDR bestand ein Rechtsanspruch auf Arbeitszeitverkürzung, in Sonderfällen mit vollem Lohnausgleich, sonst ohne Lohnausgleich. Hinzu kamen noch teilzeitbeschäftigte Alters- und Invalidenrentner, die ebenfalls Teilzeitarbeit beanspruchen konnten (vgl. G. Winkler – Hrsg. –, Sozialreport DDR 1990, 3.4.3.). Jetzt beträgt die Zahl der Erwerbstätigen unter 7 Millionen. Etwa 6% der Arbeitssuchenden suchen derzeit Teilzeitarbeit.
- **Geringfügige sozialversicherungsfreie Teilzeitarbeit:** Die Zahl der sozialversicherungsfrei geringfügig Beschäftigten unter 15 Wochenstunden wird für die alten Bundesländer auf etwa 2,3 Millionen geschätzt (ohne Hauptberuf; mit Hauptberuf weitere 540 000 Personen; vgl. in „Sozialversicherungsfreie Beschäftigung" von W. Friedrich, 1989 und die Zusammenstellung von Statistik in „Gleichberechtigung und Arbeitsförderungsgesetz" von W. Däubler; in der DDR trat die Gruppe der sozialversicherungsfrei geringfügig Beschäftigten nicht in Erscheinung). Von den geringfügig Beschäftigten ohne Hauptberuf waren 1989 etwa 1,1 Millionen als Arbeitslose, Rentner, Pensionäre, Studenten oder Schüler anderweitig gesichert bzw.

in Ausbildung. Als „Restgröße" ergab sich eine Zahl von 1,181 Millionen, für die die geringfügige Teilzeitarbeit ausschließliche Quelle ihrer Erwerbstätigkeit war; typischerweise handelt es sich hier um Frauen und zwar weit überwiegend um hinzuverdienende Hausfrauen, die durch die Ehe voll abgesichert sind (vgl. zum Erwerbsmuster Familienhaushalt H. Stück, Die „modernen" Arbeitnehmer), aber auch um Alleinerziehende und andere Personen mit z. T. geringerer Absicherung. Bei den sozialversicherungsfrei Beschäftigten ohne Hauptberuf beträgt das Zahlenverhältnis zwischen den Geschlechtern 60% Frauen zu 40% Männern; der gegenüber „normaler" Teilzeitarbeit insgesamt höhere Männeranteil erklärt sich durch die höheren Anteile der Schüler, Studenten, Rentner und Arbeitslosen gegenüber den Hausfrauen. Die erwähnte Restgröße weist für sich genommen einen Frauenanteil gegen 90% auf. Nach Branchen bestehen aber markante Abweichungen (Gebäudereinigerbranche: Anteil der Frauen 86% aller dort sozialversicherungsfrei Beschäftigten).

- **Gesamtwirtschaftlich** spielt Teilzeitarbeit eine zunehmende Rolle entsprechend ihrem wachsenden Anteil an der Zahl der Beschäftigten; anders die geringfügige sozialversicherungsfreie Beschäftigung: trotz der hohen Kopfzahlen entfallen auf sie (ohne Beitrittsgebiet) – gemessen am Arbeitsstundenvolumen aller abhängig Beschäftigten – nur ca. 3,7% des Gesamtvolumens plus das Arbeitsstundenvolumen von einer halben Million hauptberuflich Selbständiger in deren geringfügiger Nebentätigkeit in abhängiger Funktion von 0,8% gleich zusammen 4,5% des Gesamtstundenvolumens (vgl. „Sozialversicherungsfreie Beschäftigung" von W. Friedrich, 1989).
- **Das Potential an weiteren Teilzeitarbeitsplätzen ist beachtlich.** Nach Ansicht der Arbeitgeberverbände können mehrere hunderttausend Vollzeitarbeitsplätze ohne spürbare wirtschaftliche Nachteile in Teilzeitarbeitsplätze umgewandelt werden (vgl. „Flexible Teilzeitarbeit", Deutsche Arbeitgeberverbände, Köln 1987). Dem entspricht auch die Nachfrage von Seite der Arbeitnehmer. Nach der Arbeitsmarktstatistik kommen auf eine offene Teilzeitstelle saisonal schwankend zwischen sechs und zehn Interessenten.

## Vielfältige Gestaltungsmöglichkeiten!

In einem Bericht für den 7. Weltkongreß der Internationalen Vereinigung für Arbeitsbeziehungen, die ihren Sitz am Internationalen Arbeitsamt hat, wird die Vielfalt der Möglichkeiten aufgezählt, die bereits jetzt für eine „Arbeitszeitgestaltung nach Wahl" in verschiedenen Ländern angeboten werden. Dazu gehören:
- Aufteilung eines Ganztagsarbeitsplatzes auf zwei Teilzeitbeschäftigte – sog. job-sharing.
- Freiwillig verkürzte Arbeitszeit. Dabei handelt es sich um ein neues Konzept, bei dem auf die Initiative eines ganztags beschäftigten Arbeitnehmers dessen Arbeitszeit vorübergehend bei entsprechender Lohnminderung verkürzt wird, jedoch mit dem Anspruch des Arbeitnehmers, wieder seinen früheren Status als Vollzeitarbeitnehmer zu erlangen.
- Arbeitsjahrverträge, in denen sich Arbeitgeber und Arbeitnehmer auf eine außerhalb des üblichen liegende Länge und Verteilung der jährlichen Arbeitszeit einigen.
- Pensionierung in Etappen, wobei vor das Ende der beruflichen Tätigkeit eine Etappe der Teilzeitarbeit geschaltet wird.
- Arbeitsteilung, um die verfügbare Arbeit auf mehr Personen zu verteilen.
- Gleitende Arbeitszeit, so daß der Arbeitnehmer selbst Beginn und Ende seiner täglichen Arbeitszeit bestimmen kann.
- Gedrängte wöchentliche Arbeitszeit, wie etwa eine Vier-Tage-Woche mit Neun- bzw. Zehn-Stunden-Tagen, um so ein längeres Wochenende zu ermöglichen.
- Mit fortschrittlicher Technik eingerichtete Arbeitsplätze, die eine Arbeit zu Haus am Computer ermöglichen (sog. Telecommuting).
- Traditionelle Systeme, wie Studienurlaub, Schichtarbeit, Zeitarbeit und selbständige Nebenerwerbstätigkeit (Bundesarbeitsblatt 2/87, 29).

## 1. Täglich kürzere Arbeitszeit oder weniger Arbeitstage

Verringert werden kann die tägliche Arbeitszeit und/oder die Zahl der Arbeitstage pro Woche, pro Monat oder auf noch längere Zeitabschnitte wie das Jahr gesehen.

## 1. Kapitel. Teilzeitbeschäftigte; Arbeitszeit, Arbeitsort

**Beispiel:**
Halbtagsbeschäftigung von 8.00 bis 12.00 Uhr.

Die tägliche Arbeitszeit kann ungleichmäßig sein, d.h., Arbeitsbeginn und Arbeitsdauer können an den einzelnen Arbeitstagen unterschiedlich sein.

**Beispiele:**
Arbeitszeit Montags ganztägig, Dienstag bis Freitag halbtags.
Arbeitszeit von Woche zu Woche zwischen Halbtags- und Vollzeitbeschäftigung wechselnd.
Wechselschicht eine Woche Frühschicht Montag bis Freitag von 5.00 bis 14.00 (einschließlich einer halben Stunde unbezahlter gesetzlicher Pause), eine Woche Nachmittagsschicht Montag bis Freitag 14.00 bis 18.30 Uhr ohne Pause sowie eine Woche Spätschicht Montag bis Freitag von 18.30 bis 23.00 Uhr ohne Pause.

Es können aber auch weniger Arbeitstage als bei Vollzeitbeschäftigten sein.

**Beispiel:**
Arbeitszeit Montag bis Donnerstag ganztags, Freitags frei.

Denkbar ist auch eine wochen- oder monatsweise Beschäftigung;

**Beispiel:**
Nur jede zweite Woche muß gearbeitet werden.

Denkbar sind noch größere Abstände zwischen den Arbeitseinsätzen, etwa die sogenannte „ultimo"-Aushilfe zum Monats- oder Kalendervierteljahresende. Hier kann aber auch jeweils eine Neueinstellung vorliegen, wenn beide Parteien ein übergreifendes Dauerarbeitsverhältnis und damit eine rechtliche Verpflichtung zum erneuten Einsatz nicht wünschen.
Die Verkürzung der täglichen Arbeitszeit kann mit einer Verringerung der Arbeitstage kombiniert werden.

**Beispiel:**
Arbeitszeit Montags ganztägig, Dienstag frei, Mittwoch bis Freitag halbtägig.

## Feste oder veränderliche Arbeitszeit?

### 2. Feste (konstante) Arbeitszeit

Im Normalfall werden Beginn, Dauer und Ende der Arbeitszeit bezogen auf kalendermäßig bestimmbare Arbeitstage im voraus fest vereinbart. So können sich Arbeitnehmer und Betrieb auf geregelte Verhältnisse einstellen und zwar längerfristig, – beim Arbeitsverhältnis auf unbestimmte Dauer im Rahmen der jeweiligen Kündigungsfrist, beim befristeten Arbeitsverhältnis bis zum Ablauf des Endtermins. Nur ausnahmsweise kann das Arbeitsverhältnis durch auflösende Bedingung beendet werden, wenn es vorübergehend bis zum Eintritt eines bestimmbaren Ereignisses dauern soll, etwa bis zur Gesundung eines erkrankten Mitarbeiters bei Krankheitsaushilfe (siehe Seite 62).

Eine festliegende Arbeitszeit hat für den Arbeitnehmer den Vorteil, daß er seine Zeit im voraus einteilen und mit festem und regelmäßigem Verdienst rechnen kann. Für den Betrieb bedeuten festliegende Arbeitszeiten seiner Mitarbeiter eine konstante Vorgabe für den Personaleinsatz und die Planung der Arbeitsabläufe. Will eine der beiden Parteien die vereinbarte Arbeitszeit bzw. den Verdienst ändern, bedarf dies der Zustimmung der anderen Seite. Stimmt diese nicht zu, besteht einmal die Möglichkeit, das Arbeitsverhältnis zu kündigen („Beendigungskündigung"). Dabei sind die gesetzlichen bzw. die vertraglichen Kündigungsfristen zu beachten. Bis zum Austrittstermin wird das Arbeitsverhältnis zu den bisherigen Bedingungen abgewickelt. Zweitens kann eine Änderungskündigung erfolgen:

Dabei bietet eine Seite in Verbindung mit der Kündigung eine Fortsetzung des Arbeitsverhältnisses unter geänderten Bedingungen an („Änderungskündigung"). Die andere Seite kann dann, wenn sie ihrerseits das Arbeitsverhältnis fortsetzen möchte, darauf bestehen, daß die Änderung erst nach Ablauf der Kündigungsfrist beginnt. Die Kündigungsfrist wirkt sich hier als Umstellungsfrist aus (siehe die Beispiele auf Seite 8 und auf Seite 29 ff.).

Der Vorteil längerfristiger fester Verhältnisse kann zum Nachteil für eine der beiden Seiten werden, wenn sich persönliche oder betriebliche Veränderungen ergeben, die eine kurzfristige Änderung der vereinbarten Arbeitszeit zweckmäßig erscheinen lassen. Nur in seltenen Ausnahmefällen wird das Bedürfnis zur Veränderung so dringend sein, daß ein Arbeitsgericht eine außerordentliche, d. h., fristlose Änderungskündigung anerkennen wird. Es besteht daher ein praktisches Bedürfnis, beiden Parteien in bestimmten Umfang zu ermöglichen, die Arbeitszeit einseitig abzuändern, sofern dabei die Interessen der jeweils anderen Seite gewahrt bleiben. Hierzu näher unter den Punkten „Gleitende" bzw. „Veränderliche Arbeitszeit" Seite 11 ff.).

*a) Festlegung der Dauer und Lage der Arbeitszeit*

Häufig ergeben sich Dauer und Lage der Arbeitszeit im einzelnen nicht aus einem schriftlichen Vertrag, sondern die Regelung erfolgt mündlich oder durch tatsächliches Verhalten („stillschweigend").
Diese ausdrückliche oder stillschweigende Festlegung ist in der Folge für beide Seiten bindend. Juristen bezeichnen jede schriftliche oder mündliche oder stillschweigende Abrede als rechtlich wirksam, wenn die Beteiligten einen Bindungswillen haben erkennen lassen. Deshalb können Arbeitsverträge oder Nebenabreden zu Arbeitsverträgen auch mündlich oder stillschweigend vereinbart werden. Letztlich bedeutet der Verzicht auf Schriftlichkeit nur eine Beweiserschwernis. Die Lage der Arbeitszeit entspricht im Zweifel der betriebsüblichen Arbeitszeit. Bei Teilzeitbeschäftigten, die bezogen auf die betriebsübliche Arbeitszeit verkürzt arbeiten, ist die betriebsübliche Arbeitszeit nicht immer ein geeigneter Anhaltspunkt, da die Teilzeitvereinbarung hiervon mehr oder minder individuell abweicht. Fühlbare ungewöhnliche Änderungen der Arbeitszeit, z.B. im Einzelhandel die Erweiterung am langen Donnerstag von 18.30 Uhr auf 20.30, bedürfen einer Änderung des Arbeitsvertrages durch Vertragsänderung oder Änderungskündigung bzw. der Zustimmung des Teilzeitarbeitnehmers.

**Beispiel:**
Arbeitgeber Carstens vereinbart schriftlich mit Kontoristin Plate „Halbtagsbeschäftigung mit 20 Wochenstunden". Sie nimmt die Arbeit zu Arbeitsbeginn des Betriebes um 8.00 Uhr früh auf und arbeitet jeweils bis mittags. Nach mehrmonatiger Arbeit kommt Herr Carstens auf die Idee, daß aus Gründen des Betriebsablaufs Frau Plate besser am

## 2. Feste (konstante) Arbeitszeit

Nachmittag statt vormittags ausgelastet wäre. Er ordnet ihre Umsetzung auf den Nachmittag ab sofort an. Muß Frau Plate, die nachmittags ihre von der Schule kommenden Kinder zu betreuen hat, dieser Anordnung von heute auf morgen gehorchen?
**Lösung:** Hier ist die Lage der Arbeitszeit durch mündliche Abreden oder stillschweigend durch tatsächliches Verhalten auf vormittags 8.00 bis 12.00 Uhr bestimmt worden. Eine Anweisung an Frau Plate, ab sofort nachmittags statt vormittags zu kommen, ist unwirksam.

Möglicherweise spricht Herr Carstens eine Änderungskündigung aus. Dann hat Frau Plate die Wahl, ob sie die Änderung akzeptieren oder als Kündigung gelten lassen will. Im letzteren Fall kann sie verlangen, zu den bisherigen Bedingungen bis zum Austrittstermin unverändert am Vormittag weiterbeschäftigt zu werden. Bei Anwendbarkeit des Kündigungsschutzgesetzes (siehe dazu im Abschnitt „Kündigung, Kündigungsschutz" auf Seite 65, 68 ff.) kann sie den Grund für die Änderungskündigung vom Arbeitsgericht überprüfen lassen. Wenn sie sich bei der Kinderbetreuung z. B. durch Nachbarschaftshilfe behelfen kann, ist ihr zu raten, die Änderung einstweilen unter Vorbehalt zu akzeptieren. Sie kann dabei auf einer Umstellungsfrist bestehen, die an der vom Betrieb einzuhaltenden Kündigungsfrist zu orientieren ist. Wenn Frau Plate nun vor Gericht geht, verliert sie infolge ihrer Annahme unter Vorbehalt schlimmstenfalls – sofern das Arbeitsgericht die Änderung für sachlich begründet und zumutbar hält – den Prozeß, nicht aber ihre Anstellung; allerdings gelten dann die neuen Bedingungen auf Dauer (siehe auch die Beispiele einer Änderungskündigung wegen Arbeitsmangel auf Seite 31 ff.).
Änderungen einer einmal vertraglich vereinbarten Arbeitszeit können gleichfalls stillschweigend durch tatsächliches Verhalten eintreten.

**Beispiel:**
Frau Plate hat jahrelang halbtags mit 20 Wochenstunden gearbeitet. Seit einem halben Jahr hat es sich so ergeben, daß sie ohne ausdrückliche Änderung des Arbeitsvertrages 25 Wochenstunden arbeitet. Diese tatsächliche Entwicklung muß von beiden Seiten als neuer Vertragszustand respektiert werden, ausgenommen der Betrieb und Frau Plate sind sich einig gewesen, daß die fünf zusätzlichen Stunden nur vorübergehend als zusätzliche Arbeit wie Überstunden anfallen sollen.

Die gegenüber Vollzeitarbeit eingeschränkte Inanspruchnahme wirkt sich auf die Verpflichtung zur Ableistung von Überstunden aus (siehe unten)!
Bei allen Gestaltungsmöglichkeiten der Teilzeitarbeit ist für die tägliche Arbeitseinteilung die gesetzliche Pausenregelung zu beachten (siehe Seite 26).

*b) Verpflichtung zur Ableistung von Überstunden*

Abgesehen etwa von dem Sonderfall, daß ein Arbeitsloser, der eine Vollzeitstelle sucht, vorübergehend eine Teilzeitstelle annimmt, zeigen mit dem Abschluß eines Teilzeitvertrages beide Seiten, daß sie Wert auf eine gegenüber der Vollzeitbeschäftigung eingeschränkte bestimmte Stundenzahl legen. Es sind besondere persönliche, familiäre oder andrerseits betriebliche Gründe, weshalb ein Teilzeitarbeitsverhältnis vereinbart wird. Auch der Wunsch nach mehr persönlicher Freizeit gehört dazu und dies ist auch zu respektieren, denn der Arbeitnehmer verzichtet auf die größeren Verdienstmöglichkeiten einer Vollzeitbeschäftigung.

Diese Ausgangslage begrenzt die Befugnis des Betriebes, bei Teilzeitarbeitnehmern Überstunden gegen deren Willen anzuordnen, stärker als gegenüber Vollzeitbeschäftigten.

Neben den üblichen Voraussetzungen für die Anordnung von Überstunden, einem
a) unvorhersehbaren oder
b) vorübergehenden zusätzlichen Arbeitsanfall und
c) der Frage, ob dem Beschäftigten im Einzelfall die zusätzliche Arbeit zuzumuten ist, muß der Betrieb gegenüber Teilzeitbeschäftigten
d) besonders prüfen, ob nicht der mit dem Abschluß des Teilzeitarbeitsvertrages verbundene Vertragswille des Beschäftigten der Verlängerung seiner Arbeitszeit entgegensteht.

Der Teilzeitbeschäftigte ist *in Notfällen* verpflichtet, abweichend von seiner üblichen Arbeitszeit zusätzlich zu arbeiten, sofern nicht zwingende persönliche Gründe entgegenstehen.

Natürlich kann die Verpflichtung zu Überstunden auch näher vertraglich geregelt werden.

**Tip:** Wer etwa wegen einer zweiten Beschäftigung unter keinen Umständen Überstunden machen will, sollte dies in den Arbeitsvertrag ausdrücklich aufnehmen lassen!

Zur Vergütung von Überstunden siehe Seite 86.

## Zeitsouveränität des Arbeitnehmers

### 3. Gleitende Arbeitszeit

Gleitzeit bedeutet Teilflexibilisierung der Arbeitszeit nach den Wünschen des Arbeitnehmers.

Hier kann der Arbeitnehmer einseitig die tägliche Arbeitszeit nach seinen Bedürfnissen variieren. Er muß sich dabei im Rahmen betrieblicher Vorgaben halten. In der Regel wird eine feste Zeitzone am Tag vereinbart, in der er anwesend sein muß (Kernzone). Er kann früher mit der Arbeit beginnen und/oder sie später beenden, wobei frühestmöglicher Arbeitsbeginn und spätestmögliches Arbeitsende vorgegeben sind. Hieraus ergibt sich die Gleitzone, innerhalb derer er souverän über seine Arbeitszeit bestimmen kann. Im Durchschnitt muß er allerdings auf ein festgelegtes Arbeitsvolumen kommen. Minus- oder Plusstunden sind von einem Bezugszeitraum auf den nächsten nur beschränkt übertragbar.

**Beispiel:**
Herr Meier arbeitet 32 Wochenstunden als Teilzeitkraft und zwar Montag bis Mittwoch und Freitags. Donnerstag hat er frei; an den vier Arbeitstagen arbeitet er je 8 Stunden. Die betriebliche Gleitzeitregelung (Kernzeit 9.00 bis 15.00 Uhr; frühester Arbeitsbeginn 7.00 Uhr; spätestes Arbeitsende 18.00 Uhr) gilt im Betrieb von Herrn Meier auch für Teilzeitkräfte, soweit sie an ganzen Tagen arbeiten. Herr Meier entscheidet täglich selbst, ob er um 7.00 oder um 8.00 oder um 9.00 Uhr anfangen will und wann er zwischen 15.00 und 18.00 Uhr aufhören will.

Der Betrieb wird ihm hier nur ausnahmsweise dreinreden, wenn seine Anwesenheit auch in der Gleitzone betrieblich notwendig ist oder wenn er sein Zeitkonto überzogen hat.

Die Verdienstsicherung bei Urlaub, Feiertagen, Krankheit, Annahmeverzug des Arbeitgebers und allen sonstigen Fällen, wo der Betrieb das Entgelt weiter zahlen muß, berechnet sich aus einer Durchschnittsarbeitszeit pro Arbeitstag (tägliche Normalarbeitszeit).

**Beispiele:**
Herr Meier braucht infolge des Buß- und Bettages am Mittwoch nicht zur Arbeit. Sein Feiertagslohn beträgt dann das Gehalt für 8 Stunden.

Im Betrieb herrscht Arbeitsmangel. Kann der Betrieb Herrn Meier vorschreiben, daß die Arbeit auf die Kernzeit verringert wird und den Verdienst anteilig kürzen? Herr Meier hat seine Arbeit für die Normalzeit angeboten.
**Lösung:** Der Betrieb kann Herrn Meier zwar nach Hause schicken. Dieser behält aber seinen Anspruch auf den Verdienst für die sonst an dem betreffenden Tag vorgesehene Normalarbeitszeit (§ 615 Satz 1, §§ 293 folgende Bürgerliches Gesetzbuch; Annahmeverzug des Arbeitgebers). Bei einer Vereinbarung über die Anpassung der Arbeitszeit an den Bedarf (Arbeit auf Abruf) würde Herr Meier an Tagen mit Arbeitsmangel überhaupt nicht angefordert und hätte auch keinen Verdienst zu beanspruchen (siehe im folgenden).

Zur Rechtslage bei „Kurzarbeit" unter Zahlung von Kurzarbeitergeld siehe Seite 34.

---

**Veränderliche Arbeitszeit nach betrieblichen Erfordernissen**

---

## 4. Vereinbarung über die Anpassung der Arbeitszeit an den Bedarf („kapazitätsorientierte variable Arbeitszeit"; „Arbeit auf Abruf")

Bei Teilzeitkräften kann anstelle einer konstanten Lage der Arbeitszeit Arbeit auf Abruf vereinbart werden. Die Arbeit wird je nach Bedarf vom Betrieb abgerufen. Bis dahin befindet sich der Beschäftigte in unbezahlter „Rufbereitschaft".

Für den Betrieb liegen die Vorteile dieser Vereinbarung auf der Hand, sofern die Rufbereitschaft der Betroffenen im Einzelfall tatsächlich gegeben ist und sie der Aufforderung zur Arbeitsaufnahme auch folgen.

Hier liegt ein Unsicherheitselement für den Betrieb. Wird die Rufbereitschaft ohne besondere Bezahlung geleistet, kann sie nicht beliebig lange auf hohem Niveau gehalten werden. Der Betrieb muß mit Absagen rechnen und ist gezwungen, sich für eine Anforderung mehrere Ansprechpartner zu schaffen. Spezialisierte Aufgaben, deren Bearbeitung kontinuierlich eingearbeitete Fachkräfte erfordern, können so nicht erfolgreich bewältigt werden. Arbeit auf Abruf ist typischerweise vorgesehen für die Abdeckung von Bedarfsspitzen, in denen zu Stammarbeitern Aushilfskräfte treten. Arbeit auf Abruf ist Aushilfsarbeit. Für den Arbeitnehmer bedeutet Arbeit auf Abruf, daß er sich, will er die Chance seines Einsatzes wahren, in ständiger Rufbereitschaft halten muß. Arbeit auf Abruf ist sozial nur erträglich, wenn Garantien hinsichtlich des Arbeitsvolumens und damit des erzielbaren Verdienstes innerhalb eines Zeitrahmens gegeben sind, wenn der Arbeitnehmer frühzeitig von dem beabsichtigten Einsatz erfährt und wenn das vereinbarte Arbeitsvolumen in einem vernünftigen Verhältnis zu den potentiellen Einsatzzeiten steht (Däubler, Arbeitsrecht 2, S. 892). Wenn dem Beschäftigten keine Einkommensgarantie gegeben wird, ist die Vereinbarung über Abrufarbeit unwirksam. An ihre Stelle tritt das von den Parteien zunächst ins Auge gefaßte oder tatsächlich praktizierte Arbeitsvolumen als konstante Arbeitszeit (BAG, Urteil vom 12. 12. 84, 7 AZR 509/83, NZA 85, 321). Der Beschäftigte soll mit einem festen Einkommen rechnen können. Anders würde der in den gesetzlichen Vorschriften über Kündigung und Änderungskündigung, Kündigungsgrund und Kündigungsfristen festgelegte Bestandschutz des Arbeitseinkommens gegenstandslos.

§ 4 des Art. 1 des Beschäftigungsförderungsgesetzes 1985 läßt die Vereinbarung über die Anpassung der Arbeitszeit an den Bedarf ausdrücklich zu, verbindet dies aber mit **Schutzbestimmungen für den Arbeitnehmer:**

(1) **Variable Arbeitszeit nur bei festgelegter Gesamtdauer der Arbeitszeit.** Nach Art. 1 § 4 Abs. 1 BeschäftigungsförderungsG muß auch bei der Arbeit auf Abruf eine „**bestimmte Dauer**" der Arbeitszeit, d.h., ein **festes Arbeitsvolumen bezogen auf einen bestimmten Zeitraum** dem Arbeitsverhältnis zugrundegelegt werden. So kann zum Beispiel eine feste Stundenzahl pro Kalender*woche* vereinbart werden, die nach Bedarf abgerufen wird. Die mögliche Einsatzzeit wird zweckmäßigerweise meist noch näher umrissen, z.B. auf einzelne Wochentage oder Tageszeiten eingegrenzt. Es ist noch nicht gerichtlich abschließend geklärt, ob bei Vereinbarung eines *monatlichen* oder *jährlichen* Arbeitszeitvolumens die Einsatzzeiten noch näher zeitlich zugeordnet werden müssen; so wird die Auffassung vertreten, daß wegen Art. 1 § 4 Abs. 1 BeschäftigungsförderungsG in jedem Fall eine Mindestwochenstundenzahl vorgesehen sein muß (Fitting-Auffarth-Kaiser-Heither, BetrVG, 16. Aufl., § 5 Randz. 47). Wird lediglich ein Jahresarbeitsvolumen ohne nähere zeitliche Zuordnung verein-

bart, ist nach meiner Auffassung der Bogen der „Rufbereitschaft" überspannt.

Im Einklang mit dem Gesetz und der Rechtsprechung des Bundesarbeitsgerichts stehen allein solche Vereinbarungen über die Anpassung der Arbeitszeit an den Bedarf (Abrufarbeit), die dem Arbeitnehmer für den vereinbarten Bezugszeitraum eine feste Arbeitszeitdauer (Arbeitsmenge bzw. Arbeitsvolumen) garantieren und die lediglich die *Lage* der Arbeitszeit dem Weisungsrecht des Arbeitgebers unterstellen.

Art. 1 § 4 Abs. 1 BeschäftigungsförderungsG verbietet Arbeitsvertragsgestaltungen, die eine variable Arbeitszeitlage und eine variable Arbeitszeitdauer kombinieren.

Klauseln wie „die Firma ist berechtigt, den Arbeitseinsatz des Arbeitnehmers im Rahmen der betrieblichen Arbeitszeit nach dem Arbeitsanfall individuell festzulegen" verstoßen gegen die genannte Bestimmung, wenn nicht eine Arbeitszeitdauer festgelegt worden ist. Dies hat zur Folge, daß das Arbeitsverhältnis zwar weitergeführt wird, aber nicht mehr ohne weiteres in der Form der Abrufarbeit (siehe LAG München v. 20. 9. 85, zit. auf Seite 15).

Unzulässig sind weiter **Vereinbarungen über eine garantierte Mindeststundenzahl,** die nach oben offen sind, d.h., wo der Arbeitgeber weitere Stunden abrufen kann, sofern es sich nicht um ausnahmsweise Überstunden handelt; zu letzterem siehe Seite 10.

Unzulässig sind auch **„Bandbreitenvereinbarungen",** die dem Arbeitnehmer eine Mindeststundenzahl garantieren und gleichzeitig dem Arbeitgeber das Recht geben, bis zu einer vertraglich festgelegten Obergrenze weitere Stunden abzurufen.

**Beispiel:**
Der Betrieb garantiert 20 Wochenstunden Beschäftigung. Möglich soll aber ein Abruf von bis zu 40 Stunden in der Woche sein.
Dies liefe auf einen Wechsel zwischen Halbtags- und Ganztagsbeschäftigung nach Belieben des Arbeitgebers hinaus. Es liegt auf der Hand, daß damit die Vorschriften über den Kündigungsschutz und die Änderungskündigung umgangen werden. Insbesondere entfällt die Kündigungsfrist, die eine Umstellungsfrist ist, innerhalb derer dem Betroffenen Zeit gegeben werden soll, sich auf die neuen Verhältnisse einzustellen. Anstelle der Bandbreitenvereinbarung gilt eine konstante Arbeitszeit, wobei die vorher im Durchschnitt abgerufene oder ins Auge ge-

faßte Arbeitsmenge die feste Wochenarbeitszeit ergibt (BAG 12. 12. 84, 7 AZR 509/83; AP Nr. 6 zu § 2 KSchG 1969).

(2) **Gesetzliche Wochenstundenpauschale.** Nach Art. 1 § 4 Abs. 1 BeschäftigungsförderungsG „gilt", wenn „eine bestimmte Dauer der Arbeitszeit nicht festgelegt worden ist, „eine wöchentliche Arbeitszeit von zehn Stunden als vereinbart". Das bedeutet, daß in einem solchen Fall eine Vereinbarung über zehn Wochenstunden gesetzlich unterstellt wird. Die gesetzliche Wochenstundenpauschale von zehn Arbeitsstunden gilt nach Auffassung des Landesarbeitsgerichts München nicht, wenn der Arbeitgeber eine Garantie über das Volumen der Arbeitszeit und damit den Verdienst überhaupt nicht abgeben wollte; dann ist die Vereinbarung über die Anpassung der Arbeitszeit an den Bedarf ungültig. Der Arbeitnehmer hat dann Anspruch auf einen konstanten Dauereinsatz mit soviel Stunden, wie er bisher im Durchschnitt beschäftigt worden ist (LAG München, 20. 9. 85, 4 Sa 350/85, BB 86, 1577).

Lag die bisherige durchschnittliche Stundenzahl unter 10 Stunden in der Woche, ist auch hier die gesetzliche Wochenstundenpauschale von 10 Wochenstunden – allerdings in konstanter Arbeitszeit – maßgebend (Klevemann, Arbeitsrecht im Betrieb 86, 103, 109).

Die vereinbarte Arbeitszeitdauer bzw. die gesetzliche Wochenstundenpauschale von zehn Stunden gelten auch bei **Arbeitsmangel im Betrieb.**

Ruft der Arbeitgeber die für den Bezugszeitraum vereinbarte Arbeitsmenge nicht oder nur teilweise ab, muß er die Fehlstunden wegen „Annahmeverzuges" (§ 615 Satz 1 BGB) auch dann vergüten, wenn er den Arbeitnehmer wegen Mangel an Arbeit nicht beschäftigen konnte.

> **Beispiel:**
>
> Es sind zehn Stunden in der Woche vereinbart oder gelten als vereinbart wegen Art. 1 § 4 Abs. 1 Satz 2 BeschäftigungsförderungsG. Der Betrieb läßt jedoch die ganze Woche nichts von sich hören.
>
> Hier kann der Beschäftigte die zehn Stunden bezahlt verlangen, obwohl sie nicht abgerufen worden sind, sofern er abrufbereit gewesen ist.
>
> Umgekehrt muß der Beschäftigte, wenn er seine vereinbarten zehn Stunden abgeleistet hat, darüber hinaus keine weiteren Stunden in der laufenden Woche arbeiten.

Denkbar ist auch hier, daß einzelne Bedingungen der Arbeit auf Abruf sich stillschweigend ändern oder durch ständige Übung von selbst festschreiben. So kann das vereinbarte Arbeitsvolumen heraufgesetzt werden. Bei höheren tatsächlichen Einsatzzeiten kann längerfristig den Parteien unterstellt werden, sie wollten höhere Einsatzzeiten als vereinbart ansehen (**„stillschweigende Vereinbarung aufgrund tatsächlichen Verhaltens"**).

> **Beispiel:**
> Frau Tüchtig, mit der 8 Wochenstunden Arbeit auf Abruf zu einem Verdienst von DM 500,– im Monat vereinbart sind, wird seit einem halben Jahr regelmäßig zu 20 Wochenstunden herangezogen. Ihr Verdienst erhöht sich entsprechend und sie wird wegen Überschreitens der Geringfügigkeitsgrenzen sozialversichert. Hier ist denkbar, daß das Arbeitsvolumen stillschweigend auf 20 Wochenstunden heraufgesetzt worden ist; die Arbeit auf Abruf kann sogar auf eine feste Halbtagsstelle übergegangen sein. Dann kann Frau Tüchtig nicht mehr von heute auf morgen auf ihre 8 Wochenstunden verwiesen werden.

Ob der Arbeitnehmer, der seine Arbeit entsprechend dem Arbeitsanfall erbringt, über das vereinbarte Arbeitsvolumen hinaus gegen seinen Willen „Überstunden" leisten muß, ist umstritten. Für die Betriebe ist bei Abrufarbeit die Versuchung groß, auch dann, wenn der Bedarf größer ist als das vereinbarte Arbeitsvolumen, die Arbeitszeit anzupassen, d. h. das vereinbarte Arbeitsvolumen zu überziehen. Über die für Teilzeitkräfte bestehenden Einschränkungen für die Anordnung von Überstunden hinaus (siehe Seite 10) ist hier zu berücksichtigen, daß die vom Beschäftigten zusätzlich und unbezahlt erbrachte „Rufbereitschaft" den Arbeitgeber verpflichtet, seinerseits die vertraglich festgelegte Arbeitszeit besonders zu achten und den Beschäftigten nicht noch gegen seinen Willen über das vereinbarte Arbeitsvolumen hinaus „flexibilisieren" zu wollen.

**(3) Mindestgarantie der täglich abgerufenen Arbeit.** Ist die Dauer der täglichen Arbeitszeit nicht näher vereinbart, dann hat der Arbeitgeber den Arbeitnehmer jeweils für mindestens drei aufeinanderfolgende Stunden einzusetzen (Art. 1 § 4 Abs. 3 BeschäftigungsförderungsG).

Diese Mindestgarantie soll verhindern, daß der Teilzeitbeschäftigte zu einer allzu geringfügigen Arbeitsdauer in den Betrieb gerufen wird.

## 4. KAPOVAZ; *Arbeit auf Abruf*

**(4) Ankündigungsfrist.** Einzelanforderungen für einen bestimmten Tag braucht der Arbeitnehmer keine Folge zu leisten, „wenn der Arbeitgeber ihm die Lage seiner Arbeitszeit nicht mindestens vier Tage im voraus mitteilt" (Art. 1 § 4 Abs. 2 BeschäftigungsförderungsG). „Lage" der Arbeitszeit bedeutet Angabe des Tages und des Arbeitsbeginns und des Arbeitsendes an diesem Tag, also auch der „Dauer" der Arbeit bzw. der Stundenzahl. Es zählen alle Kalendertage. Zwischen dem Tag der Ankündigung und dem Tag der Arbeitsleistung müssen vier volle Tage liegen. Der Tag der Ankündigung zählt nicht mit (§ 187 BGB).

**Tabelle der regelmäßigen Ankündigungsfristen**

| Tag der Arbeitsleistung | Spätester Tag der Ankündigung |
|---|---|
| Montag | Mittwoch zuvor |
| Dienstag | Donnerstag zuvor |
| Mittwoch | Freitag zuvor |
| Donnerstag | Freitag zuvor |
| Freitag | Freitag zuvor |
| Samstag | Montag zuvor |
| Sonntag | Dienstag zuvor |

**Wichtig:** Ist der Tag vor dem Viertageszeitraum ein Samstag, Sonntag oder Feiertag, muß die Ankündigung spätestens am Werktag vorher erfolgen ähnlich wie bei Kündigungen, da es sich um eine Rückrechnung handelt; anders ist die Rechtslage bei der Berechnung von Zahlungs- und Lieferfristen. Wird die Ankündigung dem Arbeitnehmer an einem Samstag, Sonntag oder Feiertag zugestellt, gilt sie erst am nächsten Werktag als erfolgt (§ 193 BGB).

Wird der Arbeitnehmer nicht rechtzeitig informiert, kann er die Arbeit verweigern (muß es aber nicht); eine Verdienstminderung darf hierdurch nicht eintreten. Der Arbeitgeber gerät mit einem verspäteten Abruf in Verzug mit der Annahme der Arbeit und muß das vereinbarte Entgelt auch ohne Gegenleistung gemäß § 615 BGB bezahlen.

> **Beispiel:**
>
> Es ist eine Arbeitszeit von 10 Stunden pro Woche auf Abruf des Arbeitgebers vereinbart. In der laufenden Woche hat der Arbeitnehmer am Montag 6 Stunden gearbeitet, ohne einen weiteren Arbeitstermin für die Woche zu erhalten. Am Dienstag wird er telefonisch aufgefordert, am Samstag für 4 Stunden zur Arbeit zu erscheinen. Der Arbeit-

nehmer lehnt das ab und beruft sich darauf, daß die gesetzliche Ankündigungsfrist von 4 Tagen nicht eingehalten wurde.
Mit Recht. Auch wenn der Arbeitnehmer in dieser Woche nur 6 Stunden gearbeitet hat, steht ihm das Arbeitsentgelt für 10 Stunden zu, weil der Arbeitgeber in Annahmeverzug geraten ist (§ 615 BGB).

**Wichtig:** Es bleibt Betrieb und Arbeitnehmer unbenommen, ein Arbeitsvolumen von weniger als drei Stunden am Tag bzw. 10 Stunden in der Woche zu vereinbaren. Sollen drei Stunden am Tag unterschritten werden, müssen die Stundenzahl und die betreffenden Tage vertraglich geregelt werden. Eine zehn Stunden unterschreitende Wochenstundenpauschale muß vertraglich beziffert werden.
Wird der Arbeitsverdienst nicht durchgängig bezahlt, z.B., jeweils im Anschluß an die abgerufene Arbeit, („flexible Entlohnung"), ist die Verdienstsicherung (Fortzahlung des Verdienstes) bei Krankheit, Feiertagen und Urlaub notfalls zu pauschalieren (siehe Seiten 98, 108 und 115).
Bei flexibler Entlohnung können in der Sozialversicherung Nachteile auftreten (siehe Seiten 121 und 150ff.).

### 5. Vereinbarung über Arbeitsplatzteilung („job-sharing")

Bei dieser Vertragsgestaltung füllen zwei (oder mehr) Arbeitnehmer zeitlich versetzt einen Arbeitsplatz aus; sie arbeiten innerhalb einer bestimmten Arbeitszeit (z.B. einen Tag, eine Woche) quasi schichtweise. Im Unterschied zum normalen Schichtdienst ist hier ein Arbeitsplatzpartner bei Abwesenheit des anderen Arbeitsplatzpartners in beschränktem Umfang vertraglich verpflichtet, ihn zu vertreten, d.h. *die eigene Arbeitszeit entsprechend aufzustocken*. Nach Art. 1 § 5 Abs. 1 BeschäftigungsförderungsG muß der Arbeitnehmer für den oder die Arbeitsplatzpartner nur einspringen, wenn

a) er sich dazu im konkreten einzelnen Vertretungsfall hierzu verpflichtet, also für diesen Einzelfall mit der Übernahme der zusätzlichen Arbeit einverstanden ist (Sondervereinbarung für den Einzelfall) oder wenn

b) über Einzelfälle hinaus die Vertretungspflicht generell vorab vereinbart ist. Diese Vereinbarung ist nur für den Fall eines dringenden betrieblichen Erfordernisses möglich; allein der Ausfall des Arbeitsplatzpartners reicht hierzu nicht aus. Vielmehr müssen mit dem Ausfall verbundene besondere Notwendigkeiten, etwa daß Lieferfristen zu platzen drohen u. ä., die Vertretung dringend erforderlich machen. Der Arbeitnehmer ist selbst dann zur Vertretung im Einzelfall nur verpflichtet, wenn ihm dies zuzumuten ist. Unzumutbar kann dies z. B. für den Arbeitnehmer sein, wenn er einen unvorhersehbar pflegebedürftig gewordenen nahen Angehörigen betreut.

Der Bestand der Arbeitsverhältnisse der beteiligten Arbeitnehmer bleibt voneinander unabhängig. Scheidet einer der beteiligten Arbeitnehmer aus der Arbeitsplatzteilung aus, so können verbleibende Arbeitnehmer nicht aus diesem Grund gekündigt werden (Art. 1 § 5 Abs. 2 BeschäftigungsförderungsG). Es ist zunächst Sache des Arbeitgebers, für einen neuen Arbeitsplatzpartner zu sorgen. Allerdings kann in diesem Zusammenhang eine Änderungskündigung erfolgen, z. B. mit dem Ziel, das „job-sharing"-Verhältnis zu beenden und ein normales Teilzeitarbeitsverhältnis weiterzuführen. Die Änderungskündigung verbindet ein Angebot auf eine Änderung des bisherigen Vertrages mit einer Kündigung des Arbeitsverhältnisses für den Fall, daß der Arbeitnehmer das Änderungsangebot ablehnt.

Zur Sozialversicherung bei einem Job-Sharing-Verhältnis, bei dem sich zwei oder mehrere Arbeitnehmer einen Arbeitsplatz mit jeweils sich abwechselnden längeren Arbeits- und Freizeitphasen teilen, vgl. im 5. Kapitel bei 4 d) cc.

### Turnus-Arbeitsverhältnisse

Die Schutzvorschriften bezüglich der Arbeitsplatzteilung sind entsprechend anzuwenden, wenn sich Gruppen von Arbeitnehmern auf bestimmten Arbeitsplätzen in festgelegten Zeitabständen abwechseln, ohne daß eine Arbeitsplatzteilung (job-sharing) im eigentlichen Sinne vorliegt (§ 5 Abs. 3 BeschäftigungsförderungsG). Sind also mehrere Arbeitnehmer arbeitsorganisatorisch zu Arbeitsgruppen zusammengeschlossen und arbeiten als Gruppe turnusmäßig, gelten die gleichen Einschränkungen bezüglich der Vertretungspflicht für die andere Gruppe und bezüglich der Kündigung bei Ausfall von Kollegen.

Von den Vorschriften über Arbeitsplatzteilung werden selbständig auftretende **Eigengruppen** nur bedingt erfaßt. Z. B. können Heimleiter- oder Hausmeisterehepaare bei entsprechender Vertragsgestaltung selbst nur gemeinsam kündigen und vom Arbeitgeber gekündigt werden, wenn einer von ihnen auf Dauer ausfällt.

### 6. Arbeitsort zuhause: Fernarbeit oder Heimarbeit oder echter Selbständiger?

Über die traditionelle Heimarbeit hinaus, die es auch im Angestelltenbereich z.B. bei der Textverarbeitung (z.B. „Adressen schreiben") schon länger gibt, bieten die neuen Technologien (EDV-Einsatz und Telekommunikation) verstärkte Anreize zur Einrichtung von Außenarbeitsstellen. Arbeitsplätze werden aus dem Betrieb heraus in die Wohnung des Arbeitnehmers verlagert.

*a) Heimarbeit im Arbeitsverhältnis (Fernarbeit)*

Technisch perfektioniert wird die Arbeit zuhause (Fernarbeit) vor allem durch den „On-line-Betrieb" (Standleitung zwischen Betrieb und Wohnung). Für viele qualifizierte Tätigkeiten ist der schnelle Zugriff auf das Datennetz wichtiger als die Anwesenheit im Büro. Die Daten können aber auch einmal täglich überspielt oder auf Datenträgern wie Briefe versendet werden.
Bei der Einrichtung einer Arbeitsstätte in der Wohnung muß der Arbeitsvertrag – ohne Minderung des normalen Arbeitnehmerschutzes – um Bestimmungen bezüglich der Beteiligung des Arbeitgebers an den Mietkosten des Arbeitszimmers und seiner Ausstattung, an den Energie-, Material-, Telefon- und Telefaxkosten, Haftungspflichten und Verantwortung für Betriebsbereitschaft, technische Sicherheit und Ergonomie der Arbeitsgeräte usw. ergänzt werden. Zur Aufrechterhaltung der persönlichen Kontakte und des normalen Informationsflusses ist es zweckmäßig, die Anwesenheit des Heimarbeiters im Betrieb an einigen Tagen im Monat z.B. für Mitarbeiterbesprechungen vorzusehen. Die Sozialversicherung, die Lohnfortzahlung im Krankheitsfall und die betrieblichen Sozialleistungen wie Weihnachts- und Urlaubsgeld bleiben erhalten. Im Hinblick auf Mitwirkungs- und Mitbestimmungsrechte des Betriebsrates empfiehlt sich, über die Fernarbeit eine Betriebsvereinbarung zu schließen. Vorbildlich dürfte die Betriebsvereinbarung bei der IBM Deutschland sein. Danach kann Arbeit zuhause prinzipiell von allen Mitarbeitern frei gewählt werden, wenn sich die Aufgabe dafür eignet.

## 6. Arbeitsort zuhause

**Beispiel:**
Frau Meier, die von Beruf Datatypistin ist, ist wegen der Betreuung eines Kleinkindes an einem Arbeitsplatz zuhause interessiert. Es wird vereinbart, daß sie ihren Arbeitsplatz in ihre Wohnung verlegen darf und das Eingabematerial täglich mit der Post zugestellt bekommt und die Datenträger ebenso dem Betrieb wieder zugehen läßt.

Frau Meier steht weiterhin in einem Arbeitsverhältnis zum Betrieb, weil im Beispielsfall eine Verlegung ihres Arbeitsplatzes in ihre Wohnung vereinbart war. Wenn beide Seiten nicht über die Fortführung des Arbeitsverhältnisses einig waren, versteht sich die Arbeitnehmereigenschaft nicht von selbst. Ohne besondere Vereinbarung („Arbeitsvertrag") liegt ein Arbeitsverhältnis nur dann vor, wenn *abhängige Arbeit eingebunden in die Arbeitsorganisation des Betriebes* geleistet wird. Dies wäre hier zu bejahen, wenn Frau Meier im „On-line-Betrieb" arbeitet, d. h., wenn sie ihre Daten direkt über eine Standleitung in den Zentralrechner des Betriebes eingibt. Sie liefert ihre Arbeit aber im normalen Postweg beim Betrieb ab. Der Arbeitsrhythmus ist nicht direkt abhängig vom betrieblichen Geschehen. Es können allerdings weitere Umstände auf ein Arbeitsverhältnis hindeuten. Muß Frau Meier besondere Erledigungsfristen beachten? Muß sie Bereitschaftsdienst leisten? Sind häufige Rückfragen erforderlich? Eine besondere zeitliche Abhängigkeit vom betrieblichen Geschehen oder andere Formen der Anbindung an die Arbeitsorganisation im Betrieb z. B. die Installation besonderer Überwachungsmöglichkeiten, zeigen ein Arbeitsverhältnis an.
Die Bundesversicherungsanstalt für Angestellte wendet hierzu folgendes Prüfschema an:
Ein Beschäftigungsverhältnis (= Arbeitsverhältnis) besteht, wenn die in den eigenen (Wohn-)Räumen arbeitende Person im wesentlichen die gleichen Dienstleistungen erbringt wie die in den Büroräumen des Arbeitgebers beschäftigten (und dort in den Bürobetrieb eingegliederten) Büroangestellten. Das ist vor allem dann der Fall, wenn der Betreffende dem Direktionsrecht und der Kontrollmöglichkeit des Arbeitgebers in bezug auf die Art der Ausführung der ihm übertragenen Arbeiten unterliegt und verpflichtet ist, dessen Anweisungen zu befolgen. Für eine derartige Beschäftigung sprechen im einzelnen u. a.:

(1) Die Ausführung der Arbeit ist durch Arbeitsanweisungen, Formulare und Einzelanweisungen für Sonderfälle bis ins einzelne vorgeschrieben.
(2) Nach der Organisation des Betriebes kann die Arbeit in Form und Ausführung nur in ein und derselben Weise erledigt werden, gleichgültig, ob im Betrieb oder in der Wohnung.
(3) Die Arbeit ist durch die Verpflichtung, übernommene Aufträge innerhalb einer bestimmten Zeit auszuführen, zeitlich eingegliedert und eingeplant.
(4) Der vereinbarte Arbeitsanfall läßt keine ernstliche Möglichkeit zu, auch noch für Dritte tätig zu sein.
(5) Es besteht keine Möglichkeit zum Unternehmergewinn, weil die Heranziehung von Hilfskräften für die Fertigung „größerer Lieferungen" infolge einer von vornherein vertraglich begrenzten Auftragsmenge entfällt.
(6) Die Büroausstattung (Schreibmaschine, Rechenmaschine, Diktiergerät, Schreibpapier usw.) wird durch den Arbeitgeber zur Verfügung gestellt.

Ein Beschäftigungsverhältnis und Versicherungspflicht sind zu verneinen, wenn die in den eigenen (Wohn-)Räumen arbeitende Person den Umfang ihrer Arbeit und auch die Zeit, innerhalb derer sie die Arbeit erledigt, selbst bestimmt. Ein Indiz für die Selbständigkeit ist ferner, wenn sie die Arbeit auch von anderen Personen (z.B. Familienangehörigen) erledigen lassen und für mehrere Auftraggeber tätig sein darf, ihren Urlaub selbst bestimmen kann und im Krankheitsfall nicht nachweispflichtig ist. Demgegenüber spricht das Risiko schwankender Vergütung je nach der Zahl der Aufträge (Stücklohn) nicht für die Selbständigkeit, wenn sich die Folgen einer falschen oder nicht weisungsgemäßen Ausführung darin erschöpfen, daß die Arbeit nicht bezahlt wird, ohne für die Folgeschäden zu haften.

### b) Echte Heimarbeit bzw. Gleichstellung

Kommt ein Beschäftigungsverhältnis nach den erwähnten Kriterien nicht in Betracht, ist zu prüfen, ob jemand als „Heimarbeiter" oder „Hausgewerbetreibender" unter die Schutzvorschriften des Heimarbeitsgesetzes fällt.

Nach der Heimarbeitsstatistik (Stand 1986) beträgt die Zahl der

in Heimarbeit Beschäftigten bundesweit ca. 160 000 Personen mit einem geschätzten Frauenanteil von 90%.
„**Heimarbeiter**" sind nicht in eine betriebliche Organisation eingegliederte Erwerbstätige, die in eigener Wohnung oder Betriebsstätte für Rechnung Dritter erwerbsmäßig arbeiten und Verwertung und Vertrieb ihrer Arbeitsergebnisse dem Auftraggeber überlassen (vgl. § 2 Abs. 1 HeimarbeitsG). Heimarbeiter sind eigentlich selbständig tätig und keine Arbeitnehmer. Deswegen gelten für sie die Sonderregelungen des Heimarbeitsgesetzes. Im Sinne der Sozialversicherung gelten sie jedoch als unselbständig Beschäftigte und sind damit wie Arbeitnehmer für den Fall der Krankheit, der Invalidität und des Alters und bei Arbeitslosigkeit sozialversichert (§ 12 SGB IV). „**Hausgewerbetreibende**" sind Kleinunternehmer, die in eigener Wohnung oder Betriebsstätte für Rechnung Dritter Waren herstellen, bearbeiten oder verpakken und nicht mehr als zwei fremde Hilfskräfte beschäftigen (§ 2 Abs. 2 HeimarbeitsG). Sie sind, obwohl selbständig Tätige, rentenversicherungspflichtig nach §§ 2 Nr. 6, 129 Abs. 1 SGB VI; für die Rentenversicherungspflicht kommt es nicht darauf an, wieviele Hilfskräfte sie beschäftigen.
Heim„*arbeiter*" kann auch sein, wer Tätigkeiten ausübt, die bei Unselbständigkeit und Eingliederung in einen Betrieb eines anderen *Angestelltentätigkeiten* im Sinne des Rentenrechts sind. Es ist streitig, ob dies nur für einfachere Tätigkeiten wie Schreibarbeiten, Kontorarbeiten oder das Auswerten von statistischen Zählbögen gilt oder auch für höher qualifizierte Tätigkeiten wie Auftragsakquisition, Sachbearbeitung, Konstruktions- oder Entwicklungsarbeiten u. ä. (dafür Kilian u. a., Telearbeit und Arbeitsrecht, Forschungsbericht im Auftrag des Bundesministers für Arbeit und Sozialordnung, 1986 S. 123 ff.; Müllner, Privatisierung des Arbeitsplatzes, S. 98 f., mit Nachw.). § 2 Abs. 1 HeimarbeitsG setzt einen gewerblichen Auftraggeber voraus.
„**Gleichgestellte**" (§ 1 Abs. 2 HeimarbeitsG): Bei Schutzbedürftigkeit können der Gruppe der Hausgewerbetreibenden die Hausgewerbetreibenden mit mehr als zwei Hilfskräften und andere Gewerbetreibende gleichgestellt werden, die vergleichbar wirtschaftlich abhängig sind und im Lohnauftrag arbeiten. Heimarbeitern gleichgestellt werden können Personen, die für Nichtgewerbetreibende (Behörden, Angehörige der freien Berufe wie Ärzte, Anwälte, Architekten usw.) arbeiten, sofern sie eine „sich

in regelmäßigen Arbeitsvorgängen wiederholende" Arbeit in eigener Wohnung oder selbstgewählter Betriebsstätte ausüben. Das Merkmal der in regelmäßigen Arbeitsvorgängen sich wiederholenden Arbeit soll keine eigenständige Bedeutung haben (Kilian u. a. aaO, S. 150). Von der Möglichkeit zur Gleichstellung wurde teilweise durch die Gleichstellungsanordnung vom 24. 11. 75 Gebrauch gemacht. Diese erfaßt nur Bürohilfsarbeiten. Danach sind Personen, deren Tätigkeit im Schreiben von Adressen, Versicherungspolicen usw., Schreib- und Abschreibearbeiten (z. B. nach Tonband) sowie Datenerfassung auf Datenträger und ähnliche Bürohilfsarbeiten besteht, selbst wenn sie ein eigenes Gewerbe angemeldet haben oder für einen nichtgewerblichen Auftraggeber tätig sind, Heimarbeitern gleichgestellt. Die Gleichstellung kann auch individuell beim Heimarbeitsausschuß der betreffenden Branche bzw. wenn ein solcher nicht besteht, bei der zuständigen Arbeitsbehörde beantragt werden.

Im obigen Ausgangsbeispiel fällt Frau Meier, wenn ihre Arbeit zuhause nicht im Rahmen des bisherigen Arbeitsverhältnisses fortgesetzt wird, in den Schutzbereich des Heimarbeitsgesetzes, sofern sie nach der erbrachten Arbeitsmenge, z. B. der Zahl der Anschläge bezahlt wird. Würde sie über ihr Eingabegerät (Endgerät bzw. Terminal) mit Hilfe eines elektronischen Kommunikationsnetzes mit dem Betrieb direkt („on-line") verbunden sein, wäre sie so stark in den Betrieb eingegliedert, daß ein Arbeitsverhältnis angenommen werden müßte.

Solche echten Telearbeiter sind normalerweise Arbeitnehmer und nur zu einem geringen Teil als Heimarbeiter zu klassifizieren. Dies ist jedenfalls die Auffassung des Bundesarbeitsministeriums in einer Antwort auf eine parlamentarische Anfrage im Jahre 1988 unter Berufung auf das Kiliangutachten (DOK 88, 483).

Für Heimarbeiter gelten besondere Schutzvorschriften. Ihre Entgelte oder sonstige Vertragsbedingungen können vom sogenannten Heimarbeiterausschuß bindend fortgesetzt werden. Die tariflichen Festsetzungen werden von der obersten Arbeitsbehörde (z. B. in Bremen vom Arbeitssenator) überwacht. Es bestehen besondere Regelungen über Urlaub (§ 12 BundesurlaubsG) und die Verdienstsicherung bei Krankheit (§ 8 LohnfortzahlungsG) und Feiertagen (§ 2 FeiertagslohnzahlungsG) sowie bezüglich Kündigungen (vgl. §§ 29, 29a HeimarbeitsG; Anhang). Heimarbeiter können sich gegen eine Kündigung nicht mit der Kündigungsschutzklage wehren und haben keinen Anspruch auf eine kontinuierliche Auftragsvergabe. Für Streitigkeiten ist das Arbeitsgericht zuständig (§ 5 Absatz 1, § 2 Absatz 1 Ziffer 2 ArbeitsgerichtsG). Die in Heimarbeit Beschäftigten fallen unter den Schutz des Betriebsverfassungsgesetzes, d. h., sie wählen in dem Betrieb, für den sie in der Hauptsache arbeiten, den Betriebsrat mit, und können selbst gewählt werden; dieser ist für ihre Probleme zuständig. Je nach ihrer Tätigkeit gelten sie den Arbeitern bzw. den Angestellten zugehörig (§ 6 BetriebsverfassungsG).

*c) Arbeitnehmerähnlicher oder Selbständiger?*

Meldet Frau Meier ihre Tätigkeit selbst als Gewerbebetrieb an, kann sie gleichwohl Heimarbeiterin sein, wenn sie für einen Betrieb in der Hauptsache tätig ist. Sprechen weitere Umstände für einen echten Status eines Selbständigen, etwa wenn Frau Meier ihre Dienstleistungen in einem öffentlichen Schreibbüro anbietet, oder für mehrere Betriebe gleichermaßen tätig ist, fällt sie aus dem Arbeitsrecht heraus. Unter Umständen kann sie die Rechte einer **„arbeitnehmerähnlichen Person"** geltend machen, wenn sie weitgehend von einem Betrieb abhängig und deswegen letztlich wirtschaftlich als unselbständig angesehen werden kann. Arbeitnehmerähnliche Personen können nach § 2 des Bundesurlaubsgesetzes den gesetzlichen Urlaub von dem Betrieb bezahlt verlangen, von dem sie „wie ein Arbeitnehmer" abhängen. Für sie können die Gewerkschaften Tarifverträge schließen (§ 12a TarifvertragsG).

**Auslegungshilfe:** Im Zweifel dürfte ein echtes Arbeitsverhältnis, d. h. eine Festanstellung, gewollt sein; die Vorschriften des Heimarbeitsgesetzes (Festsetzung des Entgelts und Überwachung durch den Heimarbeitsausschuß, spezielle Verdienstsicherung bei Urlaub, Feiertagen und Krankheit sowie ein spezieller Kündigungsschutz) gelten als Mindestvorschriften, wenn ein echtes Arbeitsverhältnis nicht vorliegt, andrerseits aber nicht die Rede von einer wirtschaftlich von einem Dritten unabhängigen selbständigen Tätigkeit sein kann.

> **Einführung von Fernarbeit oder Heimarbeit nicht einfach durch Versetzung!**

Die Verlagerung eines betrieblichen Arbeitsplatzes in die Wohnung des Arbeitnehmers kann nur mit dem Einverständnis des Betroffenen erfolgen. Eine „Versetzung" wäre nicht vom Weisungsrecht des Arbeitgebers gedeckt. Die Arbeitsleistung muß nur an dem vereinbarten Arbeitsort erbracht werden, d.h., in dem Betrieb, für den der Arbeitnehmer eingestellt worden ist. Auch eine Änderungskündigung mit dem gleichen Ziel wird in der Regel nicht zum Erfolg führen. Dem Betrieb steht kein Recht zu, Bedingungen für eine Organisation der Fern- oder Heimarbeit in der Privatwohnung des Betroffenen zu setzen. Einigen sich beide nicht, bleibt dem Betrieb – wenn dies zwingend betrieblich geboten ist – nur die Beendigungskündigung mit dem anschließenden Neuabschluß eines Fern- oder Heimarbeitsvertrages, um eine Auslagerung zu erreichen. Gegen die Kündigung kann der Betroffene die Kündigungsschutzklage nach §§ 1, 9, 10, KündigungsschutzG erheben (siehe Seiten 29 ff. und 65 ff.). Die Auslagerung von Arbeitsplätzen ist im übrigen eine erhebliche Betriebsänderung im Sinne der §§ 111 ff. des Betriebsverfassungsgesetzes. In Betrieben ab 21 Arbeitnehmern ist der Betriebsrat im Wege des Interessenausgleichs besonders zu beteiligen und kann einen Sozialplan verlangen (Kilian, Borsum, Hoffmeister, Telearbeit – Vielfältige Gestaltung, BArbBlatt 87, 5 ff.).

> **Übernimm Dich nicht und mach mal Pause!**

## 7. Gesetzliche Höchstarbeitszeit; Pausen; Mindestruhezeit

Bei der Gestaltung der Arbeitszeit sind die Grenzen der Arbeitszeitordnung (AZO) und Sondervorschriften für bestimmte Bereiche zu beachten.

Hier die wichtigsten: Grundsätzlich dürfen pro Tag höchstens bis zu zehn Stunden gearbeitet werden (§ 5 bis 7 AZO); als werktägliche Regelarbeitszeit, d.h., bei Sechstagewoche sind acht Stun-

## 7. Gesetzliche Höchstarbeitszeit; Pausen; Mindestruhezeit

den festgelegt (§ 3 AZO). Die Arbeitszeit darf in der Woche höchstens 48 Stunden betragen. Wird die Arbeitszeit an einzelnen Werktagen regelmäßig verkürzt, z.B. durch den freien Samstag oder einen kurzen Freitag, kann die ausfallende Arbeitszeit auf die übrigen Werktage der Vorwoche oder der folgenden Woche verteilt werden. In der Doppelwoche darf aber nicht mehr als 96 Stunden gearbeitet werden. Außerdem darf die Arbeitszeit an den Ausgleichstagen zehn Stunden nicht überschreiten.

Für Männer ist bei einer Arbeitszeit von mehr als sechs Stunden eine Pausenzeit von mindestens 30 Minuten vorzusehen. Bei Frauen ist eine mehr als viereinhalbstündige Arbeitszeit durch eine mindestens zwanzigminütige Pause zu unterbrechen; bei mehr als sechsstündiger Arbeitszeit sind mindestens 30, bei mehr als achtstündiger Arbeitszeit mindestens 45 und bei mehr als neunstündiger Arbeitszeit mindestens 60 Minuten als Pausenzeiten einzuplanen (§§ 12, 18 AZO). Die einzelne Pausenzeit muß im übrigen mindestens eine Viertelstunde betragen. Die Mindestruhezeit zwischen zwei Schichten beträgt elf Stunden.

Die Pausen nach der Arbeitszeitverordnung sind unbezahlte Pausen und werden auf die Arbeitszeit nicht mitangerechnet.

**Mehrfacharbeitsverhältnisse:** Die Summe der Beschäftigungszeiten mehrerer Arbeitsverhältnisse darf die gesetzliche Höchstgrenze der Arbeitszeit nicht überschreiten. Wird infolge des zweiten Arbeitsverhältnisses die gesetzliche Höchstarbeitszeit überschritten, so ist dieses wegen Verstoßes gegen ein gesetzliches Verbot nichtig (§ 134 BGB; str.). Diese Nichtigkeit kann aber nicht für die Vergangenheit geltendgemacht werden. Dem Arbeitnehmer steht das bisher verdiente Entgelt zu (BAG, 19. 6. 59, 1 AZR 565/57, DB 59, 1086). Der Arbeitgeber einer Hauptbeschäftigung kann Nebentätigkeiten untersagen, die zusammen mit der Hauptbeschäftigung die Höchstgrenze überschreiten.

Bei der Einstellung darf jeder Arbeitgeber nach dem Vorliegen relevanter weiterer Arbeitsverhältnisse fragen, um die Arbeitszeitordnung beachten zu können. Der Bewerber muß aber keine Angaben über die Identität des zweiten Arbeitgebers oder andere Einzelheiten machen, sofern er sich nicht im Arbeitsvertrag weitergehenden Auskunftspflichten unterworfen hat (siehe Seiten 119, 120).

Zur Vergütung von Mehrarbeit (Mehrarbeitszuschlag) siehe im 4. Kapitel unter 1.b).

## 1. Kapitel. Teilzeitbeschäftigte; Arbeitszeit, Arbeitsort

> **Soziale Absicherung gewünscht?**

### 8. Schwellenwerte beim Einstieg in die Sozialversicherung

Der erste Schwellenwert betrifft die sogenannten „geringfügig Beschäftigten" mit einer Wochenarbeitszeit unter 15 Stunden und einem Monatsverdienst von derzeit höchstens DM 500,– (Beitrittsgebiet: DM 300,–). Dieser Personenkreis ist gesetzlich nur gegen Arbeitsunfälle versichert. Die Unfallversicherung wird über Umlagen der Arbeitgeber finanziert. Eine Renten-, Kranken- und Arbeitslosenversicherung besteht aus der geringfügigen Tätigkeit heraus nicht. Trotzdem werden seit 1.1.1990 die geringfügig Beschäftigten wie andere Arbeitnehmer auch bei Beginn der Beschäftigung bei der Krankenkasse gemeldet und müssen den seit 1.7.1991 eingeführten Sozialversicherungsausweis vorlegen. Dies dient der Erfassung von Mehrfachbeschäftigungen und der Kontrolle der Geringfügigkeitsgrenze.

Im Steuerrecht unterliegen die geringfügig Beschäftigten Erleichterungen: In der Regel müssen sie keine Lohnsteuerkarte vorlegen und der Arbeitgeber übernimmt die pauschale Lohnsteuer, vgl. im 6. Kapitel, Ziffer 1).

Der zweite Schwellenwert betrifft die Arbeitslosenversicherung. Ab einer wöchentlichen Arbeitszeit von 18 Stunden besteht hier Versicherungspflicht und es entstehen Leistungsansprüche.

Erst ab einer Wochenarbeitszeit von 18 Stunden ist umfassender Sozialversicherungsschutz gegeben!

– Siehe näher im 5. Kapitel (Soziale Sicherung). –

## 2. Kapitel. Verkürzung bisheriger Arbeitszeit

### 1. Verkürzung der Arbeitszeit aus betrieblichen Gründen; Änderungskündigung

– Zur Verlängerung der Arbeitszeit eines Teilzeitbeschäftigten aus betrieblichen Gründen vgl. das Beispiel auf Seite 67 –
In jedem Arbeitsverhältnis sind die Dauer der regelmäßigen Arbeitszeit und ihre Verteilung auf die Monate bzw. Wochen bzw. Tage sowie Beginn und Ende der täglichen Arbeitszeit wesentlicher Bestandteil der vertraglichen Vereinbarung zwischen Betrieb und Beschäftigten. Änderungen der Arbeitszeit bedürfen dabei der Einigung beider Seiten; ausgenommen sind Änderungen der Lage der Arbeitszeit, sofern eine Vereinbarung über die Anpassung der Arbeitszeit an den Bedarf (Abrufarbeit) vorliegt. Gegen den Willen eines bisher Vollzeitbeschäftigten kann der Betrieb Teilzeitarbeit nicht einführen. Ebenso kann er nicht einseitig die vereinbarte regelmäßige Wochenarbeitszeit eines Teilzeitbeschäftigten weiter verkürzen.
Erklärt der Arbeitnehmer sich nicht mit der Verkürzung seiner Arbeitszeit einverstanden, hat der Betrieb das Druckmittel der

#### a) Änderungskündigung zum Zwecke der Verkürzung der Arbeitszeit

Der Arbeitnehmer wird damit vor die Wahl gestellt, die angebotene Verkürzung der Arbeitszeit anzunehmen oder sich als gekündigt zu betrachten. Im letzteren Fall läuft sein Arbeitsverhältnis zu den bisherigen Bedingungen weiter, aber nur bis zum nächstmöglichen Austrittstermin bei ordentlicher Kündigung. Hält der Arbeitnehmer die Änderung nicht für zumutbar, z.B., weil er damit aus der Arbeitslosenversicherung wegen Unterschreitens der 18-Wochen-Stunden-Grenze herausfallen würde, oder weil er von dem geringen Verdienst nicht leben kann, kann er „Änderungsschutzklage" beim Arbeitsgericht erheben. Dies muß er innerhalb drei Wochen nach Erhalt der Änderungskündigung tun. Die Klage hat Erfolg, wenn dringende betriebliche Gründe zur Änderung nicht vorliegen oder eine andere weniger belastende Änderung ausreichen würde oder wenn der Betroffene aus sozialen Gründen (hohe Betriebszugehörigkeit, Lebensalter, Unterhaltsverpflichtungen) gegenüber anderen auf vergleichbaren Arbeitsplätzen Beschäftigten den Vorrang genießt. Im letzteren Fall hätte der Betrieb die Änderungskündigung der falschen Person gegenüber ausgesprochen.

Die Änderungskündigung ist wirksam, wenn dringende betriebliche Gründe die Änderung erfordern (§ 2 in Verbindung mit § 1 KündigungsschutzG; zum Kündigungsschutz siehe Seite 58 ff.). Solche Erfordernisse liegen vor, wenn der Arbeitsbedarf auf Dauer gesunken ist, oder sich als zu hoch festgesetzt erweist (BAG vom 26. 6. 75; AP Nr. 1 zu § 1 KSchG 1969, betriebsbedingte Kündigung). Dies gilt entsprechend bei vermehrtem Arbeitsbedarf. Der Arbeitgeber kann Halbtagsarbeitsplätze aufstocken oder in Ganztagsarbeitsplätze umwandeln (LAG Hamm, 7. 8. 80, ARSt. 81 Nr. 1129; LAG Berlin, 15. 6. 81, DB 82, 334). Er muß dem betroffenen Teilzeitarbeitnehmer ein entsprechendes Änderungsangebot unterbreiten.

*Für die Umwandlung eines normalen Teilzeitarbeitsverhältnisses mit festen Arbeitszeiten in ein Arbeitsverhältnis mit Anpassung der Arbeit an den Bedarf müssen wegen der mit Einführung der kapazitätsorientierten variablen Arbeitszeit verbundenen erheblichen Verschlechterung der Rechtsstellung des Beschäftigten ganz besondere Umstände vorliegen.*

Das gleiche gilt für die Einführung von „job-sharing" (ArbG Berlin vom 28. 10. 83; 18 Ca 303/83; ARSt 84, 66).

Der Arbeitnehmer, der gegen die Änderungskündigung klagen will, kann die Änderung einstweilen unter dem Vorbehalt annehmen, daß sie nicht „sozial ungerechtfertigt" ist (§ 2 KündigungsschutzG). Damit wird der Streit auf die Zumutbarkeit der Änderung verengt: Das Arbeitsgericht braucht nicht über die Fortsetzung des Arbeitsverhältnisses an sich zu entscheiden wie sonst bei einer Kündigung. Der Arbeitnehmer riskiert nicht seine Stelle, falls das Arbeitsgericht gegen ihn entscheidet und die Änderung für zumutbar hält. Er muß aber in diesem Fall zu den neuen Bedingungen weiterarbeiten. Die **„Annahme unter Vorbehalt"** ist daher nur zu empfehlen, wenn die Änderung nicht gänzlich untragbar ist. Ein hauptberuflich tätiger Arbeitnehmer wird z.B. keine Änderung unter Vorbehalt annehmen, wenn die Arbeitszeit auf unter 18 Stunden verringert werden soll, weil er sich den Verzicht auf die soziale Absicherung bei Arbeitslosigkeit nicht

## 1. Betriebliche Gründe

leisten kann (zur 18-Stunden-Wochengrenze bei der Arbeitslosenversicherung vgl. im 5. Kapitel, Abschnitt 6. Arbeitslosenversicherung).
**Wichtig:** Im Regelfall kann der Arbeitnehmer verlangen, daß für die Änderung der Arbeitsbedingungen eine Umstellungsfrist eingeräumt wird. Diese entspricht der gesetzlichen Kündigungsfrist, die der Betrieb bei der Änderungskündigung zu beachten hat.

> **Beispiel:**
> Frau Plate, die seit 12 Jahren 20 Wochenstunden halbtags in einem Büro arbeitet, soll nur noch 8 Wochenstunden zu einem Monatsverdienst von DM 500,– auf Abruf kommen, während andere jüngere Halbtagsbeschäftigte, die wegen ihres Alters und geringer Betriebszugehörigkeit weniger verdienen, ihre Arbeit teilweise mitübernehmen sollen. Frau Plate meint, daß sie von dem geringen Verdienst nicht leben kann und auch nicht auf die Sozialversicherung verzichten kann.
> Hier ist Frau Plate zu raten, Änderungsschutzklage beim Arbeitsgericht zu erheben, weil die „soziale Auswahl" verletzt ist. Der Betrieb hätte zuerst die Arbeitszeit jüngerer Kolleginnen kürzen müssen.
> Eine „Annahme unter Vorbehalt" dürfte wegen des Wegfalls der sozialen Sicherung und des geringen Verdienstes für Frau Plate uninteressant sein.
> – Siehe auch das Beispiel im 1. Kapitel unter 2.a) –

### Kündigung wegen Arbeitsmangel: sind immer zuerst Teilzeitkräfte dran?

Bei einer Kündigung oder Änderungskündigung aus *betrieblichen* Gründen hat der Arbeitgeber bei der Auswahl des Arbeitnehmers soziale Gesichtspunkte zu berücksichtigen (§ 1 Abs. 3 Satz 1 KündigungsschutzG).
Ob Frau Plate auch verlangen könnte, daß Beschäftigte mit anderer Wochenstundenzahl, z.B. Vollzeitbeschäftigte, etwa weil sie nach ihr eingestellt worden sind, in die **„soziale Auswahl"** miteinzubeziehen sind, ist nicht von vornherein ausgeschlossen. Aus dem Schutzzweck des Kündigungsschutzgesetzes ergibt sich, daß vergleichbare Beschäftigte, die in die soziale Auswahl einzubeziehen sind, auch solche mit *unterschiedlicher Wochenstundenzahl*

sein können. Geschützt werden soll der im Einzelfall sozial Schutzbedürftigere gegen Kündigung und Änderungskündigung. Berücksichtigt werden in erster Linie die bisherige Betriebstreue (Dauer der Betriebszugehörigkeit), die Chancen am Arbeitsmarkt (Lebensalter) und die Anzahl der Unterhaltsverpflichtungen und alle möglichen anderen Gesichtspunkte sozialer Art, die im Einzelfall eine Rolle spielen. Die Arbeitsgerichte prüfen jeden Einzelfall und lehnen jede schematische Auswahl z. B. aufgrund einer Punktetabelle ab.

*Es gibt keinen allgemeinen Rechtsgrundsatz, daß bei Arbeitsmangel Teilzeitkräfte gegenüber Vollzeitkräften vorrangig gekündigt werden können.* In vielen Fällen ergibt sich jedoch, daß die Kündigung Teilzeitarbeitnehmer nicht so hart trifft. Daraus kann aber keine Regel abgeleitet werden (Becker-Schaffner, Die Rechtsprechung im Bereich der Teilzeitbeschäftigung, DB 86, 1773). Soweit vor Gericht Teilzeitkräfte den kürzeren gezogen haben gegenüber Vollzeitkräften, handelte es sich meist um Fälle, wo die Teilzeitkraft sozial nachrangig war, etwa weil sie eine auskömmliche Rente bezog und die Teilzeitarbeit nur einen Hinzuverdienst zur Rente darstellte (vgl. z.B. LAG Ba-Wü, 24. 10. 68, DB 69, 1155). Daß unterschiedliche Wochenstundenzahlen einer Auswahl nach sozialen Gesichtspunkten nicht immer entgegenstehen, ergibt sich aus dem folgenden

**Beispiel:**

In der Textverarbeitung eines Betriebes besteht langfristig ein Stundenüberhang von zehn Wochenstunden. Drei Schreibkräfte, eine 50jährige Halbtagsbeschäftigte mit zwanzig Dienstjahren, eine 25jährige mit 30 Wochenstunden und vier Dienstjahren, sowie eine 26jährige Vollzeitkraft mit zwei Dienstjahren sind vorhanden. Wem gegenüber wäre eine Änderungskündigung mit dem Ziel, zehn Wochenstunden zu verkürzen, auszusprechen?

Der Betrieb kann im Hinblick auf die unternehmerische Freiheit wählen, ob er den verminderten Arbeitsbedarf durch Kündigung oder Änderungskündigung für einzelne Arbeitnehmer oder durch eine Arbeitszeitverkürzung für alle auffängt. Er ist nicht verpflichtet, die allgemeine betriebliche Arbeitszeit auf Dauer zu verkürzen, um Kündigungen zu vermeiden; anders, wenn sich die Kündigungen durch vorübergehende Kurzarbeit vermeiden lassen (LAG Hamm, DB 83, 506). Im Beispielsfall kann er die Ver-

## 1. Betriebliche Gründe

ringerung der Arbeitszeit auf einen bestimmten Arbeitsplatz konzentrieren statt die Kürzung gleichmäßig auf die drei Beschäftigten zu erstrecken. Er kann also einer der drei Personen zehn Stunden im Wege der Änderungskündigung wegnehmen.
Es handelt sich um drei Beschäftigte mit ganz unterschiedlichen Beschäftigungsvolumen. Steht dies einem Vergleich unter sozialen Gesichtspunkten grundsätzlich entgegen? Das ist zu verneinen. Anders käme man zu dem Ergebnis, daß der Betrieb unter ihnen frei auswählen kann. Dies wäre im vorliegenden Fall nicht mit dem Schutzzweck des Kündigungsschutzgesetzes zu vereinbaren. Es liegt hier auf der Hand, daß die 50jährige Halbtagskraft wegen ihrer vielen Dienstjahre und ihres Alters gegenüber den beiden anderen sozial erheblich schutzbedürftiger ist. Weiter würde sie bei einer Verringerung ihrer Stunden um zehn nicht mehr sozialversichert sein. Die Änderungskündigung muß also gegen eine der beiden anderen Frauen gerichtet werden. Bleibt dabei die 26jährige außer Betracht, weil sie Vollzeitkraft ist?
Beim Vergleich der beiden Verbliebenen erweist sich die 25jährige Teilzeitkraft eindeutig als die schutzbedürftigere gegenüber der Vollzeitbeschäftigten, da sie bei etwa gleichem Lebensalter die doppelte Dienstzeit hat. Hinzukommt, daß die Zehnstundenkürzung bei einer 30-Stunden-Kraft ein relativ härterer Eingriff wäre als bei einer Vollzeitkraft.
Der sozialen Auswahl zulasten der Vollzeitkraft kann der Betrieb aber im Einzelfall die Vorschrift des § 1 Absatz 3 Satz 2 KündigungsschutzG entgegenhalten. Danach stehen betriebstechnische, wirtschaftliche oder sonstige berechtigte betriebliche Belange der sozialen Auswahl entgegen, wenn sie die Weiterbeschäftigung eines Arbeitnehmers bedingen. Dem Betrieb muß zugestanden werden, daß er einen Stamm von Vollzeitkräften erhalten will, z. B. im Interesse kontinuierlicher Arbeitsabläufe oder um ständige Ansprechpersonen zu haben. Mit dieser Argumentation ist die Änderungskündigung mit dem Ziel der Stundenreduzierung gegenüber der 25jährigen Teilzeitkraft möglich.
**Hinweis:** In Kleinbetrieben mit weniger als sechs regelmäßig Beschäftigten – Auszubildende und Teilzeitbeschäftigte mit weniger als zehn Wochen- bzw. weniger als 45 Monatsstunden nicht mitgerechnet – ist die Kündigungsschutzklage nur bei einer fristlosen (außerordentlichen) Kündigung möglich. Hier kann bei einer fristgemäßen Kündigung der Kündigungsgrund nicht vom Ar-

beitsgericht geprüft werden; der Kündigungsschutz reduziert sich hier auf die Einhaltung der Kündigungsfrist, sofern nicht ein besonderer gesetzlicher Kündigungsschutz zum Beispiel nach dem Mutterschutzgesetz besteht (zu Kündigungsfrist und allgemein zum Kündigungsschutz vgl. Seite 58 ff.).

## b) Kurzarbeit

Kurzarbeit im Rahmen der Bestimmungen des Arbeitsförderungsgesetzes hat den Vorrang vor Kündigungen wegen Arbeitsmangel, wenn sie dem Betrieb möglich und zumutbar ist. Kurzarbeit unter Zahlung von Kurzarbeitergeld für die Ausfallstunden seitens des Arbeitsamtes kann allerdings nicht einseitig vom Betrieb ohne Einhaltung von (An-)Kündigungsfristen angeordnet werden. Wenn ein Betriebsrat vorhanden ist, muß dieser der Einführung von Kurzarbeit zustimmen. Ist kein Betriebsrat im Betrieb gewählt, bedarf die Einführung von Kurzarbeit der Zustimmung der einzelnen Betroffenen bzw. einer vertraglichen oder tarifvertraglichen Ermächtigung. Nach den Bestimmungen des Arbeitsförderungsgesetzes zahlt das Arbeitsamt Kurzarbeitergeld bei Arbeitsmangel. Bei Zustimmung des Betriebsrates bzw. der Betroffenen ist der Betrieb befugt, die Arbeitszeit und den Verdienst zu verkürzen. Den Entgeltausfall übernimmt in Höhe von annähernd 63% des Nettoverdienstes (bei Versicherten mit Kindern 68%) das Arbeitsamt.

Achtung: Kurzarbeitergeld gibt es nur für Arbeitnehmer, die in der Arbeitslosenversicherung versichert sind, d.h. 18 Wochenstunden erreichen. Für Teilzeitkräfte, die keinen Anspruch auf Kurzarbeitergeld haben, bleibt es bei der vertraglich vereinbarten Arbeitszeit und dem vereinbarten Verdienst, sofern sich diese nicht freiwillig mit einer vorübergehenden Verkürzung ihrer Arbeitszeit einverstanden erklären.

## c) Allgemeine Arbeitszeitverkürzung; Auswirkungen für Teilzeitkräfte

Anlaß für eine Änderungskündigung könnte eine allgemeine, insbesondere tarifliche Arbeitszeitverkürzung sein, wenn die bisherige Arbeitszeit einzelvertraglich fest vereinbart war und anders nicht an die herabgesetzte betriebliche Arbeitszeit angepaßt werden kann (LAG Düsseldorf vom 26. 10. 55, BB 56, 110). Die

## 1. Betriebliche Gründe

Anpassung der Arbeitszeit eines Teilzeitbeschäftigten an eine allgemeine Arbeitszeitverkürzung kann sich auch unmittelbar aus den für das Arbeitsverhältnis geltenden einzel-, betriebs-, oder tarifvertraglichen Bestimmungen ergeben.
Die allgemeine Arbeitszeitverkürzung kann auf Teilzeitarbeitsverhältnisse verschieden umgesetzt werden.
Verkürzt sich die Dauer der betriebsüblichen Arbeitszeit der Vollzeitbeschäftigten, liegt es nahe, die Verkürzung anteilig im Verhältnis der verkürzten zur bisherigen Arbeitszeit der Vollzeitbeschäftigten auf das Teilzeitarbeitsverhältnis zu übertragen.
Denkbar ist aber auch, daß die Arbeitszeit des Einzelnen unverändert belassen wird. **Dann kann der Teilzeitbeschäftigte verlangen, daß sein Stundenlohn im Verhältnis der bisherigen zur verkürzten Arbeitszeit eines Vollzeitbeschäftigten aufgestockt wird** (BAG, 29. 1. 92, 4 AZR 293/91; Pressinfo). Die Verkürzung der betrieblichen Arbeitszeit bei vollem Lohnausgleich bedeutet für die Vollzeitbeschäftigten eine *Gehaltserhöhung,* da sie für das gleiche Geld weniger arbeiten müssen. An Gehaltserhöhungen müssen Teilzeitkräfte beteiligt werden (siehe Seite 87). **Die Frage, ob die Arbeitszeit ermäßigt oder unverändert belassen wird, ist anhand der getroffenen Vereinbarung mit dem Teilzeitbeschäftigten durch Auslegung zu klären; der Vertragswille der Arbeitsvertragsparteien (Arbeitgeber und Arbeitnehmer) muß respektiert werden, wenn diese unabhängig von der jeweiligen allgemeinen betrieblichen Arbeitszeit eine bestimmte Stundenzahl vereinbart haben** (LAG Hamm, 18. 8. 87, 7 Sa 345/87, BB 87, 2374, rechtskräftig); das ist zu prüfen im folgenden

> Beispiel:
> „Halbtagsbeschäftigung" ist vereinbart. Der Teilzeitbeschäftigte arbeitete bisher 20 Wochenstunden. Die tarifliche Wochenstundenzahl der Vollzeitbeschäftigten betrug bisher 40 Stunden. Nun wird die tarifliche Wochenstundenzahl auf 38½ verkürzt, wobei der Tarif auch die Beibehaltung der 40-Stundenwoche gegen Aufstockung des Verdienstes gestattet. Muß der Teilzeitbeschäftigte nur noch 19¼ Stunden bei gleichem Verdienst arbeiten oder muß er weiterhin 20 Wochenstunden leisten und kann dafür seinen Verdienst um ca. 3,9% (40 : 38,5 × 100 − 100) erhöht verlangen?

Im Beispielsfall wird man sich für die Verkürzung der Arbeitszeit entscheiden. **Dies gilt im Zweifel immer, wenn die Dauer der**

**regelmäßigen Arbeitszeit im Vertrag nur als Bruchteil oder Prozentsatz der allgemeinen betrieblichen Arbeitszeit beschrieben ist.**
Auf diese Weise wird eine stärkere Abhängigkeit der Wochenarbeitszeit des Teilzeitbeschäftigten zur allgemeinen betrieblichen Arbeitszeit hergestellt, als wenn z. B. im Arbeitsvertrag die Zahl der Arbeitsstunden pro Woche konkret, z. B., mit 12 Stunden angegeben wird. Letzteres deutet darauf hin, daß der Teilzeitbeschäftigte einen bestimmten Arbeitsanfall abdecken soll. Dieser kann völlig unabhängig von der betriebsüblichen Arbeitszeit für Vollzeitbeschäftigte bestehen. Dann liegt es näher, wenn der Verdienst entsprechend aufgestockt wird.

Tarifverträge bestimmen häufig, daß bei tariflichen Arbeitszeitverkürzungen die einzelvertragliche Arbeitszeit der Teilzeitbeschäftigten nur unter dem Vorbehalt verkürzt wird, daß a) der Arbeitnehmer zustimmt und daß b) die Verkürzung nicht zum Herausfallen aus der sozialen Sicherung führt.

> **Beispiel:**
> „Teilzeitbeschäftigte sind von der Arbeitszeitverkürzung erfaßt. Stimmen sie einer Änderung ihres Arbeitsvertrages auf Arbeitszeitverkürzung zu, wird ihre Stundenzahl im Verhältnis der Arbeitszeitverkürzung nur insoweit gekürzt, als sie durch die Verkürzung nicht gegen ihren Willen unter die Grenze zur Versicherungspflicht in der gesetzlichen Arbeitslosenversicherung fallen" (§ 5a Manteltarifvertrag für den Einzelhandel im Lande Bremen).

Mehr kann gegenüber bestehenden Teilzeitarbeitsverhältnissen durch Tarifvertrag nicht geregelt werden, weil die Einzelvereinbarung und die individuelle Interessenlage hier Vorrang haben.

> **Hinweis:** Im Einzelarbeitsvertrag sollte bei Teilzeitarbeitsverhältnissen diese Frage klargestellt werden, etwa so: Bei tariflichen Arbeitszeitverkürzungen wird die Arbeitszeit im Verhältnis der bisherigen Wochenarbeitszeit zur neuen Wochenarbeitszeit von Vollzeitbeschäftigten verkürzt. Entfällt hierdurch die gesetzliche Arbeitslosen- oder Krankenversicherung, bedarf die Arbeitszeitverkürzung der Zustimmung des Arbeitnehmers. Bei Beibehaltung der bisherigen Arbeitszeit wird die entgangene Arbeitszeitverkürzung durch eine entsprechende Gehaltsaufstockung kompensiert.

## 2. Verkürzung der Arbeitszeit auf Wunsch des Arbeitnehmers

– Zur Verlängerung der Arbeitszeit auf Wunsch des Arbeitnehmers vgl. im folgenden unter 2e –

*a) Unterrichtung der Arbeitnehmer über Teilzeitarbeitsplätze*

Nach Art. 1 § 3 BeschäftigungsförderungsG 85 hat der Arbeitgeber einen Arbeitnehmer, der ihm gegenüber den Wunsch nach einer Veränderung von Dauer oder Lage seiner Arbeitszeit angezeigt hat, über entsprechende Arbeitsplätze zu unterrichten, die in dem Betrieb besetzt werden sollen. Die Unterrichtung kann nach Satz 2 dieser Vorschrift auch durch Aushang erfolgen. Zweck der Regelung ist es, Arbeitnehmern, die dies wollen, den Wechsel zwischen Teilzeit- und Vollzeitarbeit oder von Nachmittags- in Vormittagsarbeit zu erleichtern, weil sie dadurch frühzeitig Kenntnis von den Bewerbungsmöglichkeiten erhalten. Daneben kann der Betriebsrat nach § 93 des Betriebsverfassungsgesetzes verlangen, daß diese Arbeitsplätze im Betrieb ausgeschrieben werden.

*b) Anspruch auf Teilzeitbeschäftigung*

Eine Ermäßigung der Arbeitszeit bedarf der Vereinbarung mit dem Arbeitgeber, weil damit der Arbeitsvertrag verändert wird.

Ein Anspruch auf eine solche Vertragsänderung ergibt sich im Einzelfall aus der *Fürsorgepflicht des Arbeitgebers,* wenn anders der Arbeitnehmer das Arbeitsverhältnis nicht mehr fortsetzen kann bzw. wenn damit eine Kündigung vermieden werden kann (Schaub, § 45, IV, 10.) und wenn die Ermäßigung der Arbeitszeit dem Arbeitgeber zumutbar ist. Der Arbeitgeber muß insbesondre auf familiäre Betreuungspflichten des Arbeitnehmers wie die Kindes- oder die Krankenpflege und natürlich auf die Grenzen seiner gesundheitlichen Belastbarkeit Rücksicht nehmen – siehe im folgenden unter c) und d).

Die Umstellung auf Teilzeit muß betrieblich möglich und zumutbar sein, d.h., sie darf nicht mit größeren Umständen und Kosten verbunden sein, insbesondere nicht mit spürbar auf Dauer erhöhten Lohnkosten. Im letzteren Fall sollte der Arbeitgeber aber überlegen, ob nicht eine verbesserte Effizienz infolge der Aufteilung der Stelle eintritt. Sonst nicht berufstätige Teilzeitkräfte leisten – jedenfalls in bestimmten Tätigkeiten wie Textverarbeitung – mehr als vergleichbare Vollzeitkräfte (gesteigerter Leistungskoeffizient, vgl. Schaub, § 44, III, 3.).

Ist eine freie Teilzeitstelle vorhanden, kann der Arbeitnehmer – seine Eignung vorausgesetzt – seine Versetzung auf diese Stelle verlangen. Bietet sich keine freie Stelle an, muß der Arbeitgeber notfalls umorganisieren, soweit ihm dies möglich und zumutbar ist. Das durch die Arbeitszeitverkürzung freiwerdende Arbeitsvolumen kann durch die Neueinstellung einer anderen Teilzeitkraft wieder aufgefüllt oder im Betrieb umverteilt werden.

Hat ein Betriebsangehöriger aufgrund der Fürsorgepflicht des Arbeitgebers Anspruch auf eine Ermäßigung seiner Arbeitszeit (zu den Lebenssachverhalten Kindesbetreuung und Schwerbehinderung vgl. im folgenden bei Buchst. c und d), kann der Betriebsrat bei der **Besetzung freier Teilzeitarbeitsplätze** die Zustimmung zur Einstellung externer Bewerber verweigern (§ 99 Abs. 2 Nr. 3 BetriebsverfassungsG; Benachteiligung von Betriebsangehörigen).

**Aufteilung einer offenen Vollzeitstelle:** Aus Anlaß der Besetzung einer freien Vollzeitstelle kann nach meiner Auffassung der Betriebsrat verlangen, daß diese Stelle in zwei Halbtagsarbeitsplätze aufgeteilt wird, wenn für einen Betriebsangehörigen unter den oben genannten Voraussetzungen eine Fürsorgepflicht des Arbeitgebers besteht, seine Arbeitszeit zu ermäßigen. Dann wäre die Nichtaufteilung der Stelle und ihre Besetzung mit einem Vollzeitarbeitnehmer eine ungerechtfertigte Benachteiligung des schutzbedürftigen Betriebsangehörigen. Der Betriebsrat kann seine Zustimmung zur Einstellung des Vollzeitarbeitnehmers nach § 99 Abs. 2 Nr. 3 BetriebsverfassungsG (ungerechtfertigte Benachteiligung von Betriebsangehörigen) verweigern (str.).

Der Übergang zur Teilzeitarbeit ist keine Beendigung oder Neubegründung des Arbeitsverhältnisses, sondern dessen nahtlose Fortsetzung (BAG, 31. 10. 75, 5 AZR 482/74, DB 76, 488). Die Betriebszugehörigkeit wird nicht unterbrochen.

Mit der Vertragsänderung von Vollzeit auf Teilzeit kann auch eine **Option zur Wiederaufstockung der Arbeitszeit** verbunden werden, z. B. – bei Teilzeitarbeit wegen Betreuung eines Kindes – in der Form einer zeitlichen Befristung auf ein bestimmtes Lebensalter des Kindes oder – bei Teilzeitarbeit aus gesundheitlichen Grün-

## 2. Wunsch des Arbeitnehmers

den – in der Form einer Widerrufsklausel für den Fall der Besserung der Gesundheit – vgl. näher im folgenden bei e).

### c) Kindesbetreuung – Anspruch auf Teilzeitstelle bzw. Sonderurlaub

Frauen stehen häufig nach der Geburt eines Kindes vor der Notwendigkeit, sich eine Teilzeitstelle zu beschaffen, wenn sie für den Lebensunterhalt ihres Kindes oder ihrer Familie (mit)aufzukommen haben. Die Zeit für die Betreuung ihres Kindes vereinbart sich dann nicht mehr mit einer Vollzeitbeschäftigung. Das gleiche gilt für Männer, wenn sie das Kind hauptsächlich betreuen und erziehen. Diese Personen müßten ihre Stelle kündigen. **Hier sind die Betriebe aufgefordert, aus ihrer sozialen Verantwortung in weitaus stärkerem Maße als bisher etwa durch Aufteilen einer Vollzeitstelle Teilzeitstellen einzurichten und Beurlaubungsmöglichkeiten zu schaffen.** Nach dem Beamtenrecht kann Beamtinnen/Beamten zur Betreuung und Pflege ihres Kindes oder eines pflegebedürftigen Angehörigen auf Antrag die Arbeitszeit bis auf Halbtagsbeschäftigung langjährig ermäßigt oder ein langjähriger unbezahlter Urlaub aus familiären Gründen gewährt werden (§ 48a Abs. 2 BeamtenrechtsrahmenG; § 78a Bremisches BeamtenG). Bemerkenswert ist auch die neue Bestimmung des § 125b BeamtenrechtsrahmenG, wonach bei Verschärfungen der fachlichen Einstellungsvoraussetzungen während der Zeit, in der sich die Einstellung einer Frau infolge der Geburt eines Kindes verzögert hat, bei der nachträglichen Bewerbung der Frau innerhalb bestimmter Fristen zu ihren Gunsten die leichteren Anforderungen gelten; unter Umständen ist sie sogar vor anderen Bewerbern einzustellen. Für die Angestellten des öffentlichen Dienstes besteht eine tarifliche Kannbestimmung über die Gewährung von unbezahltem Sonderurlaub nach § 50 Abs. 2 BAT. Hierzu hat das Bundesarbeitsgericht mit Blick auf Artikel 6 des Grundgesetzes entschieden, daß im Rahmen dieser tariflichen arbeitgeberseitigen Bestimmungsklausel die Betreuung eines Kleinkindes ein wichtiger Grund für die Bewilligung von Sonderurlaub ist und daß der (die) Angestellte die Beurlaubung verlangen kann, wenn die dienstlichen Verhältnisse dies gestatten (BAG, 12. 1. 89, 8 AZR 251/88, BB 89, 1273). **Gleichstellungsgesetze einiger Bundesländer:** Zum Beispiel in Bremen ist das teilzeitfreundliche Beamtenrecht durch Gesetz zur Gleichstellung von Frau und Mann im öffentlichen Dienst des Landes Bremen vom 20. 11. 1990 auf die Angestellten und Arbeiter des Bremischen öffentlichen Dienstes übertragen worden. Damit hat Bremen die Fürsorgepflicht des § 618 BGB in familienpolitischer Hinsicht für die Arbeitnehmer des öffentlichen Dienstes näher ausgestaltet. Für Arbeitnehmer in der Privatwirtschaft wäre der Bund als Gesetzgeber zuständig.

Im folgenden sind die hier interessierenden Vorschriften abgedruckt. Sie können über den öffentlichen Dienst hinaus als Vorbild z. B. für tarifliche und betriebliche Regelungen gelten.

**Bremisches LandesgleichstellungsG (Auszug):**

**§ 4 Einstellung, Übertragung eines Dienstpostens und Beförderung**

(3) Unbeschadet dienstrechtlicher Regelungen dürfen bei Bewerbungen um eine andere Stelle den Bediensteten keine Nachteile aus einer Beurlaubung, Ermäßigung der Arbeitszeit oder Teilzeitbeschäftigung erwachsen.

**§ 8 Familiengerechte Arbeitsplatzgestaltung**

(1) Grundsätzlich sind Vollzeitarbeitsplätze zur Verfügung zu stellen. Im übrigen sind Arbeitsplätze so zu gestalten, daß sie auch vorübergehend in der Form der Teilzeitbeschäftigung oder bei Ermäßigung der Arbeitszeit wahrgenommen werden können. Dies gilt insbesondere auch auf der Funktionsebene des gehobenen und höheren Dienstes sowie für entsprechende Positionen bei Arbeiterinnen und Arbeitern sowie Angestellten.

(2) Die Regelung des § 78a des Bremischen Beamtengesetzes gilt auch für Arbeiterinnen und Arbeiter sowie Angestellte im Geltungsbereich dieses Gesetzes.

(3) Dem Wunsch von Teilzeitbeschäftigten nach Aufstockung ihrer wöchentlichen Arbeitszeit ist im Rahmen der stellenplanmäßigen Möglichkeiten zu entsprechen.

Im Einzelhandel besteht ab einer bestimmten Betriebsgröße nach den für 1990 geltenden Manteltarifverträgen (Ausnahme Berlin-West) ein Anspruch auf unbezahlten „Elternurlaub" bzw. Teilzeitbeschäftigung bis zur Dauer von vier Jahren.

Außerhalb des Beamtenrechts bzw. von Tarifverträgen oder Betriebsvereinbarungen besteht ein Anspruch auf Ermäßigung der Arbeitszeit oder Sonderurlaub aus familiären Gründen gegebenenfalls aufgrund einer gesteigerten Fürsorgepflicht, die sich aus dem Mutterschutzgesetz bzw. Artikel 6 des Grundgesetzes ergibt; bei der Gestaltung der Arbeitsplätze ist insbesondere Rücksicht im Hinblick auf den Gesundheitsschutz der werdenden Mutter vorgeschrieben (§ 2 MutterschutzG). Der Gesetzgeber hat es bisher hier anders als im Schwerbehindertengesetz versäumt, die besondere Fürsorgepflicht zur Einrichtung von Teilzeitarbeitsplätzen für die Anschlußbeschäftigung nach der Entbindung ausdrücklich in das Gesetz zu schreiben. Trotz des Schweigens des Mutterschutzgesetzes in dieser Frage hat sich der Betrieb zu bemühen, einen Teilzeitarbeitsplatz einzurichten, wenn ihm dies technisch, organisatorisch und unter Kostengesichtspunkten zuzumuten ist. Dies ergibt sich jedenfalls für Alleinerziehende aus der im Lichte des Artikel 6 des Grundgesetzes gesehenen betrieblichen Fürsorgepflicht (zu letzterer BVerfG z. Einigungsvertrag; 24. 4. 91 – 1 BvR 1341/90 – bzw. 10. 3. 92).

Nach dessen Absatz 4 hat jede Mutter Anspruch auf Schutz und Fürsorge der Gemeinschaft. Die Pflege und Erziehung der Kinder ist die den Eltern „zuvörderst" obliegende Pflicht (Art. 6 Abs. 2 Satz 1 GG).

Auch die Verfassungen der Bundesländer betonen diese besondere Fürsorgepflicht. Erwähnt seien hier zum Beispiel in der Landesverfassung der Freien Hansestadt Bremen die Artikel 21, 52 und 54. Nach Art. 52 müssen die Arbeitsbedingungen u. a. das Familienleben des Arbeitnehmers sichern und die leibliche, geistige und sittliche Entwicklung der Jugendlichen fördern. Nach Art. 54 sind durch Gesetz Einrichtungen zum Schutz der Mütter und Kinder zu schaffen und die Gewähr, daß die Frau ihre Aufgabe im Beruf und als Bürgerin mit ihren Pflichten als Frau und Mutter vereinen kann. Diesem Auftrag sind Bremen, Hamburg, Niedersachsen und Nordrhein-Westfalen mit Gesetzen über einen Hausarbeitstag für Frauen nachgekommen. Diese Gesetze sind wegen Verstoßes gegen die Gleichberechtigung von Männern und Frauen inzwischen nicht mehr anwendbar (vgl. BAG, 26. 1. 82, 3 AZR 41/81, AP Nr. 29 zu § 1 HausarbTagsG Nordrh.-Westfalen).

Weiter ergibt sich eine Pflicht, die Einrichtung einer Teilzeitstelle zu prüfen, aus dem Gleichheitssatz des Artikel 3 GG, insbesondere dem Diskriminierungsverbot wegen des Geschlechts; die

Berufsaussichten von Männern und Frauen müssen gleich gestaltet sein (§ 611a BGB). Nach dem Bericht der Bundesregierung über den Mutterschaftsurlaub strebt die Mehrheit der Mütter danach, ihren Beruf kontinuierlich auszuüben; sie möchten berufliche Tätigkeit und familiäre Aufgaben in Einklang bringen (BTDs 10, 5327 vom 16. 4. 86). Das macht die Fortsetzung der Berufstätigkeit wenigstens teilweise parallel zur Pflege und Erziehung der Kinder und damit die Einrichtung einer Teilzeitstelle wünschenswert. Ideal wäre eine Beurlaubung der Betreuungs- und Erziehungsperson bis zum Kindergarten- oder Schulalter und eine anschließende Teilzeitbeschäftigung (vgl. zur Problematik und mit dem Vorschlag, den individuellen Einkommensausfall zu subventionieren, B. Geissler/B. Pfau, Geschützte Teilzeitarbeit für Eltern, ein Regulierungsmodell, Uni Paderborn, für die Bundestagsfraktion der Grünen).

Die Fürsorgepflicht wirkt sich im übrigen auch auf die Bestimmung der *Lage der Arbeitszeit* aus. Ein kindererziehender Arbeitnehmer hat einen Rechtsanspruch darauf, daß seine Arbeitszeiten vom Arbeitgeber so festgelegt (verändert) werden, daß er seinen Arbeitsplatz tatsächlich einnehmen kann, ohne seine Pflichten zur Pflege und Erziehung der Kinder verletzen zu müssen, sofern die Veränderung der Arbeitszeiten für den Arbeitgeber nicht zu einer unzumutbaren Beeinträchtigung seiner wirtschaftlichen Interessen führt. Eine Arbeitsverweigerung aus dringenden persönlichen Gründen rechtfertigt keine Kündigung, wenn dem Arbeitgeber die Weiterbeschäftigung des Arbeitnehmers unter geänderten, den persönlichen Belangen des Arbeitnehmers gerecht werdenden Arbeitsbedingungen möglich ist und der Arbeitnehmer sein Einverständnis hiermit erklärt hat (rechtskräftiges Urteil des Arbeitsgerichts Bielefeld, 12. 10. 88, 2 Ca 1062/88, DB 89, 735; LAG Frankfurt, 6. 4. 85, 1 Ca 691/84, NZA 86, 717).

Ein großer Schritt in die richtige Richtung ist das Bundeserziehungsgeldgesetz in seiner neuesten Fassung mit der Verlängerung des Erziehungsgeldes und des Erziehungsurlaubes (vgl. näher im 8. Kapitel). In diesem Zeitraum kann die bisherige Tätigkeit teilweise fortgesetzt werden (siehe Seite 171 ff.).

Zur Arbeitsbefreiung für die Beaufsichtigung und Pflege eines Kindes und zum Pflegekrankengeld siehe Seite 101 bzw. 152.

Zum besonderen Kündigungsschutz siehe Seite 176.

Die Ausführungen zu einem möglichen Rechtsanspruch auf Reduzierung der Arbeitszeit bzw. auf Sonderurlaub gelten entsprechend bei der **Pflege erkrankter naher Angehöriger.** Auch hier kann ein Leistungsverweigerungsrecht bestehen, wenn der Arbeitgeber die Anpassung der Arbeitszeit an die private Notlage verweigert, weil er die Pflichtenkollision zwischen sittlicher Verpflichtung zur Pflege und der Arbeitspflicht im Betrieb falsch beurteilt (bezüglich Selbstbeurlaubung nach abgelehntem Sonderurlaub ArbG Mannheim, 7. 2. 91, 5 Ca 203/90, Ber. eingel., BB 91, 978).

*d) Schwerbehinderte – Anspruch auf Teilzeitstelle*

Nicht alle Schwerbehinderten stehen einen vollschichtigen Arbeitstag durch. Hier hat der Gesetzgeber die Pflicht zur Einrichtung eines auf diese Behinderung zugeschnittenen Arbeitsplatzes grundsätzlich geregelt.

Nach § 6 Absatz 1 Nr. 1c SchwerbehindertenG haben die Arbeitgeber im Rahmen der gesetzlich vorgeschriebenen Pflichtplätze für Schwerbehinderte (§ 5 SchwerbehindertenG) auch solche Schwerbehinderten zu beschäftigen, die infolge ihrer Behinderung nur eine wesentlich verminderte Arbeitsleistung erbringen können, z.B. nur noch Teilzeit arbeiten können.

Nach § 14 Abs. 3 Satz 1 SchwerbehindertenG sind die Arbeitgeber verpflichtet, den Betrieb behindertengerecht einzurichten und so zu regeln, daß wenigstens die vorgeschriebene Zahl von Schwerbehinderten beschäftigt werden kann. **Die Einrichtung von Teilzeitarbeitsplätzen ist zu fördern.** Diese Bestimmungen sind Ausdruck einer besonderen Fürsorgepflicht des Betriebes zugunsten seiner Schwerbehinderten. Sie läuft darauf hinaus, daß, wenn der Schwerbehinderte die Ermäßigung seiner Arbeitszeit beantragt, für ihn im Hinblick auf § 6 Abs. 1 Nr. 1c (Beschäftigung von Schwerbehinderten mit verminderter Arbeitsleistung) und § 14 Abs. 3 Satz 1 (behindertengerechte Arbeitsplätze; Förderung der Teilzeitarbeitsplätze) ein Teilzeitarbeitsplatz einzurichten ist, ausgenommen, wenn dies „für den Arbeitgeber nicht zumutbar mit unverhältnismäßigen Aufwendungen verbunden wäre" (§ 14 Abs. 3 Satz 3 SchwerbehindertenG).

Hierbei haben Landesarbeitsamt und Hauptfürsorgestelle den Betrieb zu unterstützen, dies auch mit Geldmitteln aus dem Ausgleichsfond, der sich aus der Ausgleichsgabe finanziert (§ 14 Abs. 3 Satz 4 SchwerbehindertenG).

Einen Anreiz für die Aufteilung von Vollzeitstellen zugunsten Schwerbehinderter bietet § 9 Absatz 2 SchwerbehindertenG. Danach wird auch der nichtvollbeschäftigte Schwerbehinderte auf einen Pflichtplatz im Rahmen der Pflichtquote nach § 5 SchwerbehindertenG angerechnet, wenn er mindestens 18 Wochenstunden beschäftigt ist. Auf Antrag wird ein Schwerbehinderter, der weniger als 18 Stunden beschäftigt wird, auf einen Pflichtplatz angerechnet, wenn die kürzere Arbeitszeit wegen Art oder Schwere der Behinderung erforderlich ist.

Bei der Besetzung freier Teilzeitstellen kann der Betriebsrat die Einstellung externer Bewerber verweigern, wenn ein geeigneter interner Bewerber vorhanden ist, der aus gesundheitlichen Gründen seine Arbeitszeit reduzieren muß (Verweigerungsgrund nach § 99 Abs. 2 Nr. 3 BetriebsverfassungsG; Benachteiligung von Betriebsangehörigen). Die Nichtberücksichtigung des internen Bewerbers ist ein Verstoß gegen die Fürsorgepflicht des Arbeitgebers.

Anders ist die Rechtslage nach Auffassung der Arbeitsgerichte, wenn der Betriebsrat einem externen schwerbehinderten Bewerber den Vorrang einräumen will, weil die Pflichtquote noch nicht ausgefüllt ist. Zwar verstößt hier der Arbeitgeber gegen die §§ 5, 6 und 14 SchwerbehindertenG. Der Zustimmungsverweigerungsgrund nach § 99 Abs. 2 Nr. 1 BetriebsverfassungsG (Verstoß gegen eine Rechtsvorschrift) soll jedoch nicht ohne weiteres vorliegen. Die gesetzliche Mindestquote gibt keinen Anspruch auf eine bestimmte Einstellung; es bleibt dem Arbeitgeber letztlich frei, trotz Nichterfüllung der Pflichtquote einen gesunden und nicht schwerbehinderten Arbeitnehmer einzustellen, sofern er vorher unter Beteiligung der Schwerbehindertenvertretung geprüft hat, ob der Arbeitsplatz mit einem Schwerbehinderten besetzt werden kann (BAG, 14. 11. 89; ARST 90, 43). Nach meiner Ansicht geben die genannten Gesetze dem Betriebsrat die Möglichkeit, zu erzwingen, daß der Arbeitgeber seine Auswahl auf die (geeigneten) Schwerbehinderten unter den Bewerbern reduziert und – wenn nur ein schwerbehinderter Bewerber unter den Bewerbern ist – diesen auch einstellt. Anders läuft die allgemeine Aufgabe des Betriebsrats leer, die Eingliederung Schwerbehinderter und sonstiger besonders schutzbedürftiger Personen zu fördern und

## 2. Wunsch des Arbeitnehmers

über die Anwendung des Arbeitnehmerschutzrechts zu wachen (§ 80 Abs. 1 Nr. 1 und 4 BetriebsverfassungsG, im Ergebnis auch Dietz-Richardi, Komm. zum BetrVG, 6. Aufl., § 99 Rdnr. 149).
Zum Zusatzurlaub für Schwerbehinderte siehe Seite 118.
Zum besonderen Kündigungsschutz siehe Seite 59.

### e) Wiederaufstockung einer aus persönlichen Gründen verkürzten Arbeitszeit

Der Arbeitnehmer, der wegen Kindesbetreuung, Kranken- oder Altenpflege oder aus gesundheitlichen Gründen seine Arbeitszeit im Wege der Vereinbarung verkürzt hatte, kann nach Wegfall dieser Gründe nicht automatisch eine Wiederaufstockung seiner Arbeitszeit bzw. die Rückkehr auf die alte Arbeitszeit verlangen – sofern nicht die Verkürzung lediglich befristet gewesen war.
Zur Wiedereingliederung solcher Personen besteht zwar grundsätzlich eine Fürsorgepflicht aus ähnlichen Erwägungen, die zur Einrichtung der Teilzeitstelle geführt haben (vgl. oben 2b, c und d). Diese besteht aber nur im Rahmen der vorhandenen personellen Möglichkeiten des Betriebes, so daß der Arbeitnehmer auf eine entsprechende Stellenausschreibung im Betrieb warten muß, auf die er sich als innerbetrieblicher Bewerber ganz normal bewerben muß.
Unter Hinweis auf die Fürsorgepflicht zur Wiedereingliederung in das Berufsleben kann der Betriebsrat seine Zustimmung unter Umständen nach § 99 Abs. 2 Nr. 3 BetriebsverfassungsG (ungerechtfertigte Benachteiligung eines internen Bewerbers) verweigern, wenn ein anderer Bewerber vorgezogen werden soll.
In diesem Zusammenhang ist auf die Empfehlung Nr. 165 des Internationalen Arbeitsamtes (ILO) betreffend die Chancengleichheit zwischen Mann und Frau. Diese besagt unter anderem, daß die Beschäftigten das Recht haben sollten, sich für eine Teilzeitarbeit zu entscheiden, aber auch zu einer Vollzeitarbeit zurückzukehren, falls ein solcher Arbeitsplatz offensteht.
Auch das kann Gegenstand einer Tarif-, Betriebs- oder Einzelvereinbarung sein, die die Rückkehrmöglichkeit zur alten Arbeitszeit entweder garantiert, z.B. durch eine Zeit- oder Zweckbefristung der Ermäßigung auf die Dauer einer Pflege oder Erziehungsphase, oder wenigstens die Option zur Wiederaufstockung

der Arbeitszeit im Rahmen der betrieblichen Möglichkeiten bietet.
Entsprechendes gilt natürlich für die Rückkehr von Arbeitnehmern, die aus familiären oder gesundheitlichen Gründen ihren Arbeitsplatz hatten ganz aufgeben müssen, weil eine Beurlaubung nicht hatte erreicht werden können.
Hier bieten sich reiche Möglichkeiten für Gewerkschaften und Betriebsräte zum Abschluß von kollektiven Vereinbarungen.

*f) Teilvorruhestand (Altersteilzeit) bis 31. 12. 1992; Teilrente ab 1. 1. 1992*

Ältere Arbeitnehmer können aufgrund des Gesetzes zur Förderung eines gleitenden Übergangs in den Ruhestand (Altersteilzeitgesetz) seit dem 1. 1. 89 in diesen „gleiten". Diese Regelung, die das Vorruhestandsgesetz abgelöst hat und selbst nur bis zum 31. 12. 1992 gilt, ermöglicht einen schrittweisen Übergang vom Berufsleben in den Ruhestand und ist für viele Arbeitnehmer wesentlich besser zu verkraften als der abrupte Übergang vom Acht-Stundentag zum Null-Stundentag. In Kanada, den USA und in Schweden haben sich Modelle des Teilruhestandes schon erfolgreich bewährt. Eine Zwischenbilanz zur Inanspruchnahme des Altersteilzeitgesetzes zeigt jedoch, daß es tariflich kaum umgesetzt worden ist (Vorruhestand: über 250 Tarifverträge!) und daß auch außerhalb der Tarifverträge wenig davon Gebrauch gemacht worden ist.
Dies ist zu bedauern. Besonders für aus gesundheitlichen Gründen in ihrer Arbeitskraft reduzierte Arbeitnehmer, für die die Voraussetzungen für einen Anspruch auf eine Dauer-Invalidenrente noch nicht vorliegen, bietet sich der Teilvorruhestand (Altersteilzeit) an. Vom Gesetzgeber wäre zu wünschen, die Angebote Vorruhestand und Teilvorruhestand gemeinsam zur Auswahl zu stellen. Beide haben ihre eigenständige Berechtigung und den Vorzug der Finanzierung durch Arbeitgeber und Arbeitslosenversicherung. Der Teilvorruhestand eignet sich allerdings weniger als Instrument der Beschäftigungspolitik.

**Grundzüge des Teilvorruhestands:**

Arbeitnehmer können aufgrund eines Tarifvertrages, einer Betriebsvereinbarung oder einer Einzelvereinbarung vom 58. Le-

## 2. Wunsch des Arbeitnehmers

bensjahr an von der Altersteilzeit Gebrauch machen, indem sie bis zum endgültigen Rentenfall ihre Arbeitszeit auf die Hälfte der tariflichen regelmäßigen wöchentlichen Arbeitszeit, mindestens auf 18 Stunden vermindern. Die Bundesanstalt für Arbeit erstattet dem Arbeitgeber folgende Leistungen, die er dem älteren Teilzeitarbeitnehmer gewähren muß:
- einen Aufstockungsbetrag von 20 Prozent des Arbeitsentgelts für die Teilzeitarbeit,
- die Beträge zur Höherversicherung in der gesetzlichen Rentenversicherung. Um größere Renteneinbußen zu vermeiden, wird der ältere Teilzeitarbeitnehmer mit 90 Prozent seines letzten Bruttolohns versichert.

Die Erstattung dieser Leistungen durch die Bundesanstalt setzt die **Wiederbesetzung des freiwerdenden Teilzeitarbeitsplatzes mit einem Arbeitslosen** voraus.

Da der Aufstockungsbetrag in Höhe von 20 Prozent steuer- und sozialabgabefrei ist, kommt der ältere Teilzeitarbeitnehmer auf fast 70 Prozent seines ehemaligen Vollzeitnettolohns.

Der Arbeitnehmer bleibt in Höhe des Arbeitsentgelts plus Aufstockungsbetrag kranken- und arbeitslosenversichert.

Das neue Gesetz schreibt nicht vor, in welcher Form die bisherige Arbeitszeit halbiert werden soll.

Es kann zum Beispiel halbtags, an jedem zweiten Werktag, zwei Wochen im Monat oder in größeren Zeitblöcken gearbeitet werden, sofern nur das Arbeitsentgelt kontinuierlich gezahlt wird.

Ein Rechtsanspruch auf Altersteilzeit besteht für den Arbeitnehmer aber nur aufgrund einer tariflichen Regelung oder einer Betriebsvereinbarung; im übrigen ist die Altersteilzeit eine Sache freier Vereinbarung und erst richtig attraktiv, wenn der Aufstockungsbetrag z. B. durch Tarifvertrag weiter verbessert worden ist.

Die Altersteilzeit muß spätestens im Jahr 1992 begonnen werden. Danach werden nur noch Leistungen für Arbeitnehmer gewährt, die bereits in Altersteilzeit arbeiten.

– Zur Hinzuverdienstgrenze vgl. im 8. Kapitel unter 3. –

**Altersteilzeit in der Arbeitslosenversicherung:** Unabhängig von dem dargestellten Gesetz bleiben Arbeitnehmer, bei denen – zur Erleichterung des Übergangs in den Ruhestand – die Wochenarbeitszeit auf **weniger als 18 Stunden** herabgesetzt wird, arbeitslosenversicherungspflichtig, sofern ein Entgeltausgleich vereinbart wird, der dem Arbeitnehmer mindestens ein durchschnittliches wöchentliches Arbeitsentgelt gewährleistet, das dieser zuletzt vor der Herabsetzung der Arbeitszeit innerhalb von 18 Stunden erzielt hätte (§ 102 Abs. 2 Nr. 3 ArbeitsförderungsG). Damit bleibt der Versicherungsschutz trotz Unterschreitens der 18-Wochenstunden-Grenze in der Arbeitslosenversicherung weiter erhalten.

**Vergleich von Teilvorruhestand und Teilrente:** Im Gegensatz zur ab 1. 1. 1992 geltenden, nicht vor dem 60. Lebensjahr möglichen Teilrente beginnt der Teilvorruhestand bereits mit dem 58. Lebensjahr und geht auch nicht zu Lasten des Rentenversicherungskontos des Arbeitnehmers. Um die etwaige Rentenverminderung durch die Teilrente aufzufangen, müßte über die Regelaltersgrenze hinaus zumindest Teilzeitarbeit geleistet werden.

– Zum Altersübergangsgeld, einer Leistung der Arbeitslosenversicherung im Gebiet der früheren DDR vgl. auf Seite 170 –.

## Ohne den Betriebsrat läuft nichts!

### 3. Mitbestimmung des Betriebsrates bei der Gestaltung der Arbeitszeit

Teilzeitarbeitnehmer bedürfen zumindest im gleichen Ausmaß des Schutzes der betrieblichen Interessenvertretungen wie Vollzeitbeschäftigte. Die geringere Dauer der wöchentlichen Arbeitszeit hat keinen Einfluß auf den Umfang der Mitbestimmungsrechte (BAG, 13. 10. 87, 1 ABR 10/86).

Generell ist der Betriebsrat bezüglich der Planung aller Arbeitsplätze und der Personalplanung zu unterrichten und der Arbeitgeber hat sie mit ihm zu beraten (vgl. §§ 90 bis 98 BetriebsverfassungsG).

Vor der **Einstellung von Teilzeitbeschäftigten** hat der Arbeitgeber den Betriebsrat über Lage und Dauer der Arbeitszeit zu unterrichten (§ 99 Abs. 1 Satz 1 Halbsatz 2 BetriebsverfassungsG; LAG Frankfurt, 18. 11. 86, 4 Ta BV 46/86, NZA 87, 499) und seine Zustimmung einzuholen.

Diese kann der Betriebsrat nur ausnahmsweise in den in § 99 Abs. 2 BetriebsverfassungsG aufgezählten Fällen verweigern, z.B. wenn mit der Einstellung gegen Rechtsvorschriften (§ 99

## 3. Mitbestimmung des Betriebsrates

Abs. 2 Nr. 1) oder eine personelle Auswahlrichtlinie (§ 99 Abs. 2 Nr. 2) verstoßen würde oder wenn Arbeitnehmer des Betriebes oder der Bewerber selbst durch die Einstellung benachteiligt oder diskriminiert würden (§ 99 Abs. 2 Nummern 3 und 4; siehe Seite 69 ff.). Bedenken gegen das vorgesehene Arbeitsvolumen sind kein Grund, die Zustimmung zur Einstellung zu verweigern, sofern nicht zusätzliche Gesichtspunkte eine Berufung auf die erwähnten Verweigerungsgründe rechtfertigen.

Unter Umständen kann die Nichtberücksichtigung eines schwerbehinderten oder eines alleinerziehenden Betriebsangehörigen (siehe Seite 39 bzw. 43) bei der Besetzung von Teilzeitarbeitsplätzen als Verstoß gegen eine Rechtsvorschrift bzw. als Benachteiligung des besonders schutzbedürftigen Betriebsangehörigen die Verweigerung der Zustimmung begründen.

Der Betriebsrat hat kein Mitbestimmungsrecht bei der *Dauer* (Volumen) der Arbeitszeit, d. h., derjenigen Wochen- oder Monatsstundenzahl, die der Arbeitgeber und der Bewerber einzelvertraglich zur Grundlage des Arbeitsverhältnisses gemacht haben. Grundsätzlich kann er daher nicht die Neueinrichtung von Teilzeitarbeitsplätzen gegen den Willen des Arbeitgebers durchsetzen (Ausnahme: Aufteilung von offenen Vollzeitarbeitsplätzen, wenn ein Betriebsangehöriger eine Ermäßigung seiner Arbeitszeit beanspruchen kann, vgl. oben bei 2. b). Entsprechend kann der Betriebsrat auch keine wöchentliche oder monatliche Mindeststundenzahl für Teilzeitbeschäftigte mit dem Ziel erzwingen, sozialversicherungsfreie „ungeschützte" Arbeitsverhältnisse von geringfügig Beschäftigten im Betrieb zu vermeiden (LAG Bremen, 18. 6. 87, 3 Ta BV 23 + 24/85; BAG, 13. 10. 87, 1 ABR 10/86, NZA 88, 251). Das gilt für alle „abstrakt-generellen" Regelungen zur Teilzeitarbeit, etwa wenn der Abschluß einer Betriebsvereinbarung über das Verbot von Kapovaz angestrebt wird (LAG Schleswig-Holstein, 25. 1. 90, 4 TaBV 40/89, BB 90, 922), anders wenn die Arbeitszeit der Teilzeitkräfte konkret geregelt werden soll. Der Arbeitgeber kann sich allerdings freiwillig in einer Betriebsvereinbarung verpflichten, nur Arbeitsverträge mit festen Arbeitszeiten abzuschließen und Abrufarbeit nicht einzuführen (BAG, 13. 10. 87, 1 ABR 51/86, AP Nr. 2 zu § 77 BetrVG 72 Auslegung).

Der Betriebsrat kann aber bei der *Lage* der Arbeitszeit mitbestimmen, also bei der Frage, wie die vereinbarte Arbeitszeit auf

die Woche verteilt wird und wie lange die Arbeitszeit täglich dauert (§ 87 Abs. 1 Nr. 2 BetriebsverfassungsG; – Mitbestimmung bei der Festlegung des Beginns und des Endes der täglichen Arbeitszeit einschließlich der Pausen sowie der Verteilung der Arbeitszeit auf die einzelnen Wochentage –).
Individuelle Wünsche von Teilzeitbeschäftigten auf spezielle Arbeitszeiten entheben den Arbeitgeber nicht der Beteiligung des Betriebsrats (vgl. das Beispiel unter Ziffer (1).
Im Einzelhandel besteht bei der Festlegung der Arbeitszeit keine Bindung an die gesetzlichen Ladenschlußzeiten; diese müssen nicht ausgeschöpft werden; bestimmte Arbeitnehmergruppen können auch außerhalb der Ladenschlußzeit beschäftigt werden (zuletzt BAG, 13. 10. 87, 1 ABR 10/86, aaO).
Der Betriebsrat kann sich allerdings mit **Rahmenregelungen** z.B. bezüglich ständig anfallender Überstunden begnügen und sich nur bei Meinungsverschiedenheiten zwischen Arbeitnehmer und Arbeitgeber über deren Handhabung im Einzelfall ins Mittel legen.

### Einzelfälle:

(1) **Veränderung der regelmäßigen betrieblichen Wochenarbeitszeit, insbesondere deren Verkürzung auf Dauer.** Die Dauer der Wochenarbeitszeit unterliegt nicht dem Mitbestimmungsrecht des Betriebsrates über die Lage und Verteilung der Arbeitszeit nach § 87 Abs. 1 Nr. 2 BetriebsverfassungsG; insbesondere ist die Verkürzung bzw. Verlängerung der Wochenarbeitszeit keine „Versetzung" im Sinne des § 95 Abs. 3 BetriebsverfassungsG und deswegen kann der Betriebsrat nicht seine Zustimmung nach § 99 BetrVG verweigern (LAG Frankfurt vom 14. 6. 77, 5 TaBV 7/77 und LAG Ba-Wü vom 15. 7. 77, 9 Ta BV 3/77, BAG, 16. 7. 91, 1 ABR 71/90, BB 91, 2370; eventuell aber Zustimmungsverweigerungsrecht im Einstellungsverfahren, vgl. oben S. 38 und 44).
Hingegen unterliegen die bei der Verkürzung erforderliche Neufestsetzung der *Lage* der Arbeitszeit, d.h. ihre Verteilung auf die Tage und Wochen sowie der *Zeitpunkt* des Arbeitsbeginns und des Arbeitsendes einschließlich der Pausen der Mitbestimmung nach § 87 Abs. 1 Nr. 2 BetrVG (ArbG Düsseldorf vom 26. 2. 1982, 1 BV 23/81). In Branchen, wo die regelmäßige Wochenarbeitszeit nicht tariflich festgelegt ist und deswegen die Arbeitszeit auch durch Betriebsvereinbarung geregelt werden kann, kann ei-

ne solche nach § 88 BetrVG geschlossene Betriebsvereinbarung nicht die einzelvertragliche Arbeitszeit verändern. Die einzelvertragliche Festlegung der Arbeitszeit geht der Betriebsvereinbarung vor (Löwisch, DB 83, 1709, 1711).
Erfolgt die Verkürzung der Arbeitszeit im Wege der Änderungskündigung, ist der Betriebsrat vorher gemäß § 102 BetriebsverfassungsG zu hören und kann der Kündigung widersprechen; dies hat Bedeutung für die Stellung des Betroffenen in einem Kündigungsprozeß.
(2) **Veränderung des Arbeitszeitvolumens auf einzelnen Arbeitsplätzen; Überstunden.**
Bei Verkürzung oder Verlängerung der vereinbarten individuellen Arbeitszeit gilt das zu (1) gesagte entsprechend.

**Beispiel:**
Der Arbeitgeber und die Arbeitnehmerin Frau Petermann haben sich geeinigt, daß ihre bisherige Arbeitszeit von 38½ Stunden in der Woche auf 30 Stunden ermäßigt wird. Dies wurde mit einer entsprechenden Gehaltsreduzierung verbunden. Nunmehr arbeitet Frau Petermann einen Tag weniger in der Woche. Diese Vereinbarung erfolgte ohne Verständigung des Betriebsrats. Arbeitgeber und Betriebsrat streiten darum, ob die Umwandlung des Vollzeitarbeitsplatzes in eine Teilzeitbeschäftigung der Mitwirkung des Betriebsrates bedurft hätte.
Lösung: Die Umwandlung der Vollzeitstelle in einen Teilzeitarbeitsplatz ist keine mitbestimmungspflichtige Versetzung nach §§ 99, 95 Abs. 3 Betriebsverfassungsgesetz (LAG Frankfurt, 14. 6. 88, 4 Ta BV 167/87, BB 89, 145; BAG, 16. 7. 91, 1 ABR 71/90, aaO). Jedenfalls ist versäumt worden, den Betriebsrat bei der Festlegung der Lage der neuen Arbeitszeit zu beteiligen. Das Mitbestimmungsrecht des Betriebsrats bezüglich des Beginns und des Endes der täglichen Arbeitszeit einschließlich der Pausen und bezüglich der Verteilung der Arbeitszeit auf die Wochentage (§ 87 Abs. 1 Nr. 2 BetriebsverfassungsG) ist verletzt worden, desgleichen die (vorherige) Unterrichtungspflicht bei Veränderung von Arbeitsplätzen nach §§ 90 und 92 BetriebsverfassungsG. Der Betriebsrat kann in der Praxis – abgesehen von nur bei groben Verstößen gegebenen betriebsverfassungsrechtlichen Sanktionen – letztlich nur verlangen, daß er nachträglich bei der Einteilung der neuen Arbeitszeit mitreden darf. Insofern kann die Absprache zwischen Frau Petermann und ihrem Arbeitgeber nur eine vorläufige sein. Einigen sich Arbeitgeber und Betriebsrat auf eine andere Arbeitszeiteinteilung, als mit Frau Petermann abgesprochen, muß der Arbeitgeber anschließend mit Frau Petermann neu verhandeln oder ihr gegebenenfalls eine Änderungskündigung aussprechen. Um diese Konsequenzen

zu vermeiden, ist die vorherige umfassende Beteiligung des Betriebsrats ratsam.

Die *Anordnung von Überstunden gegenüber Teilzeitbeschäftigten* unterliegt der Mitbestimmung des Betriebsrats nach § 87 Abs. 1 Nr. 3 BetrVG. Das Mitbestimmungsrecht des Betriebsrats besteht auch dann, wenn der Arbeitgeber nur für einen Arbeitnehmer Überstunden anordnen will (BAG, 10. 6. 86, 1 ABR 61/84, AP Nr. 18 zu § 87 BetrVG 1972 Arbeitszeit).
Es kommt nicht darauf an, ob der Teilzeitbeschäftigte die Arbeitszeit für Vollzeitbeschäftigte infolge der Überstunden erreicht.
Die Mitbestimmung ist im Grundsatz auch zu bejahen, wenn sich der Teilzeitbeschäftigte in seinem Arbeitsvertrag verpflichtet hat, seine Arbeitszeit bei Urlaubs- und Krankheitsfällen aufzustokken. Dann spielt es keine Rolle, daß er als einziger der Abteilung herangezogen wird (Arbeitsgericht Berlin, 24. 3. 88, 5 BV 7/87, rechtskräftig, Arbeitsrecht im Betrieb 88, 287). Die Vereinbarung der grundsätzlichen Übernahme von Krankheits- und Urlaubsvertretungen stellt für sich gesehen bereits eine generelle Regelung dar.
(3) **Einführung von vorübergehender Kurzarbeit im Betrieb oder einer Betriebsabteilung.** Sie ist als „vorübergehende Verkürzung der betriebsüblichen Arbeitszeit" im Sinne des § 87 Abs. 1 Nr. 3 BetriebsverfassungsG mitbestimmungspflichtig. Der Betriebsrat kann die Einführung von Kurzarbeit im Interesse der Erhaltung von Arbeitsplätzen verlangen (sogenanntes „Initiativrecht"; BAG, 4. 3. 86, 1 ABR 15/84, Arbeitsrecht im Betrieb 86, 98).
(4) **Rollierende freie Tage; Aussparen von Feiertagen.** Im Einzelhandel und anderen Branchen mit mehr als fünf Betriebstagen in der Woche ist die Verteilung von freien Tagen auf die Woche – zur Wahrung der Fünftagewoche für den Einzelnen – oder die Ausgestaltung eines rollierenden Freizeitsystems mitbestimmungspflichtig nach § 87 Abs. 1 Nr. 2 BetrVG. Dies geht bis hin zur Frage, in wieviel Rolliergruppen die Belegschaft aufzuteilen ist, wieviele und welche Arbeitnehmer den einzelnen Rolliergruppen zuzuordnen sind und ob für die einzelnen Rolliergruppen Freizeitkalender zu führen sind, sowie bezüglich Sonderregelungen für Wochen, in denen ein Feiertag auf einen Werktag fällt (BAG, 31. 1. 89. 1 ABR 67/87, BB 89, 1339).

## 3. Mitbestimmung des Betriebsrates 53

In die Zuständigkeit der Einigungsstelle fällt das Verlangen des Betriebsrats, die Freizeittage so zu legen, daß sie nicht auf gesetzliche Feiertage fallen. Gute Gründe sprechen dafür, jedenfalls einen Teil der Wochenfeiertage auszusparen, da ansonsten die ohnehin unter erschwerten Bedingungen tätigen Arbeitnehmer, die von Montag bis Samstag arbeiten, im Jahresdurchschnitt effektiv mehr arbeiten als Arbeitnehmer, deren Arbeitstage von Montag bis Freitag gehen; die meisten gesetzlichen Feiertage fallen auf den Montag, den Mittwoch und den Donnerstag (BAG, 31. 1. 89, 1 ABR 69/87, NZA 89, 646).

(5) **Einführung von Vereinbarungen über die Anpassung der Arbeitszeit an den Bedarf („kapazitätsorientierte variable Arbeitszeit")**. Bereits die Einführung solcher Vereinbarungen für einzelne oder mehrere Arbeitsplätze ist mitbestimmungspflichtig aufgrund einer Zusammenschau der Nummern 2 und 3 des § 87 Abs. 1 BetriebsverfassungsG. Danach unterliegen Beginn und Ende der täglichen Arbeitszeit und die Verteilung auf die Wochentage sowie die Lage der Pausen (§ 87 Abs. 1 Nr. 2 BetriebsverfassungsG) und vorübergehende Änderungen der betriebsüblichen Arbeitszeit (§ 87 Abs. 1 Nr. 3 aaO) dem Mitbestimmungsrecht des Betriebsrates. Die stärkste Form der Änderung der Lage und Verteilung der Arbeitszeit und die stärkste Form der vorübergehenden Änderung der betriebsüblichen Arbeitszeit für die betroffenen Arbeitsplätze ist die Ersetzung der festen betriebsüblichen Arbeitszeit durch ein neues Arbeitszeitsystem, nach dem das vereinbarte Arbeitsvolumen variabel in Anpassung an den Bedarf abgerufen werden kann. Ähnlich wie bei anderen Arbeitszeitsystemen wie Schichtarbeit oder Gleitzeit hat der Betriebsrat daher über die Frage mitzubestimmen, ob Teilzeitkräfte zu festen Zeiten oder nach Bedarf beschäftigt werden sollen. Der Arbeitgeber darf nicht über den Betriebsrat hinweg einseitig variable Arbeitszeit anordnen oder durch abweichende Gestaltung der Einzelarbeitsverträge Arbeit nach Abruf praktizieren (BAG, 28. 9. 88, 1 ABR 41/87). Ein abstraktes Verbot der Einführung von Kapovaz als generelle Regelung ist dagegen nicht erzwingbar (LAG Schleswig-Holstein, 25. 1. 90, 4 TaBV 40/89, BB 90, 922).

Weiter sind die Art und Weise der Handhabung, also die „Spielregeln" für die Durchführung der Vereinbarung wie die vorgesehenen Einsatztage und Wochen, der vorgesehene Umfang des

täglichen Einsatzes usw. mitbestimmungspflichtig (vgl. unter Ziffer (4) die dargestellte Rechtsprechung).
Der Betriebsrat hat auch bei der Lage der Arbeitszeit bezüglich der einzelnen Einsatztage mitzubestimmen, soweit hier überhaupt noch Regelungen im voraus möglich sind. Bei Meinungsverschiedenheiten zwischen Arbeitnehmer und Arbeitgeber über die Handhabung der Abrufarbeit bleibt er in jedem Fall zuständig. Die Einführung von Abrufarbeit in Betrieben mit mehr als 20 Arbeitnehmern kann eine Betriebsänderung im Sinne der §§ 111 ff. BetriebsverfassunsG sein. Dann muß mit dem Betriebsrat ein Interessenausgleich gemäß § 111 S. 2 Nr. 4 und 5 BetriebsverfassungsG (grundlegende Änderung der Betriebsorganisation bzw. grundlegend neue Arbeitsmethoden) gesucht und ein Sozialplan verhandelt werden (Fitting-Auffarth-Kaiser-Heither, BetrVG, 16. Aufl., § 111 Rn. 33).
**(6) Einführung der Teilung von Arbeitsplätzen („job-sharing").** Es gilt ähnliches wie bei (5); auch hier wird die feste betriebsübliche Arbeitszeit für diese speziellen Arbeitsplätze hinsichtlich Arbeitsbeginn bzw. Arbeitsende durch die job-sharing-Regelung ersetzt und vorübergehende Änderungen der betriebsüblichen Arbeitszeit bezogen auf diese spezielle Arbeitsplätze werden damit fest vorprogrammiert.
Weiter beinhaltet die Vertretungspflicht eine Umsetzung auf den Arbeitsbereich des Vertretenen.
Es wird ein festes Vertretungssystem eingeführt, das die Entscheidung über die Umsetzung des Vertreters in den Arbeitsbereich des ausgefallenen Kollegen grundsätzlich vorwegnimmt. Deshalb muß auch das Zustimmungserfordernis nach § 99 Abs. 2 BetriebsverfassungsG nach meiner Auffassung bereits in diesem Stadium soweit eingreifen, als die Vertretungsregelung bereits bestimmbar ist.
**(7) Einführung von Fernarbeit (Telearbeit).** Die Auslagerung des einzelnen Arbeitsplatzes ist aus der Sicht des Betriebsrats eine mitbestimmungspflichtige Versetzung (§§ 99, 95 Abs. 3 BetriebsverfassungsG). Weitere Mitbestimmungsrechte ergeben sich nach der Art der Ausgestaltung der Telearbeit. Die von einem Rechnerterminal in der Regel erfaßte Eingabezeit ermöglicht einen Rückschluß auf die Arbeitszeit des Telearbeitnehmers. In der Regel wird daher ein Mitbestimmungsrecht des Betriebsrats nach § 87 Abs. 1 Nr. 6 BetriebsverfassungsG (Einführung und Anwen-

## 3. Mitbestimmung des Betriebsrates

dung von technischen Kontrolleinrichtungen für die Verhaltens- oder Leistungskontrolle) vorliegen. Das Bundesarbeitsgericht stellt auf die objektive Möglichkeit zur Kontrolle ab und verlangt nicht etwa eine Kontrollabsicht (BAG, 14. 9. 84, DB 84, 2513). Lohngestaltung und die Festlegung von Leistungslohnsätzen sind ebenfalls mitbestimmungspflichtig (§ 87 Abs. 1 Nr. 10 und 11 BetriebsverfassungsG).

Für Betriebe mit mehr als 20 Arbeitnehmern gilt: werden Arbeitsplätze in erheblicher Zahl aus dem Betrieb in den häuslichen Bereich verlagert, liegt eine Betriebsänderung im Sinne des § 111 Satz 2 Nr. 2 (Verlegung von wesentlichen Betriebsteilen) bzw. Nr. 4 (grundlegende Änderungen der Betriebsorganisation oder der Betriebsanlagen) und Nr. 5 (Einführung grundlegend neuer Arbeitsmethoden und Fertigungsverfahren) und des § 112 BetriebsverfassungsG vor, für die ein Interessenausgleich versucht werden muß und gegebenenfalls ein Härteausgleich (Sozialplan) zu vereinbaren ist. „Erheblich" ist die Zahl, wenn die Personenzahl der Betroffenen – ob nur teilzeitbeschäftigt, spielt hier keine Rolle – die für „Massenentlassungen" nach § 17 KündigungsschutzG festgelegte Größenordnung erreicht, in Großbetrieben jedenfalls dann, wenn 5% des betroffenen Arbeitnehmerbereichs erfaßt werden (BAG, DB 83, 2776).

(8) **Mitbestimmung im öffentlichen Dienst.** Zu den Mitbestimmungsrechten der *Personalräte des öffentlichen Dienstes* wird auf die speziellen Regelungen in den Personalvertretungsgesetzen des Bundes und der Länder verwiesen.

## 3. Kapitel. Stellung im Betrieb

### 1. Wahlrecht und Wählbarkeit zum Betriebsrat; Teilnahme an Betriebsversammlungen

Auch der Teilzeitbeschäftigte ist Betriebsangehöriger mit allen Rechten und Pflichten. Der Betriebsrat hat die Interessen des Teilzeitbeschäftigten genau so zu vertreten wie die der Vollzeitbeschäftigten. Der Teilzeitbeschäftigte hat das Recht, den Betriebsrat mit **vollem Stimmrecht** mitzuwählen oder sich wählen zu lassen. In Heimarbeit Beschäftigte, die in der Hauptsache für einen Betrieb arbeiten, gelten je nachdem, ob sie Arbeiter- oder Angestelltentätigkeiten in Heimarbeit verrichten, als Arbeiter bzw. Angestellte des Betriebes im Sinne des Betriebsverfassungsgesetzes, nicht aber ihre mithelfenden Familienangehörigen.

Auch geringfügig Beschäftigte oder Abrufkräfte sind, da weisungsgebunden in die Organisation des Betriebes eingegliedert, wahlberechtigt und wählbar, selbst wenn sie infolge ihrer größeren Zahl die übrigen Arbeitnehmer majorisieren können (bezüglich der Zeitungsausträger eines Zeitungsverlages, BAG, 29. 1. 92; 7 ABR 27/91; Presseinfo). Unerheblich ist, ob sie am Tag der Aufstellung der Wählerliste oder am Wahltag im Betrieb anwesend sind. Der Arbeitnehmer bleibt auch während seines bezahlten Erholungsurlaubs und auch in Zeiten, wo die Vergütungspflicht aus dem Arbeitsverhältnis ruht z. B. bei Erziehungsurlaub, sonstigem unbezahlten Urlaub sowie während des Wehr- oder Zivildienstes wahlberechtigt.

Im **öffentlichen Dienst** ist die Wählbarkeit (passives Wahlrecht) von geringfügig Beschäftigten nach einigen Personalvertretungsgesetzen ausgeschlossen; z. B. setzt für den Bereich von Bundesbehörden § 14 Abs. 2 des Bundespersonalvertretungsgesetzes für die Wählbarkeit zum Personalrat mindestens 18 Wochenstunden Beschäftigung voraus (PersonalvertretungsG-DDR: weniger als die Hälfte der regulären Arbeitszeit). Diese Bestimmung ist zwar ein Nachteil für die Teilzeitkräfte mit weniger Stunden, aber sachlich mit den Aufgaben eines Personalratsmitgliedes noch zu begründen (str.). Für das Personalvertretungsgesetz des Landes Hessen hat das Bundesverwaltungsgericht geringfügig Beschäf-

## 1. Wahlrecht und Wählbarkeit zum Betriebsrat

tigte im Sinne der Sozialversicherung (vgl. im 5. Kapitel) sogar vom aktiven Wahlrecht ausgeschlossen. Geringverdienern soll es verwehrt sein, den Personalrat ihrer Dienststelle mitzuwählen. Der Personalrat sei für sie überhaupt nicht zuständig. Das Gericht meinte, wenn der Gesetzgeber eine Beschäftigung (im öffentlichen Dienst) für so unbedeutend halte, daß ein sozialversicherungsrechtlicher Schutz nicht erforderlich sei, gelte das gleiche für die Wahrung sozialer und persönlicher Belange durch das Personalvertretungsrecht (BVerwG, 11. 2. 81, 6 P 14.80, PersV 82, 110). Diese Entscheidung ist mit dem Gleichheitsgebot nach Art. 1 § 2 Abs. 1 BeschäftigungsförderungsG 1985 und der Rechtsprechung des Europäischen Gerichtshofes zum Verbot der indirekten Diskriminierung von Frauen unvereinbar (vgl. zur Gleichbehandlung in diesem Kapitel unter Ziffer 3, insbesondere Buchstabe c).

Der Teilzeitbeschäftigte ist berechtigt, auch **Betriebsversammlungen,** die *außerhalb* seiner persönlichen Arbeitszeit stattfinden, zu besuchen. Die Zeit der Teilnahme ist gemäß § 44 Abs. 1 BetriebsverfassungsG wie Arbeitszeit zu vergüten; zur Vereinfachung erfolgt in der Praxis meist entsprechender Freizeitausgleich; zu vergüten sind auch die Wegezeit und die extra anfallenden Fahrkosten (weit überwiegende Ansicht, vgl. Becker u.a., Gemeinschaftskommentar zum Teilzeitarbeitsrecht, Art. 1 § 2, Rn. 423; Fitting-Auffarth-Kaiser-Heither, aaO, § 44 Rn. 28, 36, 39ff., jeweils m. weit. Nachw.). Teilnahme- und Wegezeiten, die ohnehin vergütet werden, z.B. wegen Arbeitsunfähigkeit oder Erholungsurlaubs, bleiben dabei außer Ansatz. Dann werden nur anfallende Fahrkosten ersetzt. Anders für Zeiten, die vergütet werden, ohne daß hierbei auf eine Arbeitspflicht Bezug genommen wird. Ein Arbeitnehmer, der während seines Urlaubs an einer Betriebsversammlung teilnimmt, hat Anspruch auf eine zusätzliche Vergütung nach § 44 Abs. 1 BetriebsverfassungsG (BAG 5. 5. 87, 1 AZR 665/85, DB 87, 1945). Die Teilnahme an der Betriebsversammlung während des Erziehungsurlaubs ist auch dann zu vergüten, wenn der Arbeitnehmer nicht in Teilzeit weiterarbeitet, also in einer Zeit unbezahlten Urlaubs, ebenso, wenn er während seines Wehr- oder Zivildienstes teilnimmt (ArbG Bochum, 23. 2. 88, 4 Ca 1890/87, DB 88, 1400; LAG Hamm, 19. 8. 88, 16 Sa 788/88; BAG, 31. 5. 89, 7 AZR 574/88, ARST 90, 45).

**Abrufkräfte, Telearbeiter und Heimarbeiter** haben gleichfalls

Anspruch auf Vergütung der Teilnahme einschl. Wegezeit und Fahrkostenerstattung, auch wenn diese außerhalb ihrer konkreten Einsatzzeit stattfindet. Sie befinden sich nicht in einem ruhenden Arbeitsverhältnis, sondern in Ruf- bzw. Arbeitsbereitschaft. Wenn ihre Vergütung vereinbarungsgemäß nicht durchgehend, sondern nach der jeweiligen Inanspruchnahme bzw. dem Arbeitsergebnis erfolgt, haben sie während ihrer unbezahlten Zeitperioden Anspruch auf Vergütung für die Teilnahme an der Betriebsversammlung. Auch bei durchgehender Zahlungsweise erfolgt die Vergütung wegen Teilnahme an der Betriebsversammlung extra, da sie einem Einsatz gleichzustellen ist und nicht in der auf das vorgesehene Arbeitsvolumen abgestellten Durchschnittsberechnung berücksichtigt ist.
Nimmt ein **teilzeitbeschäftigtes Betriebsratsmitglied** an einer Betriebsversammlung außerhalb seiner persönlichen Arbeitszeit teil, zählen Teilnahme und Wegezeit von zuhause wie Arbeitszeit, da die Teilnahme in Wahrnehmung des dienstlicher Tätigkeit gleichgestellten Betriebsratsamts erfolgt. Hier geht aber der Anspruch auf Zeitausgleich binnen eines Monats vor. Erst danach besteht ein Vergütungsanspruch wie für Mehrarbeit (§ 37 Abs. 3 BetriebsverfassungsG); ob der Zuschlag ohne Rücksicht darauf, ob die sonstigen zeitlichen Voraussetzungen hierfür vorliegen, zu zahlen ist, ist streitig (dagegen BAG, 7. 2. 85, AP Nr. 48 zu § 37 BetrVG 72, dafür Fitting-Auffarth-Kaiser, aaO, § 37 Rn. 63). Nimmt ein teilzeitbeschäftigtes Betriebsratsmitglied außerhalb seiner individuellen Arbeitszeit dagegen an einer Schulung teil, erhält es für dieses Freizeitopfer weder Vergütung noch Freizeitausgleich; das Landesarbeitsgericht Berlin hat diese Frage mit Beschluß vom 24. 10. 1990 dem Europäischen Gerichtshof im Hinblick auf Art. 119 EWG-Vertrag wegen indirekter Frauendiskriminierung vorgelegt.
**Mehrfachbeschäftigung:** Ist ein Arbeitnehmer in mehreren Betrieben teilzeitbeschäftigt, ist er in jedem der Betriebe wahlberechtigt. Theoretisch kann er gleichzeitig mehreren Betriebsräten angehören.

## 2. Kündigung; Kündigungsschutz

Der Teilzeitbeschäftigte unterliegt hinsichtlich Kündigungsfrist und Kündigungsgrund denselben Vorschriften wie ein Vollzeit-

## 2. Kündigung; Kündigungsschutz

beschäftigter. Insbesondere gilt auch das Kündigungsschutzgesetz mit der Möglichkeit der Kündigungsschutzklage binnen drei Wochen nach Erhalt der Kündigung, sofern es sich nicht um einen Kleinbetrieb handelt, siehe Seite 68. **Eine Mindeststundenzahl in der Person des Gekündigten ist für die Erhebung der Kündigungsschutzklage nicht erforderlich.**
Sie spielt jedoch eine Rolle bei der Frage, ob das Kündigungsschutzgesetz auf den ganzen Betrieb von der Betriebsgröße her gesehen anwendbar ist (vgl. zum „Kleinbetrieb" im folgenden unter Buchstabe d).
Es gelten auch die **Kündigungseinschränkungen für besonders geschützte Personenkreise** wie der Mutterschutz und der Schwerbehindertenschutz, sowie der Schutz der Betriebs- und Personalräte. Beim Mutterschutz entfällt für Arbeitnehmerinnen in Familienhaushalten, die mit hauswirtschaftlichen, erzieherischen und pflegerischen Arbeiten beschäftigt sind, das Kündigungsverbot nach Ablauf des 5. Monats der Schwangerschaft, wenn hierdurch ihre Arbeitskraft voll in Anspruch genommen wird (§ 9 Abs. 1 Satz 2 MutterschutzG; vgl. Seite 107). Dies gilt nicht für Teilzeitbeschäftigte unter 5 Stunden am Tag. Das Kündigungsverbot bleibt hier voll bestehen. Das gleiche gilt, wenn die Frau nur vorübergehend in einem Aushilfsarbeitsverhältnis oder z.B. bei mehreren Arbeitgebern als Putzhilfe angestellt ist (Mager-Winterfeld-Göbel-Seelmann, Randziffer 250c). Jugendvertreter haben nach Beendigung ihrer Ausbildung Anspruch auf Weiterbeschäftigung in einem unbefristeten Vollzeitarbeitsverhältnis. Sie können nicht auf ein Teilzeitarbeitsverhältnis verwiesen werden (BAG, NZA 89, 439).
Für Heimarbeiter gelten spezielle Vorschriften (§§ 29, 29a HeimarbeitsG; siehe Anhang).

*a) Regelkündigungsfrist für Angestellte und Arbeiter; Probezeit*

Die normalen Kündigungsfristen sind einzuhalten, sofern nicht ein Grund für eine fristlose Kündigung nach § 626 BGB vorliegt; ist Schriftform für die Kündigungserklärung vorgeschrieben, ist diese zu beachten.
– Beitrittsgebiet: Die längeren Kündigungsfristen für Angestellte werden nicht übernommen. Es gilt unbefristet der 1990 neugefaßte § 55 des Arbeitsgesetzbuches der DDR. Dieser entspricht der

Regelung für die Arbeiter nach § 622 Abs. 2 BGB. Diese Kündigungsfrist kann im Beitrittsgebiet bei Aushilfen bis zu drei Monaten nicht wie nach § 622 Abs. 4 BGB einzelvertraglich noch weiter verkürzt werden, allerdings durch Tarifvertrag bzw. durch Verweisung auf den Tarifvertrag, weiter durch spezielle Rechtsvorschriften. –

(1) **Angestellte.** Nach § 622 Abs. 1 Satz 1 BGB gilt bei Angestellten für beide Seiten eine Kündigungsfrist von sechs Wochen zum Ende des Kalendervierteljahres.

*Diese Frist kann einzelvertraglich auf einen Monat zum Ende eines Kalendermonats* (= monatliche Kündigung) *verkürzt werden* (§ 622 Abs. 1 Satz 2 BGB). Dann kann spätestens am letzten Tag des Kalendermonats zum Ablauf des Folgemonats gekündigt werden = z.B. am 30. 4. zum 31. 5.

In der Vereinbarung einer Probezeit liegt typischerweise eine solche einzelvertragliche Verkürzung.

(2) **Arbeiter.** Nach § 622 Abs. 2 BGB gilt für Arbeiter beiderseits eine Kündigungsfrist von zwei Wochen zum Tagesende.

Diese Vorschrift darf allgemein ab sofort nicht mehr in den alten Bundesländern angewendet werden. Es verstößt gegen den allgemeinen Gleichheitssatz, wenn die Regelkündigungsfrist für Arbeiter mit 14 Tagen zum Tagesende ohne branchenbedingte Gründe kürzer ist als die für Angestellte mit sechs Wochen zum Quartalsende (Bundesverfassungsgericht, 30. 5. 1990 1 BvL 2/83). Dem Gesetzgeber wurde aufgegeben, diese Kündigungsfrist bis zum 30. 6. 1993 neu zu regeln.

**Empfehlungen für die Praxis bis zur Neuregelung:**

– Bei Fehlen einer Vereinbarung; ab sofort die Kündigungsfrist für Angestellte anwenden (zumeist sechs Wochen zum Quartalsende, mindestens ein Monat zum Monatsende); in den ersten Beschäftigungsjahren eines Arbeiters kann von einer Kündigungsfrist von einem Monat zum Monatsende ausgegangen werden (LAG Niedersachsen, 22. 8. 90, 3 Sa 10/82, Rev. zugelassen, BB 90, 2264; aA. Großmann-Schneider, Arbeitsrecht, 8. Aufl., Ergänzungsblatt: im Zweifel sechs Wochen zum Quartalsende).

– Arbeitsverträge; bei neu abzuschließenden Arbeitsverträgen für Arbeiter kann einzelvertraglich als kürzeste Kündigungsfrist ein Monat zum Monatsende vereinbart werden, was der Min-

## 2. Kündigung; Kündigungsschutz

destkündigungsfrist für Angestellte entspricht; Kündigungsfristen unter einem Monat allein für die Gruppe der Arbeiter sind nicht mehr zulässig; gegen den Gleichheitssatz verstoßende kürzere Fristen der Arbeiter in bestehenden Arbeitsverträgen sind nicht mehr anzuwenden. Die Kündigungsfristen der Angestellten gelten (sechs Wochen zum Quartalsende oder wenigstens ein Monat zum Monatsende; umstritten).
– Tarifverträge; beruhen die unterschiedlichen Kündigungsfristen auf eigenständigen tariflichen Regelungen, so sind im Fall der Verletzung des Gleichheitssatzes die Arbeiter den Angestellten gleichzustellen; dies gilt auch, wenn für Arbeiter und Angestellte getrennte Tarifverträge bestehen (LAG Niedersachsen; 22. 8. 90; 3 Sa 10/82; BB 90, 2264). Neuestens hat das Bundesarbeitsgericht kürzere Arbeiterkündigungsfristen im Gartenbau und in der Textilindustrie wegen saisonaler Anpassungsnotwendigkeiten als mit dem Gleichheitssatz vereinbar angesehen (BAG, 23. 1. 92; 2 AZR 389/91, 460/91, 470/91; Presseinfo).
– Laufende Gerichtsverfahren, in denen es auf die Länge dieser Kündigungsfrist ankommt, sind auszusetzen bis zur Gesetzesänderung; erfolgt diese nicht bis zum 30. 6. 1993, können die Arbeitsgerichte auch ohne gesetzliche Neuregelung entscheiden. Wenn die Kündigungsfristen im Tarifvertrag eigenständig geregelt sind, kann das Arbeitsgericht in der Sache entscheiden und die Arbeiter den Angestellten gleichstellen; verweist der Tarifvertrag auf die bisherige gesetzliche Kündigungsfrist, ist der Rechtsstreit bis zur Gesetzesänderung auszusetzen (zu § 622 Abs. 2 Satz 2 a. F. BGB BAG, 21. 3. 91; 2 AZR 323/84; 2 AZR 616/90; BB 91, 1795).

Kürzere als die Regelkündigungsfristen, etwa eine tägliche Kündigungsfrist, können bei Dauerarbeitsverhältnissen nur durch *Tarif*vertrag bestimmt werden; andernfalls sind sie unzulässig.

Die Kündigungsfristen gelten grundsätzlich auch bei abgabenfreier geringfügig entlohnter Beschäftigung (bei Aushilfen siehe die Abkürzungsmöglichkeit unter Buchstabe b).
Natürlich können beide Seiten im Einvernehmen auf Einhaltung der Kündigungsfrist verzichten und das Arbeitsverhältnis beenden. Ein solcher Verzicht ist aber zu Lasten des Arbeitnehmers nicht bereits bei Abschluß des Arbeitsverhältnisses möglich.

Der Arbeitnehmer, der Anspruch auf Arbeitslosengeld hat und dies beantragen will, sollte gegenüber einer Kündigung vonseiten des Betriebes besser nicht auf Einhaltung der Kündigungsfrist verzichten, wenn er eine Sperrzeit beim Arbeitslosengeld vermeiden will. Der Verzicht auf die Kündigungsfrist wird vom Arbeitsamt wie eine eigene Kündigung des Arbeitnehmers angesehen. Das Arbeitsamt verhängt in einem solchen Fall eine Sperrzeit, wenn der Arbeitnehmer nicht triftige Gründe nachweisen kann, die ihn zur Aufgabe der Beschäftigung bewogen haben (§ 119 ArbeitsförderungsG).

### b) Kürzere Kündigungsfrist bei Aushilfskräften; zeit- und zweckbefristete Verträge

Bei vorübergehender Aushilfe *kann* eine kürzere als die Regelkündigungsfrist, z.B. eine wöchentliche oder tägliche vereinbart werden.

Die nur vorübergehende Beschäftigung zur Aushilfe muß Inhalt des schriftlichen oder mündlichen Arbeitsvertrages sein ("Aushilfsklausel"). Der vorübergehende Bedarf muß zwar nicht Gegenstand der Vereinbarung sein, aber er muß objektiv vorliegen, das heißt, nachvollziehbar sein. Die Beweislast hierfür hat derjenige, der sich auf die verkürzten Fristen beruft. Kann er diesen Beweis nicht führen, bleibt es bei den normalen Kündigungsfristen.

Die abgekürzten Fristen gelten nicht, wenn das Arbeitsverhältnis über die Zeit von drei Monaten hinaus fortgesetzt wird (vgl. § 622 Abs. 4 BGB). Dann treten die normalen Kündigungsfristen in Kraft.

Die Kündigungsfristen entfallen bei einigen Vertragsgestaltungen; hier die für Teilzeitarbeitnehmer häufigsten:

(1) zeitbefristete Verträge liegen vor, wenn das Vertragsende kalendermäßig bestimmbar festgelegt wird.

**Beispiel:**
Vertrag bis 30. 9., Vertrag auf vier Wochen, Vertrag für die Dauer des Schlußverkaufs usw.

(2) Zweckbefristete Verträge liegen vor, wenn das Vertragsende an die Erreichung eines bestimmten Zwecks geknüpft wird (auflösend bedingter Vertrag in der Form einer Zweckbefristung).

## 2. Kündigung; Kündigungsschutz

**Beispiel:**
Krankheitsvertretung, wenn die Vertretungszeit nicht kalendermäßig festgelegt ist, sondern mit der Rückkehr des Vertretenen an seinen Arbeitsplatz enden soll.

Zeit- und zweckbefristete Verträge können, wenn dies nicht anders vereinbart ist, auch während ihrer Laufzeit nicht ordentlich gekündigt werden. In jedem Fall kann der Arbeitnehmer nach Ablauf von fünf Jahren mit einer Frist von sechs Monaten kündigen (§§ 620 Abs. 2, 624 BGB). Eine einseitige Kündigungsmöglichkeit für den Arbeitgeber kann nicht vereinbart werden.
Beide Vertragsgestaltungen werden von den Arbeitsgerichten auf ihre mißbräuchliche Verwendung hin kontrolliert, da der Kündigungsschutz nach dem KündigungsschutzG und anderen spezielleren Schutzvorschriften (Mutterschutz, Schwerbehindertenschutz, Kündigungsschutz während des Wehr- oder Zivildienstes usw.) hier ausgeschaltet wird.
**Ausnahme:** Zeitverträge bis zur Dauer von achtzehn Monaten können nach Art. 1 § 1 BeschäftigungsförderungsG noch bis zum 31. 12. 1995 neu abgeschlossen werden, ohne daß die Befristung sachlich begründet werden muß, sofern der Arbeitnehmer neu eingestellt wird oder ein Auszubildender im Anschluß an die Prüfung mangels Dauerarbeitsplatz nur befristet beschäftigt werden kann. Hat der Arbeitnehmer im ersten Fall schon einmal im Betrieb gearbeitet, darf er frühestens vier Monate nach dem Ende der letzten Beschäftigung wiedereingestellt werden. In Betrieben mit bis zu zwanzig Arbeitnehmern – Auszubildende nicht gerechnet – kann die Einstellung statt auf achtzehn Monate auf bis zu zwei Jahre erfolgen, wenn der Arbeitgeber erst seit sechs Monaten seinen Betrieb aufgenommen hat (Unternehmensneugründung).
Bei zweckbefristeten Verträgen verlangt die Rechtsprechung, daß die konkreten betrieblichen Gründe für den vorübergehenden Bedarf zum Inhalt des mündlichen oder schriftlichen Arbeitsvertrages gemacht werden, da anders dessen Zweckerreichung nicht definiert werden kann (LAG Frankfurt, 25. 10. 88, 7 Sa 953/88, ARSt 89, 81) und bei längerer Laufdauer die Einhaltung einer Auslauffrist, die auf die im Einzelfall zulässige Mindestkündigungsfrist hinausläuft, wenn der Zeitpunkt der Zweckerreichung für den Arbeitnehmer nicht voraussehbar ist und auch nicht in

überschaubarer Zeit liegt (LAG Berlin, 2. 5. 86, 10 Sa 92/85, BB 86, 1643; vgl. auch BAG 26. 3. 86, 7 AZR 599/84, BB 87, 405). Die Auslauffrist beginnt, sobald der Arbeitnehmer durch eine Mitteilung des Arbeitgebers oder auf sonstige Weise von dem Zeitpunkt der Zweckerreichung erfährt. Dies gilt jedenfalls, wenn sich das Aushilfsarbeitsverhältnis länger als drei Monate hingezogen hat (im Hinblick auf § 622 Abs. 4 BGB).

**Beispiele:**
Eine Krankheitsvertretung bei halbjähriger Krankheitsdauer kann nicht mehr von heute auf morgen beendet werden, wenn der Vertretene wieder am Arbeitsplatz erscheint. Hier hat der Betrieb der Aushilfskraft eine Umstellungsfrist zu gewähren, was auf die Einhaltung der gesetzlichen Mindestkündigungsfrist hinausläuft.
Bei Mutterschaftsvertretungen steht bei Vertragsabschluß häufig noch nicht fest, ob die Mutter den anschließenden Erziehungsurlaub nehmen wird, weil dieser sinnvollerweise erst nach der Geburt des Kindes und spätestens vier Wochen vor seinem Beginn beantragt werden muß. Hier bietet sich ein zweckbefristeter Vertrag „bis zum Ablauf der Schutzzeit und gegebenenfalls des anschließenden Erziehungsurlaubs" an. Die Voraussehbarkeit der Vertragsdauer ergibt sich hier zunächst aus der gesetzlichen Dauer der Schutzzeit. Im Hinblick auf den anschließenden Erziehungsurlaub, dessen Dauer gleichfalls gesetzlich geregelt und damit voraussehbar ist, genügt es, wenn die Aushilfskraft alsbald davon in Kenntnis gesetzt wird, daß die Mutter den Erziehungsurlaub beantragt hat (Mager-Winterfeld-Göbel-Seelmann, BeschäftigungsförderungsG, Seite 48, Randziffer 42).

### c) Verlängerte Kündigungsfrist bei älteren Angestellten und Arbeitern

**(1) Angestellte.** Für die betriebsseitige Kündigung dieses Personenkreises gilt in den alten Bundesländern das Angestelltenkündigungsgesetz von 1926. Danach können Angestellte mit einer Betriebszugehörigkeit von mehr als fünf Jahren nur noch mit drei Monaten zum Ende des Kalendervierteljahres gekündigt werden. Dabei zählen nur Jahre über dem 25. Lebensjahr. Diese Fristen verlängern sich nach acht Jahren auf vier, nach zehn Jahren auf fünf und nach zwölf Jahren auf sechs Monate. Sie gelten nur in Betrieben mit mindestens *drei Angestellten – Auszubildende und Angestellte bis zu zehn Wochenstunden bzw. 45 Monatsstunden nicht mitgezählt –*.

## 2. Kündigung; Kündigungsschutz

Für Angestellte, die am 30. 4. 85 bereits beschäftigt waren, gilt eine günstigere Zählweise. Zu ihren Gunsten zählen alle Beschäftigen unabhängig von einer Mindeststundenzahl mit.
Auch Angestellte unter diesen Stundengrenzen können die Einhaltung der verlängerten Fristen verlangen, wenn die angegebene Betriebsgröße erreicht ist.
Bei Angestellten in Betrieben mit weniger als drei Angestellten bleibt es dem Wortlaut des Gesetzes nach bei sechs Wochen zum Quartalsende. Demgegenüber sind bei Arbeitern die verlängerten Kündigungsfristen von der Beschäftigtenzahl des Betriebes unabhängig (vgl. im folgenden) und ab zehn Betriebszugehörigkeitsjahren länger als die der Angestellten in den Betrieben, die keine drei Angestellten aufweisen – eine verquere Rechtslage, die die Angestellten gegenüber den Arbeitern – womöglich des gleichen Betriebes – willkürlich schlechterstellt.
(2) **Arbeiter.** Hat bei Arbeitern das Arbeitsverhältnis fünf Jahre bestanden, erhöht sich die Kündigungsfrist auf einen Monat zum Monatsende, hat es zehn Jahre bestanden, erhöht sich die Kündigungsfrist auf zwei Monate zu Monatsende, hat es zwanzig Jahre bestanden, erhöht sich die Kündigungsfrist auf drei Monate zum Ende eines Kalendervierteljahres; Zeiten vor Vollendung des 25. Lebensjahres bleiben unberücksichtigt.
Wie bei Angestellten gelten diese verlängerten Fristen nur zu Lasten des Arbeitgebers, und nicht, wenn der Arbeiter selbst kündigt (BAG, 25. 11. 71 EzA § 622 BGB n. F. Nr. 5).
Anders als bei Kündigung gegenüber Angestellten nach dem Angestelltenkündigungsgesetz gelten die verlängerten Kündigungsfristen für Arbeiter auch in Kleinstbetrieben.
Die verlängerten Kündigungsfristen können durch Tarifvertrag abgekürzt werden.

### d) Kündigungsgrund

Hinsichtlich des Kündigungsschutzes gibt es keinen generellen Unterschied zwischen Teilzeit- und Vollzeitbeschäftigten.
Bei Kündigung von seiten des Betriebes ist die Kündigung nach § 1 Abs. 1 des Kündigungsschutzgesetzes nur wirksam, wenn sie sozial gerechtfertigt ist, d. h., wenn ein Kündigungsgrund besteht, und wenn die soziale Auswahl unter den Beschäftigten nach § 1 Abs. 3 KündigungsschutzG eingehalten ist.

Die Kündigungsgründe können in der **Person bzw. im Verhalten des Arbeitnehmers** liegen.

Die Teilzeitbeschäftigung ist – für sich genommen – kein in der Person des Arbeitnehmers liegender Grund für einen verminderten Kündigungsschutz, selbst wenn dieser noch durch eine weitere Arbeit teilweise abgesichert ist (BAG, NZA 87, 629). Im Rahmen der sozialen Auswahl kann es allerdings eine Rolle spielen, wenn der Teilzeitarbeitnehmer noch anderswo einen anderen Arbeitsplatz hat oder anderweitig z. B. durch eine ausreichende Beamtenpension abgesichert ist.

Neben personen- und verhaltensbedingten können **betriebliche Gründe** die Kündigung rechtfertigen, wie Auftragsmangel, Umsatzrückgang oder die Veränderung der Marktstruktur (§ 1 Abs. 2 Satz 1 KündigungsschutzG).

Wenn es um die wirtschaftliche Zweckmäßigkeit einer Maßnahme für den Betrieb geht, hat der Arbeitgeber einen erheblichen Ermessensspielraum in seiner unternehmerischen Beurteilung und Entscheidung, weil er das wirtschaftliche Risiko (Erhalt und Rendite des eingesetzten Kapitals) trägt.

So unterliegt die Veränderung der Zahl der Arbeitsplätze und der Arbeitszeiten hinsichtlich Dauer (Volumen) und Lage als unternehmerische Entscheidung der gerichtlichen Überprüfung nach dem Kündigungsschutzgesetz nur im Hinblick auf ihre Plausibilität, ihre folgerichtige Umsetzung auf die einzelnen Betroffenen und die Beachtung der Grundsätze der **sozialen Auswahl** unter den Beschäftigten:

**Anderweitiger Hauptberuf**; die Absicherung des Teilzeitbeschäftigten durch eine anderweitige hauptberufliche Existenz kann bei der sozialen Auswahl gegenüber anderen Beschäftigten einen geringeren Kündigungsschutz und damit den Verlust des Arbeitsplatzes rechtfertigen (BAG, 22. 8. 90; 7 AZR 724/85).

**Zusammenlegung von mehreren Teilzeitarbeitsplätzen zu einem Vollzeitplatz aus Rationalisierungsgründen**; zulässig kann eine Kündigung wegen Teilzeitbeschäftigung unter Umständen sein, wenn der Arbeitgeber unter Vorlage eines Personalkonzeptes beabsichtigt, Teilzeitplätze zu Vollzeitarbeitsplätzen zusammenzulegen (BAG, NZA 87, 629). Erst einmal muß reihum den Stelleninhabern eine Aufstockung ihrer Arbeitszeit angeboten werden, soweit nicht andere Beschäftigte aus Gründen der sozialen Auswahl den Vorrang haben.

## 2. Kündigung; Kündigungsschutz

**Aufstockung der Arbeitszeit auf einem Teilzeitarbeitsplatz wegen Zunahme der Arbeit;** auch hier muß der bisherige Stelleninhaber gefragt werden, ob er bereit ist, seine Arbeitszeit aufzustocken. Unter Umständen können allerdings andere sozial eindeutig vorrangige Arbeitnehmer, deren Arbeitsplatz gefährdet ist, diese Arbeit beanspruchen. Ist die Aufstockung dem bisherigen Stelleninhaber nicht zuzumuten und wird dieser auch nicht von sozial eindeutig vorrangigen Kollegen verdrängt, kann die Aufstockung nur im Wege der Einstellung von zusätzlichen Teilzeitkräften stattfinden, sodaß geteilte Arbeitsplätze entfernt ähnlich dem „job-sharing" entstehen. Dabei braucht es – im Rechtssinne – nicht zu einer Vereinbarung über Arbeitsplatzteilung mit gegenseitiger Vertretungspflicht und gegebenenfalls Aufstockung der Arbeitszeit zu kommen (vgl. zu letzterer Vertragsform im 1. Kapitel, Abschnitt 5).

**Beispiel:**
Der Arbeitgeber will wegen Auftragsausweitung in der Exportabteilung die bisherige Halbtagssachbearbeiterstelle in einen Ganztagsarbeitsplatz umwandeln.
Hier muß der Arbeitgeber dem bisherigen Arbeitsplatzinhaber die Aufstockung der Arbeitszeit anbieten. Kann dieser aus triftigen, etwa familiären Gründen nicht ganztags arbeiten, muß der Arbeitgeber zur Vermeidung einer Kündigung des Teilzeitbeschäftigten eine weitere Halbtagskraft einstellen. Die wirtschaftliche, technische oder organisatorische Untragbarkeit einer solchen Lösung müßte der Arbeitgeber in einem Kündigungsschutzprozeß darlegen und beweisen, etwa, daß die Übergabe der Arbeit zwischen den Beteiligten nicht befriedigend zu lösen ist (LAG Rheinland-Pfalz, 10. 5. 88, 9 Sa 21/88, DB 88, 2263).

**Doppelverdiener, Hinzuerwerb zum Ehe- bzw. Familienhaushalt;**
Teilzeitbeschäftigung ist Teil des typischen Erwerbsmusters von Familienhaushalten (vgl. H. Stück, Die „modernen Arbeitnehmer", im Literaturverzeichnis S. XXII). Die Tatsache, daß jemand verheiratet ist und beide Eheleute berufstätig sind, darf nicht ohne weiteres nachteilig berücksichtigt werden; sonst würde die Ehe gegenüber nicht personalaktenkundigen Wohn- und Lebensgemeinschaften benachteiligt. Ehe und Familie stehen unter dem besonderen Schutz der staatlichen Ordnung (Artikel 6 Abs. 1 GG).
Das Benachteiligungsverbot gilt jedenfalls, wenn der andere Verdienst bei einer haushaltsbezogenen Betrachtungsweise unver-

zichtbar ist, etwa bei besonders niedrigen Einkünften beider Ehegatten, oder wenn Kinder unterhalten werden müssen.
**Alleinerziehende;** ihre Arbeitsplätze sind besonders schutzbedürftig (BVerfG z. Einigungsvertrag; 24. 4. 91 – BvR 1341/90 – bzw. 10. 3. 92).
Auf das Fehlen eines Kündigungsgrundes kann sich auch der Teilzeitarbeitnehmer – ohne Rücksicht auf seine Wochenstundenzahl, also auch der geringfügig Beschäftigte – mit der **Kündigungsschutzklage** berufen. Diese muß er beim Arbeitsgericht **innerhalb drei Wochen** nach Erhalt der Kündigung erheben.
Beitrittsgebiet: Hier muß der Arbeitnehmer zunächst die Schiedsstelle seines Betriebes anrufen (DDR-SchiedsstellenG, anwendbar bis 31. 12. 1992).
Das Kündigungsschutzgesetz ist nicht anwendbar, wenn es sich um einen **Kleinbetrieb** mit *weniger als sechs Beschäftigten* handelt. – Bei der Zahl der Beschäftigten rechnen *Auszubildende und Teilzeitkräfte mit bis zu zehn Wochenstunden bzw. 45 Monatsstunden* nicht mit.
Dieser Anrechnungsschlüssel begünstigt neben den Kleinbetrieben, deren Herausnahme aus dem Kündigungsschutz nachvollziehbar ist, ungewollt solche Arbeitgeber, die sich auf die Beschäftigung von Geringstverdienern spezialisiert haben, wie im Gebäudereinigergewerbe. Das gleiche Problem besteht beim Angestelltenkündigungsgesetz (vgl. oben Buchst. c) und beim Arbeitsplatzschutzgesetz für den Kündigungsschutz der Wehr- und Zivildienstleistenden.
Im übrigen gilt für Arbeitnehmer, die am 30. 4. 85 im Betrieb vorhanden waren, eine günstigere Zählweise; zu ihren Gunsten zählen alle Beschäftigten unabhängig von der Stundenzahl mit. Der Kündigungsschutz tritt weiter erst ein, wenn das Arbeitsverhältnis bei Zugang der Kündigung länger als sechs Monate bestanden hat.
Neben diesem allgemeinen Kündigungsschutz nach dem Kündigungsschutzgesetz können besondere Schutzbestimmungen im Einzelfall gerichtlich geltend gemacht werden wie das Kündigungsverbot bei Mutterschutz u. a.
Zur *Änderungskündigung* wegen Arbeitsmangels und zur *Auswahl nach sozialen Gesichtspunkten* vgl. die weiteren Beispiele auf den Seiten 8 (Verlegung der Arbeitszeit) und 29ff. (Einführung von Abrufarbeit und Job-sharing; Reduzierung der Arbeitszeit bei Arbeitsmangel).

## 3. Gleichbehandlung

> **Gleichbehandlung ist angesagt!**

### 3. Gleichbehandlung

Die Dauer der Arbeitszeit begründet arbeitsrechtlich keine Schlechterstellung Teilzeitbeschäftigter. Diese Aussage steht im krassen Gegensatz zur Wirklichkeit, vor allem bei den betrieblichen Nebenleistungen. Nach einer Untersuchung des ISO-Instituts erhielten 1989 Urlaubsgeld 84% der Vollzeitbeschäftigten, aber nur 57% der Teilzeitbeschäftigten und Weihnachtsgeld 75% der Vollzeitbeschäftigten, aber nur 57% der Teilzeitbeschäftigten. Bei den vermögenswirksamen Leistungen standen 67% begünstigten Vollzeitkräften 34% bei den Teilzeitkräften gegenüber, beim 13. Monatsgehalt war das Zahlenverhältnis 38 zu 27 und besonders extrem war die Benachteiligung bei der betrieblichen Altersversorgung, wo immerhin 25% der Vollzeitbeschäftigten Ansprüche erwarben, aber nur 11% der Teilzeitarbeitnehmer (H. Groß/C. Thoben, Projekt Arbeitszeitberichterstattung 1989, ISO-Kurzbericht Nr. 4, Köln 1989).

Es bestehen mehrere sich teilweise überschneidende Vorschriften zum Thema Gleichbehandlung.

*a) Verbot der unterschiedlichen Behandlung von Teilzeitkräften gegenüber Vollzeitbeschäftigten nach Art. 1 § 2 Abs. 1 BeschäftigungsförderungsG*

**Der Betrieb darf einen Teilzeitbeschäftigten nicht wegen der Teilzeit gegenüber vollzeitbeschäftigten Arbeitnehmern unterschiedlich, d. h. weder besser noch schlechter behandeln,** es sei denn, daß sachliche Gründe eine unterschiedliche Behandlung rechtfertigen (Art. 1 § 2 Abs. 1 BeschäftigungsförderungsG, § 75 BetriebsverfassungsG, Art. 3 Abs. 1 GrundG).

Soweit keine sachlichen Gründe eine unterschiedliche Behandlung von Vollzeit- und Teilzeitbeschäftigten rechtfertigen, ist diese verboten! Das Verbot der Benachteiligung von Teilzeitkräften gilt auch gegenüber anderen Teilzeitbeschäftigten, die in unterschiedlichem zeitlichen Umfang beschäftigt werden.

**Typisches Beispiel:** Die Gruppe der Halbtagsbeschäftigten erhält dieselben betrieblichen Sozialleistungen wie die Vollzeitbeschäftigten.

Die weniger als halbschichtig Beschäftigten werden von den Sozialleistungen ausgeschlossen. –

Diese Schlechterstellung ist normalerweise nicht zu rechtfertigen (vgl. aber zur Vergabe von Parkplätzen oder Werkswohnungen im 4. Kapitel unter Ziffer 1 f.).

**Tarifliche Spielräume?**
Nach Art. 1 § 6 Beschäftigungsförderungsgesetz kann von den Vorschriften des Abschnitts „Teilzeitarbeit", der die §§ 2 bis 6 umfaßt, auch *zuungunsten* des Arbeitnehmers durch Tarifvertrag abgewichen werden, ebenso durch Regelungen im kirchlichen Bereich (vgl. Absatz 3; sogenannte „Tariföffnungsklausel"). Dies gilt nach Absatz 2 im Geltungsbereich eines entsprechenden Tarifvertrags auch für nicht tarifgebundene Arbeitnehmer und Arbeitgeber, wenn die Anwendung der für Teilzeitkräfte geltenden Tarifbestimmungen des Tarifvertrages zwischen ihnen vereinbart ist. Enthält ein Tarifvertrag des öffentlichen Dienstes für Teilzeitkräfte ungünstigere Bestimmungen, gelten diese auch in nicht tarifgebundenen Betrieben außerhalb des öffentlichen Dienstes, wenn die Anwendung der für den öffentlichen Dienst geltenden tariflichen Bestimmungen zwischen Arbeitgeber und Arbeitnehmer vereinbart ist und der Arbeitgeber die Kosten des Betriebes überwiegend mit Zuwendungen im Sinne des Haushaltsrechts (= öffentliche Zuschüsse) deckt. Der Gesetzgeber könnte hier die Vorstellung gehabt haben, daß die Tarifparteien (Gewerkschaften und Arbeitgeber) etwa gleichstark sind und aus dieser Parität heraus „per Saldo" keine sachlich unangemessenen Regelungen und für einzelne Schlechterstellungen einen Ausgleich an anderer Stelle schaffen. Den Tarifparteien wird ohnehin von den Gerichten ein Beurteilungsspielraum zugestanden, der Pauschalierungen im Interesse der praktischen Rechtsanwendung erlaubt. Der Spielraum der Tarifparteien ist jedoch nicht schrankenlos. Keinesfalls sind Tarifverträge vom Gleichbehandlungsgrundsatz entbunden (Mager-Winterfeld-Göbel, Randziffer 336; Meinungsstand innerhalb des BAG vgl. DB 90, 1040).

Tatsächlich haben sich bei weitem noch nicht alle Tarifbereiche auf die Erscheinung der Teilzeitarbeit eingestellt. Es bestehen viele teilzeitunfreundliche Tarifvorschriften, die in Konflikt zu Art. 1 § 2 BeschäftigungsförderungsG geraten können. Die zahl-

## 3. Gleichbehandlung

reichen Gerichtsentscheidungen zu den Tarifverträgen des öffentlichen Dienstes zum Beispiel hatten eine ganze Palette von nachteiligen Regelungen für Teilzeitbeschäftigte zum Gegenstand, etwa bezüglich der Höhergruppierung der Beihilfe im Krankheitsfall, dem Übergangsgeld bei Wegfall des Arbeitsplatzes oder Ruhestand bis hin zu existentiellen Sozialleistungen wie der Zusatzversorgung, die nur Beschäftigte mit mindestens 18 Wochenstunden erfaßte.

In den Tarifverträgen der Privatwirtschaft findet sich der generelle Ausschluß von unter halbschichtig Beschäftigten meist nur in der betrieblichen Altersversorgung, im übrigen kommen in Einzelbestimmungen Benachteiligungen vor. Ein wunder Punkt sind nach wie vor die Leichtlohngruppen, häufig Teilzeitschichten, denen meist Frauen angehören (vgl. dazu im 4. Kapitel unter Ziffer 1a).

Das Bundesarbeitsgericht hat Grundsätze aufgestellt, die eine Handhabe zu einer Revision solcher Tarifvorschriften geben:

- **Der Gleichbehandlungsgrundsatz bezüglich der Teilzeitarbeitnehmer ist auch vom Tarifvertragsrecht zu beachten.**
  Die Tariföffnungsklausel des Art. 1 § 6 BeschäftigungsförderungsG bezieht sich nicht auf den Gleichbehandlungsgrundsatz des Art 1 § 2 (BAG, 29. 8. 89, 3 AZR 370/88, Beschluß nach § 91a ZPO, DB 89, 2338; a.A. etwa BAG, 5. Senat, 25. 1. 89, DB 89, 1726, aber: Tarifverträge müssen per saldo die Gleichbehandlung wahren!). Sie rechtfertigt vielmehr nur Ausnahmen von den im Vergleich zum Gleichbehandlungsgrundsatz eher „technischen" Vorschriften der §§ 3 bis 5 des Art. 1 BeschäftigungsförderungsG etwa über die Abrufarbeit und Job-Sharing. Der Gleichbehandlungsgrundsatz hat höheren Rang als normales Gesetzesrecht und ist im Grundgesetz und internationalem Recht und insbesondere durch die Rechtsprechung des Europäischen Gerichtshofs zur indirekten Diskriminierung wegen des Geschlechts abgesichert (vgl. im folgenden die Buchstaben b bis e).
- **Sofern ein Tarif Ansprüche auf betriebliche Leistungen gewährt, müssen sich Einschränkungen des persönlichen Geltungsbereichs oder im Tarif vorhandene Ausnahmekataloge bezüglich bestimmter Personenkreise an dem Gleichbehandlungsgrundsatz messen lassen. Es kommt nicht darauf an, mit welchen rechtstechnischen Mitteln der Ausschluß der Arbeit-**

nehmer erreicht wird, die weniger als die Hälfte der regelmäßigen Wochenarbeitszeit tätig sind.
Zwar können die Tarifparteien nicht gezwungen werden, für alle Arbeitnehmer einer Branche oder eines Betriebes Tarifverträge zu schließen; die gesetzlich vorgeschriebene Gleichbehandlung bei betrieblichen Leistungen gilt aber gleichwohl.
- **Eine tarifvertragliche Beschränkung des allgemeinen Vergütungssystems auf Halbtags- und mehr Stunden Beschäftigte ist wegen Art. 1 § 2 BeschäftigungsförderungsG unwirksam.**
  (BAG, 25. 1. 89, DB 89, 1726, in der Begründung).
- **Die bisherigen tariflichen Wochenstundengrenzen (Halbtagsbeschäftigung) für den Anspruch auf Versorgung (Betriebsrente) sind wegen Verstoßes gegen Art. 1 § 2 BeschäftigungsförderungsG anfechtbar.**
  Der erwähnte Beschluß des BAG vom 29. 8. 89 bezog sich auf die Klage einer bei einer Rundfunkanstalt tätigen Frau, die Versorgung nach dem Zusatzversorgungstarifvertrag verlangte, während die Arbeitgeberseite bestritt, daß sie die tarifliche Wochenstundengrenze (Halbtagsbeschäftigung) für die Aufnahme in die Zusatzversorgung erreicht hatte. Darauf kam es aber gar nicht an. Der Klägerin stand in jedem Fall Versorgung zu. Damit hat der 3. Senat seine frühere Rechtsprechung revidiert; betroffen sind die Zusatzversorgungstarifverträge des öffentlichen Dienstes und tarifliche Formen betrieblicher Altersversorgung in der Privatwirtschaft. Ähnlich haben das BAG und der Europäische Gerichtshof zu nichttariflichen Versorgungsordnungen entschieden (vgl. näher im 4. Kapitel, 1 e).
- **Diese Grundsätze gelten auch für kirchliche Regelungen** (BAG, 6. 12. 90, 6 AZR 159/89, BB 91, 771).
- **Diese Grundsätze gelten spätestens ab dem 1. 5. 85.**
  (Datum des Inkrafttretens des Art. 1 § 2 BeschäftigungsförderungsG; siehe Urteil vom 25. 1. 89; vgl. zur Rückwirkung bei Betriebsrenten im 4. Kapitel Ziffer 1 e).

Hinzuweisen ist aber auf einige frühere Urteile des Bundesarbeitsgerichts, die den Ausschluß von Teilzeitbeschäftigten bezüglich bestimmter tariflicher Leistungen bzw. ihre (nachteilige) Sonderbehandlung gebilligt haben:
- Die Verlängerung der Bewährungszeit beim sogenannten Fallgruppenaufstieg im BAT (BAG 28. 11. 84, 4 AZR 35/83, AP Nr. 102 zu §§ 22, 23 BAT 1975); das Urteil des gleichen Senats

des BAG vom 14. 9. 88 hat beim Bewährungsaufstieg (Verdoppelung der „Bewährungs"zeit bis zur Höhergruppierung z. B. bei Halbtagsschreibkräften von 12 auf 24 Jahre – und dies bei ohnehin halbiertem Gehalt!) diese Linie beibehalten; gegenüber vom BAT ausgenommen Teilzeitarbeitnehmern des öffentlichen Dienstes darf die Bewährungszeit dagegen nicht verlängert werden (BAG, 25. 9. 91; 4 AZR 33/91). Die Tarifparteien des öffentlichen Dienstes haben inzwischen den Aufstieg für Teilzeitbeschäftigte – wegen des tariflichen Geltungsbereichs inzwischen alle Beschäftigten mit einem mehr als geringfügigen Entgelt strukturell betreffend – verbessert (siehe im 4. Kapitel, Ziffer 1 a);
– der Ausschluß von Teilzeitbeschäftigten von der bezahlten Freistellung für persönliche Angelegenheiten (Freistellungskatalog des MTV-Bodenpersonals der Lufthansa; BAG, 21. 4. 82, 4 AZR 682/79, AP Nr. 2 zu § 1 TVG, Tarifverträge Lufthansa); hier hat das BAG argumentiert, daß Teilzeitkräfte infolge ihrer reduzierten Arbeitszeit ebenso wie Arbeitnehmer mit Gleitzeit ihre persönlichen Angelegenheiten in ihrer Freizeit erledigen können (vgl. hierzu im 4. Kapitel, Ziffer 2 b).

**Eine Übersicht der geldwerten Leistungen, bei denen, selbst wenn es der Tarif anders will, Gleichbehandlung zu wahren ist, findet sich im 4. Kapitel dieses Buches unter Ziffer 1 a bis g und Ziffer 2 b).**

*b) Allgemeines Willkürverbot; Gleichheitssatz des Grundgesetzes und Gleichbehandlungsgebot im Arbeitsrecht*

Jede unterschiedliche Behandlung von Beschäftigten muß sich an dem allgemeinen Gleichheitssatz des Artikel 3 Abs. 1 des Grundgesetzes und dem darauf gestützten allgemeinen Gleichbehandlungsgebot im Arbeitsrecht messen lassen: Danach dürfen gleiche Sachverhalte nicht willkürlich ungleich und ungleiche Sachverhalte nicht willkürlich gleich behandelt werden.

**Willkürlich gleichheitswidrige Schlechterstellungen von Teilzeitkräften sind selbst durch Tarifvertrag nicht zulässig, erst recht nicht durch Betriebsvereinbarung bzw. Sozialplan und andere betriebliche oder vertragliche Einheitsregelungen.**

*c) Spezielle Diskriminierungsverbote*

Nach Artikel 3 Abs. 2 des Grundgesetzes darf niemand wegen seines **Geschlechts**, seiner **Abstammung**, seiner **Rasse**, seiner **Heimat und Herkunft**, seines **Glaubens**, seiner **religiösen** oder **politischen Anschauungen** benachteiligt oder bevorzugt werden.
*aa) Hier: Diskriminierungsverbot hinsichtlich des Geschlechtes; indirekte Benachteiligung der Frauen.* Hier werden strengere Anforderungen an die Rechtfertigungsgründe gestellt als nach Art. 1 § 2 Abs. 1 BeschäftigungsförderungsG oder als nach dem allgemeinen Willkürverbot bzw. dem allgemeinen und dem arbeitsrechtlichen Gleichbehandlungsgebot. Dies folgt aus der Wertigkeit der Gleichberechtigung für das Zusammenleben. Ein die unterschiedliche Behandlung der Geschlechter rechtfertigender Grund ist nur dann gegeben, wenn die unterschiedliche Behandlung einem wirklichen Bedürfnis des Unternehmens dient, für die Erreichung der unternehmerischen Ziele geeignet und nach den Grundsätzen der Verhältnismäßigkeit erforderlich ist (BAG, 14. 3. 89, 3 AZR 490/89, NZA 90, 25). Weil Teilzeitarbeit weit überwiegend von Frauen geleistet wird, bedeutet Benachteiligung von Teilzeitkräften häufig indirekte Benachteiligung von Frauen.
**Indirekte Benachteiligung wegen des Geschlechts** liegt vor, wenn Voraussetzungen für betriebliche Leistungen zwar geschlechtsneutral formuliert sind, aber von Frauen gar nicht oder nur mit unverhältnismäßigen Schwierigkeiten erfüllt werden können.
**Im Zweifel sind alle betrieblichen Regelungen, die für Teilzeitkräfte nachteilig sind, eine indirekte Benachteiligung wegen des Geschlechtes, sofern ein erheblich höherer Prozentsatz weiblicher als männlicher Arbeitnehmer betroffen ist.**
EG-Recht; diese Grundsätze stammen vom Europäischen Gerichtshof; er hat sie aus dem für die Bürger der Bundesrepublik Deutschland unmittelbar geltenden Art. 119 EWG-Vertrag abgeleitet. Artikel 119 EWG-Vertrag legt im EWG-Recht den Grundsatz gleichen Entgelts für Männer und Frauen fest.
Danach sind in Verbindung mit der EWG-Richtlinie über die Anwendung des Grundsatzes des gleichen Entgelts für Männer und Frauen vom 10. 2. 75 und der Richtlinie zur Verwirklichung der Gleichbehandlung von Männern und Frauen hinsichtlich des Zugangs zur Beschäftigung, zur Berufsausbildung und zum be-

## 3. Gleichbehandlung

ruflichen Aufstieg sowie in Bezug auf die Arbeitsbedingungen vom 9. 2. 76 (Diskriminierungsverbot wegen des Geschlechts) und anderen übernationalen Bestimmungen Frauen und Männer in der Arbeitswelt gleichzustellen (vgl. auch BAG, Beschluß vom 5. 6. 84, – AZR 66/83, – AP Nr. 3 zu Artikel 119 EWG-Vertrag; EuGH, 13. 5. 86, RS 170/84, DB 86, 1525). Die genannten Richtlinien sind von großer Bedeutung, weil innerstaatliche Gerichte nicht nur den EWG-Vertrag (und die anderen Gemeinschaftsverträge) sowie Verordnungen, sondern auch Richtlinien i. S. des Art. 189 Abs. 3 EWG-Vertrag jedenfalls dann als verbindliches Gemeinschaftsrecht anwenden müssen, wenn der betreffende Mitgliedstaat die darin enthaltenen Verpflichtungen nicht oder nicht ausreichend erfüllt hat (EuGH, NJW 1987, 1764).

Diese EG-Grundsätze werden durch besondere gesetzliche Regelung im Bürgerlichen Gesetzbuch zum Teil näher ausgeführt:

(1) **Chancengleichheit im Beruf.** Nach § 611a Abs. 1 Satz 1 BGB darf der Arbeitgeber einen Arbeitnehmer bei einer Vereinbarung oder einer Maßnahme, insbesondere **bei der Begründung des Arbeitsverhältnisses, beim beruflichen Aufstieg, bei einer Weisung** oder **einer Kündigung,** nicht wegen seines Geschlechts benachteiligen. Eine unterschiedliche Behandlung wegen des Geschlechts ist jedoch zulässig, soweit eine Vereinbarung oder eine Maßnahme die Art der vom Arbeitnehmer auszuübenden Tätigkeit zum Gegenstand hat und **ein bestimmtes Geschlecht unverzichtbare Voraussetzung für diese Tätigkeit** ist.

**Beispiel:**
Tänzerin am Ballett.

Das Arbeitsgericht Bonn hat der Bundestagsfraktion der Grünen zugestanden, daß sie eine Fraktionsjuristenstelle vorzugsweise mit einer Frau besetzen durfte. Eine Bundestagsfraktion, die sich die Gleichstellung der Frau in der Gesellschaft und im Arbeitsleben als parteipolitisches Ziel gesetzt hat, gleiche einem „tendenzorientierten Unternehmen" im Sinne des Tendenzprivilegs nach § 118 BetriebsverfassungsG und könne deshalb bezüglich tendenztragender Funktionen Personen nach eigener Wahl aussuchen (ArbG Bonn, 16. 9. 87, 4 Ca 1389/87, NZA 88, 134). Für Tendenzunternehmen und auch bestimmte Verwaltungsstellen wie „Frauenbeauftragte" u.ä. ist das ein richtiger Gedanke. Andere Arbeitgeber kommen mit einer Personalpolitik der „Frauenquote" (Bevorzugung von Frauen bei gleicher Qualifikation bis zum Erreichen eines hälftigen Frauenanteils insbesondere auf höheren Funktionsebenen) mit § 611a BGB in Konflikt, da sie bis zur Erfüllung der Quote die Männer benachteiligen. Zur Auslegung des § 611a BGB ist aber auf Art. 2 Abs. 4 der erwähnten EG-Richtlinie vom 9. 2. 76 hinzuweisen, auf deren Grundlage § 611a BGB im Jahre 1980 Gesetz wurde. Danach stehen dem Gleichbehandlungsgrundsatz Maßnahmen zur Förderung der Chancengleichheit für Männer und Frauen, insbesondre durch Beseitigung der tatsächlich bestehenden Ungleichheiten, die die *Chancen der Frauen* in den in Artikel 1 Abs. 1 genannten Bereichen (Zugang zur Beschäftigung einschließlich des Aufstiegs, Zugang zur Berufsbildung, Arbeitsbedingungen, soziale Sicherheit) beeinträchtigen, nicht entgegen. Zwar meint die Richtinie Maßnahmen der EG-Mitgliedsstaaten selbst, gibt aber jedenfalls ein Argument zugunsten einer solchen – auch sonst nicht unproblematischen – Personalpolitik. Für den öffentlichen Dienst haben einige Bundesländer die Frauenquote per Gesetz eingeführt (vgl. §§ 3, 4 GleichstellungsG Bremen); diese Regelungen sind zur Zeit Gegenstand verfassungsgerichtlicher Prüfung.

Ist ein Arbeitsverhältnis wegen eines von dem Arbeitgeber zu vertretenden Verstoßes gegen das Benachteiligungsverbot nicht begründet worden, ist er zum **Ersatz des Schadens** verpflichtet, den der Arbeitnehmer dadurch erleidet, daß er darauf vertraut, die Begründung des Arbeitsverhältnisses werde nicht wegen eines solchen Verstoßes unterbleiben. Dies gilt beim beruflichen Aufstieg entsprechend, wenn auf den Aufstieg kein Anspruch besteht. Nach deutschem Recht läuft der Ersatz des sogenannten „Vertrauensschadens" lediglich auf den Ersatz der Bewerbungskosten oder ähnlicher Aufwendungen hinaus, im Unterschied zum „Erfüllungsschaden", wo der Schaden aus der Nichterfüllung von Rechtsansprüchen z.B. aus einem Vertrag voll zu ersetzen ist. Der Europäische Gerichtshof hat entschieden, daß § 611a BGB keine ausreichende Sanktion enthält (EuGH, 10. 4. 84, NZA 84, 157). Das Bundesarbeitsgericht hat darauf reagiert und geurteilt, daß zum Schadenersatz bei einer Verletzung des § 611a BGB auch der immaterielle Schaden" zu berücksichtigen ist, den der Arbeitnehmer in seinen Persönlichkeitsrechten erleidet. **Dieser Schaden ist im Normalfall in Höhe eines Monatsverdienstes anzusetzen.** Er kann je nach Verschulden, Art und Schwere

## 3. Gleichbehandlung

der Benachteiligung sowie Nachhaltigkeit und Fortdauer der Schädigung schwanken (BAG, 14. 3. 89, 8 AZR 315/86, 447/87); die Schadenersatzansprüche infolge Benachteiligung und Verletzung des Persönlichkeitsrechts sollen gesetzlich konkretisiert werden, vgl. u. a. den Gesetzentwurf der Bundesregierung v. 23. 2. 1990, BTDs 128/90.
Der Anspruch auf Schadensersatz wegen eines Verstoßes gegen das Benachteiligungsverbot verjährt in zwei Jahren.
(2) **Keine schlechtere Bezahlung.** Nach § 612 Abs. 3 BGB darf **für gleiche oder gleichwertige Arbeit nicht wegen des Geschlechts des Arbeitnehmers eine geringere Vergütung vereinbart werden** als bei einem Arbeitnehmer des anderen Geschlechts. Die Vereinbarung einer geringeren Vergütung wird nicht dadurch gerechtfertigt, daß wegen des Geschlechts des Arbeitnehmers besondere Schutzvorschriften gelten (vgl. die Übersicht im 4. Kapitel unter Ziffer 1).
(3) **Geschlechtsneutrale Ausschreibung von Arbeitsplätzen.** Der Arbeitgeber *soll* **einen Arbeitsplatz weder öffentlich noch innerhalb des Betriebs nur für Männer oder nur für Frauen ausschreiben,** es sei denn, daß sachliche Gründe dies erfordern bzw. das Geschlecht unverzichtbare Voraussetzung für die Tätigkeit ist (§ 611b BGB); die geschlechtsneutrale Ausschreibung soll künftig allgemein vorgeschrieben werden, vgl. u. a. den Gesetzentwurf der Bundesregierung v. 23. 2. 90, aaO.
Um Personen vor Repressalien zu schützen, die diese Rechte im Betrieb geltendmachen, hat der Gesetzgeber diesen Vorschriften noch folgende Bestimmung zur Seite gestellt:
(4) **Benachteiligungsverbot bei zulässiger Rechtsausübung.** Der Arbeitgeber darf einen Arbeitnehmer bei einer Vereinbarung oder einer Maßnahme **nicht benachteiligen, weil der Arbeitnehmer in zulässiger Weise seine Rechte ausübt** (§ 612a BGB), z. B., weil dieser von seinem Beschwerderecht (§ 84 BetriebsverfassungsG) Gebrauch gemacht hat oder weil er beim Arbeitsgericht Überstundenvergütung eingeklagt hat.
Hinweis: Nach Art. 2 Arbeitsrechtl. EG-AnpassungsG vom 13. 8. 80 soll der Arbeitgeber einen Abdruck der §§ 611a, 611b, 612 Abs. 3 und 612a an geeigneter Stelle im Betrieb zur Einsicht auslegen oder aushändigen.
*bb) Hier: Gewerkschaftliche Betätigung.* Nach Artikel 9 Abs. 3 des Grundgesetzes ist für jedermann das Recht gewährleistet,

Vereinigungen zur Wahrung und Förderung der Arbeitsbedingungen zu bilden. Das Benachteiligungsverbot wegen gewerkschaftlicher Betätigung ergibt sich aus § 75 Abs. 1 BetriebsverfassungsG, für den öffentlichen Dienst aus § 105 Satz 2 BundespersonalvertretungsG für den Bund bzw. für die Länder aus den entsprechenden Vorschriften ihrer Personalvertretungsgesetze z.B. für Bremen aus § 53 Abs. 3 Satz 1 BremPersonalvertretungsG, jeweils in Verbindung mit Artikel 9 Abs. 3 des Grundgesetzes.

*d) Beweislast bei Verstößen gegen die Vorschriften über Gleichbehandlung und die speziellen Diskriminierungsverbote*

Weil Gleichbehandlung die Regel und unterschiedliche Behandlung nur ausnahmsweise erlaubt ist, muß der Betrieb im Streitfall nachweisen, daß er das Gleichbehandlungsgebot beachtet hat. Im Falle einer unterschiedlichen Behandlung muß er diese mit stichhaltigen sachlichen Gründen rechtfertigen.

Liegt der Verdacht auf eine unterschiedliche Behandlung wegen des Geschlechts und hinsichtlich Abstammung, Sprache, Heimat und Herkunft, Glauben, oder der religiösen oder politischen Anschauungen oder wegen gewerkschaftlicher Betätigung im Einzelfall vor, hat der Betrieb die Beweislast dafür, daß eine solche unterschiedliche Behandlung nicht vorliegt oder aus zwingenden sachlichen Erwägungen gerechtfertigt ist.

Für die Gleichbehandlung von Mann und Frau ist die Beweislast ausdrücklich in den §§ 611a Abs. 1 Satz 3 und 612 Abs. 3 BGB geregelt; danach trägt im Streitfall der Betrieb die Beweislast dafür, daß nicht auf das Geschlecht bezogene, sachliche Gründe eine unterschiedliche Behandlung rechtfertigen (bzw. das Geschlecht unverzichtbare Voraussetzung für die auszuübende Tätigkeit ist), sofern der Arbeitnehmer Tatsachen glaubhaft macht, die eine Benachteiligung wegen des Geschlechts vermuten lassen.

Der Europäische Gerichtshof hat hierzu ergänzt:

„Wird in einem Unternehmen ein Entlohnungssystem angewandt, dem jede Durchschaubarkeit fehlt, obliegt dem Arbeitgeber der Nachweis, daß seine Lohnpolitik nicht diskriminierend ist, sofern die Klägerin auf der Grundlage einer relativ großen Zahl von Arbeitnehmern belegt, daß das durchschnittliche Ent-

## 3. Gleichbehandlung

gelt der Frauen niedriger ist als das der männlichen Arbeitnehmer." (EuGH, Urteil vom 17. 10. 89, Rs 109/88 zur Auslegung der EG-Richtlinie 75/117 vom 10. 2. 75 zur Angleichung der Rechtsvorschriften über die Anwendung des Grundsatzes des gleichen Entgeltes für Männer und Frauen, NZA 90, 772, 774).
Wichtig: Die allgemeine Vertragsfreiheit gestattet es, daß der Betrieb und einzelne Arbeitnehmer günstigere Arbeitsbedingungen aushandeln, als sonst im Betrieb üblich.

**Beispiel:**
Es ist zulässig, mit einzelnen Arbeitnehmern über dem betrieblichen Lohnniveau liegende Gehälter zu vereinbaren.

Das Gleichbehandlungsgebot und die besonderen Diskriminierungsverbote gewährleisten einen betrieblichen Standard, der im Einzelfall nicht unterschritten werden darf. Er darf aber im Einzelfall im Sinne einer günstigeren Behandlung verbessert werden. Wird jedoch eine größere Personenzahl günstiger behandelt, bildet sich daraus ein neuer betrieblicher Standard, der wieder Gleichbehandlungsansprüche auslöst.

**Beispiel:**
Wenn individuelle Leistungszulagen in größeren Betrieben an drei Viertel der Beschäftigten gewährt werden, muß sich die Vergabe am Gleichbehandlungsgebot messen lassen. Der Betrieb muß dann Arbeitnehmern gegenüber, die keine Zulage erhalten haben, nachweisen, daß stichhaltige Gründe die Versagung der Zulage rechtfertigen. Im übrigen wäre dann von einem betrieblichen „Zulagensystem" zu sprechen, das in seiner Ausgestaltung der Mitbestimmung des Betriebsrats unterliegt.
Nach § 87 Absatz 1 Ziffer 10 BetriebsverfassungsG unterliegen Fragen der betrieblichen Lohngestaltung dem Mitbestimmungsrecht des Betriebsrats, sofern eine tarifliche Regelung nicht besteht.

Die besonders geregelten Verbote der unterschiedlichen Behandlung wegen Teilzeit, wegen des Geschlechts usw. lassen dem Günstigkeitsprinzip jedoch wenig Raum, soweit sie anwendbar sind. Niemand darf im Einzelfall wegen Teilzeit, wegen seines Geschlechts usw. ohne zwingenden sachlichen Grund bevorzugt werden. Das würde Unterlassungs- oder Gleichstellungsansprüche anderer Arbeitnehmer auslösen.

## e) Überwachungsaufgabe des Betriebsrates

Der Betriebs- oder Personalrat hat besonders darüber zu wachen, daß alle im Betrieb tätigen Personen nach den Grundsätzen von Recht und Billigkeit behandelt werden und besonders wegen der zuletzt aufgezählten Gründe nicht benachteiligt werden (§§ 75, 80 BetriebsverfassungsG; §§ 103, 105 Satz 2 BundesPersVG; für Bremen §§ 53 Abs. 3, 54 Bremisches PersonalvertretungsG).

Er hat darauf zu achten, daß Arbeitnehmer nicht wegen Überschreitung bestimmter Altersstufen benachteiligt werden (§ 75 Abs. 1 BetriebsverfassungsG, § 67 Abs. 1 Satz 1, § 68 Abs. 1 Nr. 2, 4 BundespersonalvertretungsG, für Bremen § 53 Abs. 3 Satz 1 Bremisches PersonalvertretungsG).

# 4. Kapitel. Anwendung des Gleichbehandlungsgebotes im einzelnen: Rechte und Pflichten der Teilzeitbeschäftigten

## 1. Gleicher Lohn; gleiche Betriebsrente; andere Leistungen des Betriebes

*a) Gleicher Stundenlohn*

**Regel: Dem Teilzeitbeschäftigten ist entsprechend seiner Stundenzahl der anteilige Lohn des vergleichbaren Vollzeitbeschäftigten zu bezahlen.**

„Die Teilzeit unterscheidet sich von der Vollzeitbeschäftigung dadurch, daß der Arbeitnehmer dem Arbeitgeber nicht für die volle Arbeitszeit, sondern nur eingeschränkt zur Verfügung steht. Die Arbeitsleistung ist also quantitativ geringer als bei einem Vollzeitverhältnis. Demgemäß kann das Entgelt grundsätzlich nur entsprechend der verringerten Arbeitsleistung gekürzt werden" (Teilleistungs- bzw. Proportionalitätsprinzip; 3. Senat des Bundesarbeitsgerichtes, BAG 6. 4. 82, 3 AZR 134/79, AP Nr. 1 zu § 1 BetrAVG Gleichbehandlung, III, Ziffer 1 der Gründe).

Voraussetzung ist eine *gleiche Arbeit wie bei Vollzeitbeschäftigten* und ein *Maßstab für die Gehaltszumessung bei den vergleichbaren Vollzeitbeschäftigten*. Die Arbeitsentgelte im Betrieb für Vollzeitbeschäftigte müssen halbwegs betriebseinheitlich z.B. durch Tarifvertrag oder durch einheitliche betriebliche Handhabung geregelt sein beziehungsweise es müssen Regeln für die Zumessung der Arbeitsentgelte der Vollzeitbeschäftigten erkennbar vom Betrieb angewendet werden. Der Arbeitgeber ist an eine von ihm gesetzte – zum Beispiel aus seinem Verhalten erkennbare – Regel in der Weise gebunden, daß er nur aus sachlichen Gründen von ihr abweichen darf (BAG, 11. 9. 85, 7 AZR 371/83, NZA 87, 156).

Der Gleichbehandlungsgrundsatz beim Arbeitsentgelt gilt für die Grundvergütung und natürlich auch für Zulagen und andere geldwerte Nebenleistungen zum laufenden Lohn.

Nach der neueren Rechtsprechung können weniger als halbschichtig Beschäftigte weder durch Tarifvertrag (BAG, 29. 8. 89,

3 AZR 370/88, DB 89, 2338; vgl. im 3. Kapitel, Ziffer 3a) noch durch Betriebsvereinbarung oder einzelvertraglich (BAG, 25. 1. 89, 5 AZR 161/88, DB 89, 1726) vom (anteilig) gleichen Arbeitsentgelt wie Vollzeitbeschäftigte ausgenommen werden:
– Erhält ein teilzeitbeschäftigter **Lehrer** im öffentlichen Dienst eine verhältnismäßig geringere Vergütung als vollzeitbeschäftigte, ist die einzelvertragliche Vergütungsabrede seit dem 1. 5. 85 (Inkrafttreten des Art. 1 § 2 BeschäftigungsförderungsG) wegen Gesetzesverstoß unwirksam. Der Lehrer kann den Stundenlohn verlangen, der im öffentlichen Dienst üblicherweise bei dieser Tätigkeit gezahlt wird (BAG, 25. 1. 89, aaO; zum **Urlaubsentgelt** bei Lehrern an einer Musikschule vgl. BAG, 24. 10. 89, DB 89, 1040). Die **Vergütung nach Jahreswochenstunden** auf Basis von 42 Wochen für eine teilzeitbeschäftigte Lehrerin ist unwirksam, weil die vollzeitbeschäftigten Lehrer ihre Bezüge durchgehend für alle 52 Wochen des Jahres erhalten. Die übliche, d.h., die Vergütung nach BAT einschließlich Ortszuschlag ist zu zahlen, ebenso die Einmalleistungen wie Urlaubs- und Weihnachtsgeld (BAG, 12. 12. 90, 5 AZR 631/89, ZTR 91, 302).
– In einem Arbeitsverhältnis teilzeitbeschäftigte **Dozenten** an einer Hochschule haben Anspruch auf die gleiche Vergütung wie entsprechende Vollzeitkräfte der Hochschule, die alle nach dem gleichen Vergütungsschema bezahlt werden, wenn sie deren umfassende (lediglich zeitanteilig reduzierte) Verpflichtungen haben (BAG, 27. 7. 88, 5 AZR 244/87, BB 88, 2178).
– **Bewährungs- bzw. Zeitaufstieg:** Bei in das Vergütungssystem fest eingebauten Gehaltserhöhungen oder Zulagen in Abhängigkeit von der Dauer der Betriebszugehörigkeit, stellt sich die Frage, ob der Arbeitgeber bei Teilzeitbeschäftigten eine der reduzierten Arbeitszeit entsprechend längere Betriebszugehörigkeit verlangen kann. Hierfür kommt es auf die Begründung für die Wartezeit an. Ist sie notwendig, bis der Arbeitnehmer sich genügend Erfahrungen erwirbt, um auf ein höher zu bewertendes Qualifikationsniveau aufzusteigen, dürfte eine der verkürzten Arbeitszeit entsprechende Verlängerung zulässig sein. Geht es dagegen mehr um die Honorierung der Betriebstreue, ist eine Verlängerung nicht zulässig. **Je länger die Wartezeit ist, umso weniger ist die Annahme berechtigt, daß die Teilzeitbeschäftigten in der für Vollzeitbeschäftigte geltenden**

## 1. Gleiche Leistungen des Betriebes

Frist nicht dieselbe Qualifikation erworben haben (G. Arndt, NZA, Beil. 3/89, Teilzeitarbeit, S. 9). Die Entscheidung des BAG, die die Verdoppelung der tariflichen Bewährungszeit nach BAT zu Lasten halbtagsbeschäftigter Schreibkräfte von 12 auf 24 Jahre abgesegnet hat, läßt letzteren Gesichtspunkt außer Acht (BAG, AP zu § 23a BAT Nr. 16, ähnlich BAG, 14. 9. 88, 4 AZR 351/88, AP Nr. 24 zu § 23a BAT, vgl. im 3. Kapitel, Ziffer 3a). – Zur Gleichbehandlung bei meist jährlichen betrieblichen Gehaltserhöhungen zum Kaufkraftausgleich (Gehaltsdynamik) siehe bei Buchstaben d). –
- **Leichtlohngruppen:** Das Bundesarbeitsgericht erlaubte ausdrücklich die Bildung von Lohngruppen unter Berücksichtigung des Merkmals „leichte körperliche Arbeit" und die Besetzung dieser Lohngruppen mit Frauen (BAG AP Nr. 4 zu Art. 3 GG). In der Praxis stellen sich diese Arbeiten nicht selten als schwere oder als gleichförmige dar, auf die Männer erst angelernt werden müßten bzw. die sie arbeitsphysiologisch wegen der Monotonie schwer aushalten. Um eine Aufwertung oder Umstrukturierung dieser Arbeiten bemühen sich die Gewerkschaften bei ihren Tarifverhandlungen.
Läßt sich allerdings feststellen, daß die niedrig vergüteten Tätigkeiten eines Lohn- oder Gehaltsschemas fast nur von Teilzeitbeschäftigten übernommen werden **und weiter, daß diese Tätigkeiten anderen zu einem erheblichen Teil von Vollzeitkräften erledigten Tätigkeiten gleichwertig sind,** deutet dies wegen des hohen Frauenanteils bei der Teilzeitarbeit auf eine indirekte Diskriminierung von Frauen (in Bezug auf Stundenlohnsätze EuGH „Fall Jenkins", NJW 81, 2689, vgl. auch EuGH NJW 87, 1138) mit der Folge, daß diese Tätigkeiten aufgewertet werden müssen, und daß dies auch gerichtlich geltend gemacht werden kann.
- **Zuordnung geringfügiger Beschäftigungen zu den Tariflohngruppen:** Auch versicherungsfreie Aushilfs- und Teilzeitbeschäftigte (sog. Nettopauschalkräfte) sind in die für ihre Tätigkeit einschlägige Tariflohngruppe einzugruppieren. Außerdem ist das Verfahren nach § 99 BetriebsverfassungsG durchzuführen (Mitbestimmung bei Einstellungen und Eingruppierungen; LAG Schleswig-Holstein, Beschl. vom 29. 8. 90, 5 Ta BV 16/90, Beschwerde eingel., BB 90, 2339). Die Pflicht zur Eingruppierung in ein tarifliches Vergütungsgruppensystem besteht

nur dann nicht, wenn der Vergütungstarif geringfügige Beschäftigungen oder Teilzeitbeschäftigungen von seinem Geltungsbereich ausdrücklich ausnimmt (was aber nicht heißt, daß nicht ein dem tariflichen Stundenlohn entsprechender Anspruch aus Gleichbehandlung besteht). Die versicherungsfreie Beschäftigung ist keine besondere Kategorie einer Tätigkeit, die sich nicht in das bestehende Vergütungsgruppensystem eingruppieren läßt (LAG Frankfurt, 13. 3. 90, 4 Ta BV 133/89, rechtskräftig; BB 90, 2339). Diese richtigen Gerichtsentscheidungen verschärfen natürlich die Probleme der geringfügigen Beschäftigung in Zusammenhang mit Einmalleistungen und Tariferhöhungen im Hinblick auf die Verdienstgrenze (siehe bezüglich Sozialversicherungsfreiheit bzw. Beschäftigung ohne Lohnsteuerkarte bei Buchst. g).

**Sachliche Gründe für eine unterschiedliche Vergütung:** Gegebenenfalls ist der Betrieb auskunftspflichtig, wenn der Teilzeitbeschäftigte einen geringeren (Stunden-)Lohn gegenüber Vollzeitbeschäftigten mit vergleichbarer Tätigkeit erhält. Unterschiedliche Leistungsfähigkeit, Qualifikation, Berufserfahrung, soziale Lage oder unterschiedliche Arbeitsplatzanforderungen rechtfertigen eine unterschiedliche Bezahlung, ebenso etwa der Umstand, daß eine dringend benötigte Fachkraft nur zu einem höheren Gehalt als sonst im Betrieb üblich zur Mitarbeit bewogen werden konnte (zu Fragen der Beweislast hinsichtlich Verstößen gegen das Gleichbehandlungsgebot siehe Seite 78).

Der Europäische Gerichtshof hat einmal die Auffassung vertreten, daß der Arbeitgeber Vollzeitbeschäftigte höher entlohnen dürfe, um hierdurch einen Anreiz zur Vollzeitbeschäftigung zu schaffen (EuGH NJW 81, 2639). Dieses Motiv ist jedoch mit dem Beschäftigungsförderungsgesetz unvereinbar und nicht mehr anzuerkennen (Schaub, § 44, III, 3.).

**Keine Gleichbehandlung von Nebenerwerbstätigkeit?** Neuerdings hat der 5. Senat des Bundesarbeitsgerichts seine Rechtsprechung bei Lehrervergütungen modifiziert. Zwar sei die Bezeichnung als „nebenberuflicher Lehrer" (im Gegensatz zum nach BAT angestellten Lehrer) kein Grund für eine schlechtere Bezahlung. In den bisher entschiedenen Fällen handelte es sich stets um junge Lehrer, die auf die Erteilung von Teilzeitunterricht als Haupttätigkeit – notgedrungen – als Grundlage ihrer Existenz angewiesen waren. Anders, wenn der Betroffene den Teilzeitun-

## 1. Gleiche Leistungen des Betriebes

terricht als **Nebentätigkeit neben einer existenzsichernden Haupttätigkeit** ausübt, etwa, wenn er im Hauptberuf (Vollzeit-)Beamter ist. Dann soll es erlaubt sein, mit ihm für die Nebentätigkeit einen niedrigeren als den tariflichen Stundensatz zu vereinbaren. Dem stehe weder das Verbot der unterschiedlichen Behandlung von Teilzeitbeschäftigten noch das bekannte Schlagwort „Gleiche Arbeit für gleichen Lohn" entgegen. Letzteres stelle nur klar, daß Frauen vergütungsmäßig nicht schlechter als Männer gestellt werden dürften, wenn sie eine gleiche Tätigkeit ausüben (BAG, 22. 8. 90; 5 AZR 543/89; NZA 91, 107; LAG Hamm, 6. 6. 91, 17 Sa 324/91, ZTR 91, 388).

**Verhältnismäßig bessere Bezahlung der Teilzeitarbeitnehmer?**
Ein sachlicher Grund für die überproportionale Bezahlung von Teilzeitbeschäftigten könnte die Wahrung des Lebensstandardes bei Ermäßigung der Arbeitszeit aus Altersgründen (gleitender Ruhestand) sein.

Sonst nicht berufstätige Teilzeitarbeitnehmer erzielen bei *Leistungslohn* (Akkord u.ä.) in bestimmten Tätigkeiten wie der Textverarbeitung im Verhältnis einen höheren Verdienst als Vollzeitkräfte (höherer Leistungskoeffizient; zur Problematik vgl. Schaub, § 44, III, 3.). Meiner Auffassung rechtfertigt eine vermutete höhere Leistung generell höhere Stundenlöhne von Teilzeitarbeitnehmern bei *Festlohn* nicht. Bei Leistungslohn erwächst die Besserstellung unmittelbar aus der Arbeitsleistung, während sie bei einem höheren Festlohn ohne eine Kontrolle der tatsächlichen Leistung durch den Arbeitsvertrag erfolgt. Der Vertrag knüpft hier in erster Linie an die Teilzeitbeschäftigung und erst in zweiter Linie an die vermutete höhere Stundenleistung von Teilzeitbeschäftigten an. Dies dürfte mit dem Beschäftigungsförderungsgesetz nicht vereinbar sein, jedenfalls wenn eine Leistungskontrolle in der Praxis nicht stattfindet und provoziert im übrigen die Vollzeitbeschäftigten.

**Ausnahme:** Liegt den Arbeitsentgelten im Betrieb keinerlei Bemessungsschema zugrunde – dies ist für größere Betriebe schwer vorstellbar –, und werden die Gehälter ohne erkennbare Regel einzeln und individuell ausgehandelt, geht der Grundsatz der Vertragsfreiheit vor (BAG, 4. 2. 81, aaO und 27. 7. 88, 5 AZR 244/87, BB 88, 2178).

**Ausnahme von der Ausnahme:** Selbst bei individueller Aushandlung des Lohns sind unterschiedliche Stundenlöhne für Männer und Frauen bei gleicher Tätigkeit wegen des hier besonders scharfen Diskriminierungsverbotes (siehe Seite 74) häufig angreifbar.

### b) Vergütung von Überstunden und Mehrarbeit

Zusätzliche Arbeit ist zusätzlich zu bezahlen. Arbeitet der Teilzeitbeschäftigte länger als seine vereinbarten Stunden, sind die zusätzlichen Stunden extra zu vergüten.

**Überstundenzuschläge** sind erst für Überstunden zu bezahlen, die die übliche Tages- oder Wochenstundenzahl eines Vollzeitbeschäftigten übersteigen, soweit nichts anderes vereinbart ist (BAG, 23. 2. 77; 4 AZR 667/75, BB 77, 596; 7. 2. 85, AP Nr. 48 zu § 37 BetrVG 72). Diese Auffassung findet Widerspruch mit dem Argument, tarifliche Überstundenzuschläge für Vollbeschäftigte seien heutzutage infolge der allgemeinen Arbeitszeitverkürzung weniger eine Entschädigung für die zusätzliche Belastung als vielmehr ein Steuerungsinstrument zur Vermeidung übervertraglicher Mehrarbeit durch Verteuerung; geschützt werden solle die Dispositionsmöglichkeit des Arbeitnehmers über seine Freizeit. Wegen des Gleichbehandlungsgebotes habe dies in gleicher Weise für die übervertragliche Arbeit von Teilzeitarbeitnehmern zu gelten; die herrschende Meinung diskriminiere hier wieder einmal die Frauen, weil Teilzeitkräfte weit überwiegend Frauen sind (Schüren, Anspruch Teilzeitbeschäftigter auf Überstundenzuschläge, RdA 90, 18; ArbG Hamburg z. BAT, 21. 10. 91; 21 Ca 173/91; DB 92, 482; rkr.). Bei Überschreiten der gesetzlichen Regelarbeitszeit im Sinne der Arbeitszeitordnung (siehe im 1. Kapitel unter 7.), wie sie ausnahmsweise auch bei Teilzeitkräften vorkommen kann, hat auch der Teilzeitarbeitnehmer Anspruch auf den gesetzlichen Mehrarbeitszuschlag. Dieser beträgt, wenn er vertraglich nicht anders geregelt ist, 25% des normalen Stundenlohns (§ 15 ArbeitszeitO).

**Freizeitausgleich:** Der Teilzeitarbeitnehmer, der auf Grund seiner vertraglich eingeschränkten Arbeitszeit im Zweifel zu Überstunden ohnehin nicht verpflichtet ist, kann sich vorbehaltlich anderer einzelvertraglicher bzw. tarifvertraglicher Regelung im voraus ausbedingen, ob er die Mehrstunden vergütet oder durch Freistellung ausgeglichen haben will. Betriebsvereinbarungen zur Frage Freizeitausgleich statt Vergütung dürften wegen der Sperrwirkung tariflicher und tarifüblicher Regelungen nach § 77 Abs. 3

## 1. Gleiche Leistungen des Betriebes

BetriebsverfassungsG unzulässig sein. Die Regelung der Arbeitsentgelte und anderer materieller Arbeitsbedingungen ist Sache der Tarifparteien.

*c) Sonderzuwendungen (Einmalleistungen wie 13. Gehalt, Urlaubsgeld, Weihnachtsgeld)*

sind ebenfalls anteilig zu gewähren. Tarifverträge können hier in der Regel nicht mehr abweichen. In der Praxis bestehen noch zahlreiche tarifliche Regelungen, die Urlaubs- und Weihnachtsgeld an eine Mindeststundenzahl binden; zumeist wird Halbtagsbeschäftigung vorausgesetzt. Nach Inkrafttreten des Beschäftigungsförderungsgesetzes ab 1. 5. 85 ist das nicht mehr zulässig (vgl. im 3. Kapitel, 3a). Das unterschiedliche Arbeitspensum von Teilzeitbeschäftigten gegenüber Vollzeitbeschäftigten berechtigt nicht, die Teilzeitarbeitnehmer vom **Weihnachtsgeld** auszunehmen, selbst wenn es sich um einen studentischen Nebenjob mit zwölf Wochenstunden handelt (BAG, 6. 12. 90, 6 AZR 159/89, BB 91, 771).

Ebenso zum (anteiligen) Anspruch auf **Urlaubsgeld** (BAG, 15. 11. 90, 8 AZR 283/89, BB 91, 771).

Beim Übergang eines Vollzeitarbeitsverhältnisses in ein Teilzeitarbeitsverhältnis bzw. umgekehrt bemißt sich die Höhe einer Jahresleistung anteilig, sofern nicht z. B. aufgrund Tarifvertrages, einer Betriebsvereinbarung oder betrieblichen Übung oder aufgrund des Einzelarbeitsvertrages ein Stichtag die Höhe der Leistung bestimmt (BAG, 31. 10. 75, DB 76, 488).

Rückzahlungsklauseln für den Fall des Weggangs des Arbeitnehmers nach Erhalt der Gratifikation können mit Teilzeitbeschäftigten im Rahmen der vom Bundesarbeitsgericht zu Vollzeitarbeitsverhältnissen aufgestellten Regeln vereinbart werden. Bei einer Gratifikation von weniger als DM 200 ist eine Rückzahlungsklausel grundsätzlich unwirksam. Weil es sich um eine Bagatellgrenze handelt, kann dieser Betrag bei Teilzeitbeschäftigten nicht anteilig herabgesetzt werden (im Ergebnis auch Schaub, § 44 III 7; str.).

*d) Betriebliche Gehaltserhöhungen*

Bei allgemeinen betrieblichen Gehaltserhöhungen ist es sachwidrig, wenn die Teilzeitkräfte ausgenommen werden. Bei individu-

ell unterschiedlichen Anhebungen muß wenigstens ein „Grundbetrag", der sich an den Mindesterhöhungen für die Vollzeitbeschäftigten orientiert, gezahlt werden. Das gleiche gilt, wenn die Erhöhungen individuell zu verschiedenen Zeitpunkten im Bezugsjahr erfolgen.
Entscheidend ist, daß der Arbeitnehmer während eines bestimmten Zeitraums keine Gehaltserhöhung erhalten hat, obwohl seine Arbeitskollegen während diese Zeitraums, wenn auch zu unterschiedlichen Zeitpunkten, mehr Geld bekommen haben (BAG, 11. 9. 85, 7 AZR 371/83, NZA 87/156, LAG Bremen, 31. 5. 83, 4 Sa 286/82 folgend).
Hierbei spielt – außer dem Gesichtspunkt der Teilnahme am Produktionsfortschritt – auch der Gesichtspunkt eine Rolle, daß der Arbeitsleistung eine unveränderte Kaufkraft des Lohnes gegenüberstehen soll – sofern die wirtschaftliche Situation des Betriebes den Kaufkraftausgleich erlaubt (BAG, 25. 4. 59, 2 AZR 363/58 und 9. 11. 72, 5 AZR 224/72, AP Nr. 15 bzw. Nr. 36 zu § 242 BGB Gleichbehandlung) – zum Bewährungs- bzw. Zeitaufstieg vgl. oben bei a) –. Allgemeine Verkürzungen der Arbeitszeit im Betrieb müssen an Teilzeitbeschäftigte weitergegeben werden, entweder durch entsprechende Verringerung ihres individuellen Arbeitsvolumens oder durch Aufstockung ihres Stundenlohns (vgl. im 2. Kapitel bei 1c).

*e) Gleiche Betriebsrente*

Häufig werden Leistungen der zusätzlichen betrieblichen Altersversorgung nur an Vollzeitbeschäftigte gewährt oder setzen mindestens Halbtagsbeschäftigung voraus.
Diese Praxis ist vom Europäischen Gerichtshof wegen indirekter Diskriminierung von Frauen (Verletzung von Art. 119 EWG-Vertrag) und vom Bundesarbeitsgericht für rechtswidrig erklärt worden (vgl. im 3. Kapitel unter 1a).
Grund und Bemessungsmaßstab für Betriebsrenten sind die erbrachte Betriebstreue und der Versorgungsbedarf im Verhältnis zur erbrachten Arbeitsleistung. Der völlige Ausschluß von Teilzeitkräften von Leistungen der betrieblichen Altersversorgung findet von daher keine Stütze. Vor Inkrafttreten des Beschäftigungsförderungsgesetzes wurde für den Ausschluß von Teilzeitbeschäftigten eine mögliche Rechtfertigung darin gesehen, daß

## 1. Gleiche Leistungen des Betriebes

die Beschäftigung von Teilzeitkräften z. B. wegen höherer Kosten nicht als wünschenswert erscheint und deshalb ein Anreiz zur Aufnahme einer Vollzeitbeschäftigung geschaffen werden soll. Dann muß der Betrieb aber bereit sein, Teilzeitbeschäftigte, wenn sie das wünschen, in Vollzeitbeschäftigung zu übernehmen (BAG, 6. 4. 82; 3 AZR 134/79; AP Nr. 1 zu § 1 BetrAVG Gleichbehandlung; ArbG Bremen, 22. 3. 84; 8 Ca 8497/83 nicht veröff.).

Heute hält auch diese Rechtfertigung gegenüber dem Beschäftigungsförderungsgesetz nicht stand. Das Versprechen einer Betriebsrente ist normalerweise für jemand, der Teilzeit arbeiten will oder muß, kein Anreiz zur Aufnahme einer Vollbeschäftigung (BAG, 14. 10. 86; 3 AZR 66/83 und 3 AZR 37/84; ersteres Urteil in DB 87, 994).

Jedenfalls halten der Gerichtshof der Europäischen Gemeinschaften und das Bundesarbeitsgericht den pauschalen Ausschluß von Teilzeitbeschäftigten von Betriebsrentenleistungen als Benachteiligung weiblicher Arbeitnehmer grundsätzlich für unzulässig, *wenn wesentlich mehr Frauen als Männer im Betrieb als Teilzeitkraft arbeiten,* ausgenommen der Betrieb rechtfertigt dies mit stichhaltigen, objektiv nachvollziehbaren Gründen, die nichts mit einer Diskriminierung wegen des Geschlechts zu tun haben (BAG 6. 4. 82 – 3 AZR 134/79 – AP Nr. 1 zu § 1 BetrAVG Gleichbehandlung und Vorlagebeschluß 3 AZR 66/83 zum Europäischen Gerichtshof sowie bilka-Beschluß des EuGH vom 13. 5. 86, – Rs 170/84, DB 86, 1525; vgl. auch die EG-Richtlinie 86/378/EWG zur Verwirklichung des Grundsatzes der Gleichbehandlung von Männern und Frauen bei den betrieblichen Systemen der sozialen Sicherheit vom 24. Juli 1986).

Inzwischen stützt das Bundesarbeitsgericht seine Rechtsprechung auch auf das Gleichbehandlungsgebot nach Art. 1 § 2 Abs. 1 Beschäftigungsförderungsgesetz 85 (BAG, Beschluß v. 29. 8. 89, 3 AZR 370/88, DB 89, 2338).

**Geringfügigkeitsgrenze für die Aufnahme in die betriebliche Altersversorgung?** Bezüglich Halbtagsbeschäftigter ist die Aufnahme in die betriebliche Altersversorgung inzwischen nahezu geklärt, dem Grundsatz nach ebenso bezüglich weniger als halbtags Beschäftigter (BAG, Beschluß v. 29. 8. 89, 3 AZR 370/88, aaO). Zumindest, wenn sie sozialversicherungspflichtig sind, also mindestens 15 Wochenstunden beschäftigt sind, müssen Teilzeitkräf-

te in die betriebliche Altersversorgung aufgenommen werden (BAG, 23. 10. 90, 3 AZR 58/88, NZA 90, 778). Ob Klagen von geringfügig Beschäftigten mit weniger als 15 Wochenstunden Aussicht auf Erfolg haben, ist schwer zu beurteilen. Dem kann entgegengehalten werden, daß der Gesetzgeber diesen Personenkreis in die Rentenversicherung nicht einbezogen hat. Es gibt keinen Sinn, jemanden die betriebliche Zusatzversorgung als zweite Säule der Altersversorgung zuzuerkennen, wenn ihm bereits die erste Säule der Altersversorgung versagt wird, weil er dieser sozialen Absicherung nicht bedarf (zur Freistellung geringfügig Beschäftigter unter 15 Wochenstunden von der Sozialversicherung und bezüglich Beschäftigungen zwischen 15 und 18 Wochenstunden von der Arbeitslosenversicherung vgl. im 5. Kapitel bei 1 b) bzw. 6 a). Der Ausschluß der geringfügig Beschäftigten von der Sozialversicherung wird seitens der Gewerkschaften unter dem Schlagwort „ungeschütztes Arbeitsverhältnis" und der Thematik der Frauendiskriminierung kritisiert.
Auch bei der **betrieblichen Hinterbliebenenversorgung** haben die Angehörigen von Teilzeitbeschäftigten einen Anspruch. Das gilt auch bezüglich des **Anspruchs auf Witwerrente,** den das Bundesarbeitsgericht nun ab sofort auch männlichen Hinterbliebenen zubilligt, sofern die betriebliche Altersversorgung bisher die Witwenrente umfaßt hat (BAG, Urteile v. 5. 9. 89, 3 AZR 16/89, 3 AZR 793/87, 3 AZR 575/88).
**Rückwirkende Geltung der neuen Rechtsprechung.** Ansprüche für benachteiligte Teilzeitkräfte ergeben sich auch rückwirkend für die Vergangenheit. Soweit es sich hier um indirekte Diskriminierung von Frauen handelt, gilt als Grenze für die Bewertung der Ansprüche keinesfalls das Datum des Inkrafttretens des Art. 1 § 2 BeschäftigungsförderungsG (Gleichbehandlungsgrundsatz zugunsten von Teilzeitbeschäftigten zum 1. 5. 85), sondern anzuknüpfen ist grundsätzlich an das Arbeitsverhältnis, in dem die Versorgung bei Wahrung der Gleichbehandlung erdient worden wäre (BAG, 14. 10. 86; 3 AZR 66/83; AP Nr. 11 zu Art. 119 EWG-Vertrag). Auch bei Verstößen „nur" gegen Art. 1 § 2 BeschäftigungsförderungsG sind rückwirkende Ansprüche nicht ausgeschlossen; diese Vorschrift schreibt für Teilzeitarbeitnehmer lediglich gesetzlich fest, was seit je gegolten hat – das Gleichbehandlungsgebot im Arbeitsrecht.
Einmal sind bei der Berechnung künftiger Betriebsrenten frühere

## 1. Gleiche Leistungen des Betriebes

Teilzeitjahre mit anzusetzen. Weiter können heutige Rentner diese Betriebsrente rückwirkend nachverlangen, wobei frühere Teilzeitjahre ein Rentenstammrecht proportional zu den Ansprüchen bei Vollzeitbeschäftigung begründen. Anders kann die damalige Diskriminierung nicht beseitigt werden, wenn die Ungerechtigkeit nicht aufrechterhalten bleiben soll. Die Lebensarbeitszeit bei diesem Personenkreis ist unwiederholbar abgelaufen.

Daß sich hier Finanzierungsprobleme in beachtlichem Ausmaß stellen, liegt auf der Hand. Die Kostensteigerung kann der Arbeitgeber durch eine „verschlechternde" Betriebsvereinbarung bzw. Änderung der Versorgungsregelung auffangen. Diese gilt aber nur für die Zukunft und regelmäßig nicht mehr für laufende Renten und für rentennahe Jahrgänge. Die rückwirkende Geltendmachung der monatlichen Betriebsrente ist allerdings durch die normalen Verjährungsvorschriften begrenzt. Nach § 196 Bürgerliches Gesetzbuch verjähren Ansprüche auf laufende Leistungen der betrieblichen Altersversorgung (d. h., die einzelnen Monatsraten) nach zwei Jahren zum Jahresende, während das Rentenstammrecht erst verjährt, wenn es dreißig Jahre lang nicht gerichtlich geltend gemacht worden ist.

Der Gleichbehandlungsgrundsatz gilt auch für die Anhebung von Betriebsrenten. § 16 des Gesetzes zur Verbesserung der betrieblichen Altersversorgung verpflichtet die Betriebe und ihre Versorgungseinrichtungen, alle drei Jahre zu prüfen, ob die wirtschaftliche Entwicklung des Betriebes und die Entwicklung der Kaufkraft eine Anhebung erforderlich machen.

### f) Andere Leistungen des Betriebes

Außer Sonderzuwendungen wie 13. Gehalt und der Betriebsrente, die zweifelsfrei zum Arbeitsentgelt zuzuordnen sind (siehe oben Buchstaben c und e), sind weitere Lohnnebenleistungen üblich, die nicht immer eindeutig als Gegenleistung für die geleistete Arbeit einzustufen sind. Es gibt betriebliche Sozialleistungen, bei denen der soziale Charakter überwiegt wie Essensgeld, einmalige Heirats- und Geburtsbeihilfen, Kurkosten- und Umzugskostenzuschüsse usw. Hier gilt nicht automatisch das Teilleistungsprinzip (anteilige Leistung). Es sind vielmehr drei Möglichkeiten denkbar. Der Teilzeitbeschäftigte erhält die Nebenleistung entweder ungekürzt in gleichem Umfang wie ein Vollzeitbeschäf-

tigter oder er bekommt gar nichts oder er erhält sie anteilig entsprechend der Dauer seiner Arbeitszeit.
Das Bundesarbeitsgericht hat 1969 eine laufende monatliche Verheiratetenzulage als echte Sozialzulage eingestuft und sie *ungekürzt* Halbtagsbeschäftigten zugestanden (BAG, 12. 11. 69, 4 AZR 523/68, AP Nr. 1 zu § 1 TVG Teilzeitbeschäftigung). Ausschlaggebend war, daß der Tarifvertrag keine Einschränkung zu Lasten von Teilzeitbeschäftigten vorsah. Diese Auslegung des Tarifvertrages bedeutete eine Besserstellung von Teilzeitkräften beim laufenden Arbeitslohn und ist mit dem heutigen Verbot der unterschiedlichen Behandlung von Teilzeitkräften nach Art. 1 § 2 Abs. 1 BeschäftigungsförderungsG unvereinbar, da die Tariföffnungsklausel des Art. 1 § 6 BeschäftigungsförderungsG nicht anwendbar ist (vgl. im 3. Kapitel, 1 a).
Nach heutigem Recht wird man Teilzeitkräften tarifliche Nebenleistungen nach dem Teilleistungsprinzip grundsätzlich anteilig gewähren müssen, jedenfalls dann, wenn der Tarifvertrag diese Frage offenläßt.
Das Teilleistungsprinzip ist natürlich nur anwendbar, wenn die Nebenleistung teilbar ist, d.h. in der Regel, wenn sie in Geld erfolgt und sofern nicht sachliche Gründe für eine andere Verfahrensweise sprechen.
Das Teilleistungsprinzip wird nicht angewendet, wenn für die Sonderleistung der Umstand der Teilzeitbeschäftigung offensichtlich keine wesentliche Bedeutung hat wie bei **Personalrabatten, Bekleidungszuschüssen** u.ä. Hier besteht ein Spielraum zugunsten der Teilzeitbeschäftigten wegen der teilzeitfreundlichen Tendenz des Beschäftigungsförderungsgesetzes (vgl. die folgende Aufstellung). Ob wegen des Verbotes der unterschiedlichen Behandlung Teilzeitkräfte bei der Verteilung von knappen unteilbaren und höherwertigen Sachleistungen wie der Vergabe von Parkplätzen und Werkswohnungen ausgeschlossen werden dürfen, ist streitig. Bei der Verteilung dieser Leistungen besteht die Notwendigkeit, eine Rangfolge aufzustellen. Dabei könnte die größere Intensität der Bindung an den Betrieb bei Vollzeitkräften gegenüber Teilzeitkräften den Ausschlag geben (streitig; Meinungsübersicht bei B. Degen, Teilzeitarbeit und Arbeitsrecht, WSI 87, 627, 630).
**Essensgeldzuschuß:** Auch hier gilt grundsätzlich das Gleichheitsgebot; im Hinblick auf den Zweck von Essensgeldzuschüssen ist

## 1. Gleiche Leistungen des Betriebes

es jedoch nicht sachwidrig, wenn der Zuschuß (bislang steuerfrei bis zu DM 1,50 in Essensmarken) – wie in der Praxis häufig – nur an solche Arbeitnehmer ausgegeben wird, die aufgrund mehr als halbschichtiger Tagesarbeit gezwungen sind, teuer „auswärts" zu essen, statt sich selbst zu Hause zu bekochen. Die Steuerfreiheit des herkömmlichen Essensgeldzuschusses ist seit 1.1.90 entfallen. Soweit dieser Betrag aus Besitzstandsgründen nunmehr ausgezahlt oder das Essen in anderer Form vom Arbeitgeber subventioniert wird, gelten die obigen Ausführungen weiter.

**Fahrgeldzuschuß:** Auch hier gilt grundsätzlich das Gleichheitsgebot; andrerseits haben Teilzeitkräfte, die nicht den ganzen Tag arbeiten, im Verhältnis zu ihrer Arbeitszeit und ihrem Verdienst höhere Unkosten. Es ist daher nicht sachwidrig, wenn Fahrgeldzuschüsse nur an solche Teilzeitkräfte und nicht an Arbeitnehmer gezahlt werden, die ganze Tage arbeiten.

Der Teilzeitbeschäftigte muß sich allerdings darüber im klaren sein, daß steuerfreie Fahrgeldzuschüsse als Ersatz tatsächlicher Aufwendungen nicht unter die Verdienstsicherung bei Urlaub, Feiertagen, Krankheit und während der Schutzzeiten bei Mutterschaft fallen.

**Jubiläumsgelder:** Als arbeitsentgeltähnliche Bezüge unterliegen sie dem Gleichbehandlungsgebot; proportionale Kürzung der Zuwendung zulässig.

**Kontoführungsgebühr** für Lohn-/Gehaltskonten: Im Zweifel vom Betrieb auch beim Teilzeitbeschäftigten im Rahmen der betriebsüblichen Regelung voll zu übernehmen, weil die unbare Zahlungsweise des Arbeitsentgelts vom Betrieb veranlaßt ist.

**Parkplätze:** Hier kann die Zuteilung von einem Mindestmaß an Beschäftigung abhängig gemacht werden.

**Übergangsgeld wegen Ausscheidens aus dem Arbeitsverhältnis – § 62 BAT:** steht einer Lehrerin mit 14 Unterrichtsstunden/Woche zu, obwohl der Tarifvertrag Vollzeitbeschäftigung zur Voraussetzung machte (BAG, 7.11.91, 6 AZR 392/88). Das BAG prüfte nicht den ebenfalls gerügten Verstoß gegen Art. 119 EWG-Vertrag (gleiches Entgelt für Mann und Frau), da der Tarifvertrag gegen Art. 3 Grundgesetz verstößt (zu Art. 119 und Übergangsgeld vgl. EuGH 6. Kammer 27.6.90 C-33/89/Vorabentscheidung über die Auslegung des Art. 119 und der RL 75/117/EWG vom 10.2.75 zur Angleichung der Rechtsvorschriften der Mit-

gliedstaaten über die Anwendung des Grundsatzes des gleichen Entgelts für Männer und Frauen).
**Vermögenswirksame Leistungen:** Gleichbehandlung, da Arbeitsentgelt; proportionale Kürzung zulässig.
**Werkswohnungen:** Werkswohnungen sind normalerweise knapp, so daß bei der Zuteilung einer Rangfolge, die auch auf das Ausmaß der Beschäftigung abstellt, nicht zu beanstanden ist. Bei unteilbaren Sachleistungen ist eine proportional nach dem Umfang der Beschäftigung ausgerichtete Zuteilung – anders als bei Geldleistungen – unmöglich.
**Zuschüsse zu familiären Ereignissen** wie Hochzeiten, Geburten und Todesfällen: Es gilt das Gleichbehandlungsgebot, proportionale Kürzung der Zuwendung zulässig.
**Zuwendungen bei Betriebsveranstaltungen:** Auch hier zählt der Teilzeitbeschäftigte als Anspruchsberechtigter: proportionale Kürzung der Zuwendung zulässig.
**Sonstige Annehmlichkeiten und geldwerte Vorteile:** Im Zweifel Gleichbehandlung; proportionale Kürzung zulässig.

### g) Geringverdienende Vorsicht mit den Verdienstgrenzen

Durch Sonderzuwendungen oder Gehaltserhöhungen kann die Geringfügigkeitsgrenze bei den Sozialabgaben (siehe Seite 124 ff.) und für die Beschäftigung ohne Lohnsteuerkarte (siehe Seite 185 ff.) überschritten werden.
Bei den Sozialabgaben ist das für den Arbeitnehmer nicht weiter schlimm. Einmal führen im Rahmen einer Beschäftigung gegen geringes Entgelt gelegentliche Überschreitungen noch nicht zur Versicherungspflicht, sofern die Überschreitung unvorhersehbar war. Voraussehbare Einmalleistungen sind bei Anwendung der Entgeltgrenze anteilig mitzuberücksichtigen (vgl. im 5. Kapitel bei 1.b und c). Der Arbeitnehmer kann infolge der Einmalzahlungen unter Umständen durchaus für die Zeit der gesamten Beschäftigung versicherungspflichtig werden. Gleichwohl ist die Beitragspflicht infolge der Anwendung der 610-Mark-Grenze für ihn nicht so gravierend. Der Betrieb hat bis zu einem Verdienst von DM 610 im Monat die Sozialabgaben ohnehin allein zu tragen (§ 249 Abs. 2 SGB V). Erst bei Überschreiten dieses Grenzwertes muß der Arbeitnehmer sich seine Beitragshälfte abziehen lassen (siehe Seite 134). Um zu vermeiden, daß das Nettoentgelt

in dem Monat, in dem eine einmalige Zuwendung – z.B. ein Urlaubsgeld – gezahlt wird, niedriger ist als in den Monaten, in denen keine Sonderzahlung vom Arbeitgeber gewährt wird, gilt für diesen Fall eine Sonderregelung. Wird infolge einmalig gezahlten Arbeitsentgelts die 610-Mark-Grenze überschritten, tragen Arbeitnehmer und Arbeitgeber den Beitrag nur von dem diese Grenze übersteigenden Teil des Arbeitsentgelts jeweils zur Hälfte; im übrigen trägt der Arbeitgeber den Beitrag allein (§ 249 Abs. 3 SGB V; vgl. näher im 5. Kapitel bei 3. a).

Die Pflicht zur Vorlage einer Lohnsteuerkarte und damit der Wegfall der vom Betrieb übernommenen Pauschversteuerung nach § 40 a EinkommenssteuerG tritt bereits bei einem Stundenlohn von mehr als DM 18,– und bei laufender Beschäftigung bei Überschreiten eines Wochenverdienstes von DM 120,– ein (siehe Seite 188 ff.).

Anstelle der Auszahlung des zusätzlichen Verdienstes bleibt zur Beibehaltung der Abgabenfreiheit die Möglichkeit der Verkürzung der Arbeitszeit entsprechend dem Wert der Sonderzuwendung oder Gehaltserhöhung. Dies gilt auch, wenn der Stundenlohn des geringfügig Beschäftigten im Verhältnis zur Vollzeitbeschäftigten mit Rücksicht auf die Geringfügigkeitsgrenze zu niedrig vereinbart worden war und die Lohnvereinbarung wegen Verstoß gegen § 2 BeschäftigungsförderungsG (Gleichbehandlung von Teilzeitkräften) unwirksam ist. Würde die an sich fällige Stundenlohnerhöhung die Geringfügigkeitsgrenze sprengen, gebietet der besondere Vertragszweck eine anteilige Reduzierung des vereinbarten Arbeitsvolumens (ArbG Rheine, 18. 10. 89, 2 Ca 620/89, BB 89, 2482; insoweit bestätigt durch LAG Hamm, 21. 3. 90, 14 Sa 1805/89, DB 90, 1469).

Wenn eine Erhöhung des Stundenlohns zur Überschreitung der Stundenlohnobergrenze von DM 18,– bei der Pauschversteuerung führen würde, empfiehlt sich, die Verkürzung im Wege zusätzlicher bezahlter freier Tage (gleich Verlängerung des Urlaubs) vorzunehmen.

## 2. Verdienstsicherung

### a) Verdienstsicherung bei Krankheit

– Beitrittsgebiet: Die bundesdeutschen Vorschriften über die Verdienstsicherung im Krankheitsfall unterscheiden nach Arbeitern und Angestellten. Dagegen gilt im Gebiet der früheren DDR das für Arbeiter und Angestellte einheitliche Recht des § 115a des Arbeitsgesetzbuches der DDR weiter, bis die Frage einheitlich geregelt wird. § 115a AGB-DDR ist dem Lohnfortzahlungsgesetz für die Arbeiter vergleichbar; anders als im bisherigen Recht in den alten Bundesländern sind die fortlaufend geringfügig Beschäftigten entsprechend der aktuellen Rechtsprechung in die Lohnfortzahlung einbezogen. –

*aa) Grundsatz.* **Angestellte** haben unabhängig von der Zahl ihrer Wochenstunden und der Dauer ihres Arbeitsverhältnisses einen Anspruch auf Gehaltsfortzahlung bei Krankheit für sechs Wochen, selbst wenn sie unter der Geringfügigkeitsgrenze in der Sozialversicherung liegen und nicht aufgrund ihrer Tätigkeit krankenversichert sind und keinen Anspruch auf Krankengeld gegen die Krankenkasse haben (§ 616 Abs. 2 BGB; § 63 HGB; § 133c GewerbeO; § 90a pr. Allg. BergG).

Unabhängig von der Zahl der Arbeitstage in der Woche läuft die Verdienstsicherung bis zum 42. Kalendertag der Arbeitsunfähigkeit. Ab dem 43. Tag zahlt die Krankenkasse Krankengeld. Geringfügig Beschäftigte haben keinen Anspruch auf Krankengeld.

Bei mehreren nebeneinander bestehenden Teilzeitarbeitsverhältnissen besteht Anspruch auf Verdienstsicherung bei Krankheit aus allen Arbeitsverhältnissen, auch wenn der Arbeitnehmer, der berechtigt mehrere Arbeitsverhältnisse eingegangen war, in dem einen einen Arbeitsunfall erleidet (BAG, 21. 4. 82, DB 82, 1729).

**Teilarbeitsunfähigkeit;** diesen Begriff kennt das Lohnfortzahlungsrecht nicht. Wer nur einen Teil der vereinbarten Arbeitszeit zu leisten vermag, ist in vollem Umfang arbeitsunfähig. Zur Teilzeitarbeit zur Belastungserprobung, Arbeitstherapie oder Wiedereingliederung und zum Teilkrankengeld vgl. Seite 152.

**Arbeiter** können bei Krankheit die Lohnfortzahlung für sechs Wochen nur verlangen, wenn das Arbeitsverhältnis über mehr als vier Wochen vereinbart war und die Arbeitszeit zehn Stunden in der Woche bzw. 45 Stunden im Monat übersteigt (§ 1 Abs. 3 LohnfortzahlungsG). Die Zeitgrenze von 10 Wochenstunden bzw. 45 Monatsstunden nach § 1 Abs. 3 Nr. 2 LohnfortzahlungsG sei, weil die Betroffenen zu 90% Frauen seien, eine indirekte Frauendiskriminierung und mit Art. 119 EWG-Vertrag unvereinbar (EuGH, 13. 7. 89, RS 171/88, DB 89, 1574 auf Vorlage des Arbeitsgerichts Oldenburg vom 5. 5. 88, BB 88, 1256). Der

Europäische Gerichtshof hat den Fall dem nationalen Gericht wieder zurückgegeben mit der Vorgabe, zu prüfen, ob unter Umständen Ziele staatlicher Sozialpolitik diese Diskriminierung rechtfertigen. Daraufhin hat das Arbeitsgericht Oldenburg der Lohnfortzahlungsklage im Ausgangsfall (geringfügig beschäftigte Gebäudereinigerin) stattgegeben (Urteil v. 14. 12. 89, 3 Ca 50/88, BB 90, 349). Das Bundesarbeitsgericht hielt bisher den Ausschluß der unter 10 Wochenstunden bzw. 45 Monatsstunden beschäftigten Arbeiter nicht wegen unzulässiger Diskriminierung von Frauen für angreifbar, sondern wegen der Benachteiligung der Arbeiter gegenüber den Angestellten; die Angestellten haben ohne Rücksicht auf ihr Beschäftigungsvolumen einen Anspruch auf Gehaltsfortzahlung im Krankheitsfall nach § 616 Abs. 2 BGB. Es hat unabhängig von diesem Verfahren den Fall dem Bundesverfassungsgericht wegen Verstoßes gegen den Gleichheitssatz des Art. 3 des Grundgesetzes vorgelegt, weil die Arbeiter hier ohne einleuchtenden Grund schlechter als die Angestellten behandelt werden (BAG, 5. 8. 87, 5 AZR 189/86, ArbuR 87, 308). Inzwischen hat das Bundesarbeitsgericht mit Urteil vom 9. 10. 1991 einer geringfügig beschäftigten Reinigungskraft die Lohnfortzahlung im Krankheitsfall zugesprochen. Es hat unter Berufung auf den EuGH und Art. 119 EWG-Vertrag bestätigt, daß der Ausschluß geringfügig Beschäftigter von der Lohnfortzahlung im wesentlichen Frauen betrifft und daß es hierfür keine Rechtfertigung gibt (BAG, 9. 10. 1991, 5 AZR 598/90). Damit ist die Grenze von 10 Wochenstunden bzw. 45 Monatsstunden hinfällig. Dieses Urteil wirkt sich auch zugunsten der Männer dieser Gruppe aus, weil ihre Schlechterbehandlung wiederum eine mit Art. 119 EWG-Vertrag unvereinbare Diskriminierung wäre. Auf die Geringfügigkeitsgrenzen des Sozialversicherungsrechts wirkt sich die neue Rechtslage zunächst nicht aus, weil Art. 119 EWG-Vertrag sich nur auf Arbeitsentgelte bezieht.
**Kurzzeitig Beschäftigte bis zu vier Wochen:** Diese haben nach § 3 Abs. 3 Nr. 1 LohnfortzahlungsG ebenfalls keinen Anspruch auf die Verdienstsicherung bei Krankheit, sofern sie Arbeiter sind, während für Angestellte diese Einschränkung nicht gilt. Das Arbeitsgericht Bremen hat dem Bundesverfassungsgericht die Frage zur Entscheidung vorgelegt, ob dies mit dem allgemeinen Gleichheitssatz des Art. 3 Abs. 1 des Grundgesetzes zu vereinbaren ist (Beschluß vom 10. 7. 90, 4 b Ca 4020/90, BB 90, 2340).

*bb) Höhe.* Der Arbeitnehmer soll nicht besser, aber auch nicht schlechter gestellt werden, als wenn er in der Zeit gearbeitet hätte (BAG, 14. 8. 85, 5 AZR 384/84, DB 86, 130). Zu bezahlen ist der Gehalts- bzw. Lohnausfall, der ohne die Verdienstsicherung entsprechend der ausgefallenen Arbeitszeit eingetreten wäre. Dabei ist die Arbeitszeit anzusetzen, die infolge der Erkrankung ausgefallen ist. Es ist also zu ermitteln, wieviele Stunden der Erkrankte voraussichtlich nach dem Dienstplan bzw. anderen Umständen ohne die Arbeitsunfähigkeit gearbeitet und wieviel er bei Arbeitsfähigkeit verdient hätte (Lohnausfallprinzip). Regelmäßige Überstunden sind mitzuberücksichtigen, ebenso Überstunden, deren Ableistung sonst wahrscheinlich gewesen wäre, etwa weil die Abteilung des Erkrankten während der Krankheitszeit Überstunden geleistet hat. Bei schwankenden Verdiensten z. B. Provisionen zählt in der Regel der Durchschnittsverdienst der letzten drei Monate.

*cc) Verdienstsicherung bei Abrufarbeit.* Bei einer Vereinbarung über die Anpassung der Arbeit an den Bedarf (Arbeit auf Abruf) kann die Berechnung des Arbeitsausfalls schwierig werden.

Eindeutig zu beantworten sind folgende Fälle: War die vereinbarte Arbeitsmenge im Bezugszeitraum bereits vor Eintritt der Arbeitsunfähigkeit abgerufen und geleistet worden, liegt ein Arbeitsausfall wegen Krankheit nicht vor; eine Entgeltfortzahlung kommt nicht in Frage.

Ist die Arbeitsmenge ganz oder teilweise im Bezugszeitraum noch nicht geleistet und dauert die Krankheit bis zum Ende des laufenden Bezugszeitraumes, liegt bezüglich der an der vereinbarten Arbeitsmenge fehlenden Stunden ein krankheitsbedingter Arbeitsausfall vor, der unter die Verdienstsicherung bei Krankheit fällt.

Füllt die Krankheit nur einen Teil des Bezugszeitraumes aus und endet sie vor Ablauf diese Zeitraumes, kann der Arbeitgeber sich unter Umständen auf den Standpunkt stellen, er hätte die noch fehlende Arbeitsmenge ohnehin nicht während der Krankheit abgerufen; der Bedarf sei erst nach der Wiedergesundung des Arbeitnehmers entstanden.

**Beispiel:**
Eine Verkäuferin arbeitet auf Abruf. Das Arbeitsvolumen ist auf 50 Stunden im Monat festgelegt. Sie wird völlig unregelmäßig zur Ar-

## 2. Verdienstsicherung

beit abgerufen. Es kommt vor, daß sie ganze Wochen pausiert. Nun wird sie für die ersten zwei Wochen eines Kalendermonats krank geschrieben, ohne daß für diese Zeit eine Anforderung vom Betrieb vorlag. Der Betrieb teilt sie im Anschluß an die Krankschreibung für die beiden restlichen Wochen für 50 Stunden ein. Kann sie für die Krankheitszeit die Verdienstsicherung geltendmachen oder muß sie die vollen 50 Stunden arbeiten?

Die Antwort hängt davon ab, ob und wieviel Arbeitsstunden infolge der Krankheit ausgefallen sind. Diese würden dann wegen der Verdienstsicherung im Krankheitsfall als gearbeitet gelten und wären zu bezahlen.

Hier ist es wahrscheinlich, daß keine Anhaltspunkte dafür oder dagegen sprechen, ob und zu welchem Umfang sie ohne die Krankheit eingeteilt worden wäre. Ist die Berechnung des Arbeitsausfalls nicht möglich, würde die Verdienstsicherung wegen Krankheit außer Kraft gesetzt werden; hier bleibt meiner Auffassung nach nichts anderes übrig, als die Verdienstsicherung zu *pauschalieren* (ähnlich Däubler, Arbeitsrecht 2, S. 891). Das vereinbarte Arbeitsvolumen von 50 Stunden im Monat muß auf die Zahl aller möglichen Einsatztage im Monat verteilt werden. Bei einem Monat mit 20 Arbeitstagen entfallen dann auf den Arbeitstag 2,5 mögliche Arbeitsstunden. Diese sind für die Krankheitsdauer als pauschalierter Arbeitsausfall anzusetzen. In unserem Beispiel würden zwei Wochen gleich zehn Arbeitstage gleich 25 Arbeitsstunden anzusetzen sein. Diese sind so zu bezahlen, als wenn sie tatsächlich gearbeitet worden wären. Vom vereinbarten Arbeitsvolumen bleiben dann noch 25 Stunden übrig; diese können vom Betrieb in der zweiten Monatshälfte abgerufen werden. Ein Maßstab für die Pauschalierung konnte auch der Durchschnittsverdienst der letzten drei Monate sein (vgl. Däubler, aaO).

Nach anderer Auffassung soll hier der Arbeitgeber die noch nicht abgerufene Arbeit in die bis zum Ablauf des Bezugszeitraumes verbleibende Zeit legen können. Die wäre für kurze Bezugszeiträume (Woche, Monat) noch diskutabel. Bei entsprechend langen Bezugszeiträumen wie z. B. dem Kalendervierteljahr oder dem Kalenderjahr käme damit aber die gesetzliche Verdienstsicherung bei Krankheit außer Anwendung. Dieses Ergebnis spricht gegen die erwähnte Auffassung, ist aber auch gleichzeitig ein Argument gegen die Zulässigkeit einer Vereinbarung über ein Jahresarbeitsvolumen (siehe Seite 13).

Diese Fragen werden die Gerichte noch klären müssen. Das Bundesarbeitsgericht stand bisher pauschalierenden Berechnungsweisen bei der Verdienstsicherung kritisch gegenüber (vgl. BAG, 14. 8. 85, 5 AZR 384/85, DB 86, 130).

Auch die Zahlung des Krankengeldes durch die Kasse im Anschluß an die Entgeltfortzahlung seitens des Arbeitgebers ist bei Abrufarbeit problematisch (siehe Seite 150).

*dd) Zahlungsweise.* Es ist nicht zulässig, anstelle der konkreten Berechnung der Verdienstsicherung diese durch einen pauschalen Zuschlag zum **laufenden** Arbeitsentgelt abzugelten. Ausnahme: Sonderregelung für Heimarbeiter. Diese erhalten als Verdienstsicherung bei Krankheit einen Zuschlag zum laufenden Brutto-Arbeitsentgelt in Höhe vom 3,4 Prozent. Unkostenzuschläge und Zahlungen für die Verdienstsicherung bei Urlaub und gesetzlichen Feiertagen rechnen hierbei nicht zum Arbeitsentgelt (§ 8 Abs. 1 LohnfortzahlungsG). Durch Tarifvertrag kann für Heimarbeiter die den Arbeitern des Betriebes zustehende Lohnfortzahlung übernommen werden (§ 8 Absatz 4 LohnfortzahlungsG).

*ee) Umlage nach dem Lohnfortzahlungsgesetz.* Kleinere Betriebe werden durch ein Umlageverfahren über die Pflichtkrankenkasse von der Last der sechswöchigen Verdienstsicherung im Krankheitsfall für Arbeiter und Auszubildende sowie den Lohnkosten bei Mutterschaft entlastet. Sie erhalten 80% dieser Kosten erstattet. An diesem Umlageverfahren nehmen Betriebe teil, die regelmäßig nicht mehr als 20 Beschäftigte haben; Schwerbehinderte und Auszubildende werden bei dieser Grenze nicht mitgerechnet, ebenso Teilzeitbeschäftigte bis zu 10 Stunden in der Woche oder bis zu 45 Stunden im Monat (§§ 10 ff. LohnfortzahlungsG).

Der Anspruch auf Lohnfortzahlung für volle sechs Wochen wird nicht dadurch berührt, daß dem arbeitsunfähigen Arbeiter wegen der Krankheit gekündigt wird (§ 6 Abs. 1 Satz 2 LohnfortzahlungsG). Das gleiche gilt, wenn für den Abschluß eines auf vier Wochen befristeten Arbeitsverhältnisses kein sachlicher Befristungsgrund vorliegt (BAG, 27. 1. 88, 5 AZR 264/86, DB 88, 1118).

*b) Verdienstsicherung bei sonstigen Verhinderungen an der Arbeitsleistung; übliche Freistellungskataloge; Arbeitsbefreiung zur Kindespflege*

*aa) Grundsatz.* Dem Arbeitnehmer darf das Gehalt ohne besondere Vereinbarung nicht gekürzt werden, wenn er
a) vorübergehend der Arbeit fernbleiben muß und hierfür
b) persönliche Gründe bestehen und

## 2. Verdienstsicherung

c) ihm ein Verschulden an der Verhinderung nicht vorzuwerfen ist (§ 616 Abs. 1 BGB).

Dies kann eintreten, wenn ein naher Angehöriger gepflegt werden muß und keine andere Pflegeperson kurzfristig verfügbar ist, ebenso bei Todesfällen im Haushalt und in der nahen Verwandtschaft einschließlich der Teilnahme an der Beerdigung. Hierunter fallen aber auch freudigere Ereignisse wie Geburten, Eheschließungen, Familienfeiern aber nur ausnahmsweise (Teilnahme an der Goldenen Hochzeit der Eltern) sowie die anderweitige Inanspruchnahme des Arbeitnehmers durch Umzug und Behördengänge, letztere nur, wenn sie nicht durch besonderen Aufwand in der privaten Lebensführung verursacht worden sind. Das Vorfahren des nicht beruflich genutzten Privat-PKW's beim TÜV ist kein Freistellungsfall.

Häufig gelten in den Betrieben **besondere Freistellungskataloge**, die die Freistellung näher festlegen und eingrenzen. Die gesetzliche Regelung kann vertraglich näher ausgestaltet werden. Auch Teilzeitkräfte können in der Regel hiervon Gebrauch machen (vgl. aber das bedenkliche Urteil des BAG vom 21. 4. 82, wonach ein tariflicher Ausschluß vom Freistellungskatalog zulässig ist, siehe im 3. Kapitel unter Ziffer 3 a). Da nach dem Gesetz und der Mehrzahl der betrieblichen Regelungen der Anspruch aber nur besteht, wenn das Fernbleiben von der Arbeit *unvermeidbar* ist, ergeben sich für Teilzeitbeschäftigte Besonderheiten. Ihnen wird es häufiger als Vollzeitbeschäftigten möglich sein, so zu disponieren, daß etwa Arzttermine außerhalb der Arbeitszeit gelegt werden können. Spielt der Arzt nicht mit, oder handelt es sich um eine akute Erkrankung (z.B. Zahnschmerzen), liegt ein gesetzlicher Freistellungsfall vor, der bei längerer Dauer auch in eine Krankschreibung münden kann.

Ein Anwendungsfall des § 616 Abs. 1 BGB ist die Arbeitsbefreiung zur Beaufsichtigung und Pflege von Kindern.

*bb) Arbeitsbefreiung zur Beaufsichtigung und Pflege des Kindes, Pflegekrankengeld.* Mütter – oder auch Väter – haben Anspruch auf Arbeitsbefreiung und auf Weiterzahlung ihres Verdienstes, wenn sie wegen plötzlich notwendiger Betreuung ihres Kindes nicht arbeiten können, z.B. wenn die Kinderfrau ausfällt oder wenn die Anwesenheit der Mutter oder des Vaters beim erkrankten Kinde erforderlich ist.

Nach § 616 Abs. 1 Bürgerliches Gesetzbuch bleibt bei einer unverschuldeten Verhinderung an der Arbeitsleistung der Verdienst erhalten. Die gilt aber nur für einen begrenzten Zeitraum, in Zusammenhang mit der Kindesbetreuung höchstens für eine Woche im Einzelfall (BAG, 19. 4. 78; 5 AZR 834/76; AP Nr. 4874 § 616 BGB; für Kinder unter acht Jahren).

**Pflegekrankengeld.** Die Verdienstsicherung nach § 616 Abs. 1 BGB kann vertraglich eingeschränkt werden. Für den Fall der Kindespflege tun dies einige Tarifverträge, sofern ein Anspruch gegen die Krankenkasse auf Pflegekrankengeld besteht (BAG Bgl., 20. 6. 79; 5 AZR 479/77; NJW 80, 903).

Wird ein krankenversicherter Arbeitnehmer zur Versorgung eines kranken Kindes von der Arbeit frei gestellt, zahlt die Kasse nach §§ 45 SGB V Pflegekrankengeld für bis zu 10 Tage im Jahr, wenn das Kind das 12. Lebensjahr noch nicht vollendet hat, längstens für 25 Arbeitstage. Für Alleinerziehende beträgt der Anspruch für jedes Kind 20 Arbeitstage, insgesamt höchstens 50 Arbeitstage pro Kalenderjahr (siehe näher Seite 152). In der Arbeitslosenversicherung gilt diese Vorschrift entsprechend (§ 105 b Abs. 2 ArbeitsförderungsG). Mit dem Anspruch auf Pflegekrankengeld ist ein gleichzeitiger Freistellungsanspruch gegen den Arbeitgeber verbunden. Versicherungsfreie Arbeitnehmer wie z.B. geringfügig Beschäftigte haben keine Ansprüche aus § 45 SGB V. Für sie gilt allein § 616 Abs. 1 BGB, ebenso für Versicherte, soweit sie den Freistellungsrahmen des § 45 SGB V überschreiten. Die Dauer der Freistellung nach § 5 SGB V beschreibt jedoch den Rahmen der – gegebenenfalls teilweise unbezahlten – Mindestfreistellung, die in einem Fall der Angehörigenpflege generell als betrieblich tragbar erscheint.

*c) Verdienstsicherung bei Mutterschutz; Schutzzeit; Mutterschaftsgeld; Arbeitgeberzuschuß*

Werdende Mütter dürfen *in den letzten sechs Wochen vor der Entbindung* nicht beschäftigt werden, es sei denn, daß sie sich zur Arbeitsleistung ausdrücklich bereit erklären; die Erklärung kann jederzeit widerrufen werden (§ 3 Abs. 2 MutterschutzG).

Wöchnerinnen dürfen *bis zum Ablauf von acht Wochen nach der Entbindung* nicht beschäftigt werden. Nach Früh- oder Mehrlingsgeburten verlängert sich diese Frist auf zwölf Wochen (§ 6 Abs. 1 MutterschutzG).

## 2. Verdienstsicherung

Teilzeitbeschäftigte Frauen erhalten während dieser „Schutzzeit" ebenso wie vollzeitbeschäftigte **Mutterschaftsgeld** von der Krankenkasse in Höhe ihres Nettolohnes, höchstens aber DM 25,– am Kalendertag bzw. DM 50,– im Monat (§ 200 ReichsversicherungsO, § 13 Abs. 1 MutterschutzG). Bei einem höheren Verdienst erhalten sie einen **Zuschuß von ihrem Arbeitgeber,** der die Mutterschaftsbezüge bis zur Höhe des früheren kalendertäglichen Nettoarbeitsentgelts aufstockt (§ 14 Abs. 1 MutterschutzG). Sind sie z. B. wegen Unterschreitung der Geringfügigkeitsgrenze (siehe 5.1.) in ihrer Beschäftigung nicht gesetzlich krankenversichert, oder sind sie Mitglied der privaten Krankenversicherung, erhalten sie Mutterschaftsgeld zu Lasten des Bundes. Dieses wird vom Bundesversicherungsamt bezahlt und ist auf insgesamt 400,– DM begrenzt (§ 13 Abs. 2 MutterschutzG). Anträge sind beim Bundesversicherungsamt, Reichspietschufer 72–74, 1000 Berlin 30 zu stellen. Hat bei privatversicherten Frauen der tägliche Nettoarbeitslohn DM 25,– überstiegen, besteht Anspruch auf den Arbeitgeberzuschuß wie bei gesetzlich krankenversicherten Frauen.

Der Zuschuß bemißt sich dann so, als ob die Krankenkasse DM 25,– kalendertägliches Mutterschaftsgeld gezahlt hätte.

**Frauen mit mehreren Arbeitsstellen** können von jedem Arbeitgeber einen Zuschuß zum Mutterschaftsgeld verlangen, wenn ihre Nettobezüge aus diesen Stellen zusammengenommen das von der Krankenkasse gezahlte Mutterschaftsgeld DM 25,– täglich bzw. bis zu DM 775,– im Kalendermonat übersteigen.

Der Zuschuß zum Mutterschaftsgeld errechnet sich hier aus dem Verhältnis der einzelnen im Durchschnitt ermittelten Nettoarbeitsentgelte zum gesamten Nettoarbeitseinkommen.

**Beispiel:**
Erhält eine Arbeitnehmerin vom Arbeitgeber A DM 15,–, vom Arbeitgeber B 30,– DM, insgesamt somit DM 45,– für den Kalendertag, so zahlt die Krankenkasse das höchste Mutterschaftsgeld von DM 25,–. Als Zuschuß zum Mutterschaftsgeld ist die Differenz zwischen Mutterschaftsgeld und Gesamtnettoarbeitseinkommen, also DM 20,–, zu zahlen. Diese Differenz verteilt sich gemäß dem Verhältnis der Arbeitsentgelte am Gesamtnettoarbeitseinkommen im Verhältnis 1:2; A hat somit DM 6,67, B DM 13,33 je Kalendertag als Zuschuß zum Mutterschaftsgeld zu gewähren (Zmarzlik/Zipperer, MutterschutzG, § 14, Nr. 720, 4. Aufl.).

Durch dieses Quotelungsverfahren wird das Mutterschaftsgeld der Kasse auf die Verdienste aus beiden Arbeitsstellen verteilt; entsprechend erhöht sich für jeden beteiligten Arbeitgeber in Höhe der an den anderen Betrieb abgezweigten Quote der zu zahlende Arbeitgeberzuschuß. Ohne die Zweitbeschäftigung würde der einzelne Arbeitgeber günstiger wegkommen, da das Mutterschaftsgeld der Kasse dann ungekürzt nur einem Arbeitsverhältnis zuzuordnen wäre. Der Arbeitgeber müßte entsprechend weniger aufstocken.

Da es Zweck des Arbeitgeberzuschusses ist, der Arbeitnehmerin ihren bisherigen Lebensstandard zu sichern, können sich die Arbeitgeber jedoch nicht zu Lasten der Frau hierauf berufen.

Das gilt auch für Arbeitsstellen, von denen jede für sich genommen eine geringfügige Beschäftigung darstellt, die aber zusammen Krankenkassenversicherungspflicht auslösen (siehe Seite 128). Überschreiten die Nettoverdienste hierbei zusammengenommen DM 25,– pro Kalendertag, haben sich die Arbeitgeber den Zuschuß wie im obigen Beispiel, im Verhältnis der Verdienste aufzuteilen. Das muß konsequenterweise auch gelten, wenn neben einer sozialversicherungspflichtigen Hauptbeschäftigung eine abgabenfreie Nebentätigkeit ausgeübt wird. Auch hier kann die Frau von jedem Arbeitgeber, auch dem der geringfügigen Nebenbeschäftigung im Verhältnis der Verdienste einen Zuschuß zum Mutterschaftsgeld verlangen (str., LAG Hamm, 9 Sa 922/86; Presseinfo).

**Berechnungsgrundlage** für das Mutterschaftsgeld ist das kalendertägliche Nettoarbeitsentgelt der letzten drei vor Beginn der Schutzzeit abgerechneten Kalendermonate; bei wöchentlicher Abrechnung sind die letzten dreizehn abgerechneten Wochen maßgebend (§ 200 ReichsversicherungO).

Es spielt keine Rolle, ob die Frau ohne die Schutzzeit etwa wegen einer Änderung ihrer vertraglichen Arbeitszeit weniger verdient hätte. Für die Krankenkasse gilt nicht das „Lohnausfallprinzip", wie es die Arbeitgeber z. B. bei der Verdienstsicherung bei Krankheit anwenden, sondern das „Lebensstandardprinzip" oder anders ausgedrückt, das „Bezugsperiodenprinzip". Maßgebend ist allein der *vorherige* Verdienst, wobei einmalige Zuwendungen (Urlaubs- oder Weihnachtsgeld) sowie Tage, an denen infolge Kurzarbeit, Arbeitsausfall oder unverschuldetes Arbeitsversäumnis kein oder ein vermindertes Arbeitsentgelt erzielt wurde, außer Betracht bleiben (§ 11 Abs. 2 Satz 2 MutterschutzG).

## 2. Verdienstsicherung

Anders beim Arbeitgeberzuschuß:
Hier wenden die Gerichte neuerdings das Lohnausfallprinzip an.
Sollte die Arbeitszeit von einem bestimmten Zeitpunkt an mit entsprechender Verdienstminderung ermäßigt werden, und liegt dieser Zeitpunkt während der Schutzzeit, so wird die Verdienstminderung beim Arbeitgeberzuschuß berücksichtigt.

**Beispiel:**
Vor Beginn ihrer Schwangerschaft hatte eine Frau mit ihrer Firma vereinbart, daß sie nur noch in der ersten Hälfte des Jahres ganztägig, dann aber halbtägig arbeiten wolle. Dieses halbtägige Arbeitsverhältnis trat genau zu dem Zeipunkt in Kraft, als die Schutzfrist der inzwischen schwanger gewordenen Arbeitnehmerin begann. Der Arbeitgeberzuschuß zum Mutterschaftsgeld wurde der Frau daraufhin auch nur mit Bezug auf die Halbtagsarbeit berechnet. Vergebens verlangte die Frau, daß bei dieser Berechnung ihre vorhergegangene Ganztagsarbeit berücksichtigt werden müsse. Dagegen entschied das Bundesarbeitsgericht, daß die Frau vom Arbeitgeber während der Schutzzeit nicht besser gestellt werden muß, als wenn sie gearbeitet hätte. Das wäre der Fall, wenn die Frau den Arbeitgeberzuschuß zum Mutterschaftsgeld in Höhe eines Ganztagsjobs erhielte, obwohl sie im Falle ihrer Arbeitsfähigkeit nur noch halbe Tage gearbeitet hätte (BAG, 11. 6. 86; 5 AZR 365/85; NZA 87, 97).

Ebenso mindert eine während der Schutzfrist eingeführte Kurzarbeit den Zuschuß (str., anders LAG Hamm, 24. 10. 85 – 8 Sa 691/85, NZA 86/199). Dies gilt auch, wenn während der Schutzzeit ein unbezahlter Urlaub zum Tragen kommt. Die Vereinbarung über unbezahlten Urlaub ist aber unter Umständen so umzudeuten, daß dieser erst *nach Ablauf der Schutzzeit* nach der Entbindung beginnen soll.
Wenn Verdienstminderungen, die während der Schutzfrist eintreten, berücksichtigt werden, wirken sich konsequenterweise Verdiensterhöhungen ebenfalls ab dem Zeitpunkt aus, in dem sie ohne den Mutterschutz eintreten.
**Steuerklassenwechsel** während der Schutzfrist: Ergibt sich durch einen Steuerklassenwechsel von Eheleuten während der Schutzzeit ein höherer Nettoverdienst für eine schwangere Frau, so kann der Arbeitgeber dies bei seinem Zuschuß zum Mutterschaftsgeld außer acht lassen und die vorherige Steuerklasse zugrunde legen (Bundesarbeitsgericht – 5 AZR 733/85).

**Meldet sich die Frau vor Beginn der Schutzzeit arbeitslos,** wird das Mutterschaftsgeld auf die Höhe des Arbeitslosengeldes umgestellt. Der Anspruch auf den Arbeitgeberzuschuß entfällt. Frauen, deren Arbeitsverhältnis während ihrer Schwangerschaft oder während der Schutzfrist nach der Entbindung mit Genehmigung der Gewerbeaufsicht durch Kündigung seitens des Betriebes aufgelöst worden ist (seltener Ausnahmefall vom Kündigungsschutz bei Mutterschaft), erhalten den Arbeitgeberzuschuß zu Lasten des Bundes von der Krankenkasse bzw. wenn das Mutterschaftsgeld als Einmalbetrag gezahlt wird, vom Bundesversicherungsamt.

**Stillzeiten:** Teilzeitbeschäftigten Müttern steht der Anspruch auf Stillzeiten in demselben Umfang zu wie vollzeitbeschäftigten Müttern (gemäß § 7 Abs. 1 MutterschutzG). Mütter, die selbst stillen, hat der Arbeitgeber die zum Stillen des Kindes erforderliche Zeit, *mindestens* aber zweimal täglich eine halbe Stunde oder einmal täglich eine Stunde von der Arbeitspflicht freizustellen, und zwar ohne Kürzung des Verdienstes und ohne die Verpflichtung der Mutter, diese Zeit vor- bzw. nachzuarbeiten. Eine Anrechnung der Stillzeiten auf die Arbeitspausen ist unzulässig (§ 7 Abs. 2 MutterschutzG).

Zusammenhängende – d. h. nicht von einer mindestens zweistündigen Pause unterbrochene – Arbeitszeiten von mehr als 8 Stunden berechtigen die stillende Mutter, Stillzeiten von zwei mal mindestens 45 Minuten oder – wenn in der Nähe der Arbeitsstätte keine Stillgelegenheit vorhanden ist – eine Stillzeit von einmal 90 Minuten zu verlangen (§ 7 Abs. 1 Satz 2 MutterschutzG). An Tagen mit sehr kurzer Arbeitszeit, z. B. bei weniger als 4 Arbeitsstunden kann erwartet werden, daß die Mutter vor bzw. nach der Arbeit stillt, sofern nicht ärztliche Gesichtspunkte dagegensprechen.

Zum in der Regel an die Schutzzeit anschließenden Erziehungsurlaub siehe das 8. Kapitel.

**Arbeitsentgelt bei Beschäftigungsverboten (Mutterschutzlohn):** Kann die Arbeitnehmerin – außerhalb der Schutzzeit – während der Schwangerschaft oder Stillzeit infolge eines Beschäftigungsverbotes nach dem Mutterschutzgesetz nicht oder teilweise nicht arbeiten oder nur zu einem geringeren Verdienst, hat ihr der Arbeitgeber, solange sie nicht Mutterschaftsgeld bezieht, das Arbeitsentgelt als „Mutterschutzlohn" weiterzuzahlen (§ 11 Mut-

terschutzG). Die Berechnung erfolgt nach dem Durchschnittsverdienst der letzten dreizehn Wochen bzw. der letzten drei Monate vor Beginn des Monats, in dem die Schwangerschaft eingetreten ist. Bei zwischenzeitlichen Verdiensterhöhungen ist vom erhöhten Verdienst auszugehen. Verdienstkürzungen im Berechnungszeitraum infolge Kurzarbeit, Arbeitsausfall oder unverschuldeter Arbeitsversäumnis bleiben außer Betracht.
Davon werden Frauen ausgenommen, die nicht dauernd von demselben Arbeitgeber im Familienhaushalt mit hauswirtschaftlichen Arbeiten in einer ihre Arbeitskraft voll (= 5 Stunden am Tag) in Anspruch nehmenden Weise beschäftigt werden. Dies bedeutet, daß Teilzeitarbeitnehmerinnen, vor allem die stundenweise im Haushalt beschäftigten Putzfrauen, Haus- und Küchenhilfen sowie Frauen, die bei mehreren Arbeitgebern im Haushalt tätig sind, diese Verdienstsicherung nicht erhalten (§ 11 Abs. 3 MutterschutzG).
**Sonderfall:** Frauen, deren Arbeitsverhältnis nach § 9 Abs. 1 Satz 2 MutterschutzG gekündigt worden ist (vgl. 3. Kapitel unter 2.), erhalten eine Sonderunterstützung zu Lasten des Bundes bis zum Einsetzen des Mutterschaftsgelds in Höhe ihres bisherigen Nettoentgelts. Diese wird von der Krankenkasse ausbezahlt (§ 12 MutterschutzG).

### d) Verdienstsicherung bei Arbeitsruhe an Feiertagen

Unabhängig von ihrer Wochenstundenzahl haben alle Arbeitnehmer, also auch Teilzeitbeschäftigte Anspruch auf Lohnausgleich für die Arbeitszeit, die *infolge* eines Feiertags ausfällt (§ 1 Abs. 1 FeiertagslohnzahlungsG). Die Feiertagsgesetze der einzelnen Bundesländer legen fest, welche Feiertage staatlich anerkannt und auf Grund der §§ 105b bis 105i der Gewerbeordnung Tage allgemeiner Arbeitsruhe sind (Ausnahmen für bestimmte Branchen).
Den Anspruch auf den bezahlten Feiertag können Beschäftigte, die nicht an allen Tagen arbeiten, nur geltend machen, wenn ihre dienstplanmäßige oder vertragliche Arbeitszeit auch auf den Feiertag fällt.

**Beispiel 1:**

Ein Arbeitnehmer, der mittwochs und donnerstags mit je fünf Stunden arbeitet, kann für den Buß- und Bettag (Mittwoch) die Bezahlung seiner ausgefallenen fünf Stunden verlangen. Da er für seine fünf Stunden Arbeit am Donnerstag ebenfalls bezahlt werden muß, kommt er auf seinen normalen Wochenverdienst.

**Beispiel 2:**
Häufig schlägt der Arbeitgeber vor, die auf den Feiertag entfallende Arbeit an einem anderen Tag der Woche vor- oder nachzuholen. Dem Beschäftigten bleibt unbenommen, einer solchen Regelung zuzustimmen. Diese entbindet jedoch nicht den Betrieb von der Feiertagslohnzahlung. Die „vor- und nachgeholte" Arbeit ist daher zusätzliche Arbeit und zusätzlich zu bezahlen. Der Beschäftigte, der im Beispiel 1 anstelle des Mittwochs am Dienstag arbeitet, kann in diesem Fall fünfzehn Stunden bezahlt verlangen, d. h., die Arbeitszeit am Dienstag und am Donnerstag und wegen der Verdienstsicherung bei Arbeitsruhe an Feiertagen auch die am Mittwoch ausgefallene Arbeitszeit.

**Beispiel 3:**
Der Beschäftigte arbeitet aufgrund einer Vereinbarung über die Anpassung der Arbeit an den Bedarf an unregelmäßig wechselnden Tagen. Hier kann in Wochen mit einem Wochenfeiertag außer dem Arbeitgeber niemand sagen, ob der Beschäftigte ohne den Feiertag an diesem Tag zur Arbeit aufgefordert worden wäre und ob die Arbeitszeit absichtlich zur Umgehung der Feiertagslohnzahlung um den Feiertag herumgelegt worden ist. Die Anwendung des Lohnausfallprinzips stößt auf die gleiche Schwierigkeit wie im Krankheitsfall (siehe oben 2. a) cc). Die Bezahlung des Feiertags ist in Frage gestellt. Nach meiner Auffassung, die durch Gerichtsentscheidungen noch nicht abgesichert ist, ist hier eine pauschalierende Zahlung von Feiertagslohn ähnlich wie bei Heimarbeitern vorzunehmen, die den Jahresdurchschnitt der Arbeitszeit und die Zahl der bei Vollzeitbeschäftigung im Kalenderjahr anfallenden Wochenfeiertage ins Verhältnis setzt. Der Arbeitnehmer kann als einmalige Zahlung die Durchschnittsabgeltung verlangen. Anders würden solche Arbeitnehmer nie zur Feiertagsbezahlung kommen; dies wäre mit dem Willen des Gesetzes über die Lohnzahlung an Feiertagen nicht zu vereinbaren (Däubler, Arbeitsrecht 2, S. 891, will den Feiertagslohn auf Grund des Durchschnittsverdienstes der letzten drei Monate berechnen). Danach soll jeder Arbeitnehmer seine Feiertage bezahlt erhalten, auch derjenige, der aufgrund einer Vereinbarung über die Anpassung der Arbeit an den Bedarf tätig ist! Zur Berechnung siehe

**Beispiel 4:**
Wie im Beispiel 3 arbeitet der Beschäftigte an unregelmäßig wechselnden Tagen. Im Jahresdurchschnitt kommt er auf Dreitagewoche. Ihm sind 3/6 der im jeweiligen Kalenderjahr anfallenden Wochenfeiertage

pauschal abzugelten. Entfallen auf das Kalenderjahr 10 Wochenfeiertage, hat er meiner Auffassung nach also Anspruch auf Abgeltung von fünf Feiertagen.

**Heimarbeiter:** Das Feiertagsgeld (Verdienstsicherung der Heimarbeiter bei Feiertagen) beträgt für jeden gesetzlichen Feiertag zwei Drittel Prozent des in einem Zeitraum von sechs Monaten ausgezahlten reinen Bruttoarbeitsentgelt ohne Unkostenzuschläge. Für Feiertage, die in den Zeitraum vom 1. Mai bis 31. Oktober fallen, ist der vorhergehende Zeitraum vom 1. November bis 30. April und für die Feiertage, die in den Zeitraum vom 1. November bis 30. April fallen, der vorhergehende Zeitraum vom 1. Mai bis 31. Oktober zugrundezulegen. Der Anspruch auf Feiertagsgeld ist unabhängig davon, ob im laufenden Halbjahreszeitraum noch eine Beschäftigung in Heimarbeit für den Auftraggeber stattfindet. Wird das Heimarbeitsverhältnis beendet, so ist dem Heimarbeiter bei der letzten Entgeltzahlung das Feiertagsgeld für die noch übrigen Feiertage des laufenden sowie für die Feiertage des folgenden Halbjahreszeitraumes zu zahlen (§ 2 Abs. 2 und 3 FeiertagslohnzahlungsG).

### e) Gleicher Urlaub, Verdienstsicherung bei Urlaub

*Jeder* Arbeitnehmer, auch der **geringfügig Beschäftigte,** hat in jedem Kalenderjahr Anspruch auf bezahlten Erholungsurlaub (§ 1 BundesurlaubsG), sofern die Beschäftigung mindestens einen Monat gedauert hat.
Auf den Umfang der Inanspruchnahme durch die Arbeit kommt es nicht an. Der Urlaubsanspruch ist nicht an den Nachweis eines besonderen Erholungsbedürfnisses gebunden.

**Beispiele:**

Ein vom 21. 6. bis 19. 8. eines Jahres in dem Semesterferien „jobbender" Student hat Anspruch auf Urlaub! Ihm steht 1/12 des im Betrieb üblichen Jahresurlaub zu, mindestens aber 1/12 des gesetzlichen Mindesturlaubs von 3 Wochen, d.h., 2 Werktage (18 : 12 = 1,5; Bruchteile von Urlaubstagen, die mindestens einen halben Tag ergeben, sind aufzurunden – § 5 Abs. 2 BundesurlaubsG). Der Student kann diesen Urlaub in Form von Freizeit verlangen, obwohl er die sechsmonatige Wartezeit nach § 4 BundesurlaubsG nicht erfüllen kann. Nach § 5 Abs. 1b BundesurlaubsG besteht hier ein Teilurlaubsanspruch, weil er vor erfüllter Wartezeit aus dem Arbeitsverhältnis ausscheidet. Häufig einigen sich beide Seiten auf eine Auszahlung (Abgeltung) des Urlaubs, wenn die kurze Dauer des Arbeitsverhältnisses einen Urlaub in Form von Freizeit unzweckmäßig erscheinen läßt und es sich nur um eine nicht berufsmäßig ausgeübte Gelegenheitstätigkeit handelt, bei der ein Erholungsbedürfnis des Arbeitnehmers nicht gegeben ist. Jedenfalls ist der Urlaub auch bei solchen Arbeitsverhältnissen zu gewähren, oder wenn er wegen der Beendigung des Arbeitsverhältnisses ganz oder teilweise nicht gewährt werden kann, gemäß § 7 Abs. 4 BundesurlaubsG abzugelten (ArbG Mainz; 14. 12. 83; 2 Ca 1926/83; ARST 5/84, 75).

Eine nebenamtliche Lehrkraft an einer Schule mit 5 Wochenstunden planmäßigen Unterrichts kann bezahlten Erholungsurlaub verlangen (ArbG Bremen, 20. 4. 77, 5 Ca 5395/76; ARST 84, 75).

Lehrkräfte an Schulen werden, wenn sie im Rahmen des allgemein feststehenden Lehrplans der Schule planmäßige Fächer unterrichten, wegen der Eingliederung in den Schulbetrieb und der Vergleichbarkeit mit festangestellten Lehrern in der Regel als Arbeitnehmer betrachtet.

Der Anspruch auf Urlaub steht grundsätzlich nur Arbeitnehmern zu; kein Urlaubsanspruch besteht bei selbständiger Tätigkeit als Freiberufler oder Unternehmer.

**Beispiel:**
Ein Dozent an einer Volkshochschule mit der gleichen Wochenstundenzahl wird in der Regel als freiberuflich tätig angesehen, da die Dozententätigkeit an freien Einrichtungen der Erwachsenenbildung als typisch freiberuflich bewertet wird.

Arbeitet der Selbständige in einem *arbeitnehmerähnlichen* Verhältnis, kann er ebenfalls Urlaub geltend machen. Hierzu muß er wie ein Arbeitnehmer tätig sein, insbesondere von seinem Auftraggeber wirtschaftlich abhängig sein (arbeitnehmerähnliche Person gemäß § 2 BundesurlaubsG). Hinweis hierfür kann sein, wenn er einen wesentlichen Teil seines Lebensunterhalts von einem oder zwei „Arbeitgebern" aus dieser Tätigkeit bestreitet.

**Beispiel:**
Ein Dozent an einer Volkshochschule mit 20 Unterrichtsstunden in der Woche, der diese Tätigkeit über mehrere Jahre ausübt, ist zweifelsfrei als arbeitnehmerähnliche Person anzusehen und kann von der Volkshochschule bezahlten Urlaub verlangen.

**Achtung:** Berufstätigkeiten, die typischerweise in einem Arbeitsverhältnis ablaufen, z.B. die Tätigkeit des Verkäufers im Einzel-

## 2. Verdienstsicherung

handel werden nie als freiberufliche Tätigkeit angesehen, sofern der Betroffene kein eigenes Ladenlokal eingerichtet bzw. ein Gewerbe angemeldet hat!

**Mehrere Teilzeitarbeitsverhältnisse:** Ist der Arbeitnehmer in mehreren Arbeitsverhältnissen beschäftigt, hat er gegen jeden einzelnen Arbeitgeber einen Anspruch auf Urlaub (BAG, 19. 6. 59, DB 59, 1086). Auf seinen Antrag hin sollen ihm die Arbeitgeber jeweils den Urlaub zum selben Termin geben, sofern dies betrieblich möglich ist und Urlaubswünsche sozial vorrangiger Arbeitnehmer nicht entgegenstehen (Mager-Winterfeld-Göbel-Seelmann, Randziffer 231).

*aa) Dauer des Urlaubs; Anrechnung arbeitsfreier Tage.* Jeder Arbeitnehmer hat Anspruch auf mindestens 18 Werktage gleich drei Wochen bezahlten Jahresurlaub (§ 1 BundesurlaubsG; Beitrittsgebiet: 20 Arbeitstage gleich 4 Wochen entspr. dem Einigungsvertrag). Tatsächlich beträgt der Urlaub der Mehrzahl aller Arbeitnehmer aber zwischen vier und sechs Wochen. Teilzeitbeschäftigte haben Anspruch auf die gleiche Urlaubsdauer wie vergleichbare Vollzeitbeschäftigte. Die Tatsache der Teilzeitbeschäftigung wird aber beim Urlaubsentgelt berücksichtigt. Der Teilzeitbeschäftigte erhält während des Urlaubs nur seinen Teilzeitlohn weiter.

**Anrechnung arbeitsfreier Tage.** Teilzeitkräfte, die nicht an allen Werktagen bzw. betriebsüblichen Arbeitstagen arbeiten, müssen sich die arbeitsfreien Tage auf ihren Urlaub anrechnen lassen, weil sie sonst mehr zusammenhängende Urlaubswochen als die Vollzeitbeschäftigten hätten; anders wenn der Teilzeitbeschäftigte an allen betriebsüblichen Arbeitstagen arbeitet (z.B. bei Halbtagsbeschäftigung): hier ergibt sich dieselbe Zahl an Arbeitstagen Urlaub wie bei einem Vollzeitbeschäftigten.

Die Anrechnung der arbeitsfreien Tage auf den Urlaub ist dann mühsam, wenn der Teilzeitarbeitnehmer seinen Urlaub nicht wochenweise nimmt, sondern nach einzelnen Tagen. Dann ist unklar, welche arbeitsfreien Tage mitzählen. Zur Vereinfachung werden zweckmäßigerweise von vornherein die arbeitsfreien Tage aus dem Urlaubsanspruch herausgerechnet. Der Urlaubsanspruch wird von den für Vollzeitkräfte geltenden Urlaubstagen auf die individuellen Arbeitstage der Teilzeitkraft umgerechnet.

Hierzu ist die Anzahl der tatsächlichen Arbeitstage der Teilzeitkraft ins Verhältnis zu den Arbeitstagen einer Vollzeitkraft zu setzen und entsprechend sind die Urlaubstage zu kürzen.

> **Beispiel:**
> Der Urlaub für eine vergleichbare Vollzeitkraft beträgt 30 Werktage bei Sechstagewoche;
> der Teilzeitbeschäftigte arbeitet nur drei Tage in der Woche; sein tatsächlicher Urlaub nach seinen individuellen Arbeitstagen verhält sich wie drei zu sechs, gleich 15 effektive Arbeitstage. Daß diese Rechnung richtig ist, erweist sich, wenn der Urlaub in einem Stück genommen wird. Dann erhalten beide Arbeitnehmer fünf Wochen Urlaub.

Ergeben sich bei der Umrechnung **Bruchteile von Arbeitstagen**, hat der Teilzeitarbeitnehmer Anspruch auf Urlaub auch insoweit, d. h., auf entsprechende stundenweise Freistellung (vorbehaltlich anderer tariflicher Regelung; BAG, 14. 2. 91, 8 AZR 97/90, BB 91, 1789). Erreichen die Bruchteile den Wert 0,5, ist im Falle von Teilurlaub bei Beginn oder Beendigung des Arbeitsverhältnisses im Laufe des Jahres gemäß § 5 Abs. 2 BundesurlaubsG bzw. nach der entsprechenden tariflichen Regelung auf einen vollen Arbeitstag aufzurunden.

> **Beispiel:**
> Eine Arbeitnehmerin arbeitet an vier Tagen in der Woche mit insgesamt 32 Wochenstunden. In ihrem Betrieb wird an fünf Tagen der Woche gearbeitet. Der einschlägige Tarifvertrag sieht nach dem Lebensalter der Arbeitnehmerin 28 Arbeitstage vor. Er basiert auf der Fünftagewoche.
> Entsprechend dem Verhältnis zur Arbeitszeit der Frau an vier Tagen ist der Tarifurlaub im Verhältnis 4 zu 5 zu kürzen. Dies macht 22,40 Urlaubstage (28 : 5 × 4). Der Bruchteil von 0,40 ergibt bei ihrem achtstündigen Arbeitstag 3 Stunden 12 Minuten „Pluszeit".

## Unterschiedliches Arbeitsvolumen an den einzelnen Wochentagen

> **Beispiel:**
> Eine Sekretärin arbeitet montags und dienstags je 8 Stunden und am Freitag 4 Stunden, insgesamt 20 Wochenstunden. Ihre Urlaubsanträge stellt sie meistens so, daß nur die vollen Arbeitstage betroffen sind.
> Zur Gleichbehandlung mit Vollzeitkräften ist hier eine Umrechnung des Urlaubs auf halbe Tage sinnvoll. Bei 6 Wochen Urlaub entspricht dies hier 30 Halbtagen.

## 2. Verdienstsicherung

Bei **ganz unregelmäßiger Tätigkeit** oder bei **Abrufarbeit** ist eine Berechnung nach Stunden unumgänglich.

**Beispiel:**
Eine Hausfrau arbeitet als Aushilfsverkäuferin mit einem vereinbarten Wochenvolumen von 14 Stunden, die an ganz verschiedenen Tagen der Woche mit unterschiedlichen Stunden pro Einsatz abgerufen werden.
Hier kann der Tarifurlaub von 6 Wochen nur über das Stundenvolumen pro Woche ermittelt werden. Er beträgt 84 Stunden. Über deren Vergütung und Einvernehmen über den Zeitraum, für den ein Abruf wegen Urlaubs nicht erfolgen soll, regelt sich die Urlaubsdauer.

Es ist zu beachten, daß über das vereinbarte Volumen hinaus geleistete Überstunden der letzten 13 Wochen vor Urlaubsbeginn gegebenenfalls zusätzlich zu berücksichtigen sind. Dies ist jedoch keine Frage der Dauer des Urlaubs, sondern der Berechnung des Urlaubsentgelts (vgl. im folgenden).

Auch bei Vollzeitbeschäftigten wird der arbeitsfreie Sonnabend herausgerechnet, wenn die Urlaubsdauer nach Werktagen, d. h., auf Basis der Sechstagewoche vorgegeben ist. Es muß auf Fünftagewoche umgerechnet werden; BAG, 27. 1. 87, 8 AZR 579/87).

*bb) Berechnung des Urlaubsentgelts.* Bei Festgehalt oder Festlohn läuft während des Urlaubs der Verdienst einfach weiter. Zum Arbeitsentgelt gehörende Sachbezüge (z. B. freie Kost und Logis), die während des Urlaubs nicht weitergewährt werden, sind für die Dauer des Urlaubs angemessen in bar abzugelten (§ 11 Abs. 1). Um dem Arbeitnehmer während des Urlaubs das Auskommen zu ermöglichen, auf das er sich aufgrund seines Arbeitsverdienstes vorher eingestellt hatte, regelt § 11 Abs. 1 Satz 1 BundesurlaubsG eine Verdienstsicherung nach dem „Bezugsperiodenprinzip". Das Urlaubsentgelt richtet sich anders als bei Krankheit oder Feiertage nicht danach, was der Arbeitnehmer ohne seine Arbeitsunterbrechung verdient hätte („Lohnausfallprinzip"). Es bemißt sich vielmehr (vorbehaltlich anderer tariflicher Regelung; zur anteilig gleichen Bemessung wie bei Vollzeitarbeit vgl. Seite 82) nach dem durchschnittlichen Arbeitsverdienst der letzten dreizehn Wochen (bzw. abgerechneten drei Kalendermonaten) vor Beginn des Urlaubs. Während des Bezugszeitraums angefallene **Überstunden** sind bei der Berechnung des Urlaubs-

entgelts einzubeziehen, gleichgültig, ob sie während der Zeit des Urlaubs weiter angefallen wären oder nicht. **Sonderzahlungen, die nicht für den Bezugszeitraum, sondern jahresbezogen gezahlt werden** (Urlaubs-, Weihnachtsgeld), bleiben unberücksichtigt (BAG 17. 1. 91, 8 AZR 644/89, ARST 91, 175). Allerdings bleiben Verdienstkürzungen, die im Berechnungszeitraum infolge von Kurzarbeit, Arbeitsausfällen oder unverschuldeter Arbeitsversäumnis eintreten, für die Berechnung des Urlaubsentgelts außer Betracht (§ 11 Abs. 1 Satz 3 BundesurlaubsG).
**Wechsel von Vollzeit auf Teilzeit während des Urlaubsjahres.**
Nach der betrieblichen Praxis wird das Urlaubsentgelt ab der Umstellung auf reduzierte Arbeitszeit nach der niedrigeren Vergütung gezahlt (dafür Mauer-Schmidt, BB 91, 1179, 1784 und Lipke in Gemeinschaftskommentar zum Teilzeitarbeitsrecht, Herausgeber Becker, 1987, Art. 1 § 2 Tz. 190). Die betriebliche Praxis ist unbefriedigend. Grundlage des Urlaubsentgelts ist an sich nicht der aktuelle Lohn, sondern – vergangenheitsbezogen – das in den letzten 13 Wochen bzw. drei abgerechneten Monaten bezogene Entgelt (Bezugsperioden- statt Lohnausfallprinzip). Bei Wechsel von Vollzeit auf Teilzeit im Urlaubsjahr ist ein Teil des Urlaubs durch vorhergehende Tätigkeit mit einer höheren Arbeitszeit erarbeitet worden, der, wäre das Arbeitsverhältnis nicht in ein Teilzeitarbeitsverhältnis umgewandelt worden und wäre der Arbeitnehmer stattdessen ausgeschieden, seinem Wert als Urlaub für Vollzeittätigkeit entsprechend abzugelten gewesen wäre (§ 7 Abs. 4 BundesurlaubsG). Nach einem führenden Kommentar zum Urlaubsrecht soll bei Wechsel von Vollzeit zu Teilzeit im laufenden Jahr für die Vergütung ein Ausgleich nach Art der Zwölftelung geschaffen werden, allerdings nur, sofern der Wechsel von Vollzeit auf Teilzeit im Dreimonatszeitraum stattfindet. Das läuft darauf hinaus, das Urlaubsentgelt getrennt zu berechnen entsprechend den Zwölfteln des Urlaubs, die in den Beschäftigungsmonaten des Urlaubsjahres mit der einen und der anderen Arbeitszeit erworben wurden. Der anteilige Urlaub würde somit aufgrund der Arbeitszeit vergütet, die galt, als er erarbeitet wurde (Dersch-Neumann, Bundesurlaubsgesetz, 7. Aufl., § 11 Rz. 51). Diese Auffassung findet im Gesetz ebensowenig eine eindeutige Stütze wie die Gegenmeinung; sie kann eine Anregung für die Arbeitsgerichte, die Tarifparteien und den Gesetzgeber sein, die vorhandene Lücke in den Urlaubsregelungen in diesem Sinne zu

## 2. Verdienstsicherung

ergänzen. **Übertragener Resturlaub** wird nach betrieblicher Praxis ebenfalls nach der im Zeitpunkt des Urlaubs geltenden reduzierten Arbeitszeit vergütet. Auch hier spricht vieles dafür, Resturlaub immer aufgrund der Arbeitszeit vergüten, die galt, als er erarbeitet wurde, neuen Urlaub auf Basis der jetzt geltenden Arbeitszeit, wobei in beiden Fällen der aktuelle Stundenlohn zugrundezulegen wäre.

War ein Arbeitnehmer im Bezugszeitraum aus persönlichen Gründen vorübergehend zu Teilzeitarbeit bei gleichzeitiger Teilfreistellung durch den Betrieb gezwungen, um ein erkranktes Familienmitglied zu pflegen, liegt ein unverschuldetes Arbeitsversäumnis im Sinn des § 11 Abs. 1 Satz 3 BundesurlaubsG vor. Bei der Berechnung des Urlaubsentgeltes ist hier der ungekürzte Vollzeitverdienst anzusetzen (BAG, 21. 5. 70, DB 80, 2084).

**Wechsel von Teilzeit auf Vollzeit während des Urlaubsjahres.** Erhöht der Arbeitnehmer in den letzten 13 Wochen vor Beginn des Urlaubs seine Arbeitszeit, ist nicht der Durchschnitt der tatsächlichen Verdienste im 13-Wochen-Zeitraum maßgebend. Es wird der höhere Verdienst für den ganzen 13-Wochen-Zeitraum zurückgelegt. § 11 Abs. 1 Satz 2 BundesurlaubsG bestimmt nämlich, daß bei „Verdiensterhöhungen nicht nur vorübergehender Natur", die während des Berechnungszeitraums oder des Urlaubs eintreten, vom erhöhten Verdienst auszugehen ist.

Die Gerichte behandeln die Erhöhung der Stundenzahl als „Verdiensterhöhung" im Sinne des § 11 Abs. 1 Satz 2 BUrlG (LAG Düsseldorf, 9. 4. 69 – Sa 788/68 DB 69, 2092). Dies gilt auch, wenn die Erhöhung der Arbeitszeit in den Urlaub fällt.

**Besonderheiten der Arbeit auf Abruf.** Wenn das Arbeitsvolumen nicht auf die Woche, sondern einen längeren Zeitraum festgelegt ist, z. B. als Monats- oder gar als Jahrespauschale ohne nähere zeitliche Zuordnung (siehe Seite 13), kann der Verdienst in 13-Wochenzeitraum niedriger sein als im Monats- oder Jahresdurchschnitt, sofern die Entlohnung nicht durchgängig, sondern entsprechend der abgerufenen Arbeitsmenge erfolgt („flexible Entlohnung"). Bei einer Jahresarbeitspauschale kann im Extremfall der Verdienst im 13-Wochen-Zeitraum Null sein. Um Ungerechtigkeiten zu vermeiden, muß hier das Urlaubsentgelt *mindestens* in Höhe des Verdienstes aufgrund der durchschnittlichen Wochenarbeitszeit gezahlt werden. Dies ergibt sich, wenn man die vereinbarte Monats- oder Jahresarbeitsmenge auf eine regelmäßige wöchentliche Arbeitszeit umrechnet. Sind die tatsächlichen Verdienste im Bezugszeitraum für die Berechnung des Urlaubsentgelts höher ausgefallen als der aufgrund der vereinbarten Arbeitsmenge errechnete durchschnittliche Verdienst, bleiben sie für das Urlaubsentgelt als vertragsbedingte Schwankungen außer Betracht, wenn noch damit zu rechnen ist, daß im Rahmen des laufenden Kontingents (vereinbarte Wochen-, Monats-, oder Jahresarbeitsmenge) ein Ausgleich erfolgt.

Andernfalls führen sie als **übervertragliche Mehrstunden** zu einer Erhöhung des Urlaubsentgelts, wenn sie im Bezugszeitraum (letzte 13 Wochen bzw. 3 Monate) angefallen sind. Bei Vereinbarung einer Jahresarbeitsmenge kann sich erst am Jahresende herausstellen, ob überhaupt Mehrstunden geleistet worden sind. Ein Abstellen auf die Bezüge der letzten 13 Wochen (3 Monate) führt zu Zufallsergebnissen besonders bei einem geringen Jahresarbeitsvolumen. Dieses kann zufällig in voller Höhe im Bezugszeitraum abgerufen worden sein, oder der Arbeitnehmer hat garnichts im Bezugszeitraum verdient. Wenn hier für das Urlaubsentgelt die auf die regelmäßige wöchentliche Arbeitszeit umgerechnete vertragliche Jahresarbeitsmenge zugrundegelegt worden war, ist am Jahresende in der Rückschau zu prüfen, ob das Urlaubsentgelt im Hinblick auf die im tatsächlichen Wochendurchschnitt erbrachte Jahresarbeitsmenge angemessen war. Gegebenenfalls muß ein Nachschlag bezahlt werden. Bei Heimarbeitern erfolgt eine solche 6 Monate zurückschauende Betrachtungsweise, um ein der Entgeltseite des Arbeitsverhältnisses angemessenes Urlaubsentgelt zu ermitteln.

**Beispiel:**

Liegt eine Vereinbarung über eine Jahresarbeitsmenge von 520 Stunden vor, ist für das Urlaubsentgelt *mindestens* eine Wochenarbeitszeit von 10 Stunden anzusetzen, wenn die tatsächlichen Einsatzzeiten im 13-Wochen-Zeitraum unter 10 Wochenstunden liegen (520 : 52 = 10).

Liegt eine Vereinbarung über eine Monatsarbeitsmenge von 60 Stunden vor, sind *mindestens* 13,85 Wochenstunden anzusetzen (60 × 3 : 13 = ca. 13,85; die Monatsarbeitsmenge wird über das Vierteljahr auf die Wochenstundenzahl umgerechnet, da ein Vierteljahr stets 13 Wochen hat).

**Höhe des Urlaubsentgelts für einzelne Urlaubstage.** Unter Umständen muß der Wert des *einzelnen* Urlaubstages ermittelt werden. Dies ist besonders für die Ausbezahlung des Urlaubs not-

## 2. Verdienstsicherung

wendig, wenn Resturlaub infolge Beendigung des Arbeitsverhältnisses nicht mehr genommen werden konnte und abgegolten wird (Urlaubsabgeltung nach § 7 Abs. 4 BundesurlaubsG).
Wird der Urlaub auf Basis der 6-Tage-Woche nach „Werktagen" gewährleistet, rechnet sich das Urlaubsentgelt wie folgt:
Verdienst der letzten 13 Wochen vor Urlaubsantritt geteilt durch 78 (Anzahl der Werktage in 13 Wochen) = Wert des einzelnen Urlaubstags. Dieser wird nun mit der Anzahl der genommenen Urlaubstage malgenommen.
Arbeitet der Beschäftigte nicht regelmäßig an allen 6 Werktagen der Woche, und sind, was zweckmäßig ist (vergleiche oben) die arbeitsfreien Tage herausgerechnet worden, muß die Zahl 78 durch die tatsächliche Zahl der Arbeitstage in 13 Wochen ersetzt werden.

> **Beispiel:**
> Bei 5-Tagewoche und Urlaub nach Arbeitstagen ergibt sich das Urlaubsentgelt aus dem Verdienst der letzten 13 Wochen vor Urlaubsantritt geteilt durch 65 (Anzahl der Arbeitstage in 13 Wochen) mal Anzahl der genommenen effektiven Urlaubstage.
> Wird der Urlaub auf Basis der 3-Tage-Woche gewährt (vergleiche das Beispiel auf Seite 112) und sind die arbeitsfreien Tage herausgerechnet worden, gilt:
> Urlaubsentgelt = Verdienst der letzten 13 Wochen geteilt durch 39 (Anzahl der Arbeitstage in 13 Wochen mal Anzahl der effektiven Arbeitstage Urlaub).

Natürlich kann auch in solchen Fällen auf Basis der 6- oder 5-Tagewoche gerechnet werden. Dann sind bei 3-Tagewoche für jeden Urlaubstag, an dem der Arbeitnehmer nach seiner individuellen Arbeitszeit gearbeitet, zwei Werktage (Verhältnis 6 : 3 zwischen 6-Tagewoche und 3-Tagewoche), bei 5-Tagewoche 5/3 Arbeitstage in die Rechnung einzusetzen. Es ergibt sich ungefähr derselbe Betrag. Geringfügige Differenzen müssen geduldet werden, sofern der Betrieb seine Rechenweise generell durchhält und nicht im Einzelfall die jeweils für ihn günstigere Methode wählt.
**Heimarbeiter.** Ihr Urlaubsentgelt beträgt bei einem Anspruch auf 18 Urlaubstage 6¾% des vom 1. Mai bis 30. 4. des Folgejahres verdienten Arbeitsentgelts, Verdienstsicherungsleistungen wegen Krankheit und Feiertage nicht mitgerechnet. War der Heimarbeiter in dieser Zeit nicht ständig beschäftigt, brauchen unbeschadet

des Urlaubsentgelts nur so viele Urlaubstage gegeben werden, wie durchschnittliche Tagesverdienste, die er in der Regel erzielt hat, in dem Urlaubsentgelt enthalten sind (§ 12 BundesurlaubsG).

## f) Zusatzurlaub für *Schwerbehinderte*

Schwerbehinderte mit einem Grad der Behinderung von 50% und mehr haben Anspruch auf einen bezahlten zusätzlichen Urlaub (§ 47 SchwerbehindertenG). Dieser beträgt bei einer betriebsüblichen Fünftagewoche fünf bezahlte Arbeitstage. Arbeitet der Betrieb regelmäßig mehr oder weniger als fünf Tage in der Woche, erhöht oder vermindert sich die Zahl der Urlaubstage des Schwerbehindertenurlaubs entsprechend.

Arbeitet ein Teilzeitschäftigter nicht an allen betrieblichen Arbeitstagen, z.B. nur in Dreitagewoche anstelle der betrieblichen Fünftagewoche, sind diese arbeitsfreien Tage auf den Urlaub anzurechnen (siehe Seite 111 ff.). Ergeben sich bei der Berechnung des Zusatzurlaubs für Schwerbehinderte Bruchteile eines Urlaubstags, kommt weder eine Auf- noch eine Abrundung auf einen vollen Urlaubstag in Betracht, es sei denn, daß Teilurlaub z.B. wegen Beendigung des Arbeitsverhältnisses nach § 5 Abs. 1 Buchst. b oder c BUrlG zu gewähren ist (BAG, 31. 5. 90, 8 AZR 296/89, AP Nr. 14 zu § 5 BUrlG). Vielmehr entsteht ein Anspruch auf entsprechende stundenweise Freistellung.

**Beispiel:**
Der Schwerbehinderte arbeitet abwechselnd an zwei und an drei Tagen einer Kalenderwoche. Entsprechend hat er gegenüber Vollzeitbeschäftigten mit Fünftagewoche an drei bzw. zwei Arbeitstagen einer Woche frei.
Bezogen auf das Kalenderjahr ist die Arbeitszeit hier an 26 Wochen auf zwei und an 26 Wochen auf drei Arbeitstage verteilt. Dies ergibt einen Schnitt von 2,5 Arbeitstagen pro Woche. Entsprechend vermindert sich der Zusatzurlaub auf 2,5 Urlaubstage anstelle von fünf Tagen im Verhältnis von 1:2. Der halbe Tag ist in Form von Freizeit zu gewähren (BAG, aaO).

## g) *Bildungsurlaub*

Die Ausführungen zum Urlaub gelten für den Weiterbildungsurlaub nach den Landesgesetzen der Bundesländer Berlin, Bremen, Hamburg, Hessen, Niedersachsen, Nordrhein-Westfalen, Saarland und Schleswig-Holstein weitgehend entsprechend.

## h) Gleichbehandlung beim Arbeitsschutz

Hier kann die reduzierte Arbeitszeit in Abhängigkeit von der Belastung eine unterschiedliche Behandlung rechtfertigen.

**Beispiel:** Ein Arbeitgeber, der aus Gründen des Arbeitsschutzes vollzeitbeschäftigte Arbeitnehmer nur zur Hälfte ihrer Arbeitszeit mit Arbeiten an Bildschirmgeräten heranzieht, verletzt den Gleichbehandlungsgrundsatz nicht, wenn er die Halbtagsbeschäftigten zu 75% ihrer Arbeitszeit zur Bildschirmarbeit heranzieht (BAG, 9. 2. 89, 6 AZR 174/87).

Gegebenenfalls muß aber eine weitere Tätigkeit des Teilzeitarbeitnehmers in einem Nebeneinkommen ins Kalkül gezogen werden.
– Zur Berücksichtigung weiterer Tätigkeiten beim Arbeitszeitschutz (Arbeitszeitordnung) vgl. die folgende Ziffer 3 –.


## 3. Mehrfacharbeitsverhältnisse; Zulässigkeit von Nebentätigkeiten; Arbeitszeitordnung; Wettbewerbsverbot

Der Arbeitnehmer schuldet dem Betrieb während der vereinbarten Arbeitsstunden seine ungeschmälerte Arbeitskraft. Die Tätigkeit in der anderen Arbeitsstelle darf den Arbeitnehmer nicht so belasten, daß er für die vorgesehene Arbeit nicht mehr voll leistungsfähig ist. Die **Belastungsgrenze** ergibt sich aus der werktäglichen regelmäßigen Höchstarbeitszeit von acht Arbeitsstunden in Verbindung mit der wöchentlichen Höchstarbeitszeit von 48 Wochenstunden. Diese Grenzen gelten aber nur, wenn sie für die sechs Werktage der Woche voll ausgeschöpft werden. Arbeitet der Arbeitnehmer z.B. nur fünf Tage in der Woche oder mit wechselnden Wochenarbeitszeiten, kann die Arbeitszeit entsprechend umverteilt werden (§§ 3, 4 Arbeitszeitordnung). Praktisch gilt daher eine tägliche Höchstarbeitszeit von zehn Stunden und – bezogen auf die Doppelwoche – eine Höchstarbeitszeit von 96 Stunden. Überschreiten beide Tätigkeiten zusammengenommen diese Grenze nicht, darf der Betrieb die anderweitige Tätigkeit nicht wegen Schmälerung der Leistungsfähigkeit in der bei ihm zu verrichtenden Tätigkeit untersagen.

Aus jedem Arbeitsvertrag leitet sich während seiner Dauer als Nebenpflicht ab, nicht in **Wettbewerb mit dem eigenen Arbeitgeber** zu treten. Für die kaufmännischen Angestellten und Volontäre verbietet § 60 bzw. § 82 a des Handelsgesetzbuches ausdrücklich, ohne Einwilligung des „Prinzipals" ein Handelsgewerbe zu betreiben oder in dem Handelszweig des Prinzipals für eigene oder fremde Rechnung Geschäfte zu machen. Ausnahmen gelten insoweit, als sich der Arbeitnehmer im gekündigten Arbeitsverhältnis auch bei Konkurrenten seines Arbeitgebers bewerben oder sogar die Gründung eines eigenen Konkurrenzunternehmens betreiben darf. Um die Einhaltung der Belastungsgrenze und des Wettbewerbsverbotes prüfen zu können, bestehen die Betriebe häufig auf einer Klausel im Arbeitsvertrag, daß auf zusätzliche Einkünfte gerichtete Nebentätigkeiten anzeige- oder genehmigungspflichtig sind (vgl. S. 27). Dann muß der Arbeitnehmer von sich aus Nebentätigkeiten – mit Rücksicht auf das informationelle Selbstbestimmungsrecht und die Freiheit beruflicher Betätigung solche, die mit den Interessen des Arbeitgebers kollidieren können – anzeigen oder genehmigen lassen, damit ein Interessenausgleich herbeigeführt werden kann. **Auf die Genehmigung hat er einen Anspruch, wenn die Nebentätigkeit im erwähnten Rahmen bleibt.** Ein umfassendes Verbot der Nebentätigkeit im Arbeitsvertrag ist im Hinblick auf das Grundrecht des Arbeitnehmers aus Art. 12 GG dahin auszulegen, daß **solche Nebentätigkeiten erlaubt sind, bei denen eine Beeinträchtigung der Interessen des Arbeitgebers nicht zu erwarten ist** (vgl. BAG, 3. 12. 70 – 2 AZR 110/70, AP Nr. 60 zu § 626 BGB; 18. 11. 88 – 8 AZR 12/86, BB 89, 847). Das Interesse an der Aufrechterhaltung der Versicherungsfreiheit des Arbeitnehmers stellt in diesem Sinne kein berechtigtes Interesse des Arbeitgebers dar. Die Aufnahme einer weiteren geringfügigen Beschäftigung kann also vertraglich nicht untersagt werden (BAG, 18. 11. 88, aaO; zur Anzeigepflicht eines geringfügig Beschäftigten bezüglich weiterer geringfügiger Beschäftigungen und zu dem Risiko des Arbeitgebers, überraschend für den aus der vermeintlich versicherungsfreien geringfügigen Beschäftigung anfallenden Gesamtsozialversicherungsbeitrag in Haftung genommen zu werden, vgl. das Beispiel auf S. 138).

## Sozialversicherung – Schwellen beim Einstieg?

## 5. Kapitel. Soziale Sicherung

– Auskünfte zu Versicherungsfragen erteilen die gesetzlichen Krankenkassen und die Ersatzkassen –

Grundsätzlich ist jede abhängige Beschäftigung im Interesse des Beschäftigten versicherungspflichtig in der Sozialversicherung, d. h., in der Kranken-, Renten- und Arbeitslosenversicherung, soweit sie die Schwellenwerte übersteigt. Daneben gehört zur Sozialversicherung auch noch die Unfallversicherung. Diese hat den umfassendsten Geltungsbereich und gilt auch für noch so geringfügig beschäftigte Teilzeitkräfte und noch so kurzfristige Aushilfsbeschäftigungen. Sie wird von den Unternehmern finanziert und umfaßt Teilzeitkräfte in jedem Fall.

Arbeits- und entgeltfreie Zeiten in einem bestehenden Arbeitsverhältnis wie zum Beispiel unbezahlter Urlaub und entgeltfreie Zeiten der Rufbereitschaft bei Arbeit auf Abruf (vgl. hierzu Seite 150) führen zur Abmeldung von der Pflichtversicherung, wenn sie einen Monat überschreiten, sofern nicht Lohnersatzleistungen der Sozialversicherung an ihre Stelle treten (§ 192 Abs. 1 Nr. 1 SGB V). Die entstehende Lücke in der Versicherungszeit ist besonders gravierend, weil – jedenfalls bei Pflichtversicherten – der Krankenversicherungsschutz wegfällt. Um vor allem den Wegfall des Krankenversicherungsschutzes zu vermeiden, ist hier eine freiwillige Weiterversicherung möglich und empfehlenswert. Die Personalbüros sollten betroffene Mitarbeiter auf diese Sachlage hinweisen, damit ihnen keine Verletzung der Fürsorgepflicht vorgeworfen werden kann.

Zur sozialversicherungsfreien Beschäftigung siehe die jährlich aktualisierten „Geringfügigkeitsrichtlinien" der Spitzenverbände der Sozialversicherungsträger (vgl. Anhang 16). Dort sind auch Zahlenbeispiele mit den für die fünf neuen Bundesländer und Berlin (Ost) gültigen Werten. Die Beispiele der geringfügigen

Beschäftigung im laufenden Text gelten für die alten Bundesländer.

## 1. Geringfügige Beschäftigung / Schwellenwerte

Merke:
**Erster „Schwellenwert" 15 Wochenstunden / über DM 500,– (im Beitrittsgebiet: DM 300,–) im Monat!**
Der „Einstieg" in die Kranken- und Rentenversicherung erfolgt, wenn die Beschäftigung 15 Wochenstunden erreicht oder wenn sie DM 500,– (Beitrittsgebiet: DM 300,–) im Monat (Stand 1992) überschreitet. Dieser Personenkreis muß in der Regel auch keine Lohnsteuerkarte vorlegen, weil die hierfür geltenden Stunden – und Entgeltgrenzen höher sind (siehe Seite 185 ff.).
**Zweiter „Schwellenwert" 18 Wochenstunden!**
Der „Einstieg" in die Arbeitslosenversicherung erfolgt, wenn die Beschäftigung 18 Wochenstunden erreicht.
**Ausnahme:** Auf die „Schwellenwerte" kommt es nicht an, wenn die Beschäftigung nur vorübergehend ausgeübt wird (kurzfristige Beschäftigung).

*a) Kurzfristige Beschäftigung (§ 7 Sozialgesetzbuch V i. V. m. § 8 Abs. 1 Ziffer 2 Sozialgesetzbuch IV)*

Nicht berufsmäßig tätige Personen können eine kurzfristige Tätigkeit ohne Beschränkungen des Verdienstes und der Wochenstundenzahl sozialversicherungsfrei ausüben. Diese muß der Natur der Sache nach oder im voraus auf nicht mehr als zwei Beschäftigungsmonate (wenn es sich nicht um volle Kalendermonate handelt, 60 Kalendertage) oder insgesamt 50 Arbeitstage im Jahr (gerechnet ab Aufnahme der Tätigkeit) beschränkt sein. Die Zählung der Arbeitstage kommt nur zum Zug, wenn die Beschäftigung an weniger Arbeitstagen ausgeübt wird, als ständig Beschäftigte zu arbeiten haben, also etwa bei Zweitagewoche. Ein Nachtdienst über zwei Kalendertage gilt als ein Arbeitstag.

**Beispiel 1:**
Eine Hausfrau hilft während des Weihnachtsgeschäfts und der Jahresinventur in einem Einzelhandelsladen vom 10. November bis 9. Januar des Folgejahres aus. Sie arbeitet 38,5 Stunden in der Woche (Vollzeitbeschäftigung) und verdient in der Woche DM 600,60 (DM 15,60 die Stunde). Die Beschäftigung ist versicherungsfrei, weil sie im voraus auf zwei Monate beschränkt war.

## 1. Geringfügige Beschäftigung. Schwellenwerte

Würde sie nur zwei Tage je acht Stunden in der Woche arbeiten, könnte sie versicherungsfrei 50 Tage im Jahr in dem Geschäft aushelfen!

**Beispiel 2:**
Ein Angestellter übt beim Arbeitgeber A eine Dauerbeschäftigung gegen ein monatliches Arbeitsentgelt von DM 3 200,– aus. Am 1. 7. nimmt er zusätzlich eine Beschäftigung beim Arbeitgeber B als Kellner auf, die von vornherein bis zum 31. 8. befristet ist; in dieser Beschäftigung erzielt er ein monatliches Arbeitsentgelt von DM 800,–. Die Beschäftigung beim Arbeitgeber A unterliegt der Versicherungspflicht, weil es sich nicht um eine geringfügige Beschäftigung handelt. Dagegen bleibt die Beschäftigung beim Arbeitgeber B versicherungsfrei, weil sie von vornherein auf nicht mehr als zwei Monate befristet ist.

**Ausnahme von der Ausnahme – berufsmäßige Ausübung:** Die kurzfristige Beschäftigung ist trotz Einhaltung der zwei Monate bzw. 50 Arbeitstage versicherungspflichtig, wenn sie „berufsmäßig" ausgeübt wird, d. h., wenn es sich nicht um eine Nebentätigkeit z. B. neben der Führung des eigenen Haushaltes oder neben einem für sich gesehen sozialversicherungspflichtigen Arbeitsverhältnis handelt. Die Prüfung der Berufsmäßigkeit ist jedoch nicht erforderlich, wenn die wöchentliche Arbeitszeit in der zu beurteilenden Beschäftigung weniger als 15 Stunden beträgt und das aufgrund dieser Beschäftigung erzielte Arbeitsentgelt monatlich DM 500,– (im Beitrittsgebiet DM 300,–) oder ein Sechstel des Gesamteinkommens nicht überschreitet.

Berufsmäßig wird eine Beschäftigung dann ausgeübt, wenn sie für den Beschäftigten von wirtschaftlicher Bedeutung ist. Beschäftigungen, die nur gelegentlich ausgeübt werden (z. B. zwischen Abitur und beabsichtigtem Studium, auch wenn das Studium durch gesetzliche Dienstpflicht hinausgeschoben wird), sind grundsätzlich von untergeordneter wirtschaftlicher Bedeutung und daher als nicht berufsmäßig anzusehen. Wiederholen sich allerdings solche Beschäftigungen, ist Berufsmäßigkeit ohne weitere Prüfung anzunehmen, wenn die Beschäftigungszeiten im Laufe eines Jahres insgesamt mehr als zwei Monate oder 50 Arbeitstage betragen. Dabei können nur solche Beschäftigungen berücksichtigt werden, in denen die auf Seite 124 genannten Grenzen erreicht bzw. überschritten werden. Bei Personen, die aus dem Berufsleben ausgeschieden sind, können nur Beschäftigungszeiten nach dem Ausscheiden angerechnet werden. Im übrigen stehen bei der Prüfung der Berufsmäßigkeit Zeiten des Leistungsbezuges nach dem Arbeitsförderungsgesetz den Beschäftigungszeiten gleich.

Die vorstehenden Grundsätze gelten sinngemäß für kurzfristige Beschäftigungen, die neben einer Beschäftigung mit einer wöchentlichen Arbeitszeit oder einem Arbeitsentgelt über der im folgenden unter b) genannten Grenze (Hauptbeschäftigung) ausgeübt werden.

Nehmen Personen, die Leistungen nach dem Arbeitsförderungsgesetz beziehen oder beim Arbeitsamt als Arbeitssuchende gemeldet sind oder der Arbeitsvermittlung zur Verfügung stehen, eine Beschäftigung auf, so ist diese als berufsmäßig anzusehen. Sie ist daher ohne Rücksicht auf ihre Dauer versicherungspflichtig, wenn das Arbeitsentgelt monatlich DM 500,– (Beitrittsgebiet: DM 300,–) bzw. ein Sechstel des Gesamteinkommens überschreitet.

**Beispiel:**
Die Gelegenheitsarbeit eines arbeitlos gemeldeten Arbeitnehmers ist ohne Rücksicht auf die Dauer der Beschäftigung immer sozialversicherungspflichtig, wenn er mehr als DM 500,– im Monat verdient oder die Arbeitszeit 15 Wochenstunden erreicht.

*b) Beschäftigung in geringem Umfang und gegen geringen Arbeitslohn (geringfügig entlohnte Beschäftigung; § 7 Sozialgesetzbuch V i. V. m. § 8 Abs. 1 Ziffer 1 Sozialgesetzbuch IV)*

In der Kranken-, Renten- und Arbeitslosenversicherung ist die „geringfügige Beschäftigung", auch wenn sie *fortlaufend* ausgeübt wird und auch wenn daneben eine Hauptbeschäftigung besteht, versicherungs- und damit beitragsfrei.

Dies setzt voraus, daß die Beschäftigung *regelmäßig weniger als 15 Stunden in der Woche* ausgeübt wird
*und*
das Brutto-Arbeitsentgelt *regelmäßig im Monat DM 500,– (im Beitrittsgebiet DM 300,–) oder bei höherem Arbeitsentgelt ein Sechstel des Gesamteinkommens* nicht überschreitet (erster „Schwellenwert").

**Zur Wochenstundenzahl:** Die Beschäftigungsdauer muß unter fünfzehn Stunden in der Woche bleiben. Schwankt die Arbeitszeit von Woche zu Woche, so ist die regelmäßige durchschnittli-

## 1. Geringfügige Beschäftigung. Schwellenwerte 125

che Wochenarbeitszeit zu schätzen. Dazu sind die voraussichtlichen Arbeitsstunden der nächsten drei Kalendermonate (drei Kalendermonate = ein Vierteljahr = dreizehn Wochen) zu addieren und durch dreizehn zu dividieren. Unbezahlte Pausen zählen nicht mit; Zeiten, die nur teilweise vergütet werden (z. B. Bereitschaftsdienst) sind mit dem entsprechenden Anteil anzusetzen, der vergütet wird.

**Beispiel 1:**

Eine Verkäuferin arbeitet 8 Stunden in der Woche gegen ein monatliches Arbeitsentgelt von DM 500,–. Die Beschäftigung ist versicherungsfrei, weil die wöchentliche Arbeitszeit weniger als 15 Stunden beträgt und das Arbeitsentgelt DM 500,– nicht übersteigt.
Arbeitet sie statt acht fünfzehn Stunden in der Woche bei gleichem Entgelt, ist das Beschäftigungsverhältnis kranken- und rentenversicherungspflichtig, weil die wöchentliche Arbeitszeit 15 Stunden erreicht; dabei ist unerheblich, daß das Arbeitsentgelt DM 500,– nicht übersteigt. In der Arbeitslosenversicherung besteht Versicherungsfreiheit, weil die wöchentliche Arbeitszeit weniger als 18 Stunden beträgt.

**Beispiel 2:**

Ein Rentner (64 Jahre alt) bezieht seit der Vollendung des 63. Lebensjahres flexibles Altersruhegeld von monatlich DM 2000,–. Er ist bei einer wöchentlichen Arbeitszeit von 14 Stunden gegen ein Arbeitsentgelt von DM 580,– im Monat beschäftigt.
Sein Gesamteinkommen beträgt:

| | |
|---|---:|
| steuerrechtlicher Ertragsanteil der Rente (hier 26 v. H. des Rentenzahlbetrages = DM 520,–; davon ab Werbungskostenpauschbetrag von monatlich DM 16,67 | DM 503,33 |
| Arbeitsentgelt | DM 580,00 |
| zusammen | DM 1083,33 |
| ein Sechstel hiervon | DM 180,56 |

Der Rentner ist krankenversicherungspflichtig, weil sein monatliches Arbeitsentgelt sowohl DM 500,– als auch ein Sechstel des Gesamteinkommens übersteigt. In der Rentenversicherung besteht Versicherungsfreiheit wegen Bezuges von Altersruhegeld; der Arbeitgeber hat jedoch den Arbeitgeberbeitragsanteil zur Rentenversicherung zu entrichten. In der Arbeitslosenversicherung besteht Versicherungsfreiheit weil die wöchentliche Arbeitszeit weniger als 18 Stunden beträgt.

**Zur Verdienstgrenze:** Die Entgeltgrenze von derzeit DM 500,– bzw. im Beitrittsgebiet DM 300,– brutto im Monat (Jahr 1992; es handelt sich jeweils um ein Siebtel der monatlichen Bezugsgröße in der Sozialversicherung; § 18 SGB IV; Bezugsgröße 1992: DM 3500,–/Monat; Beitrittsgebiet: DM 2100,–/Monat) darf nicht überschritten werden. Dem Monatsbetrag von DM 500,– entsprechen bei tage- oder wochenweiser Beschäftigung

| | |
|---|---|
| kalendertäglich | DM 16,67 |
| wöchentlich | DM 116,67 |
| zweiwöchentlich | DM 233,33 |
| vierwöchentlich | DM 466,67 |
| fünfwöchentlich | DM 583,33 |

**Ist dieser Wert niedriger als ein Sechstel des Gesamteinkommens, gilt letzteres als Grenzwert.** Beim Gesamteinkommen zählen Einkünfte aus selbständiger und unselbständiger Arbeit, Einkünfte aus Land- und Forstwirtschaft, aus Gewerbebetrieb, aus Kapitalvermögen, aus Vermietung und Verpachtung und sonstige Einkünfte im Sinne des § 22 EinkommenssteuerG. Betriebsausgaben und Werbungskosten – letztere jedoch nicht für den Verdienst aus der geringfügigen Beschäftigung – können abgezogen werden. Sonderausgaben, Freibeträge und außergewöhnliche Belastungen können nicht abgezogen werden. Renten zum Beispiel aus der gesetzlichen Rentenversicherung oder einer privaten Lebensversicherung sind nur mit dem Ertragsanteil nach § 22 Nr. 1 Satz 3 Buchst. a EStG anzusetzen (vgl. die Tabelle im Anhang). Einkünfte des Ehegatten und der Kinder sind auch bei gemeinsamer Veranlagung nicht zu berücksichtigen.

### c) Ermittlung des Arbeitsentgelts; Prognosen für die Entgelt/Zeitzonen; gelegentliches Überschreiten

Bei der Prüfung der Frage, ob das Arbeitsentgelt monatlich DM 500,– (im Beitrittsgebiet: DM 300,–) oder ein Sechstel des Gesamteinkommens übersteigt, ist vom regelmäßigen Arbeitsentgelt der Beschäftigung auszugehen. **Einmalige Einnahmen,** die bei vorausschauender Betrachtungsweise mit Sicherheit erwartet werden können, sind bei der Ermittlung des Arbeitsentgelts zu berücksichtigen.
Auch freiwillig und unter Vorbehalt gewährte Gratifikationen (z.B. Urlaubs- und Weihnachtsgeld) zählen mit, sofern sie mit Sicherheit zu erwarten sind, etwa regelmäßig von Jahr zu Jahr gewährt werden.

## 1. Geringfügige Beschäftigung. Schwellenwerte

**Beispiel:**
Eine Schreibkraft arbeitet 10 Stunden in der Woche gegen ein monatliches Arbeitsentgelt von DM 500,–. Außerdem erhält sie regelmäßig im Dezember ein Weihnachtsgeld von gleichfalls DM 500,–.
Das für die versicherungsrechtliche Beurteilung maßgebende Arbeitsentgelt ist wie folgt zu ermitteln:

lfd. Arbeitsentgelt:
(DM 500,– × 12 =) DM 6000
Weihnachtsgeld DM 500
zusammen DM 6500

Ein Zwölftel dieses Betrages beläuft sich auf zusM 541,67 und übersteigt die Arbeitsentgeltgrenze von DM 500,– für das Jahr 1992, so daß die Schreibkraft kranken- und rentenversicherungspflichtig ist. In der Arbeitslosenversicherung besteht Versicherungsfreiheit, weil die wöchentliche Arbeitszeit weniger als 18 Stunden beträgt.

Bei schwankender Höhe des Arbeitsentgelts und in den Fällen, in denen im Rahmen eines Dauerarbeitsverhältnisses saisonbedingte unterschiedliche Arbeitsentgelte erzielt werden, sind das voraussichtliche Entgelt und die voraussichtliche zeitliche Inanspruchnahme zu schätzen. Ergeben die späteren tatsächlichen Verhältnisse anderes, wird diese Schätzung nicht etwa rückwirkend berichtigt. Vielmehr tritt künftig Sozialversicherungspflicht ein, wenn nunmehr eingeschätzt werden kann, daß die Grenze für die geringfügig entlohnte bzw. die kurzfristige Beschäftigung nicht eingehalten werden.

Das gilt entsprechend, wenn die Höhe der übrigen Einkünfte schwankt oder bei Aufnahme der Beschäftigung ein für die Feststellung des Gesamteinkommens etwa zugrunde zu legender Einkommensteuerbescheid nicht vorliegt.

**Gelegentliches Überschreiten** der Zeit- und/oder Entgeltgrenze z. B. durch eine ganztägige Urlaubsvertretung *bis zu zwei Monaten im Jahr* macht eine auf Dauer angelegte sozialversicherungsfreie Beschäftigung nicht versicherungspflichtig (Ausnahme: Überschreiten durch im voraus bekannte Einmalbezüge, siehe obiges Beispiel). Werden dagegen die Grenzen für die Pauschalversteuerung überschritten, darf diese nicht mehr vorgenommen werden, wenn und solange die Grenze überschritten ist (siehe Seite 186, 188).

Ist ein **Nettoarbeitsentgelt** vereinbart, sind diesem Arbeitnehmeranteile zu dem Sozialversicherungsbeiträgen nicht hinzuzurech-

nen, solange das Nettoarbeitsentgelt – zuzüglich etwaiger Lohn- und Kirchensteuer, sofern diese nicht pauschversteuert wird – die Geringfügigkeitsgrenze nicht übersteigt.
**Sonntags-, Feiertags- und Nachtzuschläge** zählen nicht zum Entgelt, soweit sie lohnsteuerfrei sind (§ 1 ArbeitsentgeltVO i. V. m. § 3 b EinkommensteuerG).

*d) Mehrere Beschäftigungen*

Der Betrieb muß prüfen, ob weitere Beschäftigungen ausgeübt werden. Danach darf er den geringfügig beschäftigten Arbeitnehmer auch **fragen** (BVerfG, 21. 4. 89, 1 BvR 1591/87 u. a., SozR 2100 § 8 Nr. 6, DAngV 90, 254).
**Mehrere geringfügige Beschäftigungen sind zusammenzurechnen** (§ 8 Abs. 2 Sozialgesetzbuch IV)! Überschreiten sie zusammen die Geringfügigkeitsgrenze, tritt Versicherungspflicht in der Kranken- und Rentenversicherung ein (vgl. das Beispiel auf S. 129 und auf S. 138). Die Sozialversicherungsbeiträge sind von den beteiligten Arbeitgebern unter Berücksichtigung der Beitragsbemessungsgrenzen anteilig zu berechnen und abzuführen (siehe im folgenden unter Ziffer 3).
**Trifft eine geringfügige mit einer kurzfristigen oder einer nicht mehr geringfügigen Beschäftigung (= Haupttätigkeit) zusammen, ist eine Zusammenrechnung nicht vorzunehmen.**

Beispiel:
Eine Frau arbeitet als Bürohilfe beim Arbeitgeber A halbtags mit einem Monatslohn von DM 1000 und als Raumpflegerin im Betrieb von Arbeitgeber B mit 12 Wochenstunden und einem Monatsverdienst von DM 500,–.
Die Tätigkeit als Bürohilfe ist wegen Überschreitens der Zeit- und der Verdienstgrenze versicherungspflichtig, die Tätigkeit als Raumpflegerin bei B versicherungsfrei.

**Beschäftigungen bei demselben Arbeitgeber** sind allerdings stets zusammenzurechnen. Wird die geringfügige Beschäftigung also beim selben Arbeitgeber ausgeübt, bei dem die versicherungspflichtige Hauptbeschäftigung stattfindet, ist auch die geringfügige Beschäftigung versicherungspflichtig (BSG, 16. 2. 83, 12 RK 26/81, SozR 2200 § 168 RVO Nr. 7).

## 1. Geringfügige Beschäftigung. Schwellenwerte

**Fortsetzung des vorhergehenden Beispiels:**
Arbeitet die Arbeitnehmerin auch in ihrer Tätigkeit als Raumpflegerin im Betrieb von A statt bei B im Anschluß an ihre Bürotätigkeit, ist diese geringfügige Beschäftigung versicherungspflichtig.

In der Arbeitslosenversicherung werden geringfügige Beschäftigungen nie zusammengerechnet, so daß keine der einzelnen Tätigkeiten die Arbeitslosenversicherung auslöst (siehe näher auf Seite 157).

**Beispiel:**
Eine Buchhalterin arbeitet regelmäßig beim Arbeitgeber A
14 Stunden in der Woche gegen ein monatliches Arbeitsentgelt von DM 600,00
beim Arbeitgeber B
8 Stunden in der Woche gegen ein monatliches Arbeitsentgelt von DM 350,00
beim Arbeitgeber C
6 Stunden in der Woche gegen ein monatliches Arbeitsentgelt von DM 250,00
Die Arbeitnehmerin unterliegt in der Beschäftigung beim Arbeitgeber A der Kranken- und Rentenversicherungspflicht, weil das Arbeitsentgelt DM 500,– übersteigt. Hinsichtlich der beiden übrigen für sich betrachtet geringfügigen Beschäftigungen besteht ebenfalls Versicherungspflicht in der Kranken- und Rentenversicherung, weil das Arbeitsentgelt aus diesen beiden Beschäftigungen zusammengerechnet DM 500,– übersteigt. In der Arbeitslosenversicherung besteht dagegen in allen drei Beschäftigungen Versicherungsfreiheit, weil die wöchentliche Arbeitszeit jeweils weniger als 18 Stunden beträgt.

### e) Meldung und Sozialversicherungsausweis auch bei geringfügiger Beschäftigung

Da mehrere geringfügige Beschäftigungen zusammenzurechnen sind und infolge ihrer Addition Versicherungspflicht auslösen können, müssen sie erfaßt werden. Bisher ist das nicht geschehen. Damit waren Manipulationen möglich. Der Arbeitgeber teilte z. B. ein einheitliches Beschäftigungsverhältnis in mehrere Scheinarbeitsverhältnisse mit angeblich mehreren Personen auf und täuschte so mehrere geringfügige Beschäftigungsverhältnisse vor. Arbeitnehmer übten mehrere geringfügige Beschäftigungen bei mehreren Arbeitgebern aus, ohne die jeweils andere Beschäfti-

gung anzugeben und erreichten so, daß sie nicht zur Sozialversicherung angemeldet wurden.
**Ab 1. 1. 1990 sind geringfügige Beschäftigungen in das normale Meldeverfahren einbezogen (§ 104 SGB IV; Beitrittsgebiet: 1. 7. 1992).**
Dabei wird auch gemeldet, ob eine kurzfristige Beschäftigung oder eine geringfügig entlohnte Beschäftigung vorliegt (vgl. oben Buchstabe a bzw. b). Die Einzugsstellen (gesetzliche Krankenkassen) speichern die Meldungen maschinell und übermitteln sie der Datenstelle der Rentenversicherungsträger. Dort werden die Daten abgeglichen. Die Meldungen gehen auch der Bundesanstalt für Arbeit zu. Das erweiterte Meldeverfahren hat für die Sozialversicherung den weiteren Vorteil, daß auf Sozialleistungen anzurechnende, aber vom Leistungsbezieher nicht gemeldete Nebenverdienste beim Datenabgleich auffallen.
Die Meldeformulare für geringfügig Beschäftigte sind im Anhang abgedruckt.
**Auch die ab 1. 7. 1991 geltenden Vorschriften über den Sozialversicherungsausweis gelten für geringfügig Beschäftigte, gegebenenfalls auch die Mitführungspflicht.**
Von der Melde- und Ausweispflicht sind u.a. die geringfügig Beschäftigten in Privathaushalten, etwa private Putzfrauen ausgenommen (vgl. im einzelnen bei Ziffer 3c, cc).

## 2. Besondere Personengruppen

*a) Unständig Beschäftigte*

Versicherungspflichtig in der Kranken- und Rentenversicherung (nicht in der Arbeitslosenversicherung, vgl. § 169c Nr. 4 ArbeitsförderungsG) sind berufsmäßig unständig Beschäftigte, z.B. unregelmäßig eingesetzte nicht festangestellte Rundfunk- und Fernsehsprecher(innen). Es handelt sich um Erwerbstätige, die ihren Beruf nicht in einem längeren Arbeitsverhältnis, sondern typischerweise in kurzfristigen Beschäftigungen jeweils weniger als eine Woche ausüben. Hiervon sind zu unterscheiden: einerseits freie Mitarbeiter (selbständige Honorarkräfte) und andrerseits unselbständige Arbeitnehmer wie kurzfristige Aushilfen (eventuell versicherungsfrei, wenn sie – nicht berufsmäßig – bis zu höchstens zwei Monate bzw. 50 Arbeitstage im Jahr beschäftigt sind) und weiter die Beschäftigten, die aufgrund einer übergreifenden

## 2. Besondere Personengruppen

Rahmenvereinbarung mit Anspruch auf ein festes Arbeitsvolumen arbeiten wie z. B. „Ultimo-Kräfte" von Sparkassen oder Arbeitnehmer in „Abrufarbeit" nach Art. 1 § 4 BeschäftigungsförderungsG).
Unständig ist eine Beschäftigung, die auf weniger als eine Woche entweder nach der Natur der Sache beschränkt zu sein pflegt oder im voraus durch den Arbeitsvertrag beschränkt ist (§ 179 Abs. 2 SGB V). Für die Berechnung der Beiträge ist ohne Rücksicht darauf, an wieviel Tagen im Monat gearbeitet wurde, der tatsächliche Verdienst bis zur Beitragsbemessungsgrenze für Monatsbezüge zugrunde zu legen. Die Versicherung beginnt mit dem Tage der erstmaligen Aufnahme der unständigen Beschäftigung. Arbeitgeber, die erstmalig oder voraussichtlich letztmalig eine Person unständig beschäftigen, haben dies der Einzugsstelle (Krankenkasse) mitzuteilen und im übrigen ist die Meldepflicht speziell geregelt (vgl. § 18 DEVO). Die Meldepflicht haben aber auch die unständig Beschäftigten selbst. Hierauf sind sie vom Arbeitgeber hinzuweisen (§ 199 Abs. 1 SGB V).

*b) Schüler allgemeinbildender Schulen* sind, wenn sie in einem Betrieb arbeiten, grundsätzlich versichert wie andere Arbeitnehmer, auch bei Ferienjobs, soweit sie nicht Geringverdiener sind. Ferienjobs werden jedoch zumeist sozialversicherungsfrei sein, weil die Grenze von zwei Monaten bzw. 50 Arbeitstagen im Jahr mit Rücksicht auf die Dauer der Ferien in der Regel eingehalten sein wird. Das gilt auch für Jobs zwischen Abitur und Studium oder Wehrdienst bzw. Dienst als Zeitsoldat (BSG, 11. 6. 80, 12 RK 30/79, USK 80106). Wer dagegen zwischen Schulabschluß und Beginn eines Ausbildungs- oder Arbeitsverhältnisses einen kurzfristigen Job übernimmt, ist bereits berufsmäßiger Arbeitnehmer und beitragspflichtig versichert (vgl. oben bei Ziffer 1 a). In der Arbeitslosenversicherung sind Arbeitnehmer, die eine Volksschule, eine Realschule oder ein Gymnasium besuchen, generell versicherungsfrei anders, wenn sie die Schule außerhalb der üblichen Arbeitszeit (Abendschule) besuchen bzw. nachweisen, daß der Ausbildungsgang eine Tätigkeit mit mindestens 18 Wochenstunden bei ordnungsgemäßer Erfüllung der in den Ausbildungs- und Prüfungsordnungen vorgeschriebenen Anforderungen zuläßt (§§ 169b Satz 1 Nr. 1, 103a ArbeitsförderungsG).

*c) Eingeschriebene Studenten* einer Hochschule oder sonstigen der wissenschaftlichen oder fachlichen Ausbildung dienenden Schule sind, wenn sie gegen Arbeitsentgelt beschäftigt sind, insoweit versicherungsfrei (vgl. u. a. § 6 Abs. 1 Nr. 3 SGB V), wenn die Beschäftigung vom Umfang her den Erfordernissen des Studiums angepaßt ist. Hierzu darf der Umfang der wöchentlichen Arbeitszeit 20 Stunden in der Regel nicht überschreiten. In Einzelfällen kann die Stundengrenze auch höher liegen, wenn ein ordnungsgemäßes Studium als gewährleistet erscheint. Während der Ferien kann versicherungsfrei voll hinzuverdient werden; solange die Voraussetzungen für die studentische Pflichtversicherung vorliegen (Studienzeit- und Altersbegrenzung), wird dieses Nebeneinkommen in keinem Fall bei der Bemessung des Krankenversicherungsbeitrages berücksichtigt.

Die 20-Stunden-Grenze gilt auch, wenn eine bereits vor Beginn des Studiums ausgeübte Tätigkeit fortgesetzt wird.

Dieser Personenkreis ist meistens über die studentische Pflichtkrankenversicherung bzw. bei seiner Familie mitversichert. In der Arbeitslosenversicherung sind studentische Nebentätigkeiten unter ähnlichen Voraussetzungen wie bei Schülern versicherungs- und beitragsfrei (§§ 103a, 169b Satz 1 Nr. 2 ArbeitsförderungsG).

*d) Praktikanten*

Studien- und Prüfungsordnungen der Hochschulen bzw. Fachhochschulen sehen in der Regel die Ableistung einer praktischen Tätigkeit vor. Sofern diese Praktika während des Studiums zwischen zwei theoretischen Ausbildungsabschnitten absolviert werden und die Praktikanten während dieser Zeit an der Hochschule bzw. Fachhochschule eingeschrieben sind, besteht für sie Versicherungsfreiheit in der Kranken-, Renten- und Arbeitslosenversicherung. Für die Krankenversicherung gilt dies nur, wenn sie anderweitig krankenversichert sind, z. B. über die Familienversicherung.

Entsprechendes gilt für Schüler von Fachschulen, die während des Schulbesuchs ein Praktikum ableisten.

Praktikanten, die während des Praktikums nicht an einer Hochschule bzw. Fachhochschule eingeschrieben sind bzw. ihr Praktikum vor oder nach dem Fachhochschulbesuch absolvieren, unterliegen grundsätzlich der Versicherungspflicht in der Kranken-, Renten- und Arbeitslosenversicherung. Erhalten die Praktikanten allerdings keine Vergütung, dann sind sie als Arbeitnehmer nur in der Renten- und Arbeitslosenversicherung versicherungspflichtig. In der Krankenversicherung besteht für diese Praktikanten, soweit das Praktikum in einer Studien- oder Prüfungsordnung einer Hochschule bzw. Fachhochschule vorgeschrieben ist, ggf. Versicherungspflicht im Rahmen der Krankenversicherung der Studenten, wenn keine Familienversicherung in Betracht kommt (nähere Auskunft hierzu erteilen die Krankenkassen).

*e) Rentner*

Rentner mit einer Vollrente wegen Alters sind bei Aufnahme eines mehr als geringfügigen Beschäftigungsverhältnisses in der Rentenversicherung versicherungsfrei (§ 5 Abs. 4 Nr. 1 SGB VI; mehr als geringfügige Hinzuverdienste während des Bezuges von Teilrente sind beitragspflichtig). Der Betrieb hat jedoch gegebenenfalls seinen Beitragsanteil zur Rentenversicherung abzuführen, damit dieser Personenkreis nicht bevorzugt eingestellt wird (§ 172 SGB VI); bei einem **Hinzuverdienst von nicht mehr als DM 610,– (Beitrittsgebiet: DM 350,–) im Monat** braucht der Arbeitgeber bei diesen Personen jedoch nicht wie sonst den Arbeitnehmeranteil mitzuübernehmen (Auffassung der Spitzenverbände vgl. in „Die Beiträge" 87, 233). Wer **Erwerbsunfähigkeitsrente** bezieht oder **das 65. Lebensjahr vollendet hat,** ist in der Arbeitslosenversicherung versicherungsfrei (§ 169c Nr. 1 bzw. Nr. 2 ArbeitsförderungsG); beschäftigt der Arbeitgeber Arbeitnehmer ab 65 Jahren mehr als kurzzeitig, muß er den Arbeitgeberanteil zur Arbeitslosenversicherung abführen (§ 172 Abs. 1 ArbeitsförderungsG).

Zur Beitragserhebung auf Hinzuverdienste in der Krankenversicherung, der Renten- und Arbeitslosenversicherung vgl. die Übersicht im 8. Kapitel unter Ziffer 6. Sozialabgaben auf Hinzuverdienste von Rentnern.

*f) Beamte, Beamtenpensionäre*

**Beamte** sind in der Regel in der Kranken-, Renten- und Arbeitslosenversicherung versicherungsfrei (§ 6 Abs. 1 Nr. 2, Abs. 3 SGB V). Dies gilt auch, wenn sie eine abhängige – mehr als geringfügige – Beschäftigung aufnehmen, die für sich genommen Versicherungspflicht auslösen würde; ausgenommen in der Arbeitslosenversicherung; hier sind sie, wenn sie die Kurzzeitigkeitsgrenze von 18 Wochenstunden erreichen, beitragspflichtig bis zum 65. Lebensjahr. Danach hat nur noch der Arbeitgeber seinen Anteil zur Arbeitslosenversicherung abzuführen. Dienstenthobene oder beurlaubte Beamte, die keinen Beihilfeanspruch haben, sind im allgemeinen in einer Beschäftigung wie normale Arbeitnehmer versicherungspflichtig.

**Beamtenpensionäre** sind in der Regel bei Aufnahme einer Beschäftigung kranken- und rentenversicherungsfrei (§ 6 Abs. 1 Nr. 6, Abs. 3 SGB V, § 5 Abs. 4 Nr. 2 SGB VI). Wenn der Bezug des Ruhegehalts der einzige Grund für die Versicherungsfreiheit ist, hat der Arbeitgeber seinen Anteil zur Rentenversicherung weiterzuentrichten (§ 172 SGB VI). In der Arbeitslosenversicherung sind sie, wenn sie die Kurzzeitigkeitsgrenze von 18 Wochenstunden erreichen, beitragspflichtig bis zum 65. Lebensjahr. Danach hat nur noch der Arbeitgeber seinen Anteil zur Arbeitslosenversicherung abzuführen.

– Krankenversicherungsbeiträge auf Versorgungsbezüge trägt der Pensionär allein (§ 226 SGB V). –

*g) Selbständige*

Wer hauptberuflich selbständig erwerbstätig ist, ist in der Krankenversicherung auch dann nicht pflichtversichert, wenn er eine mehr als geringfügige Beschäftigung als Nebenerwerb aufnimmt (§ 5 Abs. 5 SGB V).

## 3. Verteilung der Beitragslast; Aufzeichnungspflichten; Meldeverfahren und Sozialversicherungsausweis

*a) Beitragslast*

**Der Arbeitgeber trägt den Gesamtsozialversicherungsbeitrag allein bis zu einem Verdienst von DM 610,– im Monat** (Knappschaft: DM 750.–; Beitrittsgebiet: DM 370.– bzw. DM 450.–). –

Bei nichtmonatlicher Zahlungsweise entsprechen dem DM 142,33 in der Woche bzw. DM 20,33 pro Kalendertag.

Diese „Geringverdienergrenze" ergab sich bis Ende 1989 aus ei-

nem Zehntel der monatlichen Beitragsbemessungsgrenze in der Rentenversicherung, d. h., sie machte zuletzt DM 610,– im Monat (für die knappschaftliche Rentenversicherung DM 750,–) aus. Diese Grenze wird künftig auf den niedrigeren Wert von einem Siebtel der monatlichen Bezugsgröße herabgesetzt, entspricht also künftig der Geringfügigkeitsgrenze des § 8 SGB IV für die geringfügig entlohnte Beschäftigung. Die Rechtsänderung ist jedoch zunächst ohne praktische Auswirkungen, weil die „Geringverdienergrenze" ab 1. 1. 1990 bei dem Stand für das Jahr 1989 eingefroren wird. Sie wird solange nicht erhöht, bis die Geringfügigkeitsgrenze diesen Wert übersteigt (vgl. § 249 Abs. 2 SGB V für die Krankenversicherung, § 168 Abs. 1 Nr. 1 SGB VI für die Rentenversicherung und § 171 Abs. 1 ArbeitsförderungsG für die Arbeitslosenversicherung).
**Bei Überschreiten dieser Grenze tragen Arbeitgeber und Arbeitnehmer die Beiträge bezüglich des ganzen Verdienstes je zur Hälfte. –**

Hinweis:
Tritt zu laufendem Arbeitsentgelt unterhalb der 610-Mark-Grenze *einmalig gezahltes Arbeitsentgelt* hinzu, (z. B. Weihnachts- oder Urlaubsgeld) und liegt die Summe der Entgelte deswegen über der Grenze, so trägt seit 1. 1. 1990 der Arbeitgeber in diesem Fall die auf das Arbeitsentgelt bis zur 610-Mark-Grenze entfallenden Beiträge allein, und bezüglich des übersteigenden Betrages tragen Arbeitgeber und Versicherte den Beitrag je zur Hälfte (knappschaftliche Rentenversicherung anteilig).

Die unterschiedlichen Regelungen über die Beitragslast von pflichtversicherten Ersatzkassenmitgliedern gegenüber Pflichtmitgliedern der Pflichtkassen (Allgemeine Ortskrankenkasse, Innungskrankenkasse, Betriebskrankenkasse, Seekrankenkasse) sind beseitigt worden. Früher hatte das Ersatzkassenmitglied Anspruch auf den Arbeitgeberanteil, wie er bei Mitgliedschaft in der Pflichtkasse angefallen wäre und stellte sich dadurch meist besser, weil der Beitragssatz in der Pflichtkasse meist deutlich höher ist und sich entsprechend der Eigenanteil unter die Hälfte reduzierte. Ab 1. 1. 89 beträgt der Arbeitgeberanteil zu den Krankenversicherungsbeiträgen der versicherungspflichtigen Ersatzkassenmitglieder die Hälfte des tatsächlich zu zahlenden Beitrages zur Ersatzkasse (§ 249 Abs. 1 SGB V).

Besonderheiten ergeben sich bei den wegen Überschreitens der Jahresarbeitsentgeltgrenze freiwillig versicherten Arbeitern und Angestellten. Sie haben Anspruch auf einen Beitragszuschuß des Arbeitgebers. Der Zuschuß beträgt die Hälfte des Beitrags, der bei der Kasse für einen krankenversicherungspflichtig Beschäftigten zu zahlen wäre, höchstens jedoch die Hälfte des tatsächlichen Beitrags. Maßgebend für die Bemessung des Zuschusses ist bei freiwilligen Mitgliedern einer Ersatzkasse der Beitrag der Ersatzkasse und nicht mehr der Satz der Pflichtkasse.

**Den Gesamtsozialversicherungsbeitrag hat der Arbeitgeber an die zuständige Kasse abzuführen (§ 28e SGB IV).**
Ab 1. 1. 89 sind für freiwillige und für pflichtversicherte Ersatzkassenmitglieder diese Kassen die Einzugsstellen für den Gesamtsozialversicherungsbeitrag. Seitdem ist der Arbeitgeber auch den Ersatzkassen für die Abführung des Gesamtsozialversicherungsbeitrags bei Pflichtmitgliedschaft verantwortlich. Bei freiwilliger Mitgliedschaft ist die Ersatzkasse nur die zuständige Einzugsstelle für Renten- und Arbeitslosenversicherungsbeiträge ihrer Mitglieder. Freiwillige Mitglieder können bezüglich des Krankenkassenbetrags weiterhin gegenüber der Ersatzkasse als Selbstzahler auftreten, d.h., sie können vom Arbeitgeber dessen Anteil an sich ausbezahlt verlangen.

**Mehrfachbeschäftigte:** Steht der Versicherte gleichzeitig in mehreren versicherungspflichtigen Arbeitsverhältnissen, sind in der Kranken- und Rentenversicherung für die Beitragsfestsetzung die Entgelte zusammenzurechnen.

**Berücksichtigung der 610-Mark-Grenze bei Mehrfachbeschäftigung:** Wenn hierdurch die 610-Mark-Grenze überschritten wird, bis zu der im allgemeinen der Arbeitgeber die Beitragslast alleine trägt, ist keiner der Arbeitgeber verpflichtet, den gesamten Sozialversicherungsbeitrag zu übernehmen, obwohl die Entgelte aus den einzelnen Beschäftigungen für sich genommen jeweils unter der 610-Mark-Grenze liegen.

> **Beispiel:**
> Ein Arbeitnehmer übt bei drei Arbeitgebern infolge Zusammenrechnung versicherungspflichtige Beschäftigungen aus. An Arbeitsentgelten werden monatlich gezahlt:
> von Arbeitgeber A    DM 200,–
> von Arbeitgeber B    DM 240,–
> von Arbeitgeber C    DM 280,–.

Infolge der Zusammenrechnung wird die 610-Mark-Grenze überschritten. Aufgrund dessen sind die Arbeitgeber A, B und C nicht verpflichtet, die vollen Beiträge allein zu tragen; der Mehrfachbeschäftigte hat jeweils den Arbeitnehmeranteil zu tragen.

**Berücksichtigung der Beitragsbemessungsgrenzen bei Mehrfachbeschäftigung:** Bei Vorliegen mehrerer versicherungspflichtiger Beschäftigungen werden die Arbeitsentgelte zur Ermittlung der jeweiligen Beitragsbemessungsgrenze der Krankenversicherung bzw. der Renten- oder der Arbeitslosenversicherung zusammengerechnet; dies gilt bei der Rentenversicherung auch dann, wenn die Beschäftigungen unterschiedlichen Rentenversicherungszweigen zuzuordnen sind, z. B. die eine der Angestelltenversicherung und die andere der Arbeiterrentenversicherung.

**Insgesamt werden die Beiträge aus keinem höheren Entgelt berechnet als aus der jeweiligen Beitragsbemessungsgrenze.** Liegen sie zusammengerechnet darunter, berechnet sich der Beitrag normal aus dem jeweiligen Einzelverdienst. Liegt das addierte Arbeitsentgelt darüber, sind die Bruttoarbeitsverdienste zur Beitragsberechnung anteilig zu kürzen. Innerhalb der Rentenversicherung gilt dies nicht im Verhältnis zur Knappschaftsversicherung; für eine arbeiter- oder angestelltenrentenversicherungspflichtige Tätigkeit und eine weitere knappschaftsversicherungspflichtige werden jeweils Beiträge bis zur jeweiligen Bemessungsgrenze erhoben (§ 22 Abs. 2 SGB IV).

**Beispiel:**
Die Summe der Arbeitsentgelte aus zwei mehr als geringfügigen Beschäftigungen liegt 25% über der Beitragsbemessungsgrenze der Renten- und Arbeitslosenversicherung. Die Entgelte aus beiden Beschäftigungen sind um je 25% zu kürzen. So erhält man ein Gesamtarbeitsentgelt in Höhe der Beitragsbemessungsgrenze für die Verteilung der Beiträge auf die einzelnen Beschäftigungsverhältnisse. Es ist zu beachten, daß geringfügige Beschäftigungen nur unter sich zusammengerechnet werden können und nicht mit der Hauptbeschäftigung, sofern sie nicht beim selben Arbeitgeber ausgeübt werden (vgl. oben bei 1 d)!

**Beiträge nur an eine Kasse:** Auch wenn an sich mehrere Kassen zuständig wären, entscheidet für die Zuständigkeit die überwiegende Beschäftigung (§ 178 SGB V). Überwiegt keine der Beschäftigungen, ist für die Kassenzuständigkeit die zuerst aufgenommene Beschäftigung maßgebend. Wenn für die überwiegende

Beschäftigung eine Ersatzkasse zuständig ist, besteht auch für eine daneben ausgeübte Beschäftigung die Mitgliedschaft zur Ersatzkasse.
**Haftung des Arbeitgebers für den Gesamtsozialversicherungsbeitrag:** Der Arbeitgeber hat den Gesamtsozialversicherungsbeitrag an die Einzugsstelle (Krankenkasse) zu zahlen und haftet dafür (§ 28 e SGB IV). Die Einzugsstelle kann sich an ihn halten, wenn Beiträge nicht entrichtet worden sind. Von der Nachentrichtung des Gesamtsozialversicherungsbeitrags wird der Arbeitgeber gegenüber der Einzugsstelle selbst dann nicht befreit, wenn er die Arbeitnehmeranteile nicht mehr vom laufenden Lohn abziehen kann. Der Anspruch des Arbeitgebers auf den Arbeitnehmeranteil kann nur im Wege des Abzugs vom Arbeitsentgelt geltend gemacht werden (§ 28 g Satz 2 SGB IV).

Arbeitgeber von Mehrfachbeschäftigten haften nur bezüglich des Teils des Gesamtsozialversicherungsbeitrags, der auf das bei ihnen jeweils erzielte Arbeitsentgelt entfällt.

Unterbliebene Beitragsabzüge können zu Lasten des Beschäftigten bei den drei nächsten Lohn- oder Gehaltszahlungen nachgeholt werden (§ 28 g Satz 3 SGB IV; die Vorschrift betrifft natürlich nicht Lohnnachzahlungen und die Einbehaltung der hierauf entfallenden Arbeitnehmeranteile). Für weitere als die drei nächsten Lohnzahlungszeiträume ist die Einbehaltung vom laufenden Lohn nur möglich, wenn den Arbeitgeber kein Verschulden an der unterlassenen Einbehaltung trifft (§ 28 g Satz 3 SGB IV). Das Verschulden kann auf einem Berechnungsfehler beruhen, aber auch auf einer ungeprüften Annahme der Versicherungs- bzw. Beitragsfreiheit.

**Läßt sich die Einbehaltung der Arbeitnehmeranteile nicht mehr durchführen, z. B. weil der Arbeitnehmer zwischenzeitlich ausgeschieden ist, ist der Arbeitgeber nicht berechtigt, den Schaden einzuklagen; ausgenommen, wenn der Arbeitnehmer seinen Pflichten nach § 28 o SGB IV vorsätzlich oder grob fahrlässig nicht nachgekommen ist** (§ 28 g Satz 4 SGB IV). Nach § 28 o Abs. 1 SGB IV hat der Beschäftigte dem Arbeitgeber die für Anmeldung und Beitragsabzug erforderlichen Angaben zu machen.

**Beispiel:**
Rechtsanwalt Flüchtig hat Frau Arglos als Putzfrau engagiert, die zehn Stunden pro Woche in seiner Kanzlei saubermacht und DM 500,– im

## 3. Verteilung der Beitragslast

Monat erhält. Flüchtig führt ordnungsgemäß Pauschsteuer für sie ab. Bei der Einstellung hat Frau Arglos auf die Frage von Flüchtig, was sie sonst so macht, erwähnt, daß sie noch anderswo saubermacht. Flüchtig geht dieser Bemerkung nicht weiter nach und unterläßt auch die Meldung der geringfügigen Beschäftigung bei der Allgemeinen Ortskrankenkasse. Nach vier Monaten stellt sich im Rahmen einer routinemäßigen Prüfung durch die Allgemeine Ortskrankenkasse heraus, daß Frau Arglos von Anfang an kranken- und rentenversicherungspflichtig war, weil sie auch noch bei einem anderen Betrieb mit 8 Wochenstunden und einem Verdienst von DM 400,– im Monat tätig ist, der sie ordnungsgemäß bei der Kasse als geringfügig Beschäftigte gemeldet hatte. Als Flüchtig sie zur Rede stellt, bleibt Frau Arglos von der Arbeit weg.

Nun verlangt die Allgemeine Ortskrankenkasse von ihm den Gesamtsozialversicherungsbeitrag für die vier Monate nach (ohne Arbeitslosenversicherung, da dort die Beschäftigungen ähnlich wie bei der Pauschbesteuerung nicht zusammengerechnet werden), per saldo einen Betrag von etwa 35% der an Frau Arglos gezahlten Entgelte, insgesamt etwa DM 700,–. Rechtsanwalt Flüchtig zahlt zähneknirschend und verklagt dann Frau Arglos auf Erstattung dieses Betrages vor dem Arbeitsgericht.

Er verliert den Prozeß, weil Frau Arglos auf Frage von Flüchtig ihre Anzeigepflicht nach § 28o SGB IV – wenn auch in laienhafter Weise – erfüllt hat.

Flüchtig hätte hier weiter nachfragen müssen. – Wegen der Unterlassung der Meldung zieht sich Flüchtig sogar noch ein Bußgeld zu.

**Nimmt der bisher versicherungsfreie Arbeitnehmer eine weitere geringfügige Beschäftigung auf, hat er dies dem Arbeitgeber anzuzeigen, wenn dies Versicherungspflicht auslöst.**

Tut er dies nicht, wird seine Beschäftigung nachträglich für den Arbeitgeber teuer. Dieser muß den Gesamtsozialversicherungsbeitrag erst einmal bei der Kasse nachentrichten.

Nach der Rechtsprechung des Bundesarbeitsgerichts kann der Arbeitgeber, der fälschlich auf die Sozialversicherungsfreiheit eines Arbeitnehmers vertraut hat, weil dieser eine weitere geringfügige Beschäftigung nicht angezeigt hat, vom Arbeitnehmer nach dessen Ausscheiden die *Arbeitnehmer*anteile im Wege des Schadenersatzes erstattet verlangen. Der Arbeitnehmer ist nämlich nach Treu und Glauben in Verbindung mit § 28o SGB IV verpflichtet, dem Arbeitgeber alle Umstände mitzuteilen, die erkennbar für die Beitragspflicht erheblich sein können. Man wird allerdings verlangen müssen, daß der Arbeitgeber den geringfügig

Beschäftigten vorher grundsätzlich auf die Problematik hingewiesen hat.

Den *Arbeitgeber*anteil muß der Arbeitnehmer als Schadenersatz wegen Verletzung seiner Anzeigepflicht dem Arbeitgeber allenfalls ersetzen, wenn er den Arbeitgeber vorsätzlich über die Mehrfachbeschäftigung getäuscht hat. Eine generelle Klausel im Arbeitsvertrag, wonach auch der Arbeitgeberanteil zu ersetzen ist, ist nichtig, weil § 249 SGB V über die Verteilung der Beitragslast zwischen Arbeitgeber und Arbeitnehmer sowie § 28g Satz 4 SGB IV entgegenstehen. § 32 SGB I verbietet Vereinbarungen, die zum Nachteil des Sozialleistungsberechtigten vom Sozialgesetzbuch abweichen. Was gilt, wenn der Arbeitnehmer auf ausdrückliches Befragen – bewußt wahrheitswidrig und mit Täuschungsabsicht – erklärt hat, eine weitere Beschäftigung bestehe nicht, hat das Bundesarbeitsgericht offengelassen (BAG, 18. 11. 88; 8 AZR 12/86; BB 89, 847). Angesichts dieser Rechtslage kann es doppelt teuer für den Arbeitgeber werden, wenn sich die zusammengerechneten Einkünfte des Mehrfachbeschäftigten zwar über der Geringfügigkeitsgrenze, aber unter der 610-Mark-Grenze bewegen. Dann besteht von vornherein kein regreßfähiger Arbeitnehmeranteil, weil der Gesamtsozialversicherungsanteil hier grundsätzlich allein vom Arbeitgeber zu tragen ist.

Es ist fraglich, ob dieses Problem durch die Einführung der Meldepflicht für geringfügige Beschäftigungen entschärft worden ist. Nicht in allen Fällen erweist sich infolge des Datenabgleichs nach einigen Wochen die Versicherungspflicht. Dies setzt nämlich voraus, daß alle beteiligten Arbeitgeber ordnungsgemäß die Aufnahme der geringfügigen Beschäftigung melden. Außerdem sind einige Beschäftigungen von der Meldepflicht ausgenommen, z.B. die geringfügigen Beschäftigungen in Privathaushalten.

**Hinweis:**
Es ist zweckmäßig, wenn sich der Arbeitgeber bei Beginn einer versicherungsfreien Beschäftigung ausdrücklich schriftlich vom Beschäftigten bestätigen läßt, daß die Voraussetzungen der Versicherungsfreiheit vorliegen, insbesondre kein zweites geringfügiges Beschäftigungsverhältnis besteht und ebenso darauf hinweist, daß die Aufnahme weiterer geringfügiger Beschäftigungen anzuzeigen ist.
Damit dokumentiert der Arbeitgeber, daß er selbst die Versicherungs- bzw. Beitragspflicht geprüft hat und daß der Beschäftigte über die Anzeigepflicht unterrichtet ist.

## 3. Verteilung der Beitragslast

Unter diesen Umständen würde der Beschäftigte eine vorsätzliche sittenwidrige Schädigung begehen, wenn er die Aufnahme einer zweiten relevanten geringfügigen Beschäftigung verschweigt. Er würde sich auch bezüglich des Arbeitgeberanteils schadenersatzpflichtig machen. Der Schaden des Arbeitgebers besteht darin, daß die Forderungen der Kasse nicht auf ihn zugekommen wären, wenn er anstelle dieses Arbeitnehmers jemanden angestellt hätte, der sich in den sozialversicherungsfreien Grenzen geringfügiger Beschäftigung gehalten hätte (str.).

### b) Aufzeichnungspflichten:

Die Arbeitgeber haben für Prüfzwecke ähnlich wie im Steuerrecht für jeden Beschäftigten – ausgenommen Beschäftigte in Privathaushalten – getrennt nach Kalenderjahren **Lohnunterlagen** zu führen (§ 28f SGB IV). **Dies gilt auch für geringfügig Beschäftigte.**

Die Lohnunterlagen müssen folgende Angaben enthalten:
1. den Familien- und Vornamen,
2. das Geburtsdatum,
3. die Anschrift,
4. den Beginn und das Ende der Beschäftigung,
5. die Beschäftigungsart,
6. die für die Versicherungsfreiheit oder Befreiung von der Versicherungspflicht maßgebenden Angaben,
7. das Gesamtbruttoarbeitsentgelt, seine Zusammensetzung und zeitliche Zuordnung,
8. das beitragspflichtige Bruttoarbeitsentgelt bis zur Beitragsbemessungsgrenze der Rentenversicherung, seine Zusammensetzung und zeitliche Zuordnung,
9. den Beitragsgruppenschlüssel,
10. die Einzugsstelle für den Gesamtsozialversicherungsbeitrag,
11. den vom Beschäftigten zu tragenden Anteil an den Beiträgen zur Kranken-, Renten-, und Arbeitslosenversicherung, jeweils getrennt,
12. die für die Erstattung von Meldungen erforderlichen Daten, soweit sie in den Nummern 1 bis 10 nicht enthalten sind,
13. das gezahlte Kurzarbeiter- oder Schlechtwettergeld und das ausgefallene meldepflichtige Arbeitsentgelt.

Darüber hinaus sind die für die Versicherungsfreiheit oder Befreiung von der Versicherungspflicht maßgebenden Angaben nachzuweisen. Die Bescheinigungen hierzu, ein Nachweis über die erstatteten Meldungen und die Mitgliedsbescheinigung der Ersatzkasse gehören zu den Lohnunterlagen.

c) *Meldeverfahren und Sozialversicherungsausweis*

*aa) Meldungen.* Seit 1. 1. 1990 gelten neue Meldevorschriften für alle Beschäftigten. Bei Beginn, Unterbrechung und Ende jeder Beschäftigung hat der Arbeitgeber der Einzugsstelle für jeden versicherten bzw. beitragspflichtigen Arbeitnehmer eine **An- bzw. Abmeldung** abzugeben. Die Anmeldung ist binnen zwei Wochen nach Beginn der Beschäftigung vorzunehmen, die Abmeldung innerhalb sechs Wochen. Weiter ist eine **Jahresmeldung** bis zum 31. 3. des Folgejahres abzugeben (§ 28a SGB IV).

Neben den persönlichen Daten des Beschäftigten betreffen die Angaben vor allem die Arbeitsentgelte und die Bezugszeiträume, in denen sie erzielt worden sind. Der Arbeitgeber hat den Inhalt der Meldung dem Beschäftigten mitzuteilen. Der Versicherte erhält jeweils Durchschläge.

Die durch die zweite Datenerfassungsverordnung (2. DEVO aufgrund § 28c SGB IV) vorgeschriebenen Meldeformulare sind zu verwenden.

Neue Meldetatbestände sind die **„Sofortmeldung"** und die **„Meldung für geringfügig Beschäftigte"** ab 1. 1. 1990 (Beitrittsgebiet: Meldung für geringfügig Beschäftigte ab 1. 7. 1992). Die Bestimmungen über die **„Kontrollmeldung"** gelten ab der Einführung des Sozialversicherungsausweises seit 1. 7. 1991 (Meldung bei Nichtvorlage des Ausweises).

Die **Sofortmeldung** gilt für Beschäftigte im Baugewerbe, im Schaustellergewerbe und im Gebäudereinigergewerbe sowie für Beschäftigte von Unternehmen, die sich am Auf- und Abbau von Messen und Ausstellungen beteiligen, und ist spätestens am Tag des Beginns der Beschäftigung unverzüglich abzugeben, sofern nicht innerhalb dieser Frist eine ordentliche Anmeldung erfolgt.

**Geringfügig Beschäftigte:** Die Meldung für geringfügig Beschäftigte ist innerhalb einer Woche nach Beginn der Beschäftigung vorzunehmen und beinhaltet auch Angaben über die Art der geringfügigen Beschäftigung (kurzfristige oder geringfügig entlohnte Beschäftigung). Auch der Wechsel zwischen beiden Arten der geringfügigen Beschäftigung ist meldepflichtig. Die Abmeldung hat gleichfalls innerhalb einer Woche zu erfolgen.

## 3. Verteilung der Beitragslast    143

Das Meldeverfahren ist vereinfacht für geringfügig Beschäftigte, die während eines Monats nicht regelmäßig, sondern aushilfsweise an wenigen Tagen beschäftigt werden. Sie müssen nicht jeweils an- oder abgemeldet werden und können zu Beginn des jeweils folgenden Monats zusammengefaßt in einer vereinfachten Listenmeldung gemeldet werden.

Zur Meldung geringfügig Beschäftigter sind eigene Formulare zu verwenden (vgl. im Anhang). Hier ist eine Jahresmeldung nicht vorgesehen.

Meldestelle ist die Krankenkasse, die bei Versicherungspflicht zuständig wäre.

**Mehrfachbeschäftigte:** Abweichend von § 178 SGB V ist bei Mehrfachbeschäftigten nicht zur für die überwiegende Beschäftigung zuständigen Kasse zu melden, sondern aus Vereinfachungsgründen zur für die einzelne Beschäftigung bei Versicherungspflicht zuständigen Kasse.

**Übergangsvorschrift:** Die Anmeldung von am 1. 1. 1990 vorhandenen geringfügig Beschäftigten kann bis zum 31. 3. 1990 zusammen mit der Jahresmeldung erfolgen.

Die Datenübermittlung vom Arbeitgeber zur Annahmestelle und die Weiterleitung der gemeldeten Daten im Rahmen von maschineller Datenverarbeitung ist in der 2. Datenübermittlungsverordnung geregelt (2. DüVO aufgrund § 28 c SGB IV).

*bb) Sozialversicherungsausweis.* Seit 1. 7. 1991 erhält jeder Beschäftigte einen Sozialversicherungsausweis (§§ 95 ff. SGB IV, vgl. den Anhang). Dies gilt auch für nicht sozialversicherte geringfügig Beschäftigte. Für die Ausweispflicht gelten die folgenden Bestimmungen:

Der Sozialversicherungsausweis ist bei Beginn jeder Beschäftigung dem Arbeitgeber **vorzulegen** (§§ 98, 99 SGB IV).

Legt der Arbeitnehmer den Ausweis nicht binnen drei Tagen nach Aufnahme der Beschäftigung vor, so muß der Arbeitgeber eine Kontrollmeldung an die zuständige Einzugsstelle (Kasse) abgeben.

Eine **Mitführungspflicht** besteht in den Wirtschaftsbereichen, für die das beschleunigte Meldeverfahren der Sofortmeldung stattfindet. Dort enthält der Sozialversicherungsausweis auch ein Lichtbild.

**Hinterlegung:** Arbeitsamt und Sozialamt *sollen* bei Gewährung von Leistungen die Hinterlegung des Ausweises verlangen. Krankenkassen und sogar die Arbeitgeber *können* während laufender Leistungen im Krankheitsfall die Hinterlegung verlangen (§ 100 SGB IV). Bis zur Hinterlegung können diese Stellen ihre Leistungen entziehen bzw. verweigern.

**Übergangsvorschrift:** Da die Rentenversicherungsträger naturgemäß nicht die über 30 Millionen Beschäftigten alle auf einmal mit Ausweisen versehen können, hat der Gesetzgeber hierfür eine Frist bis Ende 1995 eingeräumt. Beschäftigte, die bereits im Besitz einer Versicherungsnummer sind, erhalten den Sozialversicherungsausweis bei Versendung eines neuen Versicherungsnachweisheftes. Bei Beschäftigungsverhältnissen, die am 30. 6. 1991 bestehen, gilt bis zur Ausstellung eines Sozialversicherungsausweises der Ausweis über die Versicherungsnummer in der Sozialversicherung aus dem Versicherungsnachweisheft als Sozialversicherungsausweis. Nicht sozialversicherte geringfügige Beschäftigte erhalten bei ihrer Meldung eine Versicherungsnummer durch die Rentenversicherungsträger als Voraussetzung für den Sozialversicherungsausweis (§§ 96 Abs. 1 Satz 2 SGB IV).

*cc) Ausnahmen von der Melde- und Ausweispflicht.* Die Melde- und Ausweispflicht besteht nach § 109 SGB IV nicht für

– Personen, die *in der jeweiligen Beschäftigung* in der Kranken- und Rentenversicherung versicherungsfrei sind und keine Beiträge an die Bundesanstalt für Arbeit zu entrichten haben, **es sei denn, die jeweilige Beschäftigung wird geringfügig ausgeübt (Ausnahme von der Ausnahme).** Entsprechend sind Beamte in ihrer Beamtentätigkeit nicht ausweispflichtig, da Beamtentätigkeit nach Beamtenrecht stets mindestens Halbtagsbeschäftigung darstellt; anders in einer abhängigen Nebenbeschäftigung; diese ist ausweispflichtig.
– Beschäftigte im Haushalt, wenn die einzelne Beschäftigung geringfügig ist.
– Mitarbeitende Familienangehörige eines landwirtschaftlichen Unternehmers.
– Beschäftigte, die im Rahmen ihres im Ausland bestehenden Beschäftigungsverhältnisses in die Bundesrepublik entsandt worden sind. Diese Beschäftigten haben sich für die Dauer der Entsendung einen Ersatzausweis ausstellen zu lassen.

– Schüler allgemeinbildender Schulen bis zum vollendeten 16. Lebensjahr, wenn die einzelne Beschäftigung geringfügig ist.
– Studenten: Versicherungsfrei beschäftigte Studenten sind unabhängig davon, ob der Tatbestand einer geringfügigen Beschäftigung vorliegt, von der Melde- und Ausweispflicht ausgenommen (Besprechung der Spitzenverbände der Sozialversicherungsträger am 22./23. 8. 1990).

Schließlich ist noch zu beachten, daß die Regelungen über die Kontrollmeldungen, die Sofortmeldungen und die Meldungen für geringfügig Beschäftigte keine Anwendung finden auf Beschäftigte im Schaustellergewerbe und auf Beschäftigte, die im Rahmen des Auf- und Abbaus von Messen und Ausstellungen tätig sind und deren Beschäftigung innerhalb eines Monats nach ihrer Eigenart bis längstens 6 Tage begrenzt zu sein pflegt oder im voraus auf diesen Zeitraum vertraglich begrenzt ist, es sei denn, daß die Beschäftigung berufsmäßig ausgeübt wird. Entsprechendes gilt für nicht berufsmäßig Beschäftigte in der Land- und Forstwirtschaft, deren Beschäftigung innerhalb von drei Monaten nach ihrer Eigenart auf längstens 18 Tage begrenzt zu sein pflegt oder im voraus auf diesen Zeitraum vertraglich begrenzt ist. Die Arbeitgeber dieser Wirtschaftsbereiche stellen saisonal bedingt häufig eine größere Zahl von Arbeitskräften nur kurzfristig ein. Die Ausnahmeregelung erspart diesen Arbeitgebern einen unverhältnismäßigen Verwaltungsaufwand.

## 4. Besonderheiten der Krankenversicherung

Der Beitragssatz ist von Kasse zu Kasse unterschiedlich zwischen ca. 10,8 und über 14% (1992). Es gilt eine Beitragsbemessungsgrenze; diese ist bei Angestellten zugleich die

### a) Jahresarbeitsentgeltgrenze

Die Beitragsbemessungsgrenze in der Krankenversicherung ist zugleich Pflichtversicherungsgrenze für Arbeiter und Angestellte (Jahresarbeitsentgeltgrenze). Wer mehr verdient, ist versicherungsfrei – ausgenommen Seeleute – und kann sich freiwillig oder privat versichern. Sie liegt bei drei Viertel der Beitragsbemessungsgrenze in der gesetzlichen Rentenversicherung (§ 6 Abs. 1

Nr. 1 SGB V). Demnach sind Arbeiter und Angestellte bis zu einem Verdienst von DM 5100,– im Monat bzw. einem Jahreseinkommen von DM 61200,– brutto Pflichtmitglied einer gesetzlichen Krankenkasse (neue Bundesländer: DM 3600,– im Monat bzw. DM 43200,– im Jahr; Stand 1. 1. 1992).

**Hinweis:** Im laufenden Beschäftigungsverhältnis ist ein Ausscheiden aus der Krankenversicherungspflicht nur zum Ende eines Kalenderjahres möglich.

**Mehrfachbeschäftigte:** Die Einkünfte aus mehreren Beschäftigungen sind bei der Ermittlung der Jahresarbeitsengeltgrenze zusammenzurechnen, auch wenn sie aus einer arbeiterrentenversicherungspflichtigen und aus einer angestelltenrentenversicherungspflichtigen Tätigkeit stammen (vgl. im übrigen vorne unter Ziffer 3 a).

**Übergang auf Teilzeitbeschäftigung:** Auf Antrag wird von der Versicherungspflicht befreit,

– wer eine Teilzeitbeschäftigung nach § 2 BundeserziehungsgeldG (in der Regel bis höchstens 19 Wochenstunden) während des Erziehungsurlaubs aufnimmt, für die Zeit des Erziehungsurlaubs (§ 8 Abs. 1 Nr. 2 SGB V; vgl. den Anhang),
ebenso,
– wer allgemein seine Arbeitszeit auf die Hälfte oder weniger als die Hälfte der regelmäßigen Wochenarbeitszeit vergleichbarer Vollzeitbeschäftigter des Betriebes herabsetzt; dies gilt auch für Beschäftigte, die im Anschluß an ihr bisheriges Beschäftigungsverhältnis bei einem anderen Arbeitgeber eine Beschäftigung aufnehmen; Voraussetzung ist ferner, daß der Beschäftigte seit mindestens fünf Jahren wegen Überschreitens der Jahresarbeitsentgeltgrenze versicherungsfrei war (§ 8 Abs. 1 Nr. 3 SGB V; vgl. den Anhang).

Der Antrag muß innerhalb drei Monaten gestellt werden (§ 8 Abs. 2 SGB V; Anhang).

**Privatversicherte,** die infolge der Reduzierung ihrer Arbeitszeit versicherungspflichtig werden, können anstelle des Antrags auf Befreiung von der Versicherungspflicht in der gesetzlichen Krankenversicherung auch ihren privaten Krankenversicherungsvertrag mit Wirkung vom Eintritt der Versicherungspflicht an kündigen. Bei Eintritt der gesetzlichen Krankenversicherungspflicht besteht immer ein Sonderkündigungsrecht gemäß § 5 Abs. 9 SGB V.

**Vorsicht:** Der Weg aus der gesetzlichen Krankenversicherung in die private Krankenversicherung ist ein Weg ohne Wiederkehr. Wer sich einmal zum Eintritt in die private Krankenversicherung hat befreien lassen, kann nicht mehr ohne weiteres in die gesetzliche Krankenversicherung zurück, auch dann nicht, wenn der private Versicherungsantrag gekündigt wird! Die Befreiung gilt nach überwiegender Auffassung auch nach Aufnahme einer krankenversicherungspflichtigen *Vollzeit*beschäftigung weiter, ausgenommen bei einer Befreiung wegen Teilzeitarbeit lediglich für die Zeit des Erziehungsurlaubs.

*b) nochmals: Geringfügige Beschäftigung*

(siehe im einzelnen auf Seite 122 ff.).
Beitragsfrei ist die „geringfügig" entlohnte Beschäftigung.
Beitragsfrei ist auch die kurzfristige, d. h., nicht berufsmäßig ausgeübte Beschäftigung ohne Zeit- und Verdienstbeschränkung, wenn sie von vorne herein auf zwei Monate bzw. 50 Arbeitstage im Jahr – gerechnet ab der erstmaligen Aufnahme dieser Tätigkeit – nicht überschreitet.
**Vorsicht:** Es ist in jedem Fall dafür zu sorgen, daß eine Krankenversicherung besteht. Das Fehlen der Versicherungspflicht bedeutet nicht gleichzeitig Familienversicherung über die Eltern oder den Ehegatten. Bei der Frage der Familienversicherung werden auch andere Einkünfte als Arbeitsentgelt, z. B. Einkünfte aus Kapitalvermögen, aus Vermietung und Verpachtung usw. berücksichtigt. Allein das Vorliegen einer geringfügig entlohnten oder kurzfristigen Beschäftigung bzw. Versicherungsfreiheit in der Beschäftigung bedeutet nicht automatisch Familienversicherung (vgl. im folgenden)!

*c) Familienversicherung*

Ehegatte und Kinder von Mitgliedern einer Krankenkasse sind nach § 10 SGB V (vgl. Anhang) unter bestimmten Voraussetzungen versichert bis zu einem eigenen regelmäßigen Gesamteinkommen von höchstens DM 500,– im Monat (Einkommensgrenze der geringfügig entlohnten Beschäftigung gleich ein Siebtel der monatlichen Bezugsgröße nach § 18 SGB IV; Stand 1. 1. 1992; neue Bundesländer: DM 300,–). Bei Renten wird der Zahlbetrag berücksichtigt, nicht der steuerliche Ertragswert nach § 22 Nr. 1

Satz 3 Buchst. a EinkommensteuerG. Gelegentliche und nicht vorhersehbare Überschreitungen der Gesamteinkommensgrenze sind unschädlich für die Familienversicherung. Als gelegentlich gilt ein Zeitraum bis zu zwei Monaten innerhalb eines Jahres.
**Mitversichert in der Familienversicherung** sind deshalb auch Angehörige, die gelegentlich im Rahmen der versicherungsfreien kurzfristigen Beschäftigung (2 Beschäftigungsmonate bzw. 50 Arbeitstage) hinzuverdienen und dabei die Einkommensgrenze für die geringfügig entlohnte Beschäftigung vorübergehend überschreiten. Sie erzielen dabei kein „regelmäßiges" Einkommen im Sinne des § 10 SGB V.

**Beispiel 1:**
Eine bisher familienversicherte Hausfrau nimmt eine im voraus für die Zeit vom 1. 11. bis 31. 12. befristete Beschäftigung auf. Das monatliche Entgelt beträgt 3000 DM.
**Lösung:**
Die Familienversicherung wird durch die eigenen Einkünfte nicht tangiert, da diese als unregelmäßig anzusehen sind.

**Beispiel 2:**
Eine bisher familienversicherte Hausfrau nimmt eine im voraus befristete Beschäftigung in der Zeit vom 1. 11. bis 28. 2. auf. Das monatliche Entgelt beträgt 3000 DM.
**Lösung:**
Die Familienversicherung wird ab 1. 11. durch die versicherungspflichtige Beschäftigung nach § 5 Abs. 1 Nr. 1 SGB V verdrängt.

**Hinweis:**
Bei der Gesamteinkommensgrenze zählen nicht nur das Arbeitsentgelt, sondern auch andere regelmäßige bzw. vorhersehbare Einkünfte aus Vermögen, Renten, Mieten usw. mit.
Im Zweifel sollte eine Auskunft der Krankenkasse eingeholt und gegebenenfalls eine freiwillige Versicherung abgeschlossen werden, bevor ungewollt der Krankenversicherungsschutz entfällt. Es wäre fatal, wenn sich das erst im Krankheitsfall herausstellt.

### d) Krankengeld

*aa) Grundsatz.* Versicherungspflichtig Beschäftigte erhalten im Krankheitsfall, soweit keine Entgeltfortzahlung durch den Betrieb erfolgt (siehe dazu Seite 95), Krankengeld durch die Kran-

## 4. Besonderheiten der Krankenversicherung

kenkasse in Höhe von etwa 90% ihres Nettolohns. Der Versicherte muß das Krankengeld bei der Kasse beantragen.
Arbeitslose erhalten im Krankheitsfall nach sechswöchiger Fortzahlung des Arbeitslosengelds ebenfalls Krankengeld, aber nur in Höhe des Arbeitslosengelds.
Das Krankengeld berechnet sich nach dem kalendertäglichen Regellohn. Ausgegangen wird vom letzten vor der Erkrankung abgerechneten Lohnabrechnungszeitraum, mindestens von den letzten abgerechneten vier Wochen. Das Krankengeld wird für Kalendertage, also auch für arbeitsfreie Tage, insbesondere auch die Wochenenden gezahlt. Der Kalendermonat rechnet mit 30 Tagen (§ 47 SGB V).
Das Krankengeld ist auf den bisherigen Nettolohn begrenzt, aber in der Regel niedriger, weil in Höhe des Arbeitnehmeranteils Beiträge zur Renten- und Arbeitslosenversicherung abgezogen werden (§ 166 Nr. 2 SGB VI, § 186 Abs. 1 ArbeitsförderungsG).
Das Krankengeld setzt – Arbeitsunfälle und Berufskrankheiten ausgenommen – erst am Tag nach dem Eintritt der Arbeitsunfähigkeit ein. Das Krankengeld ruht, soweit und solange der Versicherte Arbeitsentgelt aus einer unselbständigen oder Arbeitseinkommen aus einer selbständigen Tätigkeit oder Entgeltersatzleistungen der Sozialversicherung (Mutterschaftsgeld, Arbeitslosengeld u. a.) erhält. Zuschüsse des Arbeitgebers zum Krankengeld gelten nicht als Arbeitsentgelt, soweit sie zusammen mit dem Krankengeld das Nettoarbeitsentgelt nicht übersteigen. Kein Krankengeld gibt es während des Erziehungsurlaubs, ausgenommen, die Arbeitsunfähigkeit war vor dessen Beginn eingetreten oder das Krankengeld berechnet sich aus einem Arbeitsentgelt aus einer versicherungspflichtigen Beschäftigung während des Erziehungsurlaubs.
Es wird längstens für 78 Wochen gezahlt.
Bei Beendigung einer Versicherung besteht wie auch für alle anderen Ansprüche aus der Krankenversicherung nur noch ein nachwirkender Anspruch bis zur Dauer eines Monats!

*bb) Nachteile für Teilzeitkräfte, die nicht an allen Arbeitstagen arbeiten.* Endet bei Krankheit der Entgeltfortzahlungszeitraum von sechs Wochen während eines laufenden Monats, berechnen die Betriebe den anteiligen Verdienst nach dem Verhältnis der fortzuzahlenden Tage zu den Arbeitstagen (einschließlich Feiertage) des jeweiligen Monats, soweit nicht tariflich eine anderweitige Regelung getroffen wurde. Die kalendertägliche oder eine an den durchschnittlichen monatlichen Arbeitstagen im Kalenderjahr orientierte pauschalierende Rechenweise ist bei der Entgeltfortzahlung im Krankheitsfall nicht ohne weiteres zulässig (BAG 14. 8. 85; 5 AZR 384/85; DB 86, 130).

Krankengeld wird aber für Kalendertage gezahlt. Aus diesen unterschiedlichen Rechenweisen entsteht eine Differenz, wenn das Krankengeld für weniger als 30 Tage zu zahlen ist. Der arbeitstägliche Verdienst ist gegenüber dem kalendertäglichen umso höher, an je weniger Arbeitstagen er erzielt wird. Erst auf den Monat gesehen, gleichen sich beide Berechnungsweisen aus.

Hieraus entstehen nicht immer einsichtige Ergebnisse.

> **Beispiel:**
> Wer DM 2200,- brutto im Monat bzw. DM 1500,- netto in Dreitagewoche verdient, kommt unter Umständen erheblich schlechter weg, als jemand mit Fünftagewoche, je nachdem, wieviele unbezahlte arbeitsfreie Tage in dem Zeitraum der Krankheit enthalten sind: Ist er die ganze Kalenderwoche (Montag bis Sonntag) krank, hat er einen Verdienstausfall von etwa DM 169,23 pro Fehltag, also von DM 507,69 brutto, wenn er sonst 13 Arbeitstage im Monat gearbeitet hätte (2200 : 13 × 3). Netto mögen das etwa DM 350,- sein.
> Das Krankengeld für sieben Krankheitstage beträgt hier DM 350,-, weil der kalendertägliche Tagessatz DM 50,- (1500 : 30) ausmacht (siebenmal DM 50,- gleich DM 350,- höhenmäßig begrenzt auf den Nettolohn). Hiervon geht noch der Arbeitnehmeranteil zur Arbeitslosen- und Rentenversicherung ab. Das Krankengeld deckt den Verdienstausfall ab. Beschränkt sich die Erkrankung jedoch nur auf die drei Arbeitstage, die der Teilzeitbeschäftigte in einer Arbeitswoche zu leisten hat, tritt eine grobe Differenz auf. Das Krankengeld beträgt nur noch DM 150,- beim Tagessatz von DM 50,-).

*cc) Versicherungsschutz und Krankengeld bei Abrufarbeit und Job-sharing.* Der Krankenversicherungsschutz kann wegfallen, wenn das Entgelt nicht kontinuierlich, sondern je nach Arbeitsanfall bzw. wechselnden Arbeits- und Freizeitphasen (bei Jobsharing denkbar) im Anschluß an die Arbeit ausbezahlt wird. Dann führen Arbeitspausen von mehr als einem Monat zu Versicherungslücken.

## 4. Besonderheiten der Krankenversicherung

Nach einem Monat ohne Entgeltzahlung muß der Arbeitnehmer nach § 192 Abs. 1 Nr. 1 SGB V von der Krankenversicherung abgemeldet werden. Dies kann leicht durch kontinuierliche Entgeltzahlung vermieden werden. Der Betrieb zahlt dann monatlich den Durchschnittsverdienst entsprechend dem vereinbarten Arbeitsvolumen und führt entsprechend die Beiträge ab.
Allerdings kann die Entgeltzahlung nach dem Durchschnittsverdienst bedeuten, daß der Arbeitnehmer unter die Verdienstgrenze für die geringfügig entlohnte Beschäftigung gerät, so daß der Krankenversicherungsschutz endet. Der Versicherungsschutz bleibt jedoch auch bei Unterschreiten der Verdienstgrenze erhalten, soweit die Zeitgrenze von 15 Wochenstunden erreicht wird. Jedenfalls tritt in den Wochen Versicherungspflicht ein, wo 15 Wochenstunden und mehr abgerufen werden, sofern dies nicht vertraglich oder wegen der Eigenart der Beschäftigung auf zwei Monate oder fünfzig Arbeitstage innerhalb eines Jahres seit Beginn der Beschäftigung beschränkt bleibt. Dann würde die Beschäftigung als kurzfristige nach § 8 Abs. 1 Nr. 2 SGB IV versicherungsfrei sein.
Weiter kann die Höhe des Krankengeldes schwanken, je nachdem, ob dem letzten abgerechneten Lohnabrechnungszeitraum ein hoher tatsächlicher Verdienst zugrunde liegt oder nur die konstante Zahlung eines Durchschnittsentgelts. Nach § 47 Abs. 3 SGB V kann die Satzung der Krankenkasse bei nicht kontinuierlicher Arbeitsverrichtung und -vergütung abweichende Bestimmungen zur Zahlung und Berechnung des Krankengelds vorsehen, die sicherstellen, daß das Krankengeld seine Entgeltersatzfunktion erfüllt. Die Krankenkassen haben von dieser Ermächtigung auch Gebrauch gemacht und sehen in ihren Satzungen vor, daß in diesen Fällen für die Berechnung des Krankengelds an die Stelle der Entgelte des vierwöchigen oder monatlichen Bemessungszeitraums der Durchschnitt der Entgelte der letzten drei abgerechneten Monate, gegebenenfalls auch von sechs oder zwölf Monaten tritt.
Zur Vermeidung der mit unregelmäßiger Entgeltzahlung nach dem tatsächlichen Arbeitsanfall verbundenen möglichen Versicherungslücken ist zur Zahlung eines konstanten auf die Kalendermonate oder Kalenderwochen umgelegten Durchschnittsverdienstes entsprechend der vereinbarten Arbeitsmenge zu raten. Auf eine solche verstetigte Lohnzahlung hat der Arbeitnehmer,

der auf das Jahr gesehen bei einem oder mehreren Arbeitgebern zusammengerechnet, mehr als geringfügig beschäftigt ist, einen Anspruch aufgrund der arbeitgeberseitigen Fürsorgepflicht (vgl. Däubler, Das Arbeitsrecht II, S. 900).

*e) Pflegekrankengeld*

Mütter – oder auch Väter – haben Anspruch auf Arbeitsbefreiung und auf Weiterzahlung ihres Verdienstes, wenn sie wegen plötzlich notwendiger Betreuung ihres Kindes nicht arbeiten können, z.B. wenn die Kinderfrau ausfällt oder wenn die Anwesenheit der Mutter oder des Vaters beim erkrankten Kinde erforderlich ist.
Nach § 616 Absatz 1 BGB bleibt bei einer unverschuldeten Verhinderung an der Arbeitsleistung der Verdienst erhalten. Dies gilt aber nur für einen begrenzten Zeitraum, in Zusammenhang mit der Kindesbetreuung höchstens für eine Woche im Einzelfall (siehe Seite 101).
Die Verdienstsicherung nach § 616 Absatz 1 BGB kann vertraglich eingeschränkt werden. Für den Fall der Kindespflege tun dies einige Tarifverträge, sofern ein Anspruch gegen die Krankenkasse auf Pflegekrankengeld besteht.
Wird ein versicherungspflichtig beschäftigter Arbeitnehmer zur Versorgung eines kranken Kindes von der Arbeit frei gestellt, zahlt die Kasse nach § 45 SGB V (s. Textanhang) Pflegekrankengeld je Kalenderjahr für bis zu zehn Arbeitstage für jedes Kind bis zum vollendeten 12. Lebensjahr, längestens für 25 Arbeitstage; Alleinerziehende können für jedes Kind 20 Tage Pflegekrankengeld beanspruchen, längstens für 50 Arbeitstage. Zeitgleich besteht Anspruch gegen den Arbeitgeber auf unbezahlte Freistellung.
Bei Teilzeitbeschäftigten wird das Pflegekrankengeld nach Arbeitstagen ohne dazwischenliegende arbeitsfreie Tage berechnet – im Gegensatz zum Krankengeld bei Arbeitsunfähigkeit des Versicherten selbst, das nach dem kalendertäglichen Regellohn bemessen wird.

*f) Teilzeitarbeit zur Belastungserprobung und Arbeitstherapie sowie zur stufenweisen Wiedereingliederung*

Zur stufenweisen Wiedereingliederung in den Arbeitsprozeß führen die Sozialversicherungsträger Maßnahmen zur Belastungser-

## 4. Besonderheiten der Krankenversicherung

probung und als Arbeitstherapie in erster Linie stationär in ihren Rehabilitationszentren durch (§§ 42, 74 SGB V). Normale Teilzeitarbeit im Betrieb zur stufenweisen Wiedereingliederung eines ehemals Vollzeitbeschäftigten in den Arbeitsprozeß wird von den Krankenkassen in geeigneten Fällen durch Zahlung von Teilkrankengeld unterstützt.

Es handelt sich um eine ergänzende Leistung der medizinischen Rehabilitation, sofern das Mitglied auf ärztlichen Rat – aus therapeutischen Gründen – die Arbeit vorerst *teilweise* wiederaufnimmt. Das Teilkrankengeld stockt das durch die Teilzeitarbeit erzielte Arbeitsentgelt bis zur Höhe des bei völliger Arbeitsunfähigkeit zustehenden Krankengeldes auf, d.h., nahezu bis zur Höhe des ehemaligen Nettolohns bei Vollzeitbeschäftigung.

Voraussetzung ist in der Regel, daß

(1) ohne Aufnahme der teilweisen Tätigkeit für die zuletzt ausgeübte Tätigkeit noch Arbeitsunfähigkeit bestehen würde,
(2) der Vertrauensärztliche Dienst und der Arbeitgeber der teilweisen Tätigkeit zustimmen,
(3) weder Berufsunfähigkeit noch Erwerbsunfähigkeit besteht,
(4) sich das Ziel der Wiedereingliederung durch und im Rahmen der Maßnahme voraussichtlich erreichen läßt und
(5) bis zum Beginn der Maßnahme Krankengeld bezogen wurde.

Die Bemessungsgrundlage für das Teilkrankengeld ist die des Krankengeldes. Eine während der Arbeitsunfähigkeit tatsächlich oder fiktiv erzielte Gehaltserhöhung wird bei der Berechnung berücksichtigt.

Die Höhe des Teilkrankengeldes darf zusammen mit dem erzielten Nettoarbeitsentgelt die Höhe des fiktiven Gesamt-Nettoarbeitsentgelts – ohne einmalige Zuwendungen – nicht übersteigen.

Endet die teilweise Tätigkeit wegen Arbeitsunfähigkeit, so wird Krankengeld in der Höhe gezahlt, auf die vor der Aufnahme der Tätigkeit Anspruch bestand.

Die Kasse kann für die Zeit des Bezugs von Teilkrankengeld Beiträge zur Höherversicherung beim zuständigen Rentenversicherungsträger übernehmen.

Findet der Einarbeitungsversuch bzw. die Belastungserprobung während eines Zeitraums statt, wo noch Anspruch auf Verdienstsicherung gegen den Arbeitgeber besteht, in der Regel also in den ersten sechs Wochen einer Erkrankung, kann der Arbeitnehmer, da er trotz teilweiser Verrichtung seiner Arbeit arbeitsunfähig krank ist, seine vollen Bezüge vom Arbeitgeber verlangen. Insoweit ruht aber das Krankengeld.

Im Arbeitsrecht ist die Entsprechung zum Teilkrankengeld die Umstellung des Arbeitsverhältnisses auf Teilzeitarbeit im Wege der befristeten Vertragsänderung unter Rehabilitationsgesichtspunkten. Eine Teilarbeitsunfähigkeit im Sinne der arbeitsrechtlichen Verdienstsicherung nach § 616 Abs. 2 BGB bzw. § 1 Lohnfortzahlungs G gibt es nicht.

Ist die Fähigkeit zur Erbringung der vertraglich vereinbarten Arbeitszeit *auf Dauer* nicht mehr gegeben, muß sich der Arbeitnehmer überlegen, ob er zur Vermeidung einer (Änderungs-)Kündigung nicht freiwillig auf eine Vertragsänderung (Reduzierung der Arbeitszeit; weniger belastende Arbeiten) eingeht. Abstriche beim Einkommen werden möglicherweise durch eine tarifliche Verdienstsicherung oder Rentenansprüche wegen Berufs- oder Erwerbsunfähigkeit vermieden (vgl. im 4. Kapitel bei 2 a). Schwerbehinderte mit ihrem besonderen Kündigungsschutz sollten diese Fragen mit der Hauptfürsorgestelle besprechen.


## 5. Besonderheiten der Rentenversicherung

In der Rentenversicherung beträgt der Beitragssatz 17,7 % (1992). Es besteht eine Beitragsbemessungs(ober)grenze, die 1992 bei DM 6 800,- im Monat liegt (Jahresbeitragsbemessungsgrenze DM 81 600,-; neue Bundesländer: DM 4 800,- im Monat bzw. DM 57 600,- im Jahr; Stand 1. 1. 1992). In der knappschaftlichen Rentenversicherung (Bergbau) beträgt die monatliche Beitragsbemessungsgrenze DM 8 400,- bzw. DM 100 800,- (Beitrittsgebiet: DM 5 900,- bzw. DM 70 800,-; Beitragssatz 23,45 %; davon Eigenanteil des Arbeitnehmers 8,85 % im Jahr).

Versicherungs- und Beitragsfreiheit besteht bezüglich geringfügig entlohnter bzw. kurzfristiger Beschäftigungen, generell mit Bezug von Altersrente oder einer Beamtenpension. In den beiden letzteren Fällen muß der Arbeitgeber seinen Arbeitgeberanteil wie bei Versicherungspflicht abführen, wenn die Beschäftigung nicht als geringfügig sowieso versicherungsfrei ist (siehe Seite 122 ff.). Diese Abgabe zählt bei der Rente nicht mit.

## 5. Besonderheiten der Rentenversicherung

**Mehrfachbeschäftigung:** Bestehen mehrere sozialversicherungspflichtige Beschäftigungen nebeneinander, deren Verdienste zusammengerechnet die Beitragsbemessungsgrenze übersteigen, hat jeder Betrieb die Abzüge nach der im Verhältnis der Verdienste aufgeteilten Grenze abzuführen.

**Hinzuverdienstgrenzen:** Für Renten wegen Alters vor dem 65. Lebensjahr bestehen Hinzuverdienstgrenzen (siehe Seite 200ff.). Für die Vollrente gilt eine allgemeine Hinzuverdienstgrenze, die der Entgeltgrenze für die sozialversicherungsfreie geringfügig entlohnte Beschäftigung entspricht.

Für die Teilrenten gelten individuelle Hinzuverdienstgrenzen. Die Hinzuverdienstgrenzen können zweimal im Jahr seit Rentenbeginn bis zum Doppelten überschritten werden.

Bei Rentenbeginn vor dem 1. 1. 1992 und bei Renten nach DDR-Sozialversicherungsrecht gelten bisher höhere Hinzuverdienstgrenzen weiter bzw. kommen überhaupt nicht zur Anwendung (vgl. im 8. Kapitel die Abschnitte 4 und 5).

**Fünf neue Bundesländer:** Versicherte und Hinterbliebene mit Wohnsitz im Beitrittsgebiet am 18. 5. 1990 haben bei Rentenbeginn in der Zeit vom 1. 1. 1992 bis 31. 12. 1996 gegebenenfalls auch einen Rentenanspruch nach dem DDR-Sozialversicherungsrecht. Besteht auch nach dem neuen ab 1. 1. 1992 bundeseinheitlichen Rentenrecht ein Rentenanspruch, wird die höhere Rente gezahlt. Bei Altersrenten vor Alter 65, die nach DDR-Recht gezahlt werden, besteht keine Hinzuverdienstgrenze (S. 200ff.; zur Überleitung von DDR-Renten und zu den Zusatz- und Sonderversorgungssystemen vgl. die Broschüren der Rentenversicherungsträger).

**Durchgehende Rentenversicherungspflicht bei Abrufarbeit und Job-Sharing:** Auch bei Arbeit auf Abruf oder einem Job-Sharing-Arbeitsverhältnis, bei dem sich zwei oder mehrere Arbeitnehmer einen Arbeitsplatz mit jeweils sich abwechselnden Arbeits- und Freizeitphasen teilen, besteht durchgehende Versicherungspflicht in der Rentenversicherung, sofern das Arbeitsentgelt auch bei solchen Arbeitsverhältnissen gleichmäßig auf alle Monate verteilt und unabhängig von den Zeiträumen der tatsächlichen Arbeitsleistung monatlich ausgezahlt wird. Dies gilt nach Auffassung der Rentenversicherung selbst dann, wenn zwischen den einzelnen Arbeitsphasen ganze Kalendermonate ohne tatsächliche Arbeitsleistung liegen. Mit dieser Rechtsauffassung, die auch mit den

Spitzenverbänden der übrigen Sozialversicherungszweige (Krankenversicherung und Arbeitslosenversicherung) abgestimmt ist, wollen die Sozialleistungsträger versicherungsrechtliche Nachteile, die sich aus einer flexiblen Gestaltung der Arbeitszeit ergeben könnten, verhindern. In Zweifelsfällen empfiehlt es sich, bei der für den Arbeitnehmer für den Einzug des Gesamtsozialversicherungsbeitrages zuständigen Krankenkasse anzufragen, die letztlich über das Bestehen von Versicherungs- und Beitragspflicht zu entscheiden hat.

**Über 1,5 Millionen „Renten nach Mindesteinkommen":** Die Rente nach Mindesteinkommen begünstigt langjährig Sozialversicherte mit niedrigen Arbeitsverdiensten. Dies betrifft vor allem Frauen, die in niedrige Entgeltgruppen eingestuft waren oder teilzeitbeschäftigt waren.

Die sich aus den tatsächlich geleisteten Beiträgen ergebende niedrige Rente wird aufgestockt. Es werden der Berechnung Beiträge entsprechend dem allgemeinen Durchschnittsverdienst aller Versicherten zugrundegelegt.

Voraussetzung nach dem Rentenreformgesetz 1992: Es müssen 35 Jahre mit rentenrechtlichen Zeiten vorhanden sein; der individuelle Durchschnittswert der entrichteten Beiträge muß unter 75% des Durchschnittsverdienstes aller Versicherten liegen. Dann wird er für vollwertige Pflichtbeiträge vor dem 1. 1. 1992 auf das 1,5fache – d.h., um die Hälfte – angehoben, höchstens auf 75% des Durchschnittsverdienstes aller Versicherten (§ 262 SGB VI). Bei den 35 Jahren zählen freiwillige Beiträge und Anrechnungszeiten (Ausfallzeiten) mit; eine Kindererziehungspauschale von zehn Jahren bei einem Kind, von 15 Jahren bei zwei Kindern und von 20 Jahren bei mehr als zwei Kindern wird angerechnet, wenn in der Rente Kindererziehungszeiten enthalten sind bzw. die Kindererziehung nachgewiesen wird.

Diese Sozialtransferleistung, die es auch schon vor der Rentenreform 92 in etwas anderer Form gab, betrifft 1,5 Millionen Versichertenrenten, davon **1,15 Millionen Frauen** und 170 000 männliche Rentner. Außerdem sind noch in 190 000 Witwen-/Witwerrenten derartig angehobene Beitragszeiten enthalten (vgl. RdA 91, 289).

– Zur Anhebung der Altersgrenzen, zur Teilrente und zur Neuregelung der Hinzuverdienste und anderer Einkommen durch die Rentenreform 92 siehe im 8. Kapitel den Abschnitt 5 –

## 6. Besonderheiten der Arbeitslosenversicherung

Der Beitragssatz in der Arbeitslosenversicherung beträgt 6,3 % (1992) bei gleicher Beitragsbemessungsgrenze wie in der Rentenversicherung.

### a) Beitragspflicht

*Beitragspflicht (und damit Versicherung) nur, wenn 18 Wochenstunden erreicht werden* (§ 169a Abs. 1 i.V.m. § 102 ArbeitsförderungsG; zweiter „Schwellenwert"). Die Wochenstundengrenze in der Arbeitslosenversicherung entspricht in etwa der Hälfte der durchschnittlichen tariflichen wöchentlichen Arbeitszeit aller Arbeitnehmer. Sie schließt „kurzzeitige" Beschäftigungen, die im allgemeinen nicht die Lebensgrundlage des Beschäftigten bilden, vom Versicherungsschutz aus und gewährleistet zugleich, daß Arbeitslose bei Aufnahme einer derartigen Beschäftigung weiterhin Arbeitslosengeld erhalten; das Arbeitsentgelt aus einer solchen Beschäftigung wird nach § 115 als „Nebenverdienst" teilweise auf das Arbeitslosengeld angerechnet.

Die Wochenstundengrenze gilt als erreicht, wenn die Beschäftigung zusammen mit der für die Ausübung erforderlichen *Vor-* und *Nacharbeit* die Arbeitskraft des Beschäftigten in der Regel mindestens 18 Stunden wöchentlich in Anspruch nimmt oder wenn die 18 Stunden nur wegen Arbeitsmangel oder infolge von *Naturereignissen* nicht erreicht werden. **Mehrere** nebeneinander ausgeübte **kurzzeitige** bzw. **geringfügige Tätigkeiten werden nicht zusammengezählt,** anders als in der Kranken- und Rentenversicherung (§ 169a Abs. 1 Satz 2 ArbeitsförderungsG).

Dies verträgt sich schlecht mit anderen Regelungen innerhalb der Arbeitslosenversicherung und der übrigen Sozialversicherung: Einerseits gilt ein Arbeitnehmer nicht als arbeitslos, d. h., er erhält kein Arbeitslosengeld, wenn er mehrere Beschäftigungen unter 18 Wochenstunden ausübt, die zusammen die 18-Wochenstunden-Grenze erreichen; arbeitslos im Sinne des Gesetzes ist nicht, wer insgesamt noch 18 oder mehr Stunden in der Woche beschäftigt ist (§ 101 Abs. 1 Satz 2 Nr. 2 ArbeitsförderungsG); hier wird zusammengerechnet! Andererseits begründet er mit diesen Beschäftigungen keine Beitragspflicht und damit keine Leistungsansprüche (Arbeitslosengeld, Arbeitslosenhilfe, Unterhaltsgeld

usw.), weil insoweit die Beschäftigungen nicht zusammengezählt werden.
Die soziale Schutzbedürftigkeit im Hinblick auf den Schutz der Arbeitslosenversicherung ist nicht geringer als in der Kranken- oder Rentenversicherung; auch der Mehrfachbeschäftigte hat ein Interesse, gegen Arbeitlosigkeit versichert zu sein wie gegen Krankheit und Invalidität. Angesichts der hohen Arbeitslosenquote ist nicht in jedem Fall davon auszugehen, daß der Arbeitnehmer etwa freiwillig mehrere Beschäftigungen unter 18 Wochenstunden ausgeübt hat. Mehrfachbeschäftigungen sind mit dem Aufwand mehrfacher Arbeitswege verbunden.
Im übrigen ist dieser Ausschluß von der Arbeitslosenversicherung eine teilzeitarbeitunfreundliche Regelung, die mit den heutigen Bestrebungen, Teilzeitarbeit zu fördern – dies sogar in möglichst flexibler Form –, unvereinbar ist. Sie verstößt gegen den Gleichheitssatz und diskriminiert indirekt die Frauen, die im Bereich zwischen 15 und 18 Wochenstunden die weitaus überwiegende Mehrheit der Beschäftigten darstellen (Bieback, Gleichbehandlung der Geschlechter und Frauenförderung im Sozialversicherungsrecht, Sozialer Fortschritt 89, 221, 222; Däubler, Gleichberechtigung und Arbeitsförderungsgesetz, S. 26 ff.). Bis zu einer Entscheidung des Bundesverfassungsgerichts ist die Vorschrift jedoch als gültig zu behandeln. Der Europäische Gerichtshof hat hier möglicherweise eine rechtliche Handhabe zu einer Nichtigerklärung wegen Nichtvereinbarkeit mit der EG-Richtlinie 79/7. Diese verbietet in Art. 4 Abs. 1 die unmittelbare und mittelbare Diskriminierung von Frauen insbesondere bezüglich des Zugangs zu den Sozialversicherungssystemen, der Beitragspflicht und der Leistungen. Da die sechsjährige Frist zu ihrer Umsetzung durch die EG-Mitgliedsstaaten zum 22. 12. 84 abgelaufen ist, kommt nach der Rechtsprechung des EuGH eine Gleichbehandlung mit der Männer begünstigenden bisherigen Regelung unmittelbar in Betracht (Colneric, Gleichberechtigung von Mann und Frau im Europäischen Gemeinschaftsrecht, BB 88, 968, 974).

### b) Besondere Personenkreise

**Erwerbsunfähigkeitsrentner** sind bei Aufnahme einer Tätigkeit beitragsfrei, haben aber auch keinen Anspruch auf Arbeitslosen-

geld/hilfe ab dem Beginn der Zahlung der laufenden Rente (§§ 169c Nr. 2, 118 Abs. 1 Nr. 3 ArbeitsförderungsG).
**Berufsunfähigkeitsrentner** sind nur beitragsfrei, wenn sie infolge der Leistungsminderung nicht vermittelbar sind. Bei Verfügbarkeit können sie, wenn sie die Vorversicherungszeiten erfüllen, Leistungen vom Arbeitsamt erhalten (§ 169c Nr. 3 ArbeitsförderungsG).
**Bei Bezug von Altersruhegeld** besteht kein Arbeitslosengeldanspruch mehr (§ 118 Abs. 1 Nr. 4 ArbeitsförderungsG), ebenso **beim Bezug von Vorruhestandsgeld nach dem Vorruhestandsgesetz** (§ 118b ArbeitsförderungsG), wohl aber Beitragspflicht auf Hinzuverdienste vor Alter 65.
**Teilzeitbeschäftigte in Altersteilzeit nach dem AlterstelzeitG** sind beitragspflichtig bezüglich ihrer erzielten Arbeitsentgelte. Auf der Leistungsseite stockt das Arbeitsamt im Fall der Arbeitslosigkeit das Arbeitslosengeld gegebenenfalls soweit auf, daß der Arbeitslose so gestellt wird, als ob er zuletzt 90% seiner Bruttovollzeitvergütung verdient habe.
**Arbeitnehmer ab dem vollendeten 65. Lebensjahr** sind beitragsfrei (§ 169c Nr. 1 ArbeitsförderungsG). **Altersrentner vor Alter 65** sind in einer mehr als geringfügigen Beschäftigung arbeitslosenversicherungspflichtig. Bei Altersrentnern ab 65 muß der Arbeitgeber seine Beitragshälfte ähnlich wie bezüglich der Rentenversicherung entrichten, ohne daß dies dem Beschäftigten zugutekommt (§ 172 Abs. 1 Satz 1 ArbeitsförderungsG; vgl. die Übersicht über Sozialabgaben auf Hinzuverdienste von Rentnern am Ende des 8. Kapitels).
**Zur Beitragspflicht von Beamten bzw. Beamtenpensionären** siehe oben Ziffer 2f. –

c) *Eingeschränkte Arbeitszeit: gesundheitliche Gründe, Verfügbarkeit hinsichtlich Dauer und Lage, Auswirkungen auf den Leistungsanspruch*

Auch der vormals Teilzeitbeschäftigte hat Anspruch auf Arbeitslosengeld und Arbeitslosenhilfe für dieselbe Zeitdauer wie ein Vollzeitbeschäftigter, aber bemessen nach seinem früheren Teilzeitverdienst.
Jeder Arbeitslose, der die Anwartschaftszeit mit Beschäftigungen von mindestens 18 Wochenstunden erfüllt hat und nicht noch

## 5. Kapitel. Soziale Sicherung

Beschäftigungen in einem Umfang von 18 Wochenstunden oder mehr ausübt, hat Anspruch auf Arbeitslosengeld unter folgender Voraussetzung:

**Er muß dem Arbeitsmarkt mit einer Wochenarbeitszeit von mindestens 18 Stunden zu marktüblichen Bedingungen für jede zumutbare Beschäftigung zur Verfügung stehen** (§ 103 Arbeitsförderungsg).

*aa) Was ist, wenn der Arbeitslose aus gesundheitlichen Gründen keine 18 Wochenstunden mehr durchsteht?* Solche Arbeitnehmer haben normalerweise Anspruch auf Berufs- oder Erwerbsunfähigkeitsrente oder Übergangsgeld während einer Rehabilitation. Solange aber noch kein entsprechender Bewilligungsbescheid vorliegt, gelten sie als verfügbar und haben Anspruch auf Arbeitslosengeld bzw. -hilfe (§§ 105a, 134 Abs. 4 Satz 2 Arbeitsförderungsg). Mit dem Verzicht auf die tatsächliche Verfügbarkeit in diesen Fällen wird vermieden, daß der Arbeitslose bis zur Klärung seines Rentenanspruchs ohne soziale Sicherung dasteht (Nahtlosigkeitsprinzip). Das Arbeitsamt kann verlangen, daß er einen Kur- oder Rentenantrag bei der Rentenversicherung stellt (§ 105a Abs. 2 Arbeitsförderungsg). Erhält der Betroffene später rückwirkend Übergangsgeld oder Rente bewilligt, steht dieses Geld dem Arbeitsamt insoweit zu, als es dessen Leistungen übersteigt und wird zwischen den Sozialversicherungsträgern verrechnet. War das Arbeitslosengeld oder die Arbeitslosenhilfe höher, geht das zu Lasten des Arbeitsamtes. Die Nahtlosigkeitsregelung verhindert auch Kürzungen des Arbeitslosengeldes, wenn der Arbeitslose noch mehr als 18 Stunden arbeiten kann, aber nicht mehr die volle auf dem Arbeitsmarkt übliche Arbeitszeit (§ 112 Abs. 8 Satz 2; gilt nicht bei Arbeitslosenhilfe). Auch hier ist ein Antrag auf Berufs- oder Erwerbsunfähigkeitsrente nicht von vorneherein aussichtslos. Stellt sich aufgrund der Erfolglosigkeit der Stellensuche heraus, daß der Teilzeitarbeitsmarkt für den Arbeitslosen praktisch verschlossen ist, etwa, wenn das Arbeitsamt ihm innerhalb eines Jahres nach Stellung des Rentenantrags keine entsprechende Teilzeitbeschäftigung anbieten kann, ist ihm nach der Rechtsprechung des Bundessozialgerichts Rente zu gewähren. Ebenso besteht ein Rentenanspruch, wenn der Arbeitnehmer zwar noch einen Teilzeitarbeitsplatz innehat, aber diese Tätigkeit nachweisbar auf Kosten seiner Gesundheit verrichtet (LSG Bremen, 25. 8. 88, L 1 J 3/88).

## 6. Besonderheiten der Arbeitslosenversicherung

**Beispiel:**
Der arbeitslose Metallarbeiter Stahl kann nach amtsärztlichem Zeugnis nur noch 25 Wochenstunden arbeiten. Da er die 18-Wochenstunden-Grenze erreicht, wäre er eigentlich verfügbar. Jedoch besteht im Arbeitsamtsbezirk kein Teilzeitarbeitsmarkt für Männer im metallverarbeitenden Gewerbe, sodaß Stahl überhaupt nicht vermittelbar ist. Trotzdem erhält er infolge der Nahtlosigkeitsregelung Vollzeit-Arbeitslosengeld. Unter Umständen ist nach einem Jahr ein Rentenantrag erfolgreich.

*bb) Verfügbarkeit zu marktüblichen Bedingungen:* Arbeitslosengeld erhält nur derjenige, der unter den am allgemeinen Arbeitsmarkt üblichen Bedingungen verfügbar ist (§ 103 Abs. 1 Satz 1 Nr. 1 ArbeitsförderungsG). Guter Wille allein genügt nicht.
Allerdings ist im Einzelfall zu beachten, daß die vom Arbeitsamt angebotene Beschäftigung **individuell zumutbar** sein muß. Hierzu besteht in der Anordnung der Bundesanstalt für Arbeit über die Beurteilung der Zumutbarkeit einer Beschäftigung (ZumutbarkeitsAO vom 16. 3. 82; ANBA 82, S. 523) eine bindende Richtlinie zu einzelnen Sachverhalten. § 13 ZumutbarkeitsAO schreibt Ausnahmen hiervon vor, soweit schwerwiegende Umstände des Einzelfalles dies erfordern (vgl. im folgenden).
**Einschränkung auf Teilzeitbeschäftigung:**
Grundsätzlich muß auch der Arbeitlose, der vorher Teilzeit gearbeitet hat, Vollzeitstellen annehmen, wenn sie ihm das Arbeitsamt anbietet.
Dies steht im Gegensatz zu den Bestrebungen, die Teilzeitarbeit zu fördern und zu verbreiten.
Allerdings nimmt das Arbeitsamt in bestimmtem Umfang Rücksicht auf Teilzeitwünsche. Hat der Arbeitslose innerhalb der letzten zwölf Monate vor Eintritt der Arbeitslosigkeit mindestens zehn Monate Teilzeitbeschäftigungen ausgeübt und ist seine Leistung nach einer Teilzeitbeschäftigung bemessen worden, so ist ihm *während der ersten Zeit der Arbeitslosigkeit* keine längere Arbeitszeit zumutbar (§ 11 Zumutbarkeitsanordnung).
In der Regel unzumutbar dürfte Vollzeitarbeit einem **älteren Arbeitnehmer** sein, der eine längere Zeit hindurch teilzeitbeschäftigt war (Ausschußbericht, BT-Ds 8/2914, S. 43, 44).
Die Einschränkung auf Teilzeitarbeit setzt grundsätzlich voraus, daß für die Tätigkeit, für die der Arbeitslose in Frage kommt, Teilzeitstellen marktüblich sind.

## 5. Kapitel. Soziale Sicherung

Der Arbeitslose, der eine Teilzeitstelle sucht, erhält nur dann Leistungen vom Arbeitsamt, wenn für seine spezielle Tätigkeit auf dem Arbeitsmarkt auch Teilzeitstellen marktüblich sind; es müssen jedoch nicht unbedingt solche Stellen *frei* sein, vielmehr genügt es, daß einige Betriebe im Arbeitsamtbezirk entsprechende Teilzeitkräfte beschäftigen.

Männliche Teilzeitarbeitnehmer, die ihre bisherige Teilzeitstelle verloren haben, erlebten gelegentlich, daß das Arbeitsamt ihnen die Leistungen mit der Begründung verweigerte, der Arbeitsmarkt gebe für sie keine Teilzeitstelle her. Die vorhandenen Teilzeitarbeitsplätze würden marktüblich mit Frauen besetzt. Ihnen wurde eine Vollzeittätigkeit zur Auflage gemacht und nur unter dieser Voraussetzung wurde das Arbeitslosengeld gezahlt – allerdings berechnet nach der vorhergehenden Teilzeitbeschäftigung. Das (Teilzeit-)Arbeitslosengeld wurde auch Männern verweigert, die als Alleinerziehende ihren früheren Vollzeitarbeitsplatz hatten aufgeben müssen und sich für eine Teilzeitstelle arbeitssuchend gemeldet haben.

Ein Urteil des Bundessozialgerichts hat hier nun teilweise Abhilfe geschaffen. Danach kommt es nicht darauf an, ob die Teilzeitstellen des jeweiligen Arbeitsamtsbezirks tatsächlich mit Frauen besetzt sind oder werden, sondern, ob sie – auch nach Auffassung der Arbeitgeber – für Männer in Betracht kommen (BSG, 17. 10. 90; 11 RAr 59/89; NZA 91, 529). Handelt es sich nicht um frauenspezifische Arbeitsplätze z.B. in der Krankenhauspsychiatrie wegen der Berücksichtigung des Geschlechts der Patienten und des Pflegepersonals, und bieten die Arbeitgeber gleichwohl Teilzeitarbeitsplätze allgemein nur Frauen an, ist eine Verletzung des Art. 6 (Schutz der Ehe und Familie) und des Art. 3 Abs. 2 (verbotene Diskriminierung wegen des Geschlechts) des Grundgesetzes zu prüfen.

Die *Dauer* der Arbeitszeit braucht beim Anspruch auf Arbeitslosengeld ausnahmsweise nicht den üblichen Bedingungen des allgemeinen Arbeitsmarktes zu entsprechen, wenn der Arbeitslose wegen tatsächlicher oder rechtlicher Bindungen nur eine Teilzeitbeschäftigung ausüben kann (§ 103 Absatz 1 Satz 2 ArbeitsförderungsG). Rechtliche Bindungen können gesetzliche Arbeitsverbote z.B. nach ausländerrechtlichen Gesichtspunkten (vgl. das Erfordernis der Arbeitserlaubnis nach § 19 ArbeitsförderungsG für nicht EG-Angehörige), während der Schutzzeit nach § 6 Mut-

terschutzG oder z. B. auch nach dem Bundesseuchengesetz sein, nicht aber ein nachvertragliches Wettbewerbsverbot nach § 74 ff. gegenüber dem bisherigen Arbeitgeber.
Tatsächliche Bindungen liegen vor, wenn dem Arbeitslosen nicht zugemutet werden kann, sich über sie hinwegzusetzen. Der **Besuch eines Abendgymnasiums** rechtfertigt die Einschränkung auf Teilzeitarbeit, weil hier noch Vorbereitungszeiten zu berücksichtigen sind und weil der Ausbildungsgang entscheidende Bedeutung für seine Berufschancen hat (BSG, 30. 6. 77, 12 RAr 90/76, SozR 4100 § 103 Nr. 6). Entsprechendes gilt für **Schüler** und **Studenten,** sofern nachgewiesen wird, daß trotz einer regulär durchgeführten Ausbildung mehr als kurzzeitige Arbeit möglich wäre (§ 103 a ArbeitsförderungsG). Allerdings sind diese Personen in einer Beschäftigung während ihrer Ausbildung normalerweise beitragsfrei, erwerben also keine weiteren Ansprüche auf Leistungen.
So macht die Führung eines Haushalts die Aufnahme einer Vollzeitbeschäftigung unzumutbar, wenn im Haushalt mindestens ein aufsichtsbedürftiges Kind unter sechzehn Jahren oder eine pflegebedürftige Person zu betreuen ist (§ 7 ZumutbarkeitsAO).

> **Beispiel:**
> Einer arbeitslosen Frau mit einem zwölfjährigem Kind steht es frei, sich auf eine Teilzeitbeschäftigung zu beschränken oder sich für eine Vollzeitbeschäftigung zur Verfügung zu stellen.
> Entscheidet sie sich für Teilzeitarbeit von mindestens 18 Wochenstunden, behält sie den (anteilig herabgesetzten) Anspruch auf Arbeitslosengeld auch, wenn in ihrer Branche oder aufgrund der örtlichen Verhältnisse Teilzeitarbeitsplätze nicht üblich sind.
> Allerdings muß die gewünschte Lage der Arbeitszeit sich im Bereich des allgemein üblichen halten (vgl. im folgenden).

Bei der Arbeitslosenhilfe ist die Regelung strenger. Zwar kann der Arbeitslose auch hier Leistungen erhalten, wenn er infolge tatsächlicher oder rechtlicher Bindungen keine Vollzeitbeschäftigung ausüben kann. Hier muß die *Dauer* der noch möglichen Arbeitszeit aber in jedem Fall marktüblich sein (§ 134 Abs. 4 Satz 2 ArbeitsförderungsG).
**Sonderregelung für Arbeitslosenhilfeempfänger nach dem Bundeserziehungsgeldgesetz:** Verfügbarkeit für 18 Wochenstunden muß nicht bei Betreuung von Kindern gegeben sein, solange Er-

ziehungsgeld bzw. Erziehungsurlaub nach dem Bundeserziehungsgeldgesetz gewährt wird (siehe § 2 Abs. 4 BundeserziehungsgeldG). Dies gilt aber nur für die Arbeitslosenhilfe. Wer Arbeitslosengeld bezieht, muß wählen, ob er Erziehungsgeld bzw. Erziehungsurlaub beansprucht oder das Arbeitslosengeld vorzieht (siehe im 8. Kapitel bei h).

**Wünsche oder Bindungen an eine spezielle Lage und Verteilung der Arbeitszeit:** Nach § 103 Abs. 1 Satz 3 Nr. 1 ArbeitsförderungsG steht der Arbeitsvermittlung nicht zur Verfügung, wer wegen häuslicher Bindungen, die nicht in der Betreuung aufsichtsbedürftiger Kinder oder pflegebedürftiger Personen bestehen, Beschäftigungen nur zu bestimmten Arbeitszeiten ausüben kann.

Macht der Arbeitslose eine Arbeitszeit nur für bestimmte Wochentage oder nur für vormittags oder nachmittags oder zu bestimmten Uhrzeiten zur Bedingung, erhält er keine Leistungen, wenn die gewünschte *Lage* der Arbeitszeit nicht marktüblich ist. Insbesondere die Beschränkung auf bestimmte Uhrzeiten z.B. wegen häuslicher Bindungen führt zum Leistungsverlust; großzügiger muß das Arbeitsamt sein, wenn die häusliche Bindung in der Betreuung aufsichtsbedürftiger Kinder oder pflegebedürftiger Personen besteht; die gewünschte Arbeitszeit darf aber auch hier nicht völlig marktunüblich sein.

**Beispiel 1:**

Kann eine arbeitslose Frau wegen der Betreuung ihres zehnjährigen Kindes wöchentlich nur 18 Stunden arbeiten, und zwar *vormittags,* weil nachmittags das Kind aus der Schule kommt, so muß das vom Arbeitsamt hingenommen werden.

Die Frau kann aber nicht verlangen, daß sie vormittags nur zwei und nachmittags nochmals zwei Stunden beschäftigt sein will.

**Beispiel 2:**

Die Kinderfrau einer voll berufstätigen Mutter mit drei Kindern unter 16 Jahren kündigt. Die Mutter gibt ihre Vollzeittätigkeit auf und meldet sich arbeitssuchend für eine Teilzeitstelle ab 18 Uhr. Um diese Zeit löst sie ihr Mann in der Betreuung der Kinder ab.

Hier besteht nicht ohne weitere Feststellungen des Arbeitsamtes ein Anspruch auf Arbeitslosengeld. Die gewünschte Lage der Arbeitszeit könnte aus dem Rahmen des örtlichen Arbeitsmarktes fallen. Die Privilegierung für die Betreuung aufsichtspflichtiger Kinder bzw. pflegebedürftiger Personen nach § 103 Abs. 1 Satz 3 Nr. 1 ArbeitsförderungsG

## 6. Besonderheiten der Arbeitslosenversicherung

deckt nicht auch Arbeitszeiten, die am Arbeitsmarkt völlig unüblich sind. Sofern am Ort allerdings in nicht unbeachtlichem Umfang Spätschichtarbeitsplätze bestehen, z. B. weil ein größerer Mehrschichtenbetrieb ansässig ist, sieht die Sache anders aus (BSG 20. 6. 78, 7 RAr 45/77, SozR 4100 § 103 Nr. 17 betr. Dämmerschicht zwischen 16 und 23 Uhr).

**Faustregel:** Lage und Verteilung der Teilzeitarbeit sind marktüblich, wenn Anfang oder Ende von Arbeitszeiten mit Anfang oder Ende üblicher Vollzeitbeschäftigungen zusammenfallen (BSG 21. 7. 77, 7 RAr 1342/75, SozR 4100 § 134 Nr. 3). In anderen Fällen muß das Arbeitsamt ermitteln, ob Arbeitsplätze der in Rede stehenden Art in nennenswerter Zahl auf dem für den Arbeitslosen in Betracht kommenden Arbeitsmarkt vorhanden sind. Es kommt nicht darauf an, ob ein entsprechender Arbeitsplatz auch frei ist.

In den privilegierten Fällen, wo es auf das Vorhandensein eines Teilzeitarbeitsmarktes nicht ankommt, ist festzustellen, ob die Arbeitszeiten, die der Arbeitslose anbietet, von Arbeitgebern nachgefragt würden, wenn sie sich auf Teilzeitbeschäftigung einlassen würden.

**Zumutbare Wegezeit:** Für den Weg zwischen Wohnung und Arbeitsstätte und zurück ist bei Vollzeitarbeit ein zeitlicher Aufwand bis zu insgesamt etwa zweieinhalb Stunden zumutbar. Bei täglicher Arbeitszeit unter sechs Stunden ist eine Pendelzeit bis zu insgesamt etwa zwei Stunden zumutbar.

Längere Pendelzeiten sind zumutbar, soweit sie in der Region bei vergleichbaren Arbeitnehmern üblich sind (§ 3 ZumutbarkeitsAO). Auch hier ist die Zumutbarkeit in besonders gelagerten Fällen zu prüfen.

**Beispiel:**
Eine alleinerziehende arbeitslose Frau mit zwei Kleinkindern steht dem Arbeitsmarkt zur Verfügung, wenn sie eine Betreuungsmöglichkeit für ihre Kinder für den Fall der Arbeitsaufnahme plausibel macht, etwa durch die Großeltern. Sie kann besondere Rücksichtnahme bei der Stellenvermittlung auch in bezug auf die Wegezeit verlangen, da hier schwerwiegende Umstände im Sinne der Härteklausel des § 13 ZumutbarkeitsAO bestehen.

*cc) Auswirkungen von Änderungswünschen auf den Leistungsanspruch:* Kann oder will der Arbeitslose künftig nicht mehr soviele

Stunden arbeiten, wie in seiner letzten beitragspflichtigen Beschäftigung, verringern sich Arbeitslosengeld und Arbeitslosenhilfe entsprechend. Will der Arbeitslose dagegen künftig mehr Stunden arbeiten, bleibt es bei der Bemessung der Arbeitsamtsleistungen nach der bisherigen Beschäftigung.

> **Beispiel:**
> Eine Frau muß wegen Geburt eines Kindes ihre bisherige Vollarbeitsstelle aufgeben und sucht eine Halbtagsbeschäftigung.
> Das Arbeitsamt zahlt ihr nur das halbe Arbeitslosengeld, das sich aus der vorherigen Vollzeitstelle errechnet.
> Dagegen erhöht sich die Leistung des Arbeitsamtes nicht, wenn der Arbeitslose eine Arbeitsstelle mit mehr Wochenstunden sucht als in seiner vorherigen versicherten Beschäftigung.
> **Ausnahme:** War der Arbeitslose im Bemessungszeitraum (= die letzten abgerechneten 60 Kalendertage bzw. drei Monate des Beschäftigungsverhältnisses) nur teilzeitbeschäftigt, in den letzten drei Jahren vor der Arbeitslosmeldung aber überwiegend vollzeitbeschäftigt, ist das Arbeitslosengeld aufgrund von Vollzeitbeschäftigung zu bemessen; anders läge eine unbillige Härte vor (§ 112 Absatz 7 ArbeitsförderungsG; SG Freiburg, 25. 2. 85, S 7 Av 2521/84; info also 86, 75). Dies gilt auch dann, wenn der Arbeitslose eine von zwei Teilzeitbeschäftigungen freiwillig aufgegeben hat und später die verbliebene Teilzeitbeschäftigung verloren hat (SG Freiburg, aaO).

### d) *Besonderheiten bei Heimarbeit bzw. Arbeit zuhause*

Ob der Heimarbeiter 18 Wochenstunden erreicht und damit gegen Arbeitslosigkeit versichert ist, wird mangels fester Arbeitszeit aus dem Verdienst zurückgeschlossen nach der Faustregel: Grenzverdienst für die geringfügige Beschäftigung (derzeit DM 500,–) mal 18 (Kurzzeitigkeitsgrenze) geteilt durch 15 (Grenzwochenstundenzahl für die geringfügige Beschäftigung).

Keine Versicherung besteht demnach 1992, wenn das Heimbeitsentgelt DM 600/Monat nicht übersteigt.

Heimarbeiter müssen grundsätzlich für die normale Stellenvermittlung verfügbar sein. Sie dürfen allerdings gemäß § 103 Abs. 3 ArbeitsförderungsG außerhäusliche Beschäftigungen ablehnen, wenn objektive häusliche Bindungen z. B. gesundheitlicher oder familiärer Art gegeben sind. Außerdem muß die Heimarbeit innerhalb der Rahmenfrist von drei Jahren mindestens 360 Kalen-

## 6. Besonderheiten der Arbeitslosenversicherung

dertage ausgeübt worden sein (§ 103 Abs. 3 ArbeitsförderungsG).
Diese Regelung gilt jedoch nur für den Anspruch auf Arbeitslosengeld und nicht für die Arbeitslosenhilfe. Der Nur-Heimarbeiter hat keinen Anspruch auf Arbeitslosenhilfe, wenn er nicht bereit ist, auch eine Tätigkeit außer Haus aufzunehmen.

### e) Anrechnung von Nebeneinkommen auf Arbeitslosengeld, Arbeitslosenhilfe und Unterhaltsgeld (§ 115 ArbeitsförderungsG)

Einkommen, das der Arbeitslose während des Bezuges von Arbeitslosengeld oder Arbeitslosenhilfe aus einer unselbständigen oder selbständigen Tätigkeit erzielt, wird für die Bezugswoche angerechnet, in der das Einkommen erarbeitet worden ist.
Anrechnungsfrei bleibt ein *Grundfreibetrag von DM 30,–/Woche netto* aus einer unselbständigen oder selbständigen Nebentätigkeit; der übersteigende Nettoverdienst wird auf das Arbeitslosengeld oder die Arbeitslosenhilfe **zur Hälfte**, auf das Unterhaltsgeld **voll** angerechnet.
Der Nettoverdienst wird voll berücksichtigt, soweit er zusammen mit dem verbleibenden Arbeitslosengeld 80 vom Hundert des für das Arbeitslosengeld maßgebenden Netto-Arbeitsentgelts übersteigt. Einmalige und wiederkehrende Zuwendungen bleiben außer Betracht.
Hieraus ergeben sich zwei hintereinander vorzunehmende Anrechnungsverfahren (Schema 1 und Schema 2):

Schema 1
Nebeneinkommen (in der Woche)
./. Steuern
./. Sozialversicherungsbeträge
./. Werbungskosten

---

= Nettonebeneinkommen\*
./. 30,– DM Freibetrag je Kalenderwoche

---

= Betrag wird *zur Hälfte* auf das Arbeitslosengeld angerechnet
Schema 2
Nettonebeneinkommen (\* aus Schema 1)
+ wöchentliches nach Schema 1 verbleibendes Arbeitslosengeld

= Gesamteinkommen
./. 80% des maßgeblichen Nettoarbeitsentgelts

= Betrag wird *voll* angerechnet

**Beispiel:**
Frau Plate ist arbeitslos und erhält DM 330,– Arbeitslosengeld in der Woche (63% ihres früheren Nettogehalts). Sie findet einen Nebenverdienst mit DM 300,– *netto* in der Woche. Nach Abzug des Freibetrages von DM 30,– verbleibt ein Betrag von DM 270,–. Die Hälfte davon beträgt DM 135,–. Dieser Betrag wird vom Arbeitslosengeld abgezogen, so daß sich ein Rest von DM 195,– Arbeitslosengeld ergibt.
Jetzt wendet das Arbeitsamt das Schema 2 an.
Die Summe aus dem Nettonebenverdienst von DM 300,– und dem nach Schema 1 verbleibenden Arbeitslosengeld beträgt DM 495,–. 80% ihres früheren Nettogehalts sind DM 419,05. Die Differenz beträgt DM 75,95. Dieser Betrag wird voll auf das Arbeitslosengeld angerechnet. Im Ergebnis werden von dem aus Schema 1 verbleibenden Arbeitslosengeld nochmals DM 75,95 abgezogen. Frau Plate erhält im Ergebnis nur DM 119,05 Arbeitslosengeld in der Woche.

Wichtig für Teilzeitkräfte, deren Ehepartner Arbeitslosenhilfe bezieht: Das Einkommen des von den Arbeitslosen nicht dauernd getrennt lebenden Ehegatten und der Eltern (eines minderjährigen unverheirateten Arbeitslosen) wird auf die Arbeitslosenhilfe voll angerechnet, soweit es jeweils 150 Deutsche Mark in der Woche übersteigt; dieser Betrag erhöht sich um 70 Deutsche Mark für jede Person, der der Angehörige auf Grund einer rechtlichen oder sittlichen Pflicht nicht nur geringfügig Unterhalt gewährt; hierbei wird der Arbeitslose nicht mitgerechnet (§ 138 Abs. 1 Ziffer 2 ArbeitsförderungsG).

Durch die Anrechnung verlängert sich die Anspruchsdauer für das Arbeitslosengeld um so viele Tage, wie das wöchentliche Arbeitslosengeld um volle Sechstel gemindert worden ist (§ 110 Abs. 1 Ziffer 1 ArbeitsförderungsG).

**Fortsetzung des obigen Beispiels:** Frau Plate erhielt ihr Arbeitslosengeld um DM 210,95 (330 ./. 119,05) gekürzt. Das macht über 3 volle Sechstel des wöchentlichen Arbeitslosengeldes aus (330 : 6 = 55; 210,95 : 55 = 3,81). Für jede Woche, in der sich Frau Plate das Nebeneinkommen anrechnen lassen muß, erhielt sie zum Ausgleich drei zusätzliche Tage Arbeitslosengeld, d.h., die höchstmögliche Bezugsdauer erhöht sich um diese Tage!

**Anrechnung von neben Teilzeitarbeit erzieltem Nebeneinkommen:** Nach dem Verlust der beitragspflichtigen Teilzeitbeschäftigung erhält der Arbeitslose Arbeitslosengeld nur hieraus. Das Einkommen aus einer ständigen, d. h., mindestens die letzten drei Monate *vor Eintritt der Arbeitslosigkeit* ausgeübten beitragsfreien Nebenbeschäftigung wird nur insoweit angerechnet, als es auf Arbeitsstunden beruht, die zusammen mit den Stunden, nach denen das Arbeitslosengeld bemessen wurde, die tarifliche Normalarbeitszeit der beitragspflichtigen Beschäftigung übersteigen. Arbeitslosengeld und Nebenverdienst dürfen jedoch nicht höher sein als 80% des Nettoverdienstes bei Vollzeitbeschäftigung (§ 115 Abs. 1 Satz 2 ArbeitsförderungsG).

Wichtig für Teilzeitkräfte, deren Ehepartner Arbeitslosen*hilfe* bezieht: Das Einkommen des von dem Arbeitslosen dauernd getrennt lebenden Ehegatten und der Eltern (eines minderjährigen unverheirateten Arbeitslosen) wird auf die Arbeitslosenhilfe voll angerechnet, soweit es jeweils 150 Deutsche Mark in der Woche übersteigt; dieser Betrag erhöht sich um 70 Deutsche Mark für jede Person, der der Angehörige auf Grund einer rechtlichen oder sittlichen Pflicht nicht nur geringfügig Unterhalt gewährt; hierbei wird der Arbeitslose nicht mitgerechnet (§ 138 Abs. 1 Ziffer 2 ArbeitsförderungsG).

**Arbeitgeberzuschüsse zum Unterhaltsgeld:** Beim Unterhaltsgeld werden Leistungen des Arbeitgebers wegen der Teilnahme an der Maßnahme nur angerechnet, soweit sie netto zusammen mit dem Unterhaltsgeld das für die Bemessung des Unterhaltsgeldes maßgebende Arbeitsentgelt übersteigen (= Begrenzung auf 100% vom vorherigen Nettoarbeitsentgelt). Gleiches gilt für Leistungen aufgrund eines früheren oder ohne Ausübung einer Beschäftigung bestehenden (ruhenden) Arbeitsverhältnisses (§ 44 Abs. 5 ArbeitsförderungsG).

*f) Teilunterhaltsgeld bei Teilzeitmaßnahmen der beruflichen Bildung*

Junge Ausgebildete haben in vielen Fällen nach Abschluß der Berufsausbildung die Schwierigkeit, einen Arbeitsplatz zu erhalten. Einzelne Unternehmen sind daher dazu übergegangen, zur Verringerung dieser Übergangsschwierigkeiten den Ausgebildeten Teilzeitarbeitsplätze anzubieten.

Junge Arbeitnehmer bis zum 25. Lebensjahr, die einen Vollarbeitsplatz suchen, können vom Arbeitsamt bei Teilnahme an einer Teilzeitbildungsmaßnahme Teilunterhaltsgeld erhalten, wenn die Bildungsmaßnahme zur Aufnahme einer Vollzeitbeschäftigung notwendig ist und die Teilzeitbeschäftigung mindestens 12 und höchstens 24 Stunden wöchentlich ausmacht. Das Einkommen aus der Teilzeitbeschäftigung wird auf das Teilunterhaltsgeld nicht angerechnet.

Teilunterhaltsgeld wird auch Arbeitnehmern gewährt, die wegen der Erziehung von Kindern zeitweilig aus dem Arbeitsleben ausgeschieden sind und die nicht an einer ganztägigen Bildungsmaßnahme teilnehmen können, weil sie aufsichtsbedürftige Kinder oder pflegebedürftige Personen betreuen.

Das Teilunterhaltsgeld setzt in diesen Fällen voraus, daß die Arbeitnehmer vorher beitragspflichtig beschäftigt waren und die Bildungsmaßnahme zur Beendigung der Arbeitslosigkeit notwendig ist.

Das Teilunterhaltsgeld beträgt die Hälfte des normalen Unterhaltsgeldes. Die Regelung über Teilunterhaltsgeld gilt nur für die Zeit bis zum 31. 12. 1995. Teilnehmern, die vor dem 1. Januar 1996 in eine Maßnahme eingetreten sind, wird das Teilunterhaltsgeld noch bis zum Ende der Maßnahme gewährt (§ 44 Absatz 2b ArbeitsförderungsG).

## g) Altersübergangsgeld

Das Altersübergangsgeld ist eine Leistung der Arbeitslosenversicherung für ältere Arbeitnehmer in der ehemaligen DDR, die ihren Arbeitsplatz durch die Umstellung der Wirtschaft verlieren und bis zum Bezug einer Altersrente keine neue Beschäftigung mehr aufnehmen wollen. Sie können nach der Vollendung des 55. Lebensjahres bis zum 30. 6. 1992 für längstens fünf Jahre, längstens bis zum 65. Lebensjahr, anstelle Arbeitslosengeldes Altersübergangsgeld beantragen. Der Arbeitslosengeldanspruch muß für wenigstens 832 Tage (2 Jahre 8 Monate) bestanden haben und darf noch nicht länger als drei Monate bezogen worden sein. Voraussetzung ist ferner, daß keine Beschäftigung oder selbständige Erwerbstätigkeit mit einer Wochenarbeitszeit von 18 Stunden oder mehr ausgeübt wird und daß kein Anspruch auf Rente wegen verminderter Erwerbsfähigkeit besteht. Invalidenrente nach DDR-Recht, Bergmannsinvalidenrente und Bergmannsvollrente schließen Altersübergangsgeld nur aus, wenn der Antragsteller nach Beginn der Rente weniger als 90 Tage als Arbeitnehmer beschäftigt war. Bei Leistungen aus Sonderversorgungssystemen gelten besondere Regelungen für das Übergangsgeld. Altersübergangsgeld gibt es nicht, wenn in der Region ein deutlicher Mangel an Arbeitskräften mit der Qualifikation des Betreffenden besteht.

**Höhe:** Das Altersübergangsgeld beträgt 65% des letzten durchschnittlichen Nettoarbeitsentgelts der letzten drei abgerechneten Monate der letzten Beschäftigung. Es wird ähnlich wie das Arbeitslosengeld jährlich angepaßt.

**Sozialversicherung:** Bezieher von Altersübergangsgeld sind wie Bezieher von Arbeitslosengeld kranken- und rentenversichert; auch die Sicherung im Krankheitsfall ist wie bei Arbeitslosengeld geregelt (erste sechs Wochen Altersübergangsgeld, dann Krankengeld in gleicher Höhe). Die Beiträge trägt das Arbeitsamt. Die Rentenversicherungsbeiträge steigern wie normale Pflichtbeiträge die spätere Altersrente.

**Nebenverdienst:** Nebenerwerb als Arbeitnehmer oder Selbständiger ist bis zu unter 18 Wochenstunden erlaubt. Der Nebenverdienst wird wie beim Arbeitslosengeld angerechnet (vgl. oben Buchst. e).

## 7. Besonderheiten der Unfallversicherung

Teilzeitbeschäftigte sind völlig unabhängig vom Umfang ihrer Beschäftigung bei Arbeitsunfällen, Berufskrankheiten und Unfällen auf dem Weg zur Arbeit bezüglich Schäden an Gesundheit, Leib und Leben über den Betrieb und seine Berufsgenossenschaft wie jeder andere Arbeitnehmer unfallversichert.

Versicherungsnehmer ist der Betrieb, der nach seiner Lohnsumme und seinem Gefahrtarif die Beiträge zu seiner Berufsgenossenschaft entrichtet.

## 8. Sozialleistung Erziehungsgeld; Erziehungsurlaub

*a) Erziehungsgeld*

Erziehungsgeld nach dem Bundeserziehungsgeldgesetz wird in Höhe von DM 600,– monatlich Müttern oder Vätern und anderen Personen für in ihrem Haushalt lebende Kinder, für die ihnen das Sorgerecht zusteht bzw. für nichteheliche Kinder, Stiefkinder und zur Adoption vorgesehene Kinder gewährt. Der Anspruch auf Erziehungsgeld ist unabhängig davon, ob die Betreuungsperson vor der Geburt erwerbstätig war oder nicht. Für die Dauer des Erziehungsgeldbezuges darf sie jedoch nur eingeschränkt bis zu 19 Stunden in der Woche erwerbstätig sein. Ist die Arbeitszeit bis zu 19 Wochenstunden einschließlich durch Arbeitsvertrag oder aufgrund der Natur der Sache beschränkt –, sind gelegentliche unvorhersehbare Abweichungen von dieser Arbeitszeit unschädlich, sofern diese nur von geringer Dauer sind.

> **Beispiel:**
> Statt der im Arbeitsvertrag vorgesehenen Arbeitszeit von 10 Wochenstunden arbeitet Frau Plate, da sie ausnahmsweise zu einer unvorhersehbaren Krankheitsvertretung herangezogen wird, zwei Wochen lang je 20 Stunden. Obwohl die Wochenstundengrenze überschritten ist, behält sie den Anspruch auf Erziehungsgeld.
> Bei schwankenden Arbeitszeiten ist der voraussichtliche Durchschnitt der Wochenstundenzahl während des gesamten Erziehungsurlaubs maßgebend.

Erziehungsgeld wird bei nach dem 30. 6. 90 geborenen Kindern für 18 Monate gezahlt, bei Geburten ab 1. 1. 1993 für 24 Monate. Die Beschränkung einer Erwerbstätigkeit auf bis zu 19 Wochenstunden gilt sowohl für Arbeitnehmer wie für Selbständige. Eine **Beschäftigung zur Berufsausbildung** stellt keine volle Erwerbstätigkeit dar. Es kann also im Ausbildungsverhältnis voll weiter gearbeitet werden.
Übt der Erziehungsberechtigte neben der Kinderbetreuung **mehrere Teilzeitbeschäftigungen** aus, müssen sie sich insgesamt unter der Wochenstundengrenze halten. **Härtefallregelung;** Voraussetzung für Erziehungsgeld ist normalerweise, daß die sorgeberechtigte Person das Kind selbst betreut und keiner oder keiner vollen Erwerbstätigkeit nachgeht. Für **Alleinerziehende,** die etwa aufgrund des Todes des anderen Elternteils in die Lage gekommen sind, ihren und den Unterhalt ihres Kindes selbst durch Vollzeitbeschäftigung zu erwirtschaften und die das Kind durch Dritte wie die Großeltern betreuen lassen, ist es unzumutbar, wegen des Erziehungsgelds ihre Beschäftigung aufzugeben oder zu reduzieren. Deswegen kann „in Fällen besonderer Härte, insbesondere

## 8. Sozialleistung Erziehungsgeld; Erziehungsurlaub

durch den Tod eines Elternteils" von den genannten Voraussetzungen abgesehen werden (§ 1 Abs. 7 BundeserziehungsgeldG). Nach einer Ansicht in der Literatur, die aber von den Erziehungsgeldstellen bisher nicht geteilt worden ist, ist die Härtefallregelung über den gesetzlichen Beispielsfall hinaus generell auf alle Alleinerziehenden anzuwenden, z.B. auch, wenn die sorgeberechtigte Person von vorneherein alleinerziehend ist (Mauer/Schmidt, BB 91, 1779). **Mehrfacher Anspruch:** für jedes Kind wird Erziehungsgeld gewährt (§ 3 Abs. 1 Satz 2 BundeserziehungsgeldG). Dies gilt für Mehrlingsgeburten, aber auch für den Fall, daß während des Bezugs von Erziehungsgeld ein weiteres Kind geboren wird.

**Einkommensgrenzen ab dem 7. Monat;** ab dem 7. Lebensmonat wird Einkommen der Berechtigten angerechnet.

Bei Überschreitung der folgenden Einkommensgrenzen wird das Erziehungsgeld um 40% des darüberliegenden Einkommens gekürzt:

| Einkommensgrenzen beim Erziehungsgeld ab dem siebten Lebensmonat (Jahresnettoeinkommen) | | | |
|---|---|---|---|
| | Anzahl der Kinder | Volles Erziehungsgeld bis | Gemindertes Erziehungsgeld bis |
| Ehepaar<br>Alleinerziehende | 1 | 29400 DM<br>23700 DM | 46200 DM<br>40500 DM |
| Ehepaar<br>Alleinerziehende | 2 | 33600 DM<br>27900 DM | 50400 DM<br>44700 DM |
| Ehepaar<br>Alleinerziehende | 3 | 37800 DM<br>32100 DM | 54600 DM<br>48900 DM |
| Ehepaar<br>Alleinerziehende | 4 | 42000 DM<br>36300 DM | 58800 DM<br>53100 DM |

Maßgebend ist das Einkommen des vorletzten Kalenderjahres vor der Geburt (Lohnsteuerkarte, Einkommensteuerbescheid!). Es zählen alle Einkünfte abzüglich Einkommen- und Kirchensteuer, Vorsorgeaufwendungen und Unterhaltsleistungen.

Auf Antrag wird statt des Einkommens des vorletzten Kalenderjahres das *aktuelle* Einkommen während des Erziehungsurlaubs angerechnet. Dies ist günstiger, sofern das normale Einkommen der Eltern in dieser Zeit reduziert wird, etwa, weil der/die Berechtigte keinerlei Erwerb während des Erziehungsurlaubs nachgeht oder nur die erlaubten 19 Wochenstunden arbeitet.

**Lohnt sich überhaupt eine Teilzeitbeschäftigung während des Erziehungsurlaubes?** Wer seine Arbeitszeit während des Erziehungsurlaubs auf die erlaubten 19 Stunden reduzieren will, muß sich darüber im klaren sein, daß er auch mit dem reduzierten Verdienst aus der Teilzeitbeschäftigung ab dem 7. Lebensmonat des Kindes sein Erziehungsgeld möglicherweise kürzt. Ob sich dann die Teilzeitbeschäftigung überhaupt noch lohnt, muß im Einzelfall ausgerechnet werden!

Zur Anrechnung von Sozial- und Sozialversicherungsleistungen vgl. bei Buchst. g).

Das Erziehungsgeld muß schriftlich bei der zuständigen Stelle beantragt werden. Das sind:
- in Baden-Württemberg die Landeskreditbank,
- in Bayern die Versorgungsämter,
- in Berlin die Bezirksämter,
- in Brandenburg die Jugendämter,
- für den Bereich der Stadtgemeinde Bremen der Senator f. Soziales, Familie u. Gesundheit (Erziehungsgeldstelle),
- für Bremerhaven der Magistrat,
- in Hamburg die Bezirksämter (Einwohnermeldeamt),
- in Hessen die Versorgungsämter,
- in Mecklenburg-Vorpommern die Versorgungsämter,
- in Niedersachsen die Landkreise und kreisfreien Städte,
- in Nordrhein-Westfalen die Versorgungsämter,
- in Rheinland-Pfalz die Jugendämter,
- im Saarland das Versorgungsamt des Saarlandes (Saarbrücken),
- in Sachsen die Ämter für Familie und Soziales,
- in Sachsen-Anhalt die Ämter für Versorgung und Soziales,
- in Schleswig-Holstein die Versorgungsämter,
- in Thüringen die Ämter für Soziales und Familie.

## b) Erziehungsurlaub

Der Erziehungsurlaub ist unbezahlter Urlaub, den die Betreuungsperson vom Arbeitgeber verlangen kann.

Die **Dauer des Erziehungsurlaubs** von bisher 18 Monaten beträgt ab dem 1. 1. 1992 drei Jahre und übersteigt damit die Bezugsdauer des vom Bund gezahlten Erziehungsgeldes um 18 Monate bzw. bei Geburten ab 1. 1. 1993 um ein Jahr. In diese Lücke können die Bundesländer mit Landeserziehungsgeld springen. Tun sie dies, gilt auch diese Zeit wie eine Beitragszeit in der Arbeitslosenversicherung und erhöht die Anspruchsdauer beim Arbeitslosengeld (vgl. bei Buchst. e). Bei einem angenommenen Kind oder bei Adoptionspflege kann der dreijährige Erziehungsurlaub ab der Inobhutnahme längstens bis zum vollendeten 7. Lebensjahr des Kindes genommen werden. Erziehungsurlaub zur Kindesbetreuung steht zur gleichen Zeit nur einem Personensorgeberechtigten zu. Weiter ist der Urlaub ausgeschlossen, solange sich die Mutter noch in der Schutzzeit nach der Entbindung befindet, ebenso wenn der andere im gleichen Haushalt lebende Elternteil nicht erwerbstätig ist, es sei denn, er ist arbeitslos oder befindet sich in Ausbildung (§ 15 Abs. 2 Satz 1 Nr. 2 BundeserziehungsgeldG) oder kann die Kindesbetreuung aus anderen Gründen nicht übernehmen (§ 15 Abs. 3 BundeserziehungsgeldG).

Während des Erziehungsurlaubes kann der Berechtigte nur eine **Teilzeitbeschäftigung bis zu 19 Wochenstunden** ausüben, bei einem anderen Arbeitgeber jedoch nur mit Zustimmung des Arbeitgebers der bisherigen „normalen" Beschäftigung (§ 15 Abs. 4 BundeserziehungsgeldG).

**Antragsfrist;** der Erziehungsurlaub muß spätestens vier Wochen vor seinem Beginn beim Arbeitgeber beantragt werden.

**Wechsel der Berechtigten;** eine Inanspruchnahme oder ein Wechsel zwischen den Berechtigten ist dreimal zulässig (§ 16 Abs. 1 BundeserziehungsgeldG).

Ein **Rechtsanspruch auf entsprechende Verkürzung der Arbeitszeit** auf 19 Wochenstunden wird durch das Bundeserziehungsgesetz nicht begründet; er kann sich aber aus der Fürsorgepflicht des Arbeitgebers ergeben (vgl. dazu im 2. Kapitel bei 2c) sowie aus tariflichen Bestimmungen.

**Mehrfachbeschäftigte;** hat eine Frau mehrere Arbeitsstellen, kann sie entscheiden, ob sie Erziehungsurlaub in allen Arbeits-

stellen beantragt, oder ob sie etwa in einer Arbeitsstelle unter Beachtung der Wochenstundengrenze weiterarbeitet. Sie steht in allen Arbeitsstellen im fraglichen Zeitraum unter Kündigungsschutz, sofern sie innerhalb der Wochenstundengrenze bleibt.
Wird infolge der Mehrfachbeschäftigung die 19-Wochenstunden-Grenze überschritten, entfallen der Anspruch auf Erziehungsgeld bzw. -urlaub und der besondere Kündigungsschutz!

### c) *Kündigungsschutz wegen Kindesbetreuung*

– Beitrittsgebiet: Der Sonderkündigungsschutz von Elternteilen, die kleine Kinder betreuen (bis zum Ende des 1. Lebensjahres des Kindes, bei Fehlen eines Krippenplatzes bzw. für Alleinerziehende bis zum 3. Lebensjahr) gilt noch bezüglich Geburten vor dem 1. 1. 1991 bzw. für Alleinerziehende bezüglich Geburten vor dem 1. 1. 1992; für spätere Geburten gilt das Bundeserziehungsgeldgesetz. –
Der Arbeitgeber kann ab dem Zeitpunkt, von dem an Erziehungsurlaub verlangt worden ist (frühestens sechs Wochen vor Beginn des Erziehungsurlaubs) und während des Erziehungsurlaubes keine Kündigung aussprechen (§ 18 Abs. 1 BundeserziehungsgeldG). In Sonderfällen kann die Kündigung durch die zuständige Behörde (Gewerbeaufsicht) für zulässig erklärt werden.
Nach § 18 Absatz 2 Nr. 2 BundeserziehungsgeldG genießt auch ein Teilzeitarbeitnehmer, der von seinem Arbeitgeber *keinen Erziehungsurlaub* in Anspruch nimmt, besonderen Kündigungsschutz, wenn er Anspruch auf Erziehungsgeld hat oder nur deshalb nicht hat, weil die Einkommensgrenze des § 5 Absatz 2 überschritten ist.
Gemeint sind solche Teilzeitarbeitnehmer, die alle Voraussetzungen für die Inanspruchnahme von Erziehungsurlaub erfüllen, diesen aber nicht nehmen, weil sie ihre Erwerbstätigkeit nicht einschränken wollen und dies für den Anspruch auf Erziehungsgeld auch nicht müssen, da ihre Teilzeittätigkeit die Wochenstundengrenze nicht übersteigt.

**Beispiel:**

Frau Carsten ist als Lohnbuchhalterin beschäftigt mit 15 Wochenstunden. Nach der Geburt ihres Kindes, das sie betreut, bezieht sie Erziehungsgeld. Ihre Teilzeitbeschäftigung steht dem von der Stundenzahl

her nicht entgegen, da sie unter der 19-Wochenstunden-Grenze bleibt.
Frau Carsten hat auf den Erziehungsurlaub verzichtet, weil sie den Verdienst aus der Teilzeitbeschäftigung braucht.
Sie kann während des Erziehungsurlaubs nicht gekündigt werden.
Dies gilt auch dann, wenn sie wegen Überschreitung der ab dem 7. Lebensmonat des Kindes geltenden Einkommensgrenze kein Erziehungsgeld bezieht. Will sie sich auf den Kündigungsschutz berufen, muß sie dem Betrieb – in der Regel spätestens innerhalb zwei Wochen nach Erhalt der Kündigung – mitteilen, daß sie das Kind betreut.

### d) Sozialversicherung

In der **Krankenversicherung** bleibt die Mitgliedschaft während der Zeit, in der Erziehungsurlaub in Anspruch genommen wird – bei Unterbrechung der Berufstätigkeit bzw. geringfügig entlohnter Beschäftigung beitragsfrei – bestehen (§ 192 Abs. 1 Nr. 2 SGB V) und das Mitglied ist – bezogen auf das Erziehungsgeld – beitragsfrei (§ 224 SGB V). Wird allerdings die 15-Wochenstunden-Grenze für die geringfügig entlohnte Beschäftigung erreicht, fallen Sozialabgaben an. Im obigen Beispiel ist die Beschäftigung von Frau Carsten daher kranken- und rentenversicherungspflichtig.
Bei Aushilfen kommt die Beitragsfreiheit für kurzfristige Beschäftigung (Zweimonatsgrenze für vorübergehende Aushilfstätigkeit) nicht zum Zuge, da eine Beschäftigung während des Erziehungsurlaubes stets als „berufsmäßig" angesehen wird (vgl. im 5. Kapitel unter 1. a). Dies gilt auch für freiwillig Versicherte in der gesetzlichen Krankenversicherung. Die Versicherten behalten ihren Versicherungsschutz, der in dieser Zeit sämtliche Leistungen der Krankenversicherung mit Ausnahme des Krankengeldes umfaßt (§ 49 Nr. 2 SGB V). Anspruch auf Krankengeld hat der Erziehungsurlaubsberechtigte nur dann, wenn die Arbeitsunfähigkeit *vor* Beginn des Erziehungsurlaubs eingetreten ist, oder neben dem Erziehungsurlaub Arbeitsentgelt aus einer *versicherungspflichtigen* Beschäftigung bezogen wird, aus dem sich das Krankengeld berechnet.

**Beispiele:**
Frau Plate will im Anschluß an die Mutterschutzfrist, die am 18. 6. 92 abläuft, Erziehungsurlaub in Anspruch nehmen. Diesen hat sie rechtzeitig beantragt. Am 15. 6. 92 wird sie krank.

Da die Arbeitsunfähigkeit vor Beginn des Erziehungsurlaubs eingetreten ist, besteht Anspruch auf Krankengeld auf der Basis des alten *Vollzeit*-Nettoverdienstes.

Frau Carsten ist neben dem Erziehungsurlaub, der am 15. 4. 92 beginnt, versicherungspflichtig teilzeitbeschäftigt mit 15 Wochenstunden. Das Gehalt wird monatlich abgerechnet. Ab dem 20. 6. 92 ist Frau Carsten arbeitsunfähig erkrankt. Frau Carsten hat Anspruch auf Krankengeld. Das Krankengeld berechnet sich netto gemäß § 47 Abs. 2 SGB V nach dem letzten abgerechneten Lohnabrechnungszeitraum vor Beginn der Arbeitsunfähigkeit, d.h. dem Monat Mai 1992, auf der Basis des *Teilzeit*verdienstes. Das Krankengeld ruht allerdings, solange der Betrieb für die Dauer von sechs Wochen das Gehalt weiterzuzahlen hat.

Arbeitnehmer, die wegen der Höhe ihres Verdienstes bislang nicht krankenversicherungspflichtig waren, werden (bei Überschreiten der Geringfügigkeitsgrenze) durch die Reduzierung ihrer Beschäftigung auf eine Teilzeiterwerbstätigkeit während des Erziehungsurlaubs krankenversicherungspflichtig. Um diesen Arbeitnehmern eine doppelte Beitragszahlung zu ersparen, räumt § 8 Abs. 1 Nr. 2 SGB V ihnen die Möglichkeit ein, sich für die Zeit des Erziehungsurlaubs von der Versicherungspflicht befreien zu lassen.

Anstelle der Befreiung von der gesetzlichen Krankenversicherungspflicht kann der Angestellte auch seinen Versicherungsvertrag mit dem privaten Versicherungsunternehmen mit Wirkung vom Eintritt der Versicherungspflicht an kündigen (§ 5 Abs. 9 SGB V), wenn er wegen Aufnahme der Teilzeitbeschäftigung während des Erziehungsurlaubs krankenversicherungspflichtig wird. Das Recht zur vorzeitigen Kündigung gegenüber dem privaten Krankenversicherer gilt in einem solchen Fall auch für Angehörige des Erziehungsurlaubsberechtigten (§ 5 Abs. 9 Satz 2 SGB V), soweit sie infolge des Eintritts der gesetzlichen Versicherungspflicht in seiner Person über die Familienversicherung nach § 10 SGB V kraft Gesetzes versichert sind.

In der **Arbeitslosenversicherung** ist der Bezug von Erziehungsgeld oder Landeserziehungsgeld einer Beschäftigung nur gleichgestellt, wenn eine beitragspflichtige Beschäftigung oder der Leistungsbezug beim Arbeitsamt *unterbrochen* worden ist. Eine generelle Berücksichtigung von Kindererziehungszeiten wie in der

## 8. Sozialleistung Erziehungsgeld; Erziehungsurlaub

Rentenversicherung erfolgt nicht (§ 107 Satz 1 Nr. 5 c ArbeitsförderungsG). Es besteht eine beitragsfreie Versicherung.
Diese Gleichstellung mit einer Versicherungszeit gilt auch, wenn allein wegen Überschreitung der Einkommensgrenze kein Erziehungsgeld mehr gezahlt wird.
In der **Rentenversicherung** werden bei Geburten vor dem 1. 1. 1992 die Kindererziehungszeiten für die ersten 12 Kalendermonate nach Ablauf des Geburtsmonates des Kindes als Versicherungszeit, d. h. als rentenbegründende und -steigende Zeit mindestens mit 75% des Durchschnittsentgelts aller Versicherten angerechnet, und zwar entweder für den Vater oder für die Mutter des Kindes. Werden in diesem Zeitraum mehrere Kinder erzogen, verlängert sich die Versicherungszeit für das zweite und jedes weitere Kind um die Anzahl an Kalendermonaten, in denen gleichzeitig mehrere Kinder erzogen worden sind. Nach der Rentenreform '92 werden für Kinder, die ab 1992 geboren sind, drei Erziehungsjahre anerkannt, die zwischen Vater und Mutter aufgeteilt werden können. Das Rentenreformgesetz '92 sieht ferner – auch für die Vergangenheit – Kinderberücksichtigungszeiten bis zum 10. Lebensjahr des Kindes bei Renten ab 1. 1. 1992 vor. Sie sind für die Erfüllung von Wartezeiten, für die Aufrechterhaltung des Invaliditätsschutzes, für die Renten nach Mindesteinkommen und für die Anrechnungszeiten (= bisherige Ausfallzeiten) bedeutsam (§§ 56, 57 SGB VI).

### e) Urlaubsfragen

**Jahresurlaub während des Erziehungsurlaubs;** arbeitet der Beschäftigte während des Erziehungsurlaubs die erlaubten 19 Wochenstunden, so kann er in dieser Zeit auch normalen Urlaub machen und erhält diesen auch bezahlt.
**Urlaubsentgelt bei Wechsel von Voll- auf Teilzeit während des Erziehungsurlaubs; Vergütung von Resturlaub;** wurde die vor der Entbindung geltende Arbeitszeit für die Dauer des Erziehungsurlaubs reduziert (z. B. Wechsel von Voll- auf Teilzeit), richtet sich auch bei einem in den ersten drei Monaten der Teilzeitbeschäftigung gewährtem Urlaub das Urlaubsentgelt nach überwiegender Praxis nach dem Teilzeitverdienst, obwohl hier nach dem Wortlaut des § 11 BundesurlaubsG der Durchschnittsverdienst der letzten 3 Monate anzusetzen wäre. Eine diskutable

Variante dieser Durchschnittsberechnung sieht vor, daß bei einem Wechsel von Vollzeit auf Teilzeit im Urlaubsjahr, dann wenn er im Bezugszeitraum (letzte drei Monate vor dem Urlaub) stattfindet, für die Vergütung ein Ausgleich nach Art der Zwölftelung entsprechend dem Verhältnis der Beschäftigungsmonate mit Vollzeit- bzw. mit Teilzeitbeschäftigung im laufenden Jahr geschaffen wird (Dersch-Neumann, BUrlG, 7. Aufl., § 11, Rz. 51). Für übertragene **Resturlaubsansprüche** aus Vollzeitbeschäftigung muß nach hier vertretener Auffassung die frühere höhere Arbeitszeit immer zugrundegelegt werden, weil diese Ansprüche verdient worden sind und im Falle einer Abgeltung bei Ausscheiden der Arbeitnehmerin auch aufgrund der höheren Arbeitszeit zu vergüten wären (siehe grundsätzlich im 4. Kapitel, 2. Abschnitt, Buchst. bb).

**Übertragung des Jahresurlaubs im Anschluß an den Erziehungsurlaub**; es ist zwischen dem während einer Teilzeitbeschäftigung im Erziehungsurlaub entstandenen Urlaubsanspruch und dem Resturlaub aus der Zeit vor der Entbindung zu unterscheiden; ersterer kann nur begrenzt in das Folgejahr übertragen werden, da hier die allgemeine Übertragungsregel nach § 7 Absatz 3 Satz 3 BundesurlaubsG gilt. Die Übertragung ist daher vorbehaltlich anderweitiger tariflicher Regelung nur bis zum 31. 3. des Folgejahres möglich. Ist der Urlaub vor Beginn des Erziehungsurlaubs nicht vollständig gewährt worden, ist er nach dem Erziehungsurlaub gegebenenfalls noch bis zum Ende des Folgejahres zu gewähren (§ 17 Absatz 2 BundeserziehungsgeldG).

**Kürzung**; der „normale" Urlaub kann um soviele Zwölftel gekürzt werden, wie volle Kalendermonate Erziehungsurlaub auf das Urlaubsjahr entfallen. Das gilt natürlich nicht, wenn der oder die Arbeitnehmerin während des Erziehungsurlaubs bei seinem Arbeitgeber Teilzeitarbeit leistet (§ 17 Abs. 1 Satz 2 BundeserziehungsgeldG).

Die Kürzung greift erst, wenn der Erziehungsurlaub tatsächlich beantragt worden ist. Dieser Antrag wird sinnvollerweise erst nach der Entbindung gestellt, aber spätestens vier Wochen vor dem gewünschten Beginnzeitpunkt (§ 16 Absatz 1 Satz 1 BundeserziehungsgeldG), am besten also vier Wochen vor dem Ende der Schutzfrist nach der Entbindung. Vorher sollte nur eine unverbindliche Absichtserklärung erfolgen.

**Bis zur Antragstellung steht noch der volle ungekürzte Urlaub**

## 8. Sozialleistung Erziehungsgeld; Erziehungsurlaub 181

**zu!** Stellt sich allerdings nachträglich heraus, daß der oder die Arbeitnehmerin vor Beginn des Erziehungsurlaubs mehr Urlaub erhalten hat, als ihm infolge der Kürzung tatsächlich zusteht, kann der Arbeitgeber den Urlaub, der dem Arbeitnehmer nach dem Ende des Erziehungsurlaubs zusteht, um die zuviel gewährten Urlaubstage kürzen (§ 17 Absatz 4 BundeserziehungsgeldG).

**Urlaubsentgelt bei Wechsel von Voll- auf Teilzeit im Anschluß an den Erziehungsurlaub; Vergütung von Resturlaub;** die Halbtagsbeschäftigung rechnet vertraglich normalerweise erst ab der Wiederaufnahme des Arbeitsverhältnisses nach dem Erziehungsurlaub. Nach der betrieblichen Praxis wird das Urlaubsentgelt ab der Umstellung auf reduzierte Arbeitszeit nach der niedrigeren Vergütung gezahlt (dafür zuletzt Mauer-Schmidt, BB 91, 1179, 1784).

Nach der langen Pause ist die Einbeziehung des früheren höheren Verdienstes in das Urlaubsentgelt besonders für neu erworbene Urlaubsansprüche in der Tat nicht einzusehen.

Der Fall ist Austritt und Neubeginn des Arbeitsverhältnisses ähnlich; das spricht dafür, bei dem neu entstehenden Urlaub nach Ende des Erziehungsurlaubs und Aufnahme der Teilzeitbeschäftigung die Arbeitszeit vor dem Erziehungsurlaub ganz außer Betracht zu lassen. Dies soll auch bezüglich **übertragenen Resturlaubs** aus der Zeit vor der Entbindung gelten (Mauer-Schmidt, aaO). Ein Vorschlag wäre, übertragenen Resturlaub ähnlich wie bei einer Abgeltung wegen Beendigung des Arbeitsverhältnisses zu berechnen, weil dieser Anspruch aufgrund der Vollzeitbeschäftigung verdient worden ist und im Falle des Ausscheidens des Arbeitnehmers nach dem Erziehungsurlaub nach dem Entgelt auf Basis der alten Arbeitszeit ausbezahlt worden wäre. Resturlaub würde dann aufgrund der Arbeitszeit vergütet, die galt, als er erarbeitet wurde, neuer Urlaub auf Basis der jetzt geltenden Arbeitszeit. Dieser Vorschlag findet im Gesetz jedoch keine eindeutige Stütze (vgl. näher auf Seite 114; Gerichtsentscheidungen hierzu sind leider nicht ersichtlich).

### f) Beamte

Für Beamte darf die Arbeitszeit bei Teilzeitbeschäftigung höchstens auf die Hälfte der nach dem Beamtenrecht gültigen regelmäßigen Arbeitszeit in der Woche ermäßigt werden (§ 48a Abs. 1 Nr. 1 Beamtenrechtsrahmengesetz); entsprechend gilt dort als Wochenstundenbegrenzung für unschädliche Teilzeitarbeit während des Erziehungsurlaubs dieser Wert, der von der jeweiligen Arbeitszeitregelung für die Bundesbeamten bzw. die Beamten der einzelnen Bundesländer abhängt (§ 2 Abs. 1 Nr. 2 BundeserziehungsgeldG). Für Bundesbeamte ergibt sich damit bis zum 31. 3. 1990 eine Wochenstundengrenze von 19½ Stunden, danach von 19¼ Stunden. Für Landesbeamte gelten ähnliche Regelungen. Ein Rechtsanspruch auf entsprechende Verkürzung der Arbeitszeit wird durch das Bundeserziehungsgeldgesetz nicht begründet. Er ergibt sich aber für Beamte aus dem Beamtenrecht (§ 44a Abs. 1 Nr. 1 und § 48a Abs. 1 Nr. 1 BeamtenrechtsrahmenG in Verbindung mit den einschlägigen Beamtengesetzen des Bundes und der Länder).

*g) Ausschluß/Anrechnung anderer Sozialversicherungsleistungen*

Wer Krankengeld, Verletztengeld, Versorgungskrankengeld, Übergangsgeld, Unterhaltsgeld, Kurzarbeitergeld, Schlechtwettergeld oder vergleichbare Leistungen erhält, kann **kein Erziehungsgeld beanspruchen, wenn diese Leistungen nach einem Arbeitsentgelt für eine Beschäftigung von mehr als 19 Wochenstunden bemessen sind.** Für die Fortführung einer Berufsausbildung gilt keine Wochenstundengrenze (§ 2 Absätze 1 und 2 BundeserziehungsgeldG). Jeder Bezug von Arbeitslosengeld ist einer vollen Erwerbstätigkeit gleichgestellt. Grundsätzlich besteht also während des Bezuges von Arbeitslosengeld kein Anspruch auf Erziehungsgeld. Nur ausnahmsweise wird während des Bezugs von Arbeitslosengeld Erziehungsgeld gewährt, wenn dem Arbeitnehmer nach der Geburt des Kindes aus einem Grund, den er nicht zu vertreten hat, vom Arbeitgeber zulässigerweise gekündigt worden ist und der Wegfall des Erziehungsgeldes für ihn eine unbillige Härte bedeuten würde (§ 2 Abs. 3 Bundeserziehungsgeldgesetz).
So schließen sich **Arbeitslosengeld und Erziehungsgeld** im Prinzip gegenseitig aus. Hier muß *gewählt* werden!
Anders bei der **Arbeitslosenhilfe.** Diese wird zusammen mit dem Erziehungsgeld gewährt. Der oder die Arbeitslose braucht hier nicht uneingeschränkt der Stellenvermittlung zur Verfügung ste-

## 8. Sozialleistung Erziehungsgeld; Erziehungsurlaub

hen. Beide Leistungen mindern sich auch nicht gegenseitig (§ 136 Absatz 2 Satz 2 und § 138 Abs. 3 Nr. 3 ArbeitsförderungsG, § 2 Abs. 4 und § 6 Abs. 1 BundeserziehungsgeldG). Das gleiche gilt im Verhältnis zur Sozialhilfe, Wohngeld und andere Sozialleistungen (§ 8 Absatz 1 BundeserziehungsgeldG).

**Laufend zu zahlendes Mutterschaftsgeld** – dazu gehören auch die bis zu DM 400,– vom Bundesversicherungsamt in Berlin für privatversicherte Frauen – wird auf das Erziehungsgeld *angerechnet*. Letzteres wird also entsprechend gekürzt (§ 7 Bundeserziehungsgeld G).

Der **Zuschuß des Arbeitgebers zum Mutterschaftsgeld,** der einen DM 25,– kalendertäglich übersteigenden Nettoverdienst zur vollen Höhe aufstockt, wird auf das Erziehungsgeld nicht angerechnet.

### h) *Sonderkündigungsrecht zum Ende des Erziehungsurlaubs*

Der Arbeitnehmer kann das Arbeitsverhältnis nur unter Einhaltung einer Kündigungsfrist von drei Monaten zum Ende des Erziehungsurlaubs kündigen (§ 19 BundeserziehungsgeldG).
Dazu ist er/sie gezwungen, wenn wegen der Betreuung des Kindes die vereinbarte Arbeitszeit, z. B. Vollzeitbeschäftigung nicht mehr eingehalten werden kann! Unter Umständen kann er/sie aber die Zuteilung von Teilzeitarbeit beanspruchen, wenn die Einrichtung einer Teilzeitstelle dem Betrieb leicht möglich ist (siehe im 2. Kapitel 2 b).

### i) *Vorzeitige Beendigung des Erziehungsurlaubes*

Der Erziehungsurlaub kann mit Zustimmung des Arbeitgebers abgebrochen werden mit dem Ergebnis, daß die Arbeitsverpflichtung und die Pflicht zur Lohnzahlung wieder aufleben. Er endet auch ohne Zustimmung des Arbeitgebers, wenn aus einem wichtigen Grund die Betreuung und Erziehung des Kindes durch die Person, die Erziehungsgeld bezieht, nicht mehr sichergestellt werden kann und deswegen ein Wechsel in der Person des Anspruchsberechtigten eintritt. War eine Ersatzkraft für den bisherigen Anspruchsberechtigten zeitlich befristet eingestellt worden, endet der Erziehungsurlaub erst zu dem Zeitpunkt, zu dem der Ersatzkraft frühestens gekündigt werden kann. Im Falle eines Wechsels aus wichtigem Grund gilt für die Kündigung der Er-

satzkraft eine Frist von drei Wochen (§ 21 Abs. 4 Bundeserziehungsgeldgesetz). Dann muß der bisher in Erziehungsurlaub Befindliche drei Wochen bis zur Wiederaufnahme des Arbeitsverhältnisses warten.
Stirbt das Kind während des Erziehungsurlaubs, endet dieser spätestens drei Wochen nach dem Tod des Kindes (§ 16 Abs. 4 BundeserziehungsgeldG).
– Nähere Informationen über das Erziehungsgeld und die Einkommensgrenzen sowie über anschließendes Landeserziehungsgeld (Baden-Württemberg, Bayern, Berlin, Rheinland-Pfalz) erhalten Sie von der Erziehungsgeldstelle –.

# 6. Kapitel. Steuer

> **Eine Lohnsteuerkarte muß nicht immer vorgelegt werden!**

**1. Lohnsteuerpauschalierung nach § 40 a EinkommensteuerG (dazu Abschnitt 128 der Lohnsteuerrichtlinien 1990, vgl. Anhang)**

Kurzfristig Beschäftigte („Aushilfen") oder in geringem Umfang und gegen geringen Arbeitslohn laufend Beschäftigte können unter Verzicht auf die Vorlage einer Lohnsteuerkarte tätig werden, wenn der Arbeitgeber – im Verhältnis zum Finanzamt – die Lohnsteuer aus eigener Tasche zahlt. Der Steuersatz beträgt bei kurzfristiger Beschäftigung 25% des gezahlten Arbeitsentgeltes und bei laufender Beschäftigung in geringem Umfang und geringem Arbeitslohn 15% des Arbeitslohnes. Für Aushilfskräfte in der Land- und Forstwirtschaft, „die von Fall zu Fall für eine im voraus bestimmte Arbeit von vorübergehender Dauer in ein Dienstverhältnis treten", beträgt er nur 3%. Als Aushilfskräfte gelten nicht land- und forstwirtschaftliche Fachkräfte.

Hinzu kommt noch vorübergehend als zusätzliche Personensteuer ab dem 1. 7. 1991 ein auf ein Jahr befristeter Solidaritätszuschlag, der in Höhe von 7,5% auf die pauschalierte Lohnsteuer zu entrichten ist (SolidaritätsG v. 24. 6. 1991). Schuldner gegenüber dem Finanzamt ist auch insoweit der Arbeitgeber.

Der Steuersatz ist unabhängig vom Jahreseinkommen des Beschäftigten und meist günstiger als eine individuelle Besteuerung. Dies gilt erst recht für dazuverdienende Ehepartner, die nach Lohnsteuerklasse V besonders hohe Abzüge haben.

In Einzelfällen mag für den Arbeitnehmer die individuelle Besteuerung günstiger sein. Dann kann er diese von seinem Arbeitgeber unter Vorlage einer Lohnsteuerkarte verlangen (LAG Köln, BB 86, 2057). Eine Vereinbarung, daß der Arbeitnehmer im

Innenverhältnis zum Arbeitgeber die Pauschsteuer übernimmt, wäre zulässig. Sie ist in der Praxis selten, weil dann der Anreiz des „Brutto-für-Netto-Effekts" für den Arbeitnehmer verloren geht. Die interne Übernahme der Pauschsteuer durch den Arbeitnehmer löst eine Neuberechnung der Pauschsteuer aus, weil sich der dem Arbeitnehmer tatsächlich zufließende Arbeitslohn vermindert (Abschn. 128 Abs. 3 Satz 5 LStRL; Anhang 20). In der Sozialversicherung ist bei Pauschversteuerung etwa für die Frage, ob eine geringfügige Beschäftigung vorliegt anders als bei „Nettolohnabreden" grundsätzlich die vereinbarte Arbeitsvergütung maßgebend. Eine Vereinbarung über die Abwälzung der Pauschsteuer auf den Arbeitnehmer wirkt daher nicht entgeltmindernd (Auffassung der Spitzenverbände vom 24./25. 4. 1989, DB 89, 1626).

**Werden die steuerlichen Grenzwerte versehentlich überschritten, wird der Arbeitnehmer zum normalen Lohnsteuerschuldner (vgl. näher im Anschluß an 1 c).** Die Vereinbarung über die Beschäftigung auf Pauschsteuer ohne Lohnsteuerkarte kann nicht ohne weiteres in eine „Nettolohnvereinbarung" umgedeutet werden, wonach der Arbeitgeber sich bereiterklärt, die Abgabenlast zu übernehmen. Allerdings kann sich das Finanzamt an den Arbeitgeber im Wege der Steuerhaftung halten.

a) Eine **kurzfristige** Beschäftigung im Sinne des § 40a Abs. 1 Satz 2 Nr. 1 EinkommensteuerG liegt vor, wenn der Arbeitnehmer bei dem Arbeitgeber gelegentlich, nicht regelmäßig wiederkehrend beschäftigt wird, **die Dauer der Beschäftigung achtzehn zusammenhängende Arbeitstage nicht übersteigt** (Zeitrahmen) und bestimmte zusätzliche Voraussetzungen erfüllt.

Der Zeitrahmen wird vom ersten Einsatztag an gerechnet und bedeutet, weil die Unterbrechung durch Samstage, Sonn- und Feiertage unschädlich ist, eine zusammenhängende Beschäftigungsmöglichkeit von drei Arbeitswochen und drei anschließenden Arbeitstagen. Dies gilt meiner Auffassung nach auch dann, wenn eine Teilzeitbeschäftigung nicht an allen betriebsüblichen Arbeitstagen, sondern z. B. nur an drei Tagen in der Woche stattfinden soll, sofern es sich dabei um eine mit einem einheitlichen Anlaß zusammenhängende Beschäftigung handelt und sie sich innerhalb des bei Vollzeitbeschäftigung geltenden Zeitrahmens von 18 Arbeitstagen hält.

## 1. Lohnsteuerpauschalierung

**Beispiel:**
Frau Mindermann soll für eine erkrankte Teilzeitkraft, die regelmäßig drei Tage in der Woche arbeitet, einspringen. Beendet sie ihre Aushilfstätigkeit innerhalb dreier Arbeitswochen, was für sie sechs Arbeitstage bedeutet, benötigt sie keine Lohnsteuerkarte.

Die kurzfristige Beschäftigung ist an eine **arbeitstägliche Verdienstgrenze** gebunden (§ 40a Abs. 1 S. 2 Nr. 1 EinkommensteuerG). Während der Beschäftigungsdauer darf der Verdienst **DM 120,–** durchschnittlich je Arbeitstag nicht übersteigen. Weiter besteht eine **arbeitsstündliche Verdienstgrenze von DM 18,–** im Stundendurchschnitt (siehe unten 1.c.).
Es können also in 18 Arbeitstagen höchstens DM 2160,– (18 × DM 120,–) verdient werden.

Die Finanzämter beanstanden meist nicht, wenn ein Betrieb eine solche kurzfristige Aushilfe unter voller Ausnutzung der Verdienstgrenze jeweils im Abstand von mehreren Monaten bis zu viermal im Jahr zu gleichen Bedingungen beschäftigt.

**Die arbeitstägliche Verdienstgrenze entfällt, wenn die Beschäftigung zu einem unvorhersehbaren Zeitpunkt sofort erforderlich wird** (akuter Bedarf § 40a Abs. 1 S. 2 Nr. 2 EinkommensteuerG).

Im obigen Beispiel darf Frau Mindermann auch mehr als DM 120,– je Arbeitstag verdienen, sofern sie auf einen akuten Bedarf einspringt. Bei einer Krankheitsaushilfe ist der akute Bedarf zu bejahen. Bei Betrieben, die Mitarbeiter in Abrufarbeit beschäftigen, soll eine Beschäftigung auf akuten Bedarf hin grundsätzlich nicht gegeben sein, weil der Betrieb auf den Stamm seiner Abrufarbeitskräfte zurückgreifen kann. Bei Urlaubsaushilfen wird der akute Bedarf von den Finanzämtern ebenfalls verneint; Urlaube nach Urlaubsplan lassen eine vorausschauende Planung der Vertretung zu.

Die Beschäftigung ohne Lohnsteuerkarte ist jedoch auch bei einer Dauerbeschäftigung möglich:

b) Eine Beschäftigung **in geringem Umfang und gegen geringen Arbeitslohn** im Sinne des § 40a Abs. 2 EinkommensteuerG liegt vor, wenn die Tätigkeit während der Beschäftigungsdauer **in der Woche 20 Stunden** und der Arbeitslohn **DM 120,–** nicht übersteigt (zur Begrenzung des Stundenlohns siehe unten c).

Die für die Pauschalierung maßgebenden Wochengrenzen sind für kürzere als wöchentliche Lohnzahlungs- oder Lohnabrechnungszeiträume nicht umzurechnen.

Bei **monatlichen Abrechnungszeiträumen** können bis zu einschließlich **DM 520,–** bei höchstens **86 Stunden** im Monat ohne Vorlage einer Lohnsteuerkarte verdient werden.

c) Pauschalierungen nach Nr. 1 und Nr. 2 sind nur zulässig, **wenn der Arbeitslohn während der Beschäftigungsdauer DM 18,– durchschnittlich je Arbeitsstunde nicht übersteigt (§ 40a Abs. 4 EinkommensteuerG).**

Ob die Beschäftigung ohne Lohnsteuerkarte eine **Nebentätigkeit** neben einer anderen Einkommensquelle ist, spielt keine Rolle. Der Betrieb muß nach Steuerrecht nicht prüfen, ob der Teilzeitbeschäftigte noch in einem anderen Arbeitsverhältnis steht (vgl. aber wegen der Sozialversicherung Seite 128).

Der Arbeitnehmer kann **mehrere Beschäftigungen** dieser Art ohne Lohnsteuerkarte ausüben, wenn dies bei *verschiedenen* Arbeitgebern geschieht.

Anders als die Frage der Sozialversicherungspflicht/-freiheit (siehe Seite 126) ist die Versteuerung stets anhand des *tatsächlich* im jeweiligen Abrechnungszeitraum erzielten Entgelts zu beurteilen.

Wichtig: Die Grenzwerte müssen für jeden einzelnen Lohnzahlungs- oder Lohnabrechnungszeitraum (die Woche, einen darüber hinausgehenden mehrtägigen Lohnzahlungszeitraum oder den Monat) eingehalten sein.

Ist in einem Zeitraum auch nur eine der für die Pauschalierung genannten Grenzen (Beschäftigungsdauer oder Höhe des Arbeitslohns) überschritten, so darf für diesen Zeitraum die Pauschalierung nicht angewendet werden; die Pauschalierung für andere Zeiträume wird hiervon nicht berührt.

Dies spielt eine praktische Rolle, wenn Bezüge gezahlt werden, die nicht zum laufenden Arbeitslohn gehören, wie Weihnachtsgeld, Urlaubsgeld und Einmalbeträge für eine Altersversorgung in der Form der Direktversicherung. Diese sind nämlich für die Feststellung, ob die Pauschalierungsgrenzen eingehalten sind, rechnerisch gleichmäßig auf alle Lohnzahlungs- oder -abrechnungszeiträume zu verteilen, in denen die Arbeitsleistung er-

## 1. Lohnsteuerpauschalierung

bracht worden ist, d. h., für die sie eine „Belohnung" darstellen. Bei den sogenannten **Einmalbezügen** ist dies in der Regel der Fall für die ganze Beschäftigungszeit im Kalenderjahr. Ergibt sich bei der rechnerischen Verteilung auf die einzelnen Lohnzahlungs- bzw. -abrechnungszeiträume, daß die Pauschalierungsgrenzen für die einzelnen Zeiträume eingehalten sind, so bleibt es im betreffenden Zeitraum bei der Pauschversteuerung, andernfalls ist die Pauschalversteuerung für den jeweiligen einzelnen Zeitraum rückgängig zu machen und der Lohn ist normal zu versteuern. Das folgende Beispiel hierzu ist Absatz 5 des Abschnitts 128 der Lohnsteuerrichtlinien (Anhang) entnommen.

**Beispiel:**
Das Arbeitsverhältnis einer Teilzeitbeschäftigten beginnt am 1. 3. 1992. Es ist ihr erstes Dienstverhältnis. Sie erhält einen monatlichen Barlohn von 300 DM und hat Anspruch auf Urlaubsgeld. Der Arbeitgeber hat sich außerdem verpflichtet, in Höhe eines monatlichen Betrags von 50 DM eine Direktversicherung für die Teilzeitbeschäftigte abzuschließen.
Im März zahlt der Arbeitgeber neben dem Barlohn von 300 DM den Direktversicherungsbeitrag für ein Jahr in Höhe von 600 DM.
Die rechnerische Verteilung des Beitrags auf 10 Monate Beschäftigungszeit im Kalenderjahr 1992 ergibt einen anteiligen Monatsbeitrag von 60 DM. Die Summe aus diesem anteiligen Beitrag und dem Barlohn, nämlich 360 DM, überschreitet nicht die monatliche Pauschalierungsgrenze von 520 DM. Im März werden deshalb 300 DM Barlohn pauschal nach § 40a EStG und 600 DM Direktversicherungsbeitrag nach § 40b EStG pauschal versteuert.
Im Juli wird ein Urlaubsgeld von 200 DM neben dem Barlohn von 300 DM gezahlt.
Die Verteilung auf die Beschäftigungszeit im Kalenderjahr ergibt ein anteiliges monatliches Urlaubsgeld von 20 DM. Die Summe aus diesem Betrag, dem anteiligen Direktversicherungsbeitrag und dem Barlohn ergibt 380 DM. Die monatliche Pauschalierungsgrenze ist nicht überschritten. Im Juli werden deshalb insgesamt 500 DM pauschal nach § 40a EStG versteuert.
Im September wird wegen Überstunden ein Barlohn von 440 DM gezahlt.
Auch unter Berücksichtigung des Urlaubsgeldes und des Direktversicherungsbeitrags ist die Pauschalierungsgrenze nicht überschritten. Der Lohn von 440 DM wird deshalb pauschal nach § 40a EStG versteuert.

Im Dezember zahlt der Arbeitgeber neben dem Barlohn von 300 DM freiwillig ein Weihnachtsgeld von 600 DM.
Nach rechnerischer Verteilung des Weihnachtsgeldes auf 10 Monate Beschäftigungszeit im Kalenderjahr und unter Berücksichtigung des anteiligen Urlaubsgeldes und des anteiligen Direktversicherungsbeitrags zeigt sich, daß auch im Dezember die Pauschalierungsgrenze nicht überschritten ist. Im Dezember werden insgesamt 900 DM pauschal versteuert. Überschritten ist jetzt jedoch die Pauschalierungsgrenze im Monat September. Die Pauschalversteuerung für September war deshalb unzulässig; sie ist rückgängig zu machen. Der Barlohn von 440 DM für September ist nach allgemeinen Grundsätzen zu versteuern.

Der Arbeitnehmer-Pauschbetrag (§ 9a Satz 1 Nr. 1 EinkommensteuerG) von DM 2000,– im Jahr und der Altersentlastungsbetrag in Höhe von bis zu DM 3720,– (§ 24a EinkommensteuerG) dürfen bei Pauschversteuerung nicht vom Arbeitslohn abgezogen werden.

**Wechsel des Besteuerungsverfahrens:**
Pauschalversteuerung ohne Lohnsteuerkarte – wenn Voraussetzungen gegeben – steht dem Betrieb frei! Vom Finanzamt aus gesehen kann der Betrieb das Besteuerungsverfahren jederzeit wechseln. In der Regel wird diese günstige Besteuerungsart aber mit dem Arbeitnehmer vorher vereinbart. Dann bedarf ein Übergang zum normalen Lohnabzugsverfahren der Zustimmung des Betroffenen.

## 2. Pauschalierung der Kirchensteuer

Auf die Pauschsteuer nach Ziffer 1 ist in den einzelnen Bundesländern nach landesrechtlichen Regelungen – ebenfalls pauschaliert in Höhe eines Vormhundertsatzes von zumeist 7% – Kirchensteuer vom Arbeitgeber abzuführen. Dieser Steuersatz ist von Land zu Land unterschiedlich. Die danach entrichtete Kirchensteuer wird von der Finanzverwaltung nach einem Schlüssel aufgeteilt und an die zuständige evangelische Landeskirche bzw. katholische Diözese abgeführt.
Über Einzelheiten geben die Oberfinanzdirektionen Auskunft.

## 3. Aufzeichnungspflichten des Arbeitgebers
(dazu § 4 Abs. 2 Nr. 8 Lohnsteuerdurchführungsverordnung; vgl. Anhang 19)

Bei Lohnsteuerpauschalierung genügt es, wenn der Arbeitgeber Aufzeichnungen führt, aus denen sich für die einzelnen Beschäftigten Name und Anschrift, Dauer der Beschäftigung, Tag der Zahlung, Höhe des Arbeitslohns und – bei Aushilfskräften in Betrieben der Land- und Forstwirtschaft – auch die Art der Beschäftigung ergeben; ggf. fehlender Kirchensteuerabzug ist unter Hinweis auf diesbezügliche Belege aufzuzeichnen (§ 4 Abs. 2 Nr. 8 Satz 5 LStDV).

Als Beschäftigungsdauer ist die Zahl der tatsächlichen Arbeitsstunden in dem jeweiligen Lohnzahlungs- oder Lohnabrechnungszeitraum aufzuzeichnen. Es gehören aber auch die Zeiträume dazu, in denen der Arbeitslohn im Rahmen der Verdienstsicherung bei Urlaub, Krankheit oder Feiertagen fortgezahlt worden ist. Bei Bezügen, die nicht zum laufenden Arbeitslohn gehören, muß auch deren Verteilung auf die Beschäftigungszeiten ersichtlich sein.

## 4. Lohnsteuerkarte günstiger als Pauschversteuerung – Steuer Null infolge Vorlage einer ersten Lohnsteuerkarte der Klassen I bis IV

– **Tip besonders für die Beschäftigung von Alleinerziehenden mit Lohnsteuerklasse II, von Schülern und Studenten, Rentnern und anderen Personen, sofern sie im Jahr nicht wesentlich mehr als DM 2000,– an Arbeitslohn erzielen –**

Die Vorlage einer ersten Lohnsteuerkarte ist in vielen Fällen die günstigere Alternative zur Pauschversteuerung. Erstere ist für den Arbeitgeber und – bei drohender Überwälzung der Pauschsteuer – auch für den Arbeitnehmer günstiger, sofern der Lohnsteuersatz auf den geringfügigen Arbeitslohn nach den individuellen Verhältnissen des Arbeitnehmers niedriger als die Pauschsteuer bzw. Null ist. Besonders interessant ist das bei kurzfristiger Aushilfsbeschäftigung angesichts des hohen Pauschsteuersatz von 25%. Aber auch im Rahmen der laufenden Beschäftigung in geringem Umfang und gegen geringen Arbeitslohn können die

bei Pauschversteuerung möglichen DM 520/Monat durch die Vorlage einer Steuerkarte gänzlich steuerfrei gehalten werden.
Grund: Bei Pauschversteuerung wird schon die erste Mark versteuert; anders bei Vorlage einer ersten Lohnsteuerkarte.
Den auf erste Lohnsteuerkarte *auf Lohnsteuerkarte Beschäftigten* kommt vor allem zugute, daß seit 1. 1. 1990 in die Lohnsteuertabelle für die Steuerklassen I bis V ein Arbeitnehmerpauschbetrag in Höhe von DM 2000,– zu jeweils ¹/₁₂ je Monat eingearbeitet ist (§§ 9a Nr. 1, 38c Abs. 1 Satz 5 Nr. 1 EinkommensteuerG). Das gilt nicht für die zweite Lohnsteuerkarte für ein zweites Dienstverhältnis. Hier ist er nicht in die Tabelle eingearbeitet und die Pauschversteuerung ist günstiger.
Die Vorlage einer ersten Lohnsteuerkarte erspart Lohn- und Pauschsteuer, sofern der Lohn unter den in die Steuertabelle eingearbeiteten Grenzwerten für die Einbehaltung der Lohnsteuer bleibt. Der Tip erspart die Lohnsteuer *und* die Pauschversteuerung, sofern der Lohn unter den in die Steuertabelle eingearbeiteten Grenzverdiensten für die Einbehaltung der Lohnsteuer bleibt. Bei Einkommensteuerpflicht und anderen Einkünften neben Arbeitslohn ist der Tip voll wirksam nur bis zu einem Jahresarbeitslohn von DM 2000,– (= Arbeitnehmer-Pauschbetrag aufs erste Dienstverhältnis), weil bei Einkommensteuerpflicht und Vorlage der Steuererklärung auch das übrige Jahreseinkommen besteuert wird.
Die Vorlage einer Lohnsteuerkarte ist vor allem für Personen eine Alternative, die ihren Lebensunterhalt hauptsächlich durch *steuerfreie Unterhaltszahlungen* oder Renten bestreiten und für die es nur um einen Hinzuerwerb geht wie Hausfrauen, Alleinerziehende, Schüler und Studenten oder mit Kurzjobs beschäftigte Rentner. Dagegen gilt der Tip z.B. nicht für Arbeitslose. Leistungen wie Arbeitslosengeld und Arbeitslosenhilfe und Übergangsgeld, Unterhaltsgeld usw. wirken sich infolge des Progressionsvorbehaltes bei der jährlichen Einkommensteuererklärung wie steuerpflichtiger Arbeitslohn aus.

## 4. Lohnsteuerkarte günstiger

Übersicht über die Verdienste bis zu denen in den Steuerklassen die Lohnsteuer Null ist\*,\*\*

Steuerklasse I und IV
        bis DM 183,77/Woche bzw. DM 787,65/Monat
Steuerklasse II/0,5
        bis DM 365,42/Woche bzw. DM 1566,15/Monat
Steuerklasse II/1
        bis DM 413,72/Woche bzw. DM 1773,15/Monat
Steuerklasse III/0
        bis DM 321,32/Woche bzw. DM 1377,15/Monat
Steuerklasse III/1
        bis DM 417,92/Woche bzw. DM 1791,15/Monat
Steuerklasse V
        bis DM 39,92/Woche bzw. DM 171,15/Monat

(Der Grenzwert in Steuerklasse VI beträgt nur DM 4,65/monatlich)

Die Vorlage einer Lohnsteuerkarte ist auch dann noch zu überlegen, wenn zwar die angegebenen wöchentlichen und monatlichen Verdienste überschritten werden, nicht aber der jährliche Grenzwert (z.B. Steuerklasse I und IV bis DM 9451,99, Steuerklasse II 0,5 bis DM 18793,99, Steuerklasse II 1 bis DM 21277,99, Steuerklasse III/0 bis DM 16525,99, Steuerklasse III/1 bis DM 21493,99 und Steuerklasse V bis DM 2053,99). Dann ist zwar Steuer zu Lasten des Arbeitnehmers vom Arbeitslohn abzuziehen; diese bekommt er aber im Lohnsteuerjahresausgleich vom Finanzamt voll zurück.

Wer in weniger als zwölf Monaten im Jahr Arbeitslohn auf Lohnsteuerkarte erhält, für den lohnt sich der Lohnsteuererstattungsantrag bzw. die Einkommensteuererklärung am Jahresende, da

---

\* Bei den angegebenen Werten sind geringfügige Abweichungen nach oben infolge Tabellensprüngen möglich. Für Rentner gelten z.T. andere Werte – bitte beim Finanzamt erkundigen!
\*\* Wer in den neuen Bundesländern oder in Ostberlin überwiegend beschäftigt ist, erhält einen zusätzlichen Tariffreibetrag von DM 600/1200 jährlich (Alleinstehende/Verheiratete) bis Ende 1993. Die angegebenen Verdienste sind entsprechend in Steuerklasse I, II und IV um DM 11,70/wöchentlich bzw. DM 50/monatlich zu erhöhen, in Steuerklasse III um DM 23,40/wöchentlich bzw. DM 100/monatlich.

sich erst zum Jahresende u. a. die DM 2000,– als Steuervorteil voll auswirken.

**Mehrfachbeschäftigte:** Der Arbeitnehmerpauschbetrag kann nur im ersten Dienstverhältnis geltendgemacht werden. Bei Lohnsteuerklasse VI ist er deshalb nicht in die Tabelle eingearbeitet, kann aber hier im Jahreslohnsteuerausgleich bzw. bei der Einkommensteuererklärung geltendgemacht werden, wenn er das erste Dienstverhältnis betrifft.

## 7. Kapitel. Arbeitnehmerkammerbeiträge im Lande Bremen und im Saarland

In Bremen und im Saarland sind die Arbeitnehmer Pflichtmitglied in öffentlich-rechtlichen Körperschaften, der Angestelltenkammer bzw. der Arbeiterkammer Bremen und der Arbeitskammer des Saarlandes.
Auch die Teilzeitkräfte sind – völlig unabhängig von ihrer Arbeitszeit – Pflichtmitglied dieser Körperschaften, wenn sie in einem Betrieb im Lande Bremen bzw. im Saarland eingegliedert sind oder von dort aus angewiesen werden und nicht in einem auswärtigen Betrieb eingegliedert sind. Für die **Angestelltenkammer** und die **Arbeiterkammer Bremen** hat der Arbeitgeber 1,5 Promille vom Bruttoarbeitslohn als Mitgliedsbeitrag einzubehalten. Bei der Angestelltenkammer besteht eine Beitragsbemessungsgrenze in Höhe derjenigen in der Angestelltenrentenversicherung. Bei beiden Kammern besteht keine Beitragspflicht für Arbeitnehmer, die auf den Monat gerechnet einen Arbeitslohn von weniger als DM 200,– erhalten, sowie für alle Arbeitnehmer in Privathaushalten (§ 22 BremArbeitnehmerkammerG).
**Wichtig:** Da die Geringverdienergrenze hier niedriger ist als diejenige in der Sozialversicherung, ist auch sozialversicherungsfreien Geringverdienern sowie ohne Lohnsteuerkarte auf Pauschsteuer Beschäftigten der Kammerbeitrag abzuziehen, wenn ihr monatliches Arbeitsentgelt DM 200,– erreicht, eine wenig praxisgerechte Regelung!
Die Arbeitgeber haben die Kammerbeiträge zu den Lohnzahlungsterminen einzubehalten und über das zuständige Finanzamt an die Kammern abzuführen. Unterbliebene Abzüge dürfen sie rückwirkend nur für einen Lohnzahlungszeitraum einbehalten.
Die Arbeitgeber haften für die Beiträge in entsprechender Anwendung des § 42d EinkommensteuerG.
Bei der **Arbeitskammer des Saarlandes** beträgt der Monatsbeitrag ebenfalls 1,5 Promille des monatlichen Bruttoarbeitsentgelts. Hier besteht aber Beitragsfreiheit bei geringem Arbeitslohn wie in der Sozialversicherung; die Beitragspflicht beginnt mit einem Monatslohn von DM 500,– (ein Siebtel der monatlichen Bezugs-

## 7. Kapitel. Arbeitnehmerkammerbeiträge

größe gemäß § 18 Sozialgesetzbuch IV). Der Höchstbetrag, von dem der Arbeitskammerbeitrag zu berechnen ist, beträgt 75% der jeweiligen Beitragsbemessungsgrenze zur Rentenversicherung. Die Arbeitgeber sind hier ebenfalls verpflichtet, die Beiträge vom Arbeitnehmer einzubehalten und an das zuständige Finanzamt abzuführen (§ 18 G über die Arbeitskammer des Saarlandes).
Im einzelnen ist auf die Merkblätter der Kammern zum Beitragseinzug hinzuweisen.

## 8. Kapitel. Wichtige Entgeltgrenzen für Teilzeitbeschäftigte und Rentner

– Stand 1992 –

Die Entgeltgrenzen werden zum Teil jährlich neu festgelegt. Nachfolgend werden die ab 1. 1. 92 geltenden Grenzen zugrundegelegt. Abweichende Werte im Beitrittsgebiet sind angegeben.
Bei Zweifeln über ihre Handhabung sollte eine amtliche Auskunft der zuständigen Behörde eingeholt werden!

### 1. Allgemeine Grenzwerte für Geringverdiener mit <u>fortlaufender</u> Beschäftigung

– Zusätzliche Voraussetzungen wie die Begrenzung der Wochenstundenzahl und andere sind zu beachten (siehe Seite 124).
– Gelegentliches Überschreiten führt in der Sozialversicherung nicht gleich zur Versicherungspflicht. Es gelten die Grenzen für die kurzfristige Beschäftigung (ein Zeitraum von zwei Monaten, bei nicht durchgängiger Beschäftigung 50 Arbeitstage innerhalb eines Jahres ab Aufnahme der Beschäftigung bzw. bei Renten ab Rentenbeginn (siehe Seite 122; anders bei der Pauschsteuergrenze (siehe Seite 188).

**Weniger als DM 200,– im Monat (Brutto-Arbeitsentgelt aus unselbständiger Tätigkeit)**

............ keine Beitragspflicht zu den Arbeitnehmerkammern im Lande Bremen;

**bis DM 500,–\* oder wenn höher, ein Sechstel des Gesamteinkommens im Monat, wenn unter 15 Wochenstunden (Brutto-Arbeitsentgelt aus unselbständiger Tätigkeit)**

............ „geringfügige Beschäftigung", keine Sozialversicherung und noch als Beschäftigung ohne Lohnsteuerkarte möglich; liegen der Verdienst oder die Arbeitszeit darüber, ist der Teilzeitbeschäftigte aus dieser Beschäftigung

---

\* Beitrittsgebiet: DM 300,– im Monat.

## 8. Kapitel. Wichtige Entgeltgrenzen

kranken- und rentenversichert; Ist ein **Nettoarbeitsentgelt** vereinbart, sind diesem Arbeitnehmeranteile zu den Sozialversicherungsbeiträgen nicht hinzuzurechnen, solange das Nettoarbeitsentgelt – zuzüglich etwaiger Lohn- und Kirchensteuer, sofern diese nicht pauschversteuert wird – die Geringfügigkeitsgrenze nicht übersteigt.

**Saarland:** bis DM 500,– keine Beitragspflicht zur Arbeitskammer Saarland.

**bis DM 500,–\* Gesamteinkommen des Ehegatten oder Kindes im Monat (alle Einkünfte; Werbungskosten und Betriebsausgaben abzugsfähig)**

. . . . . . . . . . . kostenlose Familienkrankenversicherung;

**bis DM 120,– in der Woche bzw. DM 520,– im Monat, wobei die Zahl der Stunden in der Woche 20 bzw. bei monatlicher Abrechnung 86 Stunden pro Monat nicht übersteigen darf. Der Stundenlohn ist auf DM 18,– begrenzt (Brutto-Arbeitsentgelt aus unselbständiger Tätigkeit)**

. . . . . . . . . . . Steuer auf Bruttoarbeitsentgelt aus Beschäftigung in geringem Umfang und gegen geringen Arbeitslohn kann der Betrieb als Pauschsteuer allein übernehmen;

**bis DM 142,33 in der Woche bzw. DM 610,–\*\* im Monat (Brutto-Arbeitsentgelt aus unselbständiger Tätigkeit)**

. . . . . . . . . . . Betrieb trägt Sozialversicherungsbeträge allein (knappschaftl. Rentenversicherung: DM 750,–\*\*\*/Monat).

### 2. Hinzuverdienst beim Bezug von Arbeitslosengeld und Arbeitslosenhilfe sowie Unterhaltsgeld vom Arbeitsamt

**Grundfreibetrag von DM 30,–/Woche netto (unselbständige oder selbständige Nebentätigkeit);** der übersteigende Nettoverdienst wird zur Hälfte auf das Arbeitslosengeld bzw. die Arbeitslosenhilfe und voll auf das Unterhaltsgeld angerechnet.

---

\* Beitrittsgebiet: DM 300,– im Monat.
\*\* Beitrittsgebiet: DM 370,– im Monat.
\*\*\* Beitrittsgebiet: DM 450,– im Monat.

Der Nettoverdienst wird voll von der Arbeitsamtsleistung abgezogen, soweit er zusammen mit dem verbleibenden Arbeitslosengeld 80 vom Hundert des für das Arbeitslosengeld maßgebenden Netto-Arbeitsentgelts übersteigt. Einmalige und wiederkehrende Zuwendungen bleiben außer Betracht.
Bei Arbeitslosengeld und Arbeitslosenhilfe darf die Nebenbeschäftigung 18 Wochenstunden nicht erreichen, sonst entfällt der Anspruch.

## 3. Hinzuverdienstgrenzen bei Teilvorruhestand (Altersteilzeit) und Vorruhestand

Beim Teilvorruhestand (Altersteilzeit) nach dem Altersteilzeitgesetz beziehen sich die Hinzuverdienstgrenzen auf Nebenverdienste zur Altersteilzeitarbeit; diese ist ihrerseits auf die halbe tarifliche Wochenarbeitszeit, mindestens auf 18 Wochenstunden festgelegt, die im Jahresdurchschnitt eingehalten werden müssen. Dabei wird eine jahresbezogene, nicht eine wochenbezogene Betrachtungsweise angewendet. Es bestehen erhebliche Spielräume bei der Verteilung der Arbeitszeit; so wäre eine Vereinbarung möglich, daß der Arbeitnehmer nur eine Jahreshälfte (in Vollzeit) arbeitet.
Bei solchen Vertragsgestaltungen ist allerdings zur Vermeidung von Versicherungslücken eine kontinuierliche Entgeltzahlung anzuraten.
Die Vorruhestandsregelung nach dem Vorruhestandsgesetz ist inzwischen ausgelaufen. Es bestehen aber noch tarifliche Regelungen, die – ohne Anspruch auf den Arbeitsamtszuschuß – Arbeitnehmern diese Möglichkeit eröffnen und meistens die hier angegebenen Hinzuverdienstgrenzen übernommen haben.

Es gilt die Zeitgrenze für geringfügige Beschäftigungen bzw. selbständige Tätigkeiten von weniger als 15 Wochenstunden; siehe Seite 124.
Nebenverdienst bis DM 500,–\*/Monat Bruttoarbeitsentgelt bzw. bei selbständiger Tätigkeit Arbeitseinkommen nach Abzug der Betriebsausgaben zulässig.
Bei Überschreiten der Hinzuverdienstgrenze ruht der Arbeitsamtszuschuß an den Betrieb, damit in der Regel auch das Vorru-

---

\* Beitrittsgebiet: DM 300,–/Monat.

hestandsgeld. Die Vorruhestandsleistungen entfallen endgültig, wenn der Arbeitsamtszuschuß 150 Kalendertage geruht hat. Gelegentliches Überschreiten ist unschädlich; der Hinzuverdienst ist für zwei Monate bzw. 50 Arbeitstage innerhalb eines Jahres seit Aufnahme der Beschäftigung unbegrenzt (siehe näher Seite 122). Ein in den letzten 5 Jahren von dem Vorruhestand neben der bisherigen Tätigkeit ausgeübter Zweiterwerb kann im bisherigen Umfang fortgesetzt werden.

### 4. Hinzuverdienstgrenzen für Rentner; Hinweise; Teilrente ab 1. 1. 92

**Hinweis: Ab Seite 207 ff. finden Sie eine ausführliche Erläuterung zur Rentenreform '92.**
– Zu den Sozialabgaben auf Hinzuverdienste von Rentnern vgl. S. 224 ff. –

*a) Renten wegen verminderter Erwerbsfähigkeit*

– Beitrittsgebiet: die laufenden Invalidenrenten nach DDR-Recht werden zum 1. 1. 1992 auf Berufs- und Erwerbsunfähigkeitsrenten nach SGB VI übergeleitet, wenn die Voraussetzungen dieser Rentenarten vorliegen. (EU-Rente: monatliche Hinzuverdienstgrenze DM 400 aus unselbständiger und selbständiger Tätigkeit, die zweimal im Kalenderjahr überschritten werden darf). Soweit Invalidenrenten nach DDR-Recht (Erwerbsminderung von zwei Dritteln) noch gezahlt werden, entfällt die Rente, wenn der Betreffende mehr als ein Drittel des Verdienstes erzielt, den er in seiner vorher ausgeübten Tätigkeit erzielen könnte.

**Berufsunfähigkeitsrentner:**

Hinzuverdienst: Keine feste Grenze, aber Vorsicht insbesondere bei Tätigkeit im alten Beruf oder einem zumutbaren anderen Beruf; in der Regel sind Berufstätigkeiten unschädlich, wenn der Versicherte unter der Hälfte des berufsüblichen Lohns oder der halben Wochenstundenzahl bleibt; unzumutbare Tätigkeiten zu Lasten der verbliebenen Gesundheit führen – egal, was hinzuverdient wird, nicht zum Wegfall der Rente.

## 4. Hinzuverdienstgrenzen für Rentner

**Erwerbsunfähigkeitsrentner:**

a) laufende Beschäftigung:
Bei Rentenbeginn
vor 1984 Hinzuverdienst
zulässig bis . . . . . . .    DM 625,–/Monat    Bruttoarbeitsentgelt aus unselbständiger Tätigkeit

bei Rentenbeginn
nach 1983 bis zu . . .    DM 500,–/Monat*    Bruttoarbeitsentgelt aus unselbständiger Tätigkeit; unbeschränkt, wenn zu Lasten der restl. Gesundheit

Gelegentliche Beschäftigung, z. B. zur Aushilfe (siehe die kurzfristige Beschäftigung auf Seite 122 als Anhaltspunkt): keine Hinzuverdienstgrenze. Überschreitet der Erwerbsunfähigkeitsrentner die genannten Einkommensgrenzen, so wird nicht in jedem Fall die Rente entzogen. Er muß die Aufnahme einer solchen Tätigkeit aber dem Rentenversicherungsträger melden. Dieser prüft dann, ob weiterhin Erwerbsunfähigkeit vorliegt bzw. stellt auf BU-Rente um. **Eine selbständige Erwerbstätigkeit führt unabhängig vom Zeitumfang und vom Einkommen zum Wegfall der Erwerbsunfähigkeitsrente!**

**Rente für Bergleute (§ 45 SGB VI):**

Hinzuverdienst: Keine feste Grenze; Wegfall der Rente, wenn eine der knappschaftlichen Beschäftigung wirtschaftlich gleichwertige Beschäftigung besteht.

*b) Renten wegen Alters*

Beitrittsgebiet: Für weiter gezahlte Altersrenten nach DDR-Recht bestehen keine Hinzuverdienstgrenzen. Die Darstellung gilt auch für dortige Rentenbezieher, sofern sie nicht eine Altersrente unter den zum Teil anderen Voraussetzungen des bisheri-

---

* Beitrittsgebiet: DM 300,– (Neurenten ab 1. 1. 1992).

gen DDR-Rechts beziehen; lediglich die Hinzuverdienstgrenzen sind infolge des niedrigeren Lohnniveaus niedriger.

Für Altersrenten *vor Alter 65* bestehen für Voll- und für Teilrenten unterschiedliche Hinzuverdienstgrenzen. Der Bezug von Vorruhestandsgeld steht Arbeitsentgelt gleich. Mehrere Beschäftigte werden zusammengerechnet (§ 34 SGB VI).

**Überschreitungen der Hinzuverdienstgrenze:** Die jeweils maßgebende Hinzuverdienstgrenze darf im Laufe eines jeden Jahres seit Rentenbeginn in zwei Monaten überschritten werden – jeweils höchstens bis zum Doppelten der für einen Monat geltenden Hinzuverdienstgrenze. Überschreitungen der Hinzuverdienstgrenzen über dieses Maß hinaus sind dem Versicherungsträger mitzuteilen. Dieser errechnet dann die dem Versicherten noch zustehende Teilrente.

*aa) Vollrenten:*

Für Altersrenten vor Vollendung des 65. Lebensjahres, die als *Vollrenten* gezahlt werden, besteht eine allgemeine – vom Einkommen unabhängige – Hinzuverdienstgrenze. Sie entspricht der Geringfügigkeitsgrenze für die Kranken- und Rentenversicherung (ein Siebtel der Bezugsgröße nach § 18 SGB IV). Diese Hinzuverdienstgrenze wird kalenderjährlich verändert; für das Jahr 1992 beträgt sie einheitlich DM 500,– im Monat (Stand 1992)[*].

**Besitzstand:** Rentner, die am 31. 12. 1991 flexibles Altersruhegeld bezogen und für die eine Hinzuverdienstgrenze von DM 1000,–/Monat galt, weil sie das 63. Lebensjahr oder als Schwerbehinderte, Berufs- oder Erwerbsunfähige das 62. Lebensjahr vollendet hatten, dürfen auch weiterhin DM 1000,–/Monat hinzuverdienen. Bezüglich der Häufigkeit zulässiger Überschreitungen gelten Sonderregelungen (vgl. S. 210 ff.).

### Altersrentner allgemein vor Alter 65

Hinzuverdienst zulässig bis zu ...... DM 500,–/Monat[*]  Bruttoarbeitsentgelt bzw. bei selbständiger Tätigkeit Arbeitseinkommen nach Abzug der Betriebsaus-

---

[*] Beitrittsgebiet: DM 300,–/Monat.

gaben; darf zweimal
im Laufe eines jeden
Jahres seit Rentenbe-
ginn bis zum doppel-
ten Betrag über-
schritten werden.

**Besitzstandsregelungen bei Rentenbeginn vor dem 1. 1. 92:**

● **Langjährige unter Tage beschäftigte Bergleute (§ 40 SGB VI)**

Bestand am 31. 12. 91 Anspruch auf Altersrente für langjährig unter Tage beschäftigte Bergleute, tritt an die Stelle der Hinzuverdienstgrenze die Voraussetzung, daß keine knappschaftliche Beschäftigung ausgeübt wird.

● **Altersrentner,
die schwerbehin-
dert, berufs- oder
erwerbsunfähig
sind** (große Warte-
zeit von 35 Versi-
cherungsjahren
muß erfüllt sein)
**ab Alter 62**
Hinzuverdienst zu-   DM 1000,–/Monat   Bruttoarbeitsentgelt
lässig bis zu . . . . . . :                        bzw. bei selbständiger Tätigkeit Arbeits-
einkommen nach Ab-
zug der Betriebsaus-
gaben; darf zweimal
im Laufe eines jeden
Jahres seit Rentenbe-
ginn bis zum doppel-
ten Betrag über-
schritten werden.*

● **Altersrentner ab Alter 63**
(Nur bei 35 Versicherungsjahren!)
Hinzuverdienst zu-
lässig

---

* vgl. ergänzend S. 212.

bis zu . . . . . . . . . . . . DM 1000,–/Monat   Bruttoarbeitsentgelt bzw. bei selbständiger Tätigkeit Arbeitseinkommen nach Abzug der Betriebsausgaben; darf zweimal im Laufe eines jeden Jahres seit Rentenbeginn bis zum doppelten Betrag überschritten werden.*

*bb) Teilrenten:*

Es gelten individuelle Hinzuverdienstgrenzen, die im Rentenbescheid angegeben sind. Sie sind höher als die allgemeine Hinzuverdienstgrenze bei Vollrente und anders als diese einkommensabhängig. Sie hängen von den Entgelten des letzten Kalenderjahres vor dem erstmaligen Beginn einer Rente wegen Alters ab. Es besteht eine Mindesthinzuverdienstgrenze.

Überschreitungen der Hinzuverdienstgrenzen führen zu der nächstniedrigeren dem Versicherten noch zustehenden Teilrente, bei Überschreitung der Hinzuverdienstgrenze für die Ein-Drittel-Teilrente ruht die Altersrente ganz.

Die Hinzuverdienstgrenzen bei Teilrenten verändern sich zum 1. 7. eines Kalenderjahres entsprechend dem „aktuellen Rentenwert", der durch Rechtsverordnung bekanntgegeben wird. Alle Altersrentner werden im Zuge der Rentenanpassung zum 1. 7. 1992 von Amts wegen über die neuen Hinzuverdienstgrenzen informiert.

### Grobe Faustregel

Der Altersrentner muß seine bisherigen Einkünfte (des letzten Kalenderjahres vor Beginn der ersten Rente wegen Alters)
bei einer 1/3-Teilrente um ca. **20%,**
bei einer 1/2-Teilrente um ca. **40%** und
bei einer 2/3-Teilrente um ca. **60%** einschränken.

---

* vgl. ergänzend S. 212.

## 4. Hinzuverdienstgrenzen für Rentner

**Genauere Formel für den Zeitraum bis 30. 6. 92:**

> Die monatliche Hinzuverdienstgrenze* beträgt
> bei einer 1/3-Teilrente = Arbeitsverdienst 1991 mal 0,0660518,
> bei einer 1/2-Teilrente = Arbeitsverdienst 1991 mal 0,0495389,
> bei einer 2/3-Teilrente = Arbeitsverdienst 1991 mal 0,0330259.

Auszugehen ist hierbei maximal von einem Verdienst bis zur jährlichen Beitragsbemessungsgrenze in der Rentenversicherung (alte Bundesländer 1991: DM 78000,–).

**Mindesthinzuverdienstgrenze** bei Versicherten, die im letzten Kalenderjahr vor Beginn der ersten Altersrente *keine beitragspflichtigen Einkünfte* erzielt haben, etwa weil sie nicht mehr berufstätig oder selbständig waren (Rentenbeginn bis 30. 6. 1992):

> Die Mindesthinzuverdienstgrenze** beträgt bei
> Teilrente von 1/3      = DM 1450,40.–/Monat,
> Teilrente von 1/2      = DM 1087,80.–/Monat,
> Teilrente von 2/3      = DM  725,20.–/Monat.

Einzelheiten und Berechnungsmodus vergleiche auf S. 213 ff. bei den Erläuterungen zur Rentenreform 1992).

*c) Kinderzuschuß zur Rente des Versicherten* (Die Hinzuverdienstgrenze bezieht sich hier auf das Einkommen des Kindes; der Kinderzuschuß wird nur noch gezahlt, wenn bereits vor dem 1. 1. 84 ein Anspruch darauf bestand):

bis zur Vollendung des 18. Lebensjahres des Kindes keine Verdienstbeschränkung;
wenn über 18 Jahre

---

\* Zahlen gelten für die alten Bundesländer; Beitrittsgebiet: 0, 0700416 bzw. 0, 0525312 bzw. 0, 0350208.
\*\* Zahlen gelten für die alten Bundesländer; Beitrittsgebiet: DM 824,95 bzw. DM 618,71 bzw. DM 412,48.

## 8. Kapitel. Wichtige Entgeltgrenzen

alt, bei Ausbildungsvergütung
brutto nur bis
unter .......... DM 750,–/Monat
bei Unterhaltsgeld
oder Übergangsgeld
nur bis unter ..... DM 610,–/Monat.

Einmalige Zuwendungen und vermögenswirksame Leistungen des Betriebes bleiben außer Betracht.

*d) Einkommensanrechnung bei Renten wegen Todes*

Es bestehen Einkommensfreibeträge, die jährlich zusammen mit der Rentenanpassung erhöht werden. Einkommen, das die Freibeträge überschreitet, wird auf die Rente in Höhe von 40% des Nettoeinkommens angerechnet (§ 97 SGB VI). Angerechnet werden das Netto-Entgelt aus unselbständiger und selbständiger Tätigkeit sowie das Netto-Erwerbsersatzeinkommen, also z.B. Krankengeld, Arbeitslosengeld und gesetzliche Renten; *nicht jedoch Betriebsrenten* (Einzelheiten und Übergangsvorschriften vgl. im folgenden Abschnitt 5, S. 220 ff.).

**Witwen-/Witwerrente**

Für Todesfälle vor dem 1. 1. 1986
keine Einkommensanrechnung; für spätere Todesfälle unbeschränkt im Sterbevierteljahr, danach
Grundfreibetrag ... DM 1094,02.–/Monat*  Grundfreibetrag bis 30. 6. 92.

**Waisenrente**

Bis zur Vollendung des 18. Lebensjahres keine Einkommensanrechnung; danach
Grundfreibetrag ... DM 729,34.–/Monat**  Grundfreibetrag bis 30. 6. 92, am 31. 12. 91 laufende Renten siehe S. 222.

**Erziehungsrente**

Grundfreibetrag ... DM 1094,02.–/Monat*  Grundfreibetrag bis 30. 6. 92.

---

\* Zahlen gelten für die alten Bundesländer; neue Länder: DM 622,25.–/Monat; hier Anrechnung unabhängig vom 1. 1. 86.
\*\* Neue Bundesländer: DM 414,83.–/Monat.

Bei allen Renten wegen Todes erhöhen sich für jedes waisenrentenberechtigte Kind die Grundfreibeträge um ... DM 232,06.–/Monat*** (Wert gültig bis 30. 6. 92).

## 5. Rentenreform 92: Anhebung der Altersgrenzen; Teilrente; Hinzuverdienste und andere Einkommen

### a) Anhebung der Altersgrenzen

An der Unterscheidung der bisherigen Arten der Altersrenten (Regelaltersrente mit Alter 65; Altersrente für langjährig Versicherte mit Alter 63 bei Erfüllung der Wartezeit von 35 Jahren, für Schwerbehinderte, Berufs- und Erwerbsunfähige mit Alter 60 und Wartezeit von 35 Jahren, Altersrente wegen Arbeitslosigkeit ab Alter 60 und Wartezeit von 15 Jahren, Altersrente für Frauen ab Alter 60 und Wartezeit von 15 Jahren sowie Altersrente für Bergleute ab Alter 60 und Wartezeit von 25 Jahren) ändert sich erst einmal nichts.

Allerdings sind die Altersgrenzen auf das Alter 65 für jüngere Jahrgänge mit dem RentenreformG 92 angehoben worden. So werden die Altersgrenzen von vorzeitigen Altersrenten ab Alter 60 bei Arbeitslosigkeit und für Frauen für **Versicherte, die nach dem 31. 12. 1940 geboren sind,** und von flexiblen Altersrenten ab Alter 63 für **Versicherte, die nach dem 31. 12. 1937 geboren sind,** stufenweise hinausgeschoben, letztendlich bis zum 65. Lebensjahr (Sonderregelung für Bergleute).

Stattdessen können Versicherte die Altersrente bis zu drei Jahren vor den angegebenen erhöhten Altersgrenzen in Anspruch nehmen, dann aber mit einem kräftigen Abschlag, der die verlängerte Laufzeit und die höhere Lebenserwartung bei vorzeitiger Inanspruchnahme berücksichtigt.

Diese Regelung wird für Versicherte frühestens ab 2001 relevant.

---

\*\*\* Neue Bundesländer: DM 131,99.–/Monat.

**Fünf neue Bundesländer:** Mit dem Gesetz zur Herstellung der Rechtseinheit in der gesetzlichen Renten- und Unfallversicherung vom 31. 7. 1991 (Renten-Überleitungsgesetz) wurde ab 1. 1. 1992 bundeseinheitlich das Sozialgesetzbuch VI in Kraft gesetzt, d. h., das neue Rentenrecht nach dem Rentenreformgesetz 92. Versicherte und Hinterbliebene mit Wohnsitz im Beitrittsgebiet am 18. 5. 1990 haben bei Rentenbeginn in der Zeit vom 1. 1. 1992 bis 31. 12. 1996 gegebenenfalls aber auch noch einen Rentenanspruch nach den zum Teil anderen Voraussetzungen des DDR-Sozialversicherungsrechts. Besteht gleichzeitig auch nach dem neuen ab 1. 1. 1992 bundeseinheitlichen Rentenrecht ein Rentenanspruch, wird die höhere Rente gezahlt.

*b) Teilrente*

Seit **1. Januar 1992** können Altersrentner anstelle einer Vollrente wählen, ob sie nicht teilweise weiterarbeiten und insoweit weitere Beiträge erarbeiten und gleichzeitig zu einem Drittel, zur Hälfte oder zu zwei Dritteln Rente beziehen (§ 42 SGB VI).
Auswirkungen der vorzeitigen Teilrente auf das Rentenkonto:
Die Teilrente in Kombination mit Teilzeitarbeit ist die rentenrechtliche Ausformung des gleitenden Ruhestandes. Bei ihr liegt die Finanzierungslast beim eigenen Rentenkonto des Versicherten. Ab dem Jahr 2001, in dem sich erstmals die Anhebung der Altersgrenzen durch die Rentenreform 92 auswirkt, kann Teilrente vor Alter 65 ähnlich wie die künftige vorzeitige Inanspruchnahme der Vollrente vor Alter 65 zu versicherungsmathematischen Abschlägen führen, die die Verzinsung und die längere Rentenlaufzeit sowie die andere statistische Lebenserwartung des Versicherten berücksichtigen. Die Abschläge betragen 0,3% der Rente für jeden vorzeitigen Monat, bei einem Jahr also 3,6%, bei drei Jahren vorzeitiger Inanspruchnahme 10,8%. Bei Teilrente gilt dies nur für die anteilige vorzeitig abgerufene Rente. Der Abschlag wirkt sich also nur zu einem Drittel, der Hälfte oder zu zwei Dritteln auf das Rentenkonto aus.
**Die Höhe der späteren Vollrente** wird – wenn man einmal von den infolge des Hinzuverdienstes etwa erworbenen neuen Entgeltpunkten absieht – verringert, wenn der Versicherte die Altersteilzeitarbeit mit Erreichen der Regelaltersgrenze beendet. Dieser Nachteil kann vermieden werden, wenn Teilrente und Teiler-

## 5. Rentenreform 92

werbstätigkeit über die Regelaltersgrenze hinaus fortgesetzt werden, sodaß die Abschläge durch die ebenfalls versicherungsmathematisch ermittelten Zuschläge, um die der hinausgeschobene Rentenanteil erhöht wird, kompensiert werden, z.B. bei einer Teilrente ab Alter 62 durch Hinausschieben der Vollrente bis Alter 67. Natürlich kann mit Rentenversicherungsbeiträgen aufgrund von versicherungspflichtigen Hinzuverdiensten während der Teilrente das Rentenkonto wiederaufgefüllt werden.

Genau können die Auswirkungen von Teilrente und Hinzuverdiensten auf das Rentenkonto aber nur vom Versicherungsträger oder einem Rentenberater ermittelt werden.

Der Gesetzgeber hat mit dem gleitenden Ruhestand den Anreiz zu einer verlängerten Erwerbsphase über das 65. Lebensjahr hinaus verbunden. Dies entwertet die erwähnten sozialmedizinischen und gerontologischen Vorzüge der Teilrente erheblich.

**Unterschied zum Teilvorruhestand:** Der Eintritt in den Teilvorruhestand erfolgt bereits mit Alter 58. Beim **Teilvorruhestand nach dem Altersteilzeitgesetz** werden Rentenversicherungsbeiträge bis zu 90% derjenigen bei voller Weiterarbeit bis zur Regelaltersgrenze gezahlt und die Finanzierungslast für den nicht erarbeiteten Teil des Arbeitsentgelts liegt beim Arbeitsamt und (in der Regel) auch beim Arbeitgeber. Gegenüber der Teilrente ist der Teilvorruhestand meist für den Versicherten erheblich günstiger. Sein Rentenkonto wird während des Teilvorruhestandes fast wie bei voller Weiterarbeit weiter aufgestockt. Der Teilvorruhestand nach dem Altersteilzeitgesetz kann aber (zunächst) nur befristet bis Ende 1992 in Anspruch genommen werden und setzt vor allem eine einzelvertragliche, betriebsvertragliche oder tarifliche Vereinbarung voraus (vgl. im 2. Kapitel, Abschnitt 2f.).

Im Verhältnis zum gleitenden Ruhestand in der Form der Teilrente ist der Teilvorruhestand eine Regelung für Privilegierte.

Versicherte, die beabsichtigen, die Teilrente zu beanspruchen, können von ihrem Arbeitgeber verlangen, daß er mit ihnen die Möglichkeiten einer solchen Einschränkung erörtert. Macht der Versicherte hierzu für seinen Arbeitsbereich Vorschläge, hat der Arbeitgeber zu diesen Vorschlägen Stellung zu nehmen (§ 42 Abs. 3 SGB VI). Daraus kann ein Rechtsanspruch auf Teilzeitarbeit abgeleitet werden, wenn dem Betrieb ersichtlich ohne größere Anstrengungen die Einrichtung eines entsprechenden Arbeitsplatzes möglich ist. Dies ergibt sich aus der sozialpolitischen

Wertung, die hinter den Vorschriften über Teilrente steht. Die reduzierte Arbeit im Alter wird seit langem aus sozialmedizinischer und gerontologischer Sicht gefordert.

Wenn im Einzelfall die meist für den Versicherten günstigere Teilvorruhestandsregelung nach dem Altersteilzeitgesetz nicht möglich ist, gebietet es die Fürsorgepflicht des Arbeitgebers, wenigstens die rentenrechtliche Lösung des Problems in der Form der Teilrente verbunden mit Teilzeitarbeit zu ermöglichen. Für betriebliche Hinderungsgründe dürfte der Betrieb darlegungs- und beweispflichtig sein (vgl. auch im 2. Kapitel bei Abschnitt 2 b und d).

### c) *Hinzuverdienste und andere Einkommen*

*aa) Altersrenten:* Bei Altersrenten ab Alter 65, gleich, ob Voll- oder Teilrente, kann weiterhin unbegrenzt hinzuverdient werden. Die Hinzuverdienstgrenzen bezüglich Einkommen aus unselbständiger und selbständiger Tätigkeit bei Altersrenten vor dem 65. Lebensjahr ändern sich zum Teil erheblich.

Zunächst ist zwischen Voll- und Teilrenten zu unterscheiden.

(1) **Vollrente.** Bei einer Rente wegen Alters als *Vollrente* vor dem 65. Lebensjahr wird die Hinzuverdienstgrenze **ein Siebtel der monatlichen Bezugsgröße** betragen; dies entspricht der Geringfügigkeitsgrenze für sozialversicherungsfreie Beschäftigung mit der Folge, daß Hinzuverdienste von Rentnern in diesem Rahmen frei von Sozialabgaben sind (vgl. bei Ziffer 6).

Die Höhe der monatlichen Bezugsgröße wird durch Rechtsverordnung jeweils zum 1. 1. eines Kalenderjahres neu bestimmt. Die Hinzuverdienstgrenze für Altersvollrenten beträgt 1992 DM 500,–/Monat\*. Die Hinzuverdienstgrenze ist dynamisch gestaltet und ändert sich zu Beginn eines jeden Kalenderjahres.

**Hinweis:**
Die bisherigen unterschiedlichen Hinzuverdienstmöglichkeiten in Höhe von 1/7 der monatlichen Bezugsgröße (1991: 480,– DM mtl.) für „flexible Altersruhegelder" ab Vollendung des 60. Lebensjahres und „vorzeitige Altersruhegelder" (Frauenaltersruhegeld und Arbeitslosenaltersruhegeld ab Vollendung des 60. Lebensjahres) und in Höhe von 1000,– DM mtl. für „flexible Altersruhegelder" wegen Schwerbehinde-

---

\* Beitrittsgebiet: DM 300,–/Monat.

## 5. Rentenreform 92

rung, Berufsunfähigkeit oder Erwerbsunfähigkeit ab Vollendung des 62. Lebensjahres bzw. ab Vollendung des 63. Lebensjahres bei 35jähriger Wartezeit kennt das neue Recht grundsätzlich nicht mehr. Ebenso gibt es künftig nicht mehr die Möglichkeit, aus einer von vornherein zeitlich begrenzten Aushilfsbeschäftigung oder Tätigkeit (2 Monate oder 50 Arbeitstage) in *unbegrenzter* Höhe hinzuverdienen zu können. Diese besonderen Hinzuverdienstmöglichkeiten sind ab 1. 1. 1992 nur noch für eine Übergangszeit für Bezieher von Altersruhegeldern nach bisherigem Recht von Bedeutung.

Die Hinzuverdienstgrenze in Höhe von ½ der monatlichen Bezugsgröße darf im Laufe eines jeden Jahres seit Rentenbeginn (sog. Rentenjahr) – also z. B. im Zeitraum vom 1. 4. 1992 bis 31. 3. 1993 – in zwei Monaten überschritten werden. Das Überschreiten darf allerdings nicht in unbegrenzter Höhe erfolgen, sondern nur bis zum Doppelten der für einen Monat geltenden Hinzuverdienstgrenze.

### Hinweis:
Die bisherige Möglichkeit, im Laufe eines Rentenjahres *aus einer Dauerbeschäftigung* maximal in drei Monaten in unbegrenzter Höhe hinzuverdienen zu dürfen, ist nicht mehr vorgesehen.
Der Vollrentenbezieher darf also – abgestellt auf die Werte des Jahres 1992 – in zwei Monaten bis zu 1000,– DM und in den übrigen zehn Monaten seines Rentenjahres bis zu 500,– DM hinzuverdienen.

**Wird die zulässige Hinzuverdienstgrenze überschritten,** besteht kein Anspruch mehr auf die Altersrente als Vollrente. Anders als im bisherigen Recht geht damit aber der Rentenanspruch nicht in jedem Fall in vollem Umfang verloren. Es wird vielmehr vom Rentenversicherungsträger geprüft, ob die Altersrente nun als Teilrente gezahlt werden kann, da für Teilrentenbezieher höhere Hinzuverdienstgrenzen gelten. Nur wenn das Arbeitsentgelt auch alle für einen Bezug der Altersrente als Teilrente maßgebenden Hinzuverdienstgrenzen überschreitet, entfällt der Anspruch auf die Altersrente in voller Höhe. Die Zahlung der Altersrente endet dann mit Ablauf des Monats, der dem Monat vorausgeht, in dem das höhere Arbeitsentgelt gezahlt wird.
**Verdient der Versicherte wieder weniger,** so daß ihm ggf. wieder die Vollrente oder eine (andere) Teilrente zusteht, muß er einen (erneuten) Antrag auf diese Altersrente stellen. Die Voll- bzw.

Teilrente beginnt mit dem Monat, in dem das niedrigere Arbeitsentgelt wieder bezogen wird. Voraussetzung ist, daß der Antrag auf die jeweilige Altersrente innerhalb von drei Kalendermonaten nach dem Monat gestellt wird, in dem die Anspruchsvoraussetzungen für die Voll- oder Teilrente (wieder) erfüllt sind.
Diese Grundsätze zur Hinzuverdienstregelung bei Altersvollrenten gelten sowohl für abhängig Beschäftigte als auch für Selbständige. Auch der Selbständige muß mit seinem Arbeitseinkommen die jeweiligen Hinzuverdienstgrenzen beachten.
**Einkünfte aus mehreren Beschäftigungen und selbständigen Tätigkeiten werden bei Prüfung der Hinzuverdienstgrenzen zusammengerechnet.**

### Sonderregelungen für Altersruhegeldbezieher nach bisherigem Bundesrecht

Im Hinblick auf die nach bisherigem Recht bestehenden Hinzuverdienstmöglichkeiten hat der Gesetzgeber für Rentner, die am 31. 12. 1991 Bezieher eines Altersruhegeldes sind, folgende Ausnahmeregelungen vorgesehen:

- Altersruhegeldempfänger, die nach bisherigem Recht am 31. 12. 1991 zu ihrer Rente bis zu 1000,– DM mtl. hinzuverdienen dürfen, können auch weiterhin bis zu 1000,– DM hinzuverdienen.

Die Hinzuverdienstgrenze von 1000,– DM mtl. darf ab 1. 1. 1992 im Rentenjahr ebenfalls nur noch zweimal bis zum Doppelten der für einen Monat geltenden Hinzuverdienstgrenze überschritten werden.
Das nach bisherigem Recht für den Rentenanspruch unschädliche dreimalige Überschreiten der zulässigen Hinzuverdienstgrenze im Rentenjahr in unbegrenzter Höhe ist ab 1. 1. 1992 auch für diese Rentenempfänger nicht mehr möglich.

- Die Möglichkeit, aus einer von vornherein zeitlich begrenzten Aushilfsbeschäftigung oder Tätigkeit (2 Monate oder 50 Arbeitstage) unbegrenzt hinzuverdienen zu können, bleibt erhalten. Es kann somit neben dem zulässigen zweimaligen Überschreiten bis zum Doppelten der für einen Monat geltenden Hinzuverdienstgrenze (⅐ der monatlichen Bezugsgröße oder 1000,– DM) aus einer Aushilfsbeschäftigung oder Tätigkeit unbegrenzt hinzuverdient werden.

Die Ausnahmeregelungen gelten nur, wenn am 31. 12. 1991 tatsächlich Altersruhegeld bezogen worden ist. Ist der Anspruch bereits vor dem 31. 12. 1991 weggefallen, ist für eine spätere Altersvollrente nach dem ab 1. 1. 1992 geltenden Recht die normale Hinzuverdienstgrenze (⅐ der monatlichen Bezugsgröße) zu beachten.

Ist jedoch am 31. 12. 1991 tatsächlich ein Altersruhegeld gezahlt worden und fällt der Rentenanspruch erst nach dem 31. 12. 1991 weg (z. B. wegen Überschreitens der Hinzuverdienstgrenze), gelten für eine spätere neue Altersvollrente nach dem ab 1. 1. 1992 geltenden Recht wiederum die o. a. Ausnahmeregelungen hinsichtlich des zulässigen Hinzuverdienstes auch für die Dauer dieser Altersvollrente.

Besondere Gegebenheiten müssen Altersruhegeldempfänger in den Jahren 1991/1992 beachten, wenn ihr Rentenjahr sowohl Kalendermonate des Jahres 1991 als auch Kalendermonate des Jahres 1992 umfaßt und beabsichtigt ist, die jeweils zulässige Hinzuverdienstgrenze zu überschreiten, ohne den Rentenanspruch zu verlieren. Einzelheiten hierzu können Sie dem Sondermerkblatt „Rentenreformgesetz 1992 – Hinzuverdienst bei Altersrenten" entnehmen, das die Beratungsstellen der Rentenversicherung bereithalten.

Wird das nach bisherigem Recht bewilligte Altersruhegeld ab 1. 1. 1992 oder zu einem späteren Zeitpunkt als Teilrente bezogen, gelten die normalen für Teilrenten zu beachtenden Hinzuverdienstgrenzen. Die Ausnahmeregelung, daß aus einer von vornherein zeitlich begrenzten Aushilfsbeschäftigung bzw. Tätigkeit (2 Monate oder 50 Arbeitstage) unbegrenzt hinzuverdient werden darf, gilt für Teilrentenbezieher nicht, selbst wenn diese am 31. 12. 1991 ein Altersruhegeld bezogen haben.

(2) **Teilrente.** Bei Teilrenten **vor Alter 65** wird die Hinzuverdienstgrenze personenbezogen unter Berücksichtigung des letzten Vorjahres-Bruttoeinkommens ermittelt. In der Sprache des Gesetzes heißt es, daß die Hinzuverdienstgrenze bei Teilrenten
– von einem Drittel der Vollrente das 70fache,
– von der Hälfte der Vollrente das 52,5fache, und
– von zwei Dritteln der Vollrente das 35fache
des aktuellen Rentenwertes beträgt, vervielfältigt mit den Entgeltpunkten des letzten Kalenderjahres vor Beginn der ersten Rente wegen Alters, mindestens jedoch mit 0,5 Entgeltpunkten (§ 33 Abs. 3 SGB VI). Der aktuelle Rentenwert entspricht der mtl.

# 8. Kapitel. Wichtige Entgeltgrenzen

Altersrente, die sich aus einem Kalenderjahr mit Durchschnittsbeiträgen ergibt (bis 30. 6. 1992 DM 41,44 für die alten Bundesländer; neue Länder DM 23,57.–/Monat).

Ausgangspunkt sind in jedem Fall mindestens 0,5 Entgeltpunkte. Das bedeutet, daß bei dem für den Hinzuverdienst maßgebenden Verdienst mindestens der halbe Durchschnittsverdienst aller Versicherten (1991: DM 21 958,50\*) zugrundegelegt wird. Damit ergibt sich eine jährlich neu festzulegende allgemeine **Mindesthinzuverdienstgrenze für jede Teilrentenart**. Die Werte sind für die erste Jahreshälfte 1992 in der Übersicht auf S. 205 angegeben.

**Vereinfachte Bestimmung der Hinzuverdienstgrenze durch Multiplikationsfaktoren:** War der im letzten Kalenderjahr vor Beginn der Rente erzielte Arbeitsverdienst höher als der halbe Durchschnittsverdienst aller Versicherten, ergibt sich die jeweilige individuelle Hinzuverdienstgrenze – mit geringen Rundungsfehlern – durch schlichte Multiplikation dieses Verdienstes mit Faktoren, die aus folgender Rechnung resultieren: Rentenartfaktor mal aktueller Rentenwert geteilt durch den Durchschnittsverdienst aller Versicherten des letzten Kalenderjahres vor Rentenbeginn (abgedruckt auf S. 205). Auszugehen ist hierbei maximal von einem Verdienst bis zur jährlichen Beitragsbemessungsgrenze in der Rentenversicherung.

Die Hinzuverdienstgrenzen für die Teilrente sind im Rentenbescheid angegeben. Überschreitungen der Hinzuverdienstgrenzen führen zu der nächstniedrigeren dem Versicherten noch zustehenden Teilrente, bei Überschreitung der Hinzuverdienstgrenze für die Ein-Drittel-Teilrente ruht die Altersrente ganz. Höhere Teilrenten bzw. die Vollrente müssen wieder beantragt werden.

**Beispiel 1:**\*

Bei einem statistischen Durchschnittsverdiener, der immer, auch zuletzt genausoviel verdient hat wie im Durchschnitt aller Versicherten der Rentenversicherung (1991: DM 43 917,–/Jahr, vorl. Wert; Altersrente bei 45 Versicherungsjahren im Monat als Vollrente: DM 1864,80.–, als 1/3-Teilrente: DM 621,60.–, als 1/2-Teilrente: DM 932,40.–, als 2/3-Teilrente: DM 1243,20.–; bei Rentenbeginn bis 30. 6. 1992) beträgt die Hinzuverdienstgrenze bei einer

---

\* Alte Bundesländer.

| | |
|---|---|
| Teilrente von 1/3 | = DM 2900,80.–/Monat, |
| Teilrente von 1/2 | = DM 2175,60.–/Monat, |
| Teilrente von 2/3 | = DM 1450,40.–/Monat. |

**Beispiel 2:**[*]
Hätte derselbe Versicherte bei gleicher Rente zufällig im Jahre 1991 einen viel höheren Jahresverdienst etwa in Höhe der Beitragsbemessungsgrenze (DM 78 000,–/Jahr 1991) erzielt, beträgt die Hinzuverdienstgrenze bei

| | |
|---|---|
| Teilrente von 1/3 | = DM 5152,04.–/Monat, |
| Teilrente von 1/2 | = DM 3864,03.–/Monat, |
| Teilrente von 2/3 | = DM 2576,02.–/Monat. |

Bei Versicherten, die im letzten Kalenderjahr vor Beginn der ersten Rente wegen Alters *keine beitragspflichtigen Einkünfte* erzielt haben, etwa weil sie nicht mehr berufstätig oder selbständig waren, kommt die Mindesthinzuverdienstgrenze zum Zuge (Werte abgedruckt auf S. 205).

### Auswirkungen der Teilrente plus Teilzeitarbeit vor Alter 65
**– auf das Einkommen:**
Durch den Bezug einer Teilrente bei gleichzeitiger Weiterarbeit (Teilzeittätigkeit) kann das Nettoeinkommen des Versicherten unter Umständen in etwa gleich hoch, in Einzelfällen – in Abhängigkeit von den steuerlichen Abzugsbeträgen – sogar höher sein, als bei voller Weiterarbeit ohne Rentenbezug. Die Steuerlast auf das Gesamteinkommen sinkt nämlich durch den Übergang auf Teilzeitarbeit und deswegen, weil Renten nur mit dem fiktiven Ertragswert, d.h., nur teilweise besteuert werden.

**– auf die Vollrente:**
Dagegen ist in Rechnung zu stellen, daß die Inanspruchnahme von Teilrente vor Alter 65 ab dem Jahre 2001 das Rentenkonto vermindern kann (teilweiser Abschlag auf die spätere Vollrente, vgl. oben bei Buchst. b) und daß die Reduzierung der Arbeitsentgelte auf den angegebenen Hinzuverdienst zu einer Verminderung der Rentenversicherungsbeiträge gegenüber der früheren Vollbeschäftigung führt; entsprechend fällt häufig doch die spätere Vollrente mit Alter 65 geringer aus, als wenn voll bis zu dieser Altersgrenze weitergearbeitet worden wäre.

Bemerkung zur Höhe der Hinzuverdienstgrenzen bei Teilrenten:
Die Anknüpfung an das Einkommen des letzten Kalenderjahres

vor Rentenbeginn ist rechtlich zweifelhaft. Wieso soll jemand, der ein Jahr vor Inanspruchnahme einer Altersrente aus persönlichen oder sonstigen Gründen einen niedrigeren Verdienst erzielt hatte, z. B. nur noch Teilzeit gearbeitet hat, plötzlich während der Rente und damit für den Rest seines Lebens schlechtere Hinzuverdienstgrenzen hinnehmen müssen als ein anderer Versicherter, der nicht reduziert hatte oder gar jemand, der zufällig im maßgebenden Jahr außergewöhnlich hohe Verdienste erzielt hat. Dies dürfte gegen den Gleichheitssatz verstoßen. Außerdem sind Manipulationen der Grenzwerte etwa durch Verlagerung von Provisionen und Sonderzahlungen in das Bemessungsjahr leicht möglich. Es bleibt abzuwarten, ob diese Regelung auf Dauer Bestand hat.

**Zweimal Überschreitung bis zum Doppelten zulässig!**
Teilrentenbezieher dürfen – wie Altersvollrentner – die für sie maßgebende Hinzuverdienstgrenze zweimal im Laufe ihres Rentenjahres bis zum Doppelten der für einen Monat geltenden Hinzuverdienstgrenze überschreiten.
Besondere Gegebenheiten müssen Altersruhegeldempfänger nach bisherigem Recht beachten, die ab 1. 1. 1992 ihre Rente als Teilrente beziehen wollen, wenn ihr Rentenjahr sowohl Kalendermonate des Jahres 1991, als auch Kalendermonate des Jahres 1992 umfaßt und beabsichtigt ist, die jeweils zulässige Hinzuverdienstgrenze zu überschreiten, ohne den Rentenanspruch zu verlieren. Hier sind für die Zeit bis zum 31. 12. 1991 die nach bisherigem Recht geltenden Hinzuverdienstregelungen zu beachten, während ab 1. 1. 1992 die neuen Hinzuverdienstregelungen für Teilrentenbezieher gelten.

> **Beispiel:**
> Der Versicherte bezieht am 31. 12. 1991 ein flexibles Altersruhegeld wegen Vollendung des 63. Lebensjahres. Die Rente beginnt am 1. 7. 1991. Die Hinzuverdienstgrenze beträgt 1000,– DM mtl. Ab 1. 1. 1992 wird dieses Altersruhegeld als ½-Teilrente bezogen. Die Hinzuverdienstgrenze beträgt für diese Teilrente 2100,– DM mtl. Das Rentenjahr erstreckt sich auf den Zeitraum vom 1. 7. 1991 bis 30. 6. 1992.
> In welchem Umfang darf die Hinzuverdienstgrenze überschritten werden, ohne den Rentenanspruch zu verlieren?
> – In der Zeit vom 1. 7. bis 31. 12. 1991 kann die nach bisherigem Recht bestehende Möglichkeit des dreimaligen Überschreitens in unbe-

## 5. Rentenreform 92

grenzter Höhe in Anspruch genommen werden. Ein weiteres Überschreiten der Hinzuverdienstgrenze in der Zeit vom 1. 1. bis 30. 6. 1992 ist nicht mehr möglich.
- Wird die Hinzuverdienstgrenze bereits in der Zeit vom 1. 7. bis 31. 12. 1991 zweimal überschritten, ist ein weiteres Überschreiten in der Zeit vom 1. 1. bis 30. 6. 1992 nicht mehr zulässig.
- Wird die Hinzuverdienstgrenze in der Zeit vom 1. 7. bis 31. 12. 1991 nicht überschritten, darf in der Zeit vom 1. 1. bis 30. 6. 1992 in zwei Monaten bis zu 4200,– DM hinzuverdient werden.
- Wird die Hinzuverdienstgrenze in der Zeit vom 1. 7. bis 31. 12. 1991 einmal überschritten, darf in der Zeit vom 1. 1. bis 30. 6. 1992 in einem weiteren Monat bis zu 4200,– DM hinzuverdient werden.
- Bei allen Fallgestaltungen darf daneben in der Zeit vom 1. 7. bis 31. 12. 1991 einmal aus einer von vornherein zeitlich begrenzten Aushilfsbeschäftigung bzw. Tätigkeit (2 Monate oder 50 Arbeitstage) unbegrenzt hinzuverdient werden. Ab 1. 1. 1992 ist für Teilrentenbezieher diese Möglichkeit nicht mehr gegeben.

Auch bei der Teilrente werden die Einkünfte aus mehreren Beschäftigungen und selbständigen Tätigkeiten bei Prüfung der Hinzuverdienstgrenzen zusammengerechnet.

### Wechsel der Teilrentenart
Wird die für die jeweils bezogene Art von Teilrente zulässige Hinzuverdienstgrenze überschritten, geht der Anspruch auf Altersrente nicht in jedem Fall verloren. Der Rentenversicherungsträger prüft dann stets, ob ggf. die für die nächst niedrigere Art von Teilrente zulässige höhere Hinzuverdienstgrenze eingehalten ist. Ein Wechsel zwischen verschiedenen Teilrenten bzw. von der Teilrente auch wieder zur Vollrente ist somit möglich. Der Anspruch auf die Altersrente entfällt erst in vollem Umfang, wenn der vom Rentner erzielte Verdienst auch die für die niedrigste Teilrentenart (⅓-Teilrente) maßgebende Hinzuverdienstgrenze überschreitet. Höhere Teilrenten bzw. die Vollrente müssen wieder beantragt werden.

### Versicherungspflicht während des Teilrentenbezuges
Der Bezieher einer Teilrente hat für die von ihm erzielten Einkünfte Beiträge zur gesetzlichen Rentenversicherung zu entrichten, sofern diese ohne Rentenbezug auch zur Versicherungspflicht führen würden. Die entrichteten Beiträge werden bei späterem Vollrentenbezug zusätzlich berücksichtigt. Bei erneuter Teilrentenzahlung wird jedoch allein auf die der ersten Rente

wegen Alters zugrunde gelegten Zeiten zurückgegriffen; die während des Teilrentenbezuges zusätzlich erworbenen Beitragszeiten bleiben hier unberücksichtigt.
Ein zweimaliges Überschreiten um jeweils einen Betrag bis zur Höhe der Hinzuverdienstgrenze im Laufe eines jeden Jahres seit Rentenbeginn bleibt außer Betracht. Vorruhestandsgeld steht Arbeitsentgelt gleich. Mehrere Beschäftigungen und selbständige Tätigkeiten werden zusammengerechnet.

*bb) Berufs- und Erwerbsunfähigkeitsrenten:* Hier bleibt es im wesentlichen bei der bisherigen Regelung.

*cc) Renten wegen Todes*

(1) **Witwen-/Witwerrente.** Nach dem Rentenreformgesetz – RRG – 1992 wird bei Renten wegen Todes eigenes bzw. selbst erworbenes Einkommen nach einem besonderen System angerechnet. Für Witwen- und Witwerrenten sowie für Geschiedenenwitwenrenten (Scheidung vor dem 1. 7. 1977) ist die Einkommensanrechnung bereits nach dem bisherigen Recht vorgeschrieben, wenn sie nach einem Todesfall ab 1. 1. 1986 gezahlt werden, sofern nicht nach den Übergangsvorschriften das bis zum 31. 12. 1985 geltende Hinterbliebenenrentenrecht gewählt worden war. Auch ohne diese Wahl wird bei Todesfällen in der Zeit vom 1. 1. 1986 bis zum 31. 12. 1995 bezüglich der Witwenrente und der Rente an die frühere Ehefrau eine abgestufte Einkommensanrechnung gilt nicht im Beitrittsgebiet vorgenommen, sofern die Ehe vor dem 1. 1. 1986 geschlossen wurde. Das führt dazu, daß die Anrechnung von Einkommen nicht sofort und nicht in vollem Umfang vorgenommen wird. Die Einkommensanrechnung beginnt vielmehr erst ein Jahr nach dem Tod des Versicherten. Im zweiten Jahr, mit Beginn der Einkommensanrechnung, wird die Witwenrente dann zunächst in Höhe von 10%, im dritten Jahr in Höhe von 20%, im vierten Jahr in Höhe von 30% und erst im fünften Jahr in Höhe von 40% des Betrages gekürzt, um den das Einkommen über dem Freibetrag liegt.
Für die Einkommensanrechnung kommt es zunächst darauf an, ob im Einzelfall ein „zu berücksichtigendes Einkommen" vorliegt. Ist das zu bejahen, vollzieht sich die Einkommensanrechnung in drei Schritten:
Im ersten Schritt werden die Bruttobeträge des Einkommens in

## 5. Rentenreform 92

„Nettoeinkommen" umgerechnet; der Nettobetrag wird dadurch ermittelt, daß vom Bruttoeinkommen bestimmte Pauschalwerte abgezogen werden, die nach der Art des anzurechnenden Einkommens unterschiedlich hoch sind (zwischen 25 und 37,5%). Bei einigen Einkommen erfolgt kein Pauschalabzug; in diesen Fällen werden nur die vom Rentenberechtigten gezahlten Beiträge zur Sozialversicherung und Bundesanstalt für Arbeit abgezogen.

Im zweiten Schritt wird geprüft, um welchen Betrag das „Nettoeinkommen" einen bestimmten Freibetrag übersteigt. Wer also ein Einkommen hat, das den Freibetrag nicht übersteigt, braucht eine Kürzung seiner Rente wegen Todes nicht zu befürchten. Der Freibetrag ist dynamisch; er steigt mit gleichem Prozentsatz wie die Renten anläßlich der jährlichen Anpassung. Das führt dazu, daß Rentner, deren eigene Rente unter dem Freibetrag liegt und die kein anderes anzurechnendes Einkommen haben, auch für die Zukunft keine Einkommensanrechnung befürchten müssen.

Im dritten Schritt wird der Anrechnungsbetrag festgestellt. Er beträgt 40% des Betrages, um den das „Nettoeinkommen" den Freibetrag überschreitet. Von der Rente wegen Todes wird dieser Anrechnungsbetrag abgezogen, unabhängig davon, wie hoch die Rente ist.

Bei der Einkommensanrechnung ist das mtl. Einkommen maßgebend; mehrere Einkommen werden zusammengerechnet. Als mtl. Einkommen gilt bei Erwerbseinkommen (z.B. beim Arbeitsentgelt und Arbeitseinkommen) sowie bei kurzfristigen Erwerbsersatzeinkomen (z.B. beim Krankengeld und Arbeitslosengeld) grundsätzlich das durchschnittliche Vorjahreseinkommen einschl. etwaiger Sonderzahlungen wie z.B. Urlaubs- und Weihnachtsgeld.

Durch die Berücksichtigung des Vorjahreseinkommens kann es beim erstmaligen Hinzutritt von Erwerbseinkommen zur Rente wegen Todes dazu kommen, daß sich kein maßgebendes Einkommen ergibt, weil kein Vorjahreseinkommen vorhanden ist. Die Rente wird dann, obwohl laufend Einkommen erzielt wird, zumindest bis zum nächsten Rentenanpassungstermin (das ist der 1. 7. des nächsten Kalenderjahres) ungekürzt gezahlt.

Ausnahmsweise wird anstelle des Vorjahreseinkommens das laufende Erwerbseinkommen oder kurzfristige Erwerbsersatzeinkommen zugrunde gelegt, wenn dieses um wenigstens 10% niedriger ist. Bei dauerhaften Erwerbsersatzeinkommen (z. B. Renten der gesetzlichen Rentenversicherung) ist stets vom laufenden Einkommen auszugehen. Auf das Vorjahreseinkommen kommt es nicht an.

Einkommensänderungen sind grundsätzlich erst vom Zeitpunkt der nächsten Rentenanpassung an zu berücksichtigen. Dies stellt in der Regel sicher, daß die Rente wegen Todes bis zum nächsten Rentenanpassungstermin in gleicher Höhe gezahlt wird. Ausnahmsweise wird außerhalb der Rentenanpassung eine Einkommensänderung berücksichtigt, wenn es sich um eine Einkommensminderung handelt, die wenigstens 10% ausmacht und nicht nur kurzfristig ist.

**Der Freibetrag** beträgt für die Witwen- und Witwerrente das 26,4fache des aktuellen Rentenwerts, der im Zeitpunkt der Einkommensanrechnung auch für die Berechnung der Rente gilt. Für das erste Halbjahr 1992 beläuft der aktuelle Rentenwert sich auf 41,44 DM mtl. (Alte Bundesländer; neue Länder DM 23,57.–/ Monat; die sich hieraus ergebenden Freibeträge für die neuen Bundesländer sind in Fußnoten auf den Seiten 206 und 207 angegeben). Daraus ergibt sich ein mtl. Freibetrag für die Witwen- und Witwerrente in Höhe von 1094,02 DM.

Wer als Bezieher einer Rente wegen Todes waisenrentenberechtigte Kinder hat, für den wird der Freibetrag für jedes Kind um das 5,6fache des aktuellen Rentenwerts erhöht. Anfang 1992 beläuft sich dieser Betrag auf mtl. 232,06 DM. Beziehern von Erziehungsrente steht diese Erhöhung immer zu.

**Welche Einkommen sind zu berücksichtigen?**
Auf Hinterbliebenenrenten sind anzurechnen
- Erwerbseinkommen und
- Erwerbsersatzeinkommen, d.h. Einkommen, die dazu bestimmt sind, Erwerbseinkommen zu ersetzen wie Kranken- und Arbeitslosengeld und Berufs- und Erwerbsunfähigkeitsrenten.

Erwerbseinkommen sind:
- **Arbeitsentgelt** aus abhängiger Beschäftigung als Angestellter oder Arbeiter (Gehalt oder Lohn). Dazu rechnen auch die Dienstbezüge von Beamten. Für die Einkommensanrechnung wird das Bruttoarbeitsentgelt um 35% gekürzt; Beamtenbezüge werden nur um 27,5% gekürzt.

## 5. Rentenreform 92

- **Arbeitseinkommen** als Gewinn aus selbständiger Erwerbstätigkeit, d. h. aus Land- und Forstwirtschaft, Gewerbebetrieb und selbständiger Arbeit im Sinne des Einkommensteuerrechts. Für die Einkommensanrechnung werden 35% abgezogen.

Erwerbsersatzeinkommen sind insbesondere Krankengeld und Arbeitslosengeld sowie Versichertenrenten und Pensionen, nicht dagegen Arbeitslosenhilfe und für Studenten BAföG-Leistungen, ebenfalls nicht Betriebsrenten. Für die Einkommensanrechnung wird der Beitragsanteil zur Sozialversicherung und Bundesanstalt für Arbeit abgezogen.

**Achtung:** Bei unter 45jährigen, die eine große Witwen-/Witwerrente nur wegen Berufs- oder Erwerbsunfähigkeit erhalten, kann eine Halb- oder Ganztagstätigkeit zur Umwandlung in die kleine Witwen-/Witwerrente führen.

(2) **Waisenrente.** Keine Einkommensbeschränkungen bis zum 18. Lebensjahr. Die Bezieher von Waisenrente (Halb- oder Vollwaisenrente) können nach bisherigem und auch nach dem 1. 1. 1992 geltenden Recht bis zur Vollendung des 18. Lebensjahres unbeschränkt hinzuverdienen oder sonstige Einkünfte in beliebiger Höhe erzielen; die Vorschriften über die Einkommensanrechnung sind nicht anzuwenden.

**Einkommensanrechnung nach dem 18. Lebensjahr**
Für über 18jährige Waisenrentenbezieher tritt gegenüber dem bisherigen Recht eine wesentliche Änderung ein. Bisher ist der Rentenanspruch für in Ausbildung stehende Waisen davon abhängig, daß bestimmte Einkommensgrenzen eingehalten werden. So muß die Waise mit ihrer bisherigen Ausbildungsvergütung unter 1000,– DM mtl. (brutto) liegen, um nicht den Rentenanspruch zu verlieren; was sie daneben an Einkünften hat, ist unerheblich. Das neue Recht beseitigt das bisherige „Alles-oder-Nichts"-Prinzip; dafür erfolgt künftig die Anrechnung von Einkommen auf die Waisenrente, bei der dann allerdings nicht mehr nur Einkünfte aus dem Ausbildungsverhältnis herangezogen werden, sondern jedes selbst erworbene Erwerbs- oder Erwerbsersatzeinkommen. Der **Freibetrag** beträgt für die Waisenrente das 17,6fache des aktuellen Rentenwertes. Daraus ergeben sich bis zum 30. 6. 92 DM 729,34.–/Monat (alte Bundesländer; für die neuen Bundesländer siehe die Fußnote auf S. 206).

Betroffen von der neu eingeführten Einkommensanrechnung sind alle Waisen, die nach dem 31. 12. 1991 ihr 18. Lebensjahr vollenden und Anspruch auf Halb- oder Vollwaisenrente haben. Die Waisenrente wird nach neuem Recht für Anspruchszeiten nach dem 18. Lebensjahr, sofern ein den Freibetrag übersteigendes „zu berücksichtigendes Einkommen" vorliegt, in Höhe von 40% des den Freibetrag übersteigenden Einkommensbetrages gekürzt. Unerheblich ist, ob die Waisenrente nach einem Todesfall vor oder nach dem 1. 1. 1986 gezahlt wird. Die Einkommensanrechnung beginnt mit dem 18. Lebensjahr bzw. mit dem später einsetzenden Einkommensbezug. Der Anrechnungsbetrag beträgt dann sofort 40% des den Freibetrag übersteigenden Einkommensbetrags. Denn für die über 18 Jahre alten Waisen gibt es – anders als bei den Witwen- und Witwerrenten – keine abgestufte Einkommensanrechnung. Den Waisen steht auch nicht für die ersten drei Monate das sog. Sterbevierteljahr in Höhe der vollen Versichertenrente des Verstorbenen zu.

Im allgemeinen wird es aber dennoch bei den über 18 Jahre alten Waisen, die sich in Ausbildung befinden, nur dann zu einer Kürzung ihrer Rente kommen, wenn sie neben ihrer Ausbildungsvergütung weitere anzurechnende Einkünfte (z.B. Arbeitsentgelt als Taxifahrer) haben. Allein mit der Ausbildungsvergütung dürfte in den meisten Fällen nicht der Freibetrag überschritten werden; dazu müßte die Ausbildungsvergütung (abgestellt auf 1992) im Bruttobetrag schon mehr als 1100,– DM mtl. betragen. Aber selbst für den Fall des Überschreitens würden nur 40% des über dem Freibetrag liegenden Einkommens auf die Waisenrente angerechnet.

**Besitzstand bei Rentenbezug nach bisherigem Recht für über 18 Jahre alte Waisen**

Besteht für eine über 18jährige Waise am 31. 12. 1991 Anspruch auf Waisenrente nach bisherigem Recht, wird diese Rente auch ab 1. 1. 1992 ungekürzt weitergezahlt, solange die Waise aus dem Ausbildungsverhältnis nicht mehr verdient, als nach bisherigem Recht zulässig ist. Das ist der Fall, wenn die Ausbildungsvergütung der Waise weniger als 1000,– DM mtl. (brutto) beträgt oder ihr mit Rücksicht auf die Ausbildung ein Unterhaltsgeld oder Übergangsgeld von weniger als 800,– DM mtl. zusteht. Diese Besitzstandsregelung führt dazu, daß ältere Waisenrentenbezieher neben ihrer in den Einkommensgrenzen des bisherigen Rechts liegenden Ausbildungsvergütung beliebig hohe andere Einkünfte – z.B. als Taxifahrer – haben können, ohne daß ihre bisher gezahlte Waisenrente angetastet wird. Erst beim Überschreiten der festen Ausbildungsverdienstgrenzen des bisherigen Rechts kommt es zur Einkommensanrechnung, bei der dann sämtliche „zu berücksichtigende Einkommen" herangezogen werden. Da nach bisherigem Recht der Rentenanspruch weggefallen wäre, bedeutet das neue Recht letztlich eine finanzielle Besserstellung. Erzielt die Waise aus dem Ausbildungsverhältnis später wieder ein unter den Verdienstgrenzen des bisherigen Rechts liegendes Einkommen, tritt der frühere Besitzstand, d.h. Zahlung der Waisenrente ohne Einkommensanrechnung, wieder ein, unabhängig davon, wie hoch die sonstigen Einkünfte sind.

(3) **Erziehungsrente. Einkommensanrechnung.** Auf die nach neuem Recht zuerkannte Erziehungsrente ist – auch wenn der frühere Ehegatte vor dem 1. 1. 1986 verstarb – Einkommen anzurechnen, d.h., es kommt zur – wenn auch im allgemeinen nur teilweisen – Kürzung der Rente, solange vom Rentenberechtigten ein „zu berücksichtigendes Einkommen" erzielt wird, das über dem Freibetrag liegt. Der Freibetrag entspricht dem der Witwen- und Witwerrente und beträgt bis 30. 6. 1992 1094,02 DM; er erhöht sich für jedes waisenrentenberechtigte Kind um 232,06 DM mtl. Nach bisherigem Recht entfällt der Rentenanspruch völlig, wenn die maßgebenden Einkommensgrenzen nicht eingehalten werden. Das neue Recht führt damit gegenüber dem bisherigen Recht im allgemeinen nicht zu einer finanziellen Verschlechterung, zumal die Berechnung der Rente selbst immer als „große" Erziehungsrente erfolgt, was bisher nicht der Fall ist.
Bei der Erziehungsrente gibt es – anders als bei der Witwen- und Witwerrente – keine „abgestufte" Einkommensanrechnung, so daß die Kürzung mit den „vollen" 40% des über dem Freibetrag liegenden Einkommens sofort einsetzt.
Die Einkommensanrechnung endet, sofern das Einkommen nicht vorher wegfällt, spätestens mit dem 65. Lebensjahr, weil dann anstelle der Erziehungsrente die Regelaltersrente gezahlt wird, neben der unbegrenzt Einkommen erzielt werden kann.
Besteht am 31. 12. 1991 kein Anspruch auf Erziehungsrente, weil die nach bisherigem Recht maßgebenden Einkommensgrenzen überschritten werden, kann die Rente nach neuem Recht für die

Zeit ab 1. 1. 1992 beansprucht werden; auf die Rente ist Einkommen anzurechnen, sofern ein „zu berücksichtigendes Einkommen" erzielt wird, das über dem Freibetrag liegt.

**Sonderregelung für Bezieher von Erziehungsrente nach bisherigem Recht**

Bei Erziehungsrenten, auf die am 31. 12. 1991 nach bisherigem Recht ein Rentenanspruch besteht, ist ab 1. 1. 1992 Einkommen anzurechnen. Da der Rentenversicherungsträger vom gleichen Zeitpunkt an auch die Erziehungsrente selbst nach neuem Recht berechnen muß, wird das vielfach zu einer finanziellen Verbesserung führen, wenn die Einkommensverhältnisse ansonsten unverändert geblieben sind.

### 6. Sozialabgaben auf Hinzuverdienste von Rentnern; Übersicht

Mehr als geringfügige Hinzuverdienste von Altersrentnern (Vollrente) sind in der Rentenversicherung beitragsfrei: der Arbeitgeber muß seinen Arbeitgeberanteil abführen. Dieser wird aber nicht dem Versicherungskonto des Rentners gutgeschrieben! Entsprechendes gilt bei über 65-jährigen für die Beiträge zur Arbeitslosenversicherung.

Mehr als geringfügige Entgelte (siehe S. 122) sind in der Krankenversicherung auch bei Rentnern beitragspflichtig. Hierdurch können Beiträge für Renten und Arbeitsentgelt und gegebenenfalls anderen Versorgungsbezügen oder Arbeitseinkommen aus selbständiger Tätigkeit insgesamt zu hoch erhoben werden. Das ist stets dann der Fall, wenn Rente plus Arbeitsentgelt (zuzüglich ggf. Betriebsrente) die Beitragsbemessungsgrenze in der Krankenversicherung übersteigen (1992: DM 5100,–/Monat; Beitrittsgebiet DM 3600,–/Monat). Allerdings sind Versorgungsbezüge und Arbeitseinkommen aus selbständiger Tätigkeit ohnehin beitragsfrei, wenn sie insgesamt ein Zwanzigstel der monatlichen Bezugsgröße nicht übersteigen (1992: DM 175,–/Monat; Beitrittsgebiet DM 105,–/Monat).

Für Mitglieder der Krankenversicherung der Rentner, die aufgrund eines Beschäftigungsverhältnisses in der gesetzlichen Krankenversicherung pflichtversichert sind und daneben Rente oder Versorgungsbezüge erhalten, gilt hinsichtlich der Beitragsbemessungsgrenze folgendes:

a) Die Rente der gesetzlichen Rentenversicherung wird bis zur Beitragsbemessungsgrenze voll berücksichtigt.

## 6. Sozialabgaben auf Hinzuverdienste von Rentnern

b) Die übrigen Bezüge (Arbeitsentgelt, Versorgungsbezüge, Arbeitseinkommen aus selbständiger Tätigkeit) werden – ohne Anrechnung der Rente – bis zur Beitragsbemessungsgrenze in der Reihenfolge Arbeitsentgelt, Versorgungsbezüge und Arbeitseinkommen aus selbständiger Tätigkeit berücksichtigt.

Kommt es zu einer Bemessung der Gesamtbeiträge über der Beitragsbemessungsgrenze, werden die auf die Rente entfallenden Beiträge (nur Eigenanteil des Rentners) auf Antrag von der Krankenkasse erstattet!

### Übersicht
**Rentner-Beitragspflicht auf mehr als geringfügige Hinzuverdienste in den einzelnen Zweigen der Sozialversicherung:**

| Art der Rente | Krankenversicherung | Beiträge zur Arbeitslosenversicherung | Rentenversicherung |
|---|---|---|---|
| Rente wegen Berufsunfähigkeit, für Bergleute – §§ 43, 45 SGB VI | ja | ja[1] | ja |
| Rente wegen Erwerbsunfähigkeit – § 44 SGB VI | ja | nein | ja |
| Altersrente ab 60. Lebensjahr – Arbeitslose § 38 SGB VI | ja | ja[1] | nein[2] |
| 60. Lebensjahr – Frauen § 39 SGB VI | ja | ja[1] | nein[2] |
| 60. Lebensjahr – Schwerbehinderte, Berufs- oder Erwerbsunfähige § 37 SGB VI | ja | ja[1] | nein[2] |

| Art der Rente | Kranken-ver-sicherung | Beiträge zur Arbeits-losenver-sicherung | Renten-ver-sicherung |
|---|---|---|---|
| 63. Lebensjahr – langjährig Versicherte § 36 SGB VI | ja | ja[1] | nein[2] |
| 65. Lebensjahr – Regelaltersrente § 35 SGB VI | ja | nein[1,2] | nein[2] |
| Renten wegen Todes §§ 46–49 SGB VI | ja | ja[1] | ja |

[1] = Beitragspflicht zur Bundesanstalt für Arbeit erst ab 18 Wochenstunden.
[2] = bei Vollrente nur Arbeitgeberanteil; für Hinzuverdienste während Teilrente normale Beitragspflicht.

# Textanhang

## Gesetze, Verordnungen, Richtlinien
(auszugsweise)

1. BeschäftigungsförderungsG
2. Bürgerliches Gesetzbuch
3. ArbeitslohnfortzahlungsG
4. FeiertagslohnzahlungsG
5. SchwerbehindertenG
6. KündigungsschutzG
7. BundesurlaubsG
8. HeimarbeitsG
9. AltersteilzeitG
10. Gesetz zur Verbesserung der betrieblichen Altersversorgung
11. Arbeitszeitordnung
12. Sozialgesetzbuch IV
13. Sozialgesetzbuch V
14. Sozialgesetzbuch VI
15. ArbeitsförderungsG
16. Geringfügigkeitsrichtlinien/Meldeformulare
17. BundeserziehungsgeldG
18. EinkommensteuerG
19. LohnsteuerdurchführungsVO
20. Lohnsteuerrichtlinien

## 1. Gesetz über arbeitsrechtliche Vorschriften zur Beschäftigungsförderung

(Auszug)[1]

### § 2 Verbot der unterschiedlichen Behandlung

(1) Der Arbeitgeber darf einen teilzeitbeschäftigten Arbeitnehmer nicht wegen der Teilzeitarbeit gegenüber vollzeitbeschäftigten Ar-

---

[1] Als Artikel 1 des Beschäftigungsförderungsgesetzes 1985 vom 26. 4. 1985 (BGBl. I S. 710) vom Bundestag mit Zustimmung des Bundesrates beschlossen.

beitnehmern unterschiedlich behandeln, es sei denn, daß sachliche Gründe eine unterschiedliche Behandlung rechtfertigen.

(2) Teilzeitbeschäftigt sind die Arbeitnehmer, deren regelmäßige Wochenarbeitszeit kürzer ist als die regelmäßige Wochenarbeitszeit vergleichbarer vollzeitbeschäftigter Arbeitnehmer des Betriebes. Ist eine regelmäßige Wochenarbeitszeit nicht vereinbart, so ist die regelmäßige Arbeitszeit maßgeblich, die im Jahresdurchschnitt auf eine Woche entfällt.

### § 3 Veränderung von Dauer oder Lage der Arbeitszeit

Der Arbeitgeber hat einen Arbeitnehmer, der ihm gegenüber den Wunsch nach einer Veränderung von Dauer oder Lage seiner Arbeitszeit angezeigt hat, über entsprechende Arbeitsplätze zu unterrichten, die in dem Betrieb besetzt werden sollen. Die Unterrichtung kann durch Aushang erfolgen.

### § 4 Anpassung der Arbeitszeit an den Arbeitsanfall

(1) Vereinbaren Arbeitgeber und Arbeitnehmer, daß der Arbeitnehmer seine Arbeitsleistung entsprechend dem Arbeitsanfall zu erbringen hat, so muß zugleich eine bestimmte Dauer der Arbeitszeit festgelegt werden; ist eine bestimmte Dauer der Arbeitszeit nicht festgelegt worden, so gilt eine wöchentliche Arbeitszeit von zehn Stunden als vereinbart.

(2) Der Arbeitnehmer ist zur Arbeitsleistung nur verpflichtet, wenn der Arbeitgeber ihm die Lage seiner Arbeitszeit jeweils mindestens vier Tage im voraus mitteilt.

(3) Ist in der Vereinbarung die tägliche Dauer der Arbeitszeit nicht festgelegt, so ist der Arbeitgeber verpflichtet, den Arbeitnehmer jeweils für mindestens drei aufeinanderfolgende Stunden zur Arbeitsleistung in Anspruch zu nehmen.

### § 5 Arbeitsplatzteilung

(1) Vereinbart der Arbeitgeber mit zwei oder mehr Arbeitnehmern, daß diese sich die Arbeitszeit an einem Arbeitsplatz teilen (Arbeitsplatzteilung), so sind bei Ausfall eines Arbeitnehmers die anderen in die Arbeitsplatzteilung einbezogenen Arbeitnehmer zu seiner Vertretung nur auf Grund einer für den einzelnen Vertretungsfall geschlossenen Vereinbarung verpflichtet. Abweichend von Satz 1 kann die Pflicht zur Vertretung auch vorab für den Fall eines dringenden betrieblichen Erfordernisses vereinbart werden; der Arbeitnehmer ist zur Vertretung nur verpflichtet, soweit sie ihm im Einzelfall zumutbar ist.

(2) Im Falle einer Arbeitsplatzteilung ist die Kündigung des Arbeitsverhältnisses eines Arbeitnehmers durch den Arbeitgeber wegen des Ausscheidens eines anderen Arbeitnehmers aus der Arbeitsplatzteilung unwirksam. Das Recht zur Änderungskündigung wegen des Ausscheidens eines anderen Arbeitnehmers aus der Arbeitsplatzteilung und zur Kündigung des Arbeitsverhältnisses aus anderen Gründen bleibt unberührt.

(3) Die Absätze 1 und 2 sind entsprechend anzuwenden, wenn sich Gruppen von Arbeitnehmern auf bestimmten Arbeitsplätzen in festgelegten Zeitabschnitten abwechseln, ohne daß eine Arbeitsplatzteilung im Sinne des Absatzes 1 vorliegt.

### § 6 Vorrang des Tarifvertrages

(1) Von den Vorschriften dieses Abschnitts kann auch zuungunsten des Arbeitnehmers durch Tarifvertrag abgewichen werden.

(2) Im Geltungsbereich eines Tarifvertrages nach Absatz 1 gelten die abweichenden tarifvertraglichen Bestimmungen zwischen nicht tarifgebundenen Arbeitgebern und Arbeitnehmern, wenn die Anwendung der für teilzeitbeschäftigte Arbeitnehmer geltenden Bestimmungen des Tarifvertrages zwischen ihnen vereinbart ist. Enthält ein Tarifvertrag für den öffentlichen Dienst abweichende Bestimmungen nach Absatz 1, so gelten diese Bestimmungen auch zwischen nicht tarifgebundenen Arbeitgebern und Arbeitnehmern außerhalb des öffentlichen Dienstes, wenn die Anwendung der für den öffentlichen Dienst geltenden tarifvertraglichen Bestimmungen zwischen ihnen vereinbart ist und die Arbeitgeber die Kosten des Betriebes überwiegend mit Zuwendungen im Sinne des Haushaltsrechts decken.

(3) Die Kirchen und die öffentlich-rechtlichen Religionsgesellschaften können in ihren Regelungen von den Vorschriften dieses Abschnitts abweichen.

## 2. Bürgerliches Gesetzbuch

(Auszug)

### § 611a [Benachteiligungsverbot][1]

(1) Der Arbeitgeber darf einen Arbeitnehmer bei einer Vereinbarung oder Maßnahme, inbesondere bei der Begründung des Arbeitsver-

---

[1] Hierzu Artikel 2 des Arbeitsrechtlichen EG-Anpassungsgesetzes vom 13. 8. 1980:
„Aushang
Der Arbeitgeber soll einen Abdruck der §§ 611a, 611b, 612 Abs. 3 und

hältnisses, beim beruflichen Aufstieg, bei einer Weisung oder einer Kündigung, nicht wegen seines Geschlechts benachteiligen. Eine unterschiedliche Behandlung wegen des Geschlechts ist jedoch zulässig, soweit eine Vereinbarung oder eine Maßnahme die Art der vom Arbeitnehmer auszuübenden Tätigkeit zum Gegenstand hat und ein bestimmtes Geschlecht unverzichtbare Voraussetzung für diese Tätigkeit ist. Wenn im Streitfall der Arbeitnehmer Tatsachen glaubhaft macht, die eine Benachteiligung wegen des Geschlechts vermuten lassen, trägt der Arbeitgeber die Beweislast dafür, daß nicht auf das Geschlecht bezogene, sachliche Gründe eine unterschiedliche Behandlung rechtfertigen oder das Geschlecht unverzichtbare Voraussetzung für die auszuübende Tätigkeit ist.

(2) Ist ein Arbeitsverhältnis wegen eines von dem Arbeitgeber zu vertretenden Verstoßes gegen das Benachteiligungsverbot des Absatzes 1 nicht begründet worden, so ist er zum Ersatz des Schadens verpflichtet, den der Arbeitnehmer dadurch erleidet, daß er darauf vertraut, die Begründung des Arbeitsverhältnisses werde nicht wegen eines solchen Verstoßes unterbleiben. Satz 1 gilt beim beruflichen Aufstieg entsprechend, wenn auf den Aufstieg kein Anspruch besteht.

(3) Der Anspruch auf Schadensersatz wegen eines Verstoßes gegen das Benachteiligungsverbot verjährt in zwei Jahren. § 201 ist entsprechend anzuwenden.

### § 611b [Ausschreibung][1]

Der Arbeitgeber soll einen Arbeitsplatz weder öffentlich noch innerhalb des Betriebs nur für Männer oder nur für Frauen ausschreiben, es sei denn, daß ein Fall des § 611a Abs. 1 Satz 2 vorliegt.

### § 612 [Vergütung]

(1) Eine Vergütung gilt als stillschweigend vereinbart, wenn die Dienstleistung den Umständen nach nur gegen eine Vergütung zu erwarten ist.

(2) Ist die Höhe der Vergütung nicht bestimmt, so ist bei dem Bestehen einer Taxe die taxmäßige Vergütung, in Ermangelung einer Taxe die übliche Vergütung als vereinbart anzusehen.

(3)[1] Bei einem Arbeitsverhältnis darf für gleiche oder für gleichwertige Arbeit nicht wegen des Geschlechts des Arbeitnehmers eine geringere Vergütung vereinbart werden als bei einem Arbeitnehmer des

---

612a des Bürgerlichen Gesetzbuches in der Fassung dieses Gesetzes an geeigneter Stelle im Betrieb zur Einsicht auslegen oder aushängen."

[1] Siehe Fußnote 1 auf Seite 229.

anderen Geschlechts. Die Vereinbarung einer geringeren Vergütung wird nicht dadurch gerechtfertigt, daß wegen des Geschlechts des Arbeitnehmers besondere Schutzvorschriften gelten. § 611a Abs. 1 Satz 3 ist entsprechend anzuwenden.

### § 612a [Benachteiligungsverbot bei der Ausübung von Rechten][1]

Der Arbeitgeber darf einen Arbeitnehmer bei einer Vereinbarung oder einer Maßnahme nicht benachteiligen, weil der Arbeitnehmer in zulässiger Weise seine Rechte ausübt.

## 3. Arbeiterlohnfortzahlungsgesetz

(Auszug)

### § 1 Grundsatz der Entgeltfortzahlung

(1) Wird ein Arbeiter nach Beginn der Beschäftigung durch Arbeitsunfähigkeit infolge Krankheit an seiner Arbeitsleistung verhindert, ohne daß ihn ein Verschulden trifft, so verliert er dadurch nicht den Anspruch auf Arbeitsentgelt für die Zeit der Arbeitsunfähigkeit bis zur Dauer von sechs Wochen. Wird der Arbeiter innerhalb von zwölf Monaten infolge derselben Krankheit wiederholt arbeitsunfähig, so verliert er den Anspruch auf Arbeitsentgelt nur für die Dauer von insgesamt sechs Wochen nicht; war der Arbeiter vor der erneuten Arbeitsunfähigkeit jedoch mindestens sechs Monate nicht infolge derselben Krankheit arbeitsunfähig, so verliert er wegen der erneuten Arbeitsunfähigkeit den Anspruch nach Satz 1 für einen weiteren Zeitraum von höchstens sechs Wochen nicht.

(2) Absatz 1 gilt entsprechend, wenn die Arbeitsunfähigkeit infolge Sterilisation oder infolge Abbruchs der Schwangerschaft durch einen Arzt eintritt. Eine nicht rechtswidrige Sterilisation und ein nicht rechtswidriger Abbruch der Schwangerschaft durch einen Arzt gelten als unverschuldete Verhinderung an der Arbeitsleistung.

(3) Absätze 1 und 2 gelten nicht
1. für Arbeiter, deren Arbeitsverhältnis, ohne ein Probearbeitsverhältnis zu sein, für eine bestimmte Zeit, höchstens für vier Wochen, begründet ist. Wird das Arbeitsverhältnis über vier Wochen hinaus fortgesetzt, so gilt Absatz 1 vom Tage der Vereinbarung der Fortsetzung an; vor diesem Zeitpunkt liegende Zeiten der Arbeitsunfähigkeit sind auf die Anspruchsdauer von sechs Wochen anzurechnen;

---

[1] Siehe Fußnote 1 auf Seite 229.

2. für Arbeiter in einem Arbeitsverhältnis, in dem die regelmäßige Arbeitszeit wöchentlich zehn Stunden oder monatlich fünfundvierzig Stunden nicht übersteigt;
3. ...

### § 2 Höhe des fortzuzahlenden Arbeitsentgelts

(1) Für den in § 1 Abs. 1 bezeichneten Zeitraum ist dem Arbeiter das ihm bei der für ihn maßgebenden regelmäßigen Arbeitszeit zustehende Arbeitsengelt fortzuzahlen.

### § 8 Wirtschaftliche Sicherung für den Krankheitsfall im Bereich der Heimarbeit

(1) In Heimarbeit Beschäftigte (§ 1 Abs. 1 des Heimarbeitsgesetzes vom 14. März 1951, BGBl. I S. 191) und ihnen nach § 1 Abs. 2 Buchstaben a bis c des Heimarbeitsgesetzes Gleichgestellte haben gegen ihren Auftraggeber oder, falls sie von einem Zwischenmeister beschäftigt werden, gegen diesen Anspruch auf Zahlung eines Zuschlags zum Arbeitsentgelt. Der Zuschlag beträgt
1. für Heimarbeiter, für Hausgewerbetreibende ohne fremde Hilfskräfte und die nach § 1 Abs. 2 Buchstabe a des Heimarbeitsgesetzes Gleichgestellten 3,4 vom Hundert,
2. für Hausgewerbetreibende mit nicht mehr als zwei fremden Hilfskräften und die nach § 1 Abs. 2 Buchstabe 12b und c des Heimarbeitsgesetzes Gleichgestellten 4,8 vom Hundert
des Arbeitsentgelts vor Abzug der Steuern, des Beitrags zur Bundesanstalt für Arbeit und der Sozialversicherungsbeiträge ohne Unkostenzuschlag und ohne die für den Lohnausfall an gesetzlichen Feiertagen, den Urlaub und den Arbeitsausfall infolge Krankheit zu leistenden Zahlungen. Der Zuschlag für die unter Nummer 2 aufgeführten Personen dient zugleich zur Sicherung der Ansprüche der von ihnen Beschäftigten.

(2) Zwischenmeister, die den in Heimarbeit Beschäftigten nach § 1 Abs. 2 Buchstabe d des Heimarbeitsgesetzes gleichgestellt sind, haben gegen ihren Auftraggeber Anspruch auf Vergütung der von ihnen nach Absatz 1 nachweislich zu zahlenden Zuschläge.

(3) Die nach den Absätzen 1 und 2 in Betracht kommenden Zuschläge sind gesondert in den Entgeltbeleg einzutragen.

(4) Für Heimarbeiter (§ 1 Abs. 1 Buchstabe a des Heimarbeitsgesetzes) kann durch Tarifvertrag bestimmt werden, daß sie statt der in Absatz 1 Satz 2 Nummer 1 bezeichneten Leistungen die den Arbeitern im Falle ihrer Arbeitsunfähigkeit nach diesem Gesetz zustehenden Leistungen erhalten. Bei der Bemessung des Anspruchs auf Arbeitsentgelt bleibt der Unkostenzuschlag außer Betracht.

(5) Auf die in den Absätzen 1 und 2 vorgesehenen Zuschläge sind die §§ 23 bis 25, 27 und 28, auf die in Absatz 1 dem Zwischenmeister gegenüber vorgesehenen Zuschläge außerdem § 21 Abs. 2 des Heimarbeitsgesetzes entsprechend anzuwenden. Auf die Ansprüche der fremden Hilfskräfte der in Absatz 1 unter Nummer 2 genannten Personen auf Entgeltfortzahlung im Krankheitsfall ist § 26 des Heimarbeitsgesetzes entsprechend anzuwenden.

### § 10 Erstattungsanspruch

(1) Die Ortskrankenkassen, die Innungskrankenkassen, die Bundesknappschaft und die See-Krankenkasse erstatten den Arbeitgebern, die in der Regel ausschließlich der zu ihrer Berufsausbildung Beschäftigten nicht mehr als zwanzig Arbeitnehmer beschäftigen, achtzig vom Hundert

1. des für den in § 1 Abs. 1 und 2 und den in § 7 Abs. 1 bezeichneten Zeitraum an Arbeiter fortgezahlten Arbeitsentgelts und der nach § 12 Abs. 1 Nr. 2 Buchstabe b des Berufsbildungsgesetzes an Auszubildende fortgezahlten Vergütung,
2. des vom Arbeitgeber nach § 14 Abs. 1 des Mutterschutzgesetzes gezahlten Zuschusses zum Mutterschaftsgeld,
3. des vom Arbeitgeber nach § 11 des Mutterschutzgesetzes bei Beschäftigungsverboten gezahlten Arbeitsentgelts,
4. der auf die Arbeitsentgelte und Vergütungen nach den Nummern 1 und 3 entfallenden von den Arbeitgebern zu tragenden Beiträge zur Bundesanstalt für Arbeit und Arbeitgeberanteile an Beiträgen zur gesetzlichen Kranken- und Rentenversicherung.

Am Ausgleich der Arbeitgeberaufwendungen nehmen auch die Arbeitnehmer teil, die nur Auszubildende beschäftigen.

(2 Die Krankenkasse hat jeweils zum Beginn eines Kalenderjahres festzustellen, welche Arbeitgeber für die Dauer dieses Kalenderjahres an dem Ausgleich der Arbeitgeberaufwendungen teilnehmen. Ein Arbeitgeber beschäftigt in der Regel nicht mehr als zwanzig Arbeitnehmer, wenn er in dem letzten Kalenderjahr, das demjenigen, für das die Feststellung nach Satz 1 zu treffen ist, voraufgegangen ist, für einen Zeitraum von mindestens acht Kalendermonaten nicht mehr als zwanzig Arbeitnehmer beschäftigt hat. Hat ein Betrieb nicht während des ganzen nach Satz 2 maßgebenden Kalenderjahres bestanden, so nimmt der Arbeitgeber am Ausgleich der Arbeitgeberaufwendungen teil, wenn er während des Zeitraumes des Bestehens des Betriebes in der überwiegenden Zahl der Kalendermonate nicht mehr als zwanzig Arbeitnehmer beschäftigt hat. Wird ein Betrieb im Laufe des Kalenderjahres errichtet, für das die Feststellung nach Satz 1 getroffen ist, so nimmt der Arbeitgeber am Ausgleich der Arbeitgeberauf-

wendungen teil, wenn nach der Art des Betriebes anzunehmen ist, daß die Zahl der beschäftigten Arbeitnehmer während der überwiegenden Kalendermonate dieses Kalenderjahres zwanzig nicht überschreiten wird. Bei der Errechnung der Gesamtzahl der beschäftigten Arbeitnehmer bleiben Arbeitnehmer in einem Arbeitsverhältnis, in dem die regelmäßige Arbeitszeit wöchentlich zehn Stunden oder monatlich fünfundvierzig Stunden nicht übersteigt, sowie Schwerbehinderte im Sinne des Schwerbehindertengesetzes außer Ansatz. Arbeitnehmer, die wöchentlich regelmäßig nicht mehr als zwanzig Stunden zu leisten haben, werden mit 0,5 und diejenigen, die nicht mehr als dreißig Stunden zu leisten haben, mit 0,75 angesetzt.

## 4. Gesetz zur Regelung der Lohnzahlung an Feiertagen

(Auszug)

### § 1 Lohnausfallzahlung an Wochenfeiertagen

(1) Für die Arbeitszeit, die infolge eines gesetzlichen Feiertags ausfällt, ist vom Arbeitgeber den Arbeitnehmern der Arbeitsverdienst zu zahlen, den sie ohne den Arbeitsausfall erhalten hätten. Die Arbeitszeit, die an einem gesetzlichen Feiertag gleichzeitig infolge von Kurzarbeit ausfällt und für die an anderen Tagen als an gesetzlichen Feiertagen Kurzarbeitergeld geleistet wird, gilt als infolge eines gesetzlichen Feiertags nach Satz 1 ausgefallen.

(2) Ist der Arbeitgeber zur Fortzahlung des Arbeitsentgelts für einen gesetzlichen Feiertag nach den gesetzlichen Vorschriften über die Entgeltfortzahlung im Krankheitsfalle verpflichtet, so bemißt sich die Höhe des fortzuzahlenden Arbeitsentgelts für diesen Feiertag nach Absatz 1.

(3) Arbeitnehmer, die am letzten Arbeitstag vor oder am ersten Arbeitstag nach Feiertagen unentschuldigt der Arbeit fernbleiben, haben keinen Anspruch auf Bezahlung für diese Feiertage.

### § 2 Sonderregelung für die Heimarbeit

(1) Die in Heimarbeit Beschäftigten (§ 1 Abs. 1 des Heimarbeitsgesetzes vom 14. März 1951 – Bundesgesetzbl. I S. 191 –) haben gegen den Auftraggeber oder Zwischenmeister Anspruch auf Feiertagsbezahlung nach Maßgabe der Absätze 2 bis 5. Den gleichen Anspruch haben die in § 1 Abs. 2 Buchstaben a bis d des Heimarbeitsgesetzes (HAG) bezeichneten Personen, wenn sie hinsichtlich der Feiertagsbezahlung gleichgestellt werden; die Vorschriften des § 1 Abs. 3 Satz 3 und Abs. 4 und 5 HAG finden Anwendung. Eine Gleichstel-

## 4. FeiertagslohnzahlungsG

lung, die sich auf die Entgeltregelung erstreckt, gilt auch für die Feiertagsbezahlung, wenn diese nicht ausdrücklich von der Gleichstellung ausgenommen ist.

(2) Das Feiertagsgeld beträgt für jeden Feiertag im Sinne des § 1 Abs. 1 dieses Gesetzes zwei Drittel vom Hundert des in einem Zeitraum von sechs Monaten ausgezahlten reinen Arbeitsentgeltes ohne Unkostenzuschläge. Hierbei ist für die Feiertage, die in den Zeitraum vom 1. Mai bis 31. Oktober fallen, der vorhergehende Zeitraum vom 1. November bis 30. April und für die Feiertage, die in den Zeitraum vom 1. November bis 30. April fallen, der vorhergehende Zeitraum vom 1. Mai bis 31. Oktober zugrunde zu legen. Der Anspruch auf Feiertagsgeld ist unabhängig davon, ob im laufenden Halbjahreszeitraum noch eine Beschäftigung in Heimarbeit für den Auftraggeber stattfindet.

(3) Das Feiertagsgeld ist jeweils bei der Entgeltzahlung vor dem Feiertag zu zahlen. Ist die Beschäftigung vor dem Feiertag unterbrochen worden, so ist das Feiertagsgeld spätestens drei Tage vor dem Feiertag auszuzahlen. Besteht bei der Einstellung der Ausgabe von Heimarbeit zwischen den Beteiligten Einvernehmen, das Heimarbeitsverhältnis nicht wieder fortzusetzen, so ist dem Berechtigten bei der letzten Entgeltzahlung das Feiertagsgeld für die noch übrigen Feiertage des laufenden sowie für die Feiertage des folgenden Halbjahreszeitraumes zu zahlen. Das Feiertagsgeld ist jeweils bei der Auszahlung in die Entgeltbelege (§ 9 HAG) einzutragen.

(4) Übersteigt das Feiertagsgeld, das der nach Absatz 1 anspruchsberechtigte Hausgewerbetreibende oder im Lohnauftrag arbeitende Gewerbetreibende (Anspruchsberechtigte) für einen Feiertag auf Grund des § 1 dieses Gesetzes seinen fremden Hilfskräften (§ 2 Abs. 6 HAG) gezahlt hat, den Betrag, den er auf Grund der Absätze 2 und 3 dieses Paragraphen für diesen Feiertag erhalten hat, so haben ihm auf Verlangen seine Auftraggeber oder Zwischenmeister den Mehrbetrag anteilig zu erstatten. Ist der Anspruchsberechtigte gleichzeitig Zwischenmeister, so bleibt hierbei das für die Heimarbeiter oder Hausgewerbetreibenden empfangene und weitergezahlte Feiertagsgeld außer Ansatz. Nimmt ein Anspruchsberechtigter eine Erstattung nach Satz 1 in Anspruch, so können ihm bei Einstellung der Ausgabe von Heimarbeit die erstatteten Beträge auf das Feiertagsgeld angerechnet werden, das ihm auf Grund des Absatzes 2 und des Absatzes 3 Satz 3 für die dann noch übrigen Feiertage des laufenden sowie für die Feiertage des folgenden Halbjahreszeitraumes zu zahlen ist.

(5) Das Feiertagsgeld gilt als Entgelt im Sinne der Vorschriften des Heimarbeitsgesetzes über Mithaftung des Auftraggebers (§ 21 Abs. 2), über Entgeltschutz (§§ 23 bis 27) und über Auskunftspflicht

über Entgelte (§ 28); hierbei finden die §§ 24 bis 26 HAG Anwendung, wenn ein Feiertagsgeld gezahlt ist, das niedriger ist als das in diesem Gesetz festgesetzte.

## 5. Schwerbehindertengesetz

(Auszug)

### § 5 Umfang der Beschäftigungspflicht

(1) Private Arbeitgeber und Arbeitgeber der öffentlichen Hand (Arbeitgeber), die über mindestens 16 Arbeitsplätze im Sinne des § 7 Abs. 1 verfügen, haben auf wenigstens 6 vom Hundert der Arbeitsplätze Schwerbehinderte zu beschäftigen.

### § 6 Beschäftigung besonderer Gruppen Schwerbehinderter

(1) Arbeitgeber haben im Rahmen der Erfüllung der Beschäftigungspflicht in angemessenem Umfang zu beschäftigen
1. Schwerbehinderte, die nach Art oder Schwere ihrer Behinderung im Arbeits- und Berufsleben besonders betroffen sind, insbesondere solche,
   c) die infolge ihrer Behinderung nicht nur vorübergehend offensichtlich nur eine wesentlich verminderte Arbeitsleistung erbringen können oder . . . .

### § 7 Begriff des Arbeitsplatzes

(3) Als Arbeitsplätze gelten ferner nicht Stellen, die nach der Natur der Arbeit oder nach den zwischen den Parteien getroffenen Vereinbarungen nur auf die Dauer von höchstens 8 Wochen besetzt sind, Stellen, auf denen Arbeitnehmer kurzzeitig im Sinne des § 102 des Arbeitsförderungsgesetzes beschäftigt werden, sowie Stellen, auf denen Personen beschäftigt werden, die einen Rechtsanspruch auf Einstellung haben.

### § 9 Anrechnung auf Pflichtplätze

(1) Ein Schwerbehinderter, der auf einem Arbeitsplatz im Sinne des § 7 Abs. 1 beschäftigt wird, wird auf einen Pflichtplatz angerechnet. Das gleiche gilt für einen Schwerbehinderten auf einer Stelle im Sinne des § 7 Abs. 2 Nr. 1.

(2) Ein teilzeitbeschäftigter Schwerbehinderter, der kürzer als betriebsüblich, aber nicht weniger als 18 Stunden wöchentlich beschäftigt wird, wird auf einen Pflichtplatz angerechnet. Wird ein Schwerbehinderter weniger als 18 Stunden wöchentlich beschäftigt, hat das

Arbeitsamt die Anrechnung auf einen Pflichtplatz zuzulassen, wenn die kürzere Arbeitszeit wegen Art oder Schwere der Behinderung notwendig ist.

### § 10 Mehrfachanrechnung

(1) Das Arbeitsamt kann die Anrechnung eines Schwerbehinderten, besonders eines Schwerbehinderten im Sinne des § 6 Abs. 1, auf mehr als einen Pflichtplatz, höchstens 3 Pflichtplätze, zulassen, wenn dessen Eingliederung in das Arbeits- oder Berufsleben auf besondere Schwierigkeiten stößt. Satz 1 gilt auch für teilzeitbeschäftigte Schwerbehinderte im Sinne des § 9 Abs. 2.

### § 14 Pflichten des Arbeitgebers gegenüber Schwerbehinderten

(3) Die Arbeitgeber sind verpflichtet, die Arbeitsräume, Betriebsvorrichtungen, Maschinen und Gerätschaften unter besonderer Berücksichtigung der Unfallgefahr so einzurichten und zu unterhalten und den Betrieb so zu regeln, daß wenigstens die vorgeschriebene Zahl Schwerbehinderter in ihren Betrieben dauernde Beschäftigung finden kann; die Einrichtung von Teilzeitarbeitsplätzen ist zu fördern. Die Arbeitgeber sind ferner verpflichtet, den Arbeitsplatz mit den erforderlichen technischen Arbeitshilfen auszustatten. Die Verpflichtungen nach den Sätzen 1 und 2 bestehen nicht, soweit ihre Durchführung für den Arbeitgeber nicht zumutbar wäre oder soweit ihr staatlichen oder berufsgenossenschaftlichen Arbeitsschutzvorschriften ihnen entgegenstehen. Bei Durchführung dieser Maßnahmen haben die Landesarbeitsämter und Hauptfürsorgestellen die Arbeitgeber unter Berücksichtigung der für die Beschäftigung wesentlichen Eigenschaften der Schwerbehinderten zu unterstützen.

### § 31 Aufgaben der Hauptfürsorgestelle

(1) Der Hauptfürsorgestelle obliegt
1. die Erhebung und Verwendung der Ausgleichsabgabe,
3. die begleitende Hilfe im Arbeits- und Berufsleben,

(2) Die begleitende Hilfe im Arbeits- und Berufsleben ist in enger Zusammenarbeit mit der Bundesanstalt für Arbeit und den übrigen Trägern der Rehabilitation durchzuführen. Sie soll dahin wirken, daß die Schwerbehinderten in ihrer sozialen Stellung nicht absinken, auf Arbeitsplätzen beschäftigt werden, auf denen sie ihre Fähigkeiten und Kenntnisse voll verwerten und weiterentwickeln können sowie durch Leistungen der Rehabilitationsträger und Maßnahmen der Arbeitgeber befähigt werden, sich am Arbeitsplatz und im Wettbewerb mit Nichtbehinderten zu behaupten.

(3) Die Hauptfürsorgestelle kann im Rahmen ihrer Zuständigkeit für die begleitende Hilfe im Arbeits- und Berufsleben aus den ihr zur Verfügung stehenden Mitteln auch Geldleistungen gewähren, insbesondere

2. an Arbeitgeber
   a) zur behinderungsgerechten Einrichtung von Arbeitsplätzen für Schwerbehinderte und
   b) für außergewöhnliche Belastungen, die mit der Beschäftigung Schwerbehinderter im Sinne des § 6 Abs. 1 Nr. 1 Buchstaben a bis d oder des § 9 Abs. 2 verbunden sind, vor allem, wenn ohne diese Leistungen das Beschäftigungsverhältnis gefährdet würde.

### § 33 Aufgaben der Bundesanstalt für Arbeit

(1) Der Bundesanstalt für Arbeit obliegen
3. die besondere Förderung der Einstellung und Beschäftigung Schwerbehinderter auf Arbeitsplätzen (§ 7 Abs. 1),
4. im Rahmen ihrer Maßnahmen nach § 3 Abs. 2 Nr. 5 des Arbeitsförderungsgesetzes die besondere Förderung von Arbeitsplätzen für Schwerbehinderte, ...

(2) Die Bundesanstalt für Arbeit kann im Rahmen ihrer Zuständigkeit zur besonderen Förderung nach Absatz 1 Nr. 3 Arbeitgebern aus den ihr aus dem Ausgleichsfonds zugewiesenen Mitteln (§ 11 Abs. 4) Geldleistungen gewähren, wenn diese insbesondere ohne gesetzliche Verpflichtung oder über die gesetzliche Verpflichtung nach § 5 hinaus

1. in § 6 Abs. 1 genannte Schwerbehinderte oder
4. Schwerbehinderte als Teilzeitbeschäftigte, insbesondere in den Fällen des § 9 Abs. 2 Satz 2, oder ...

einstellen. Die Geldleistungen werden als einmalige oder laufende Zuwendungen, längstens bis zu 3 Jahren, zusätzlich, jedoch unter Anrechnung vergleichbarer Leistungen der Bundesanstalt für Arbeit und der Rehabilitationsträger im Sinne des § 2 Abs. 2 des Rehabilitationsangleichungsgesetzes vom 7. August 1974 (BGBl. I S. 1881), gewährt.

### § 49 Beschäftigung Schwerbehinderter in Heimarbeit

(1) Schwerbehinderte, die in Heimarbeit beschäftigt oder diesen gleichgestellt sind (§ 1 Abs. 1 und 2 des Heimarbeitsgesetzes) und in der Hauptsache für den gleichen Auftraggeber arbeiten, werden auf die Pflichtplätze dieses Auftraggebers angerechnet.

(2) Für in Heimarbeit beschäftigte und diesen gleichgestellte Schwerbehinderte wird die in § 29 Abs. 2 des Heimarbeitsgesetzes festgelegte Kündigungsfrist von 2 Wochen auf 4 Wochen erhöht; die Vor-

schrift des § 29 Abs. 5 des Heimarbeitsgesetzes ist sinngemäß anzuwenden. Der besondere Kündigungsschutz der Schwerbehinderten im Sinne des Vierten Abschnitts gilt auch für die in Satz 1 genannten Personen.

(3) Die Bezahlung des zusätzlichen Urlaubs der in Heimarbeit beschäftigten oder diesen gleichgestellten Schwerbehinderten erfolgt nach den für die Bezahlung ihres sonstigen Urlaubs geltenden Berechnungsgrundsätzen. Sofern eine besondere Regelung nicht besteht, erhalten die Schwerbehinderten als zusätzliches Urlaubsgeld 2 vom Hundert des in der Zeit vom 1. Mai des vergangenen bis zum 30. April des laufenden Jahres verdienten Arbeitsentgelts ausschließlich der Unkostenzuschläge.

## 6. Kündigungsschutzgesetz

(Auszug)

### § 23 Geltungsbereich

(1) Die Vorschriften des Ersten und Zweiten Abschnitts gelten für Betriebe und Verwaltungen des privaten und des öffentlichen Rechts, vorbehaltlich der Vorschriften des § 24 für die Seeschiffahrts-, Binnenschiffahrts- und Luftverkehrsbetriebe. Die Vorschriften des Ersten Abschnitts gelten nicht für Betriebe und Verwaltungen, in denen in der Regel fünf oder weniger Arbeitnehmer ausschließlich der zu ihrer Berufsbildung Beschäftigten beschäftigt werden. Bei der Feststellung der Zahl der beschäftigten Arbeitnehmer nach Satz 2 sind nur Arbeitnehmer zu berücksichtigen, deren regelmäßige Arbeitszeit wöchentlich 10 Stunden oder monatlich 45 Stunden übersteigt. Satz 3 berührt nicht die Rechtsstellung der Arbeitnehmer, die am 1. Mai 1985 gegenüber ihrem Arbeitgeber Rechte aus Satz 2 in Verbindung mit dem Ersten Abschnitt dieses Gesetzes herleiten könnten.

## 7. Mindesturlaubsgesetz für Arbeitnehmer
(Bundesurlaubsgesetz)

(Auszug)

### § 1 Urlaubsanspruch
Jeder Arbeitnehmer hat in jedem Kalenderjahr Anspruch auf bezahlten Erholungsurlaub.

### § 2 Geltungsbereich

Arbeitnehmer im Sinne des Gesetzes sind Arbeiter und Angestellte sowie die zu ihrer Berufsausbildung Beschäftigten. Als Arbeitnehmer gelten auch Personen, die wegen ihrer wirtschaftlichen Unselbständigkeit als arbeitnehmerähnliche Personen anzusehen sind; für den Bereich der Heimarbeit gilt § 12.

### § 3 Dauer des Urlaubs

(1) Der Urlaub beträgt jährlich mindestens 18 Werktage.
(2) Als Werktage gelten alle Kalendertage, die nicht Sonn- oder gesetzliche Feiertage sind.

### § 5 Teilurlaub

(1) Anspruch auf ein Zwölftel des Jahresurlaubs für jeden vollen Monat des Bestehens des Arbeitsverhältnisses hat der Arbeitnehmer
a) für Zeiten eines Kalenderjahres, für die er wegen Nichterfüllung der Wartezeit in diesem Kalenderjahr keinen vollen Urlaubsanspruch erwirbt;
b) wenn er vor erfüllter Wartezeit aus dem Arbeitsverhältnis ausscheidet;
c) wenn er nach erfüllter Wartezeit in der ersten Hälfte eines Kalenderjahres aus dem Arbeitsverhältnis ausscheidet.

(2) Bruchteile von Urlaubstagen, die mindestens einen halben Tag ergeben, sind auf volle Urlaubstage aufzurunden.

(3) Hat der Arbeitnehmer im Falle des Absatzes 1 Buchstabe c bereits Urlaub über den ihm zustehenden Umfang hinaus erhalten, so kann das dafür gezahlte Urlaubsentgelt nicht zurückgefordert werden.

### § 11 Urlaubsentgelt

(1) Das Urlaubsentgelt bemißt sich nach dem durchschnittlichen Arbeitsverdienst, das der Arbeitnehmer in den letzten dreizehn Wochen vor dem Beginn des Urlaubs erhalten hat. Bei Verdiensterhöhungen nicht nur vorübergehender Natur, die während des Berechnungszeitraums oder des Urlaubs eintreten, ist von dem erhöhten Verdienst auszugehen. Verdienstkürzungen, die im Berechnungszeitraum infolge von Kurzarbeit, Arbeitsausfällen oder unverschuldeter Arbeitsversäumnis eintreten, bleiben für die Berechnung des Urlaubsentgelts außer Betracht. Zum Arbeitsentgelt gehörende Sachbezüge, die während des Urlaubs nicht weitergewährt werden, sind für die Dauer des Urlaubs angemessen in bar abzugelten.

(2) Das Urlaubsentgelt ist vor Antritt des Urlaubs auszuzahlen.

## § 12 Urlaub im Bereich der Heimarbeit

Für die in Heimarbeit Beschäftigten und die ihnen nach § 1 Abs. 2 Buchstaben a bis c des Heimarbeitsgesetzes vom 14. März 1951 (Bundesgesetzbl. I S. 191) Gleichgestellten, für die die Urlaubsregelung nicht ausdrücklich von der Gleichstellung ausgenommen ist, gelten die vorstehenden Bestimmungen mit Ausnahme der §§ 4 bis 6, 7 Abs. 3 und 4 und § 11 nach Maßgabe der folgenden Bestimmungen:

1. Heimarbeiter (§ 1 Abs. 1 Buchstabe a des Heimarbeitsgesetzes) und nach § 1 Abs. 2 Buchstabe a des Heimarbeitsgesetzes Gleichgestellte erhalten von ihrem Auftraggeber oder, falls sie von einem Zwischenmeister beschäftigt werden, von diesem
   bei einem Anspruch auf 18 Urlaubstage
   ein Urlaubsentgelt von 6¾ vom Hundert
   des in der Zeit vom 1. Mai bis zum 30. April des folgenden Jahres oder bis zur Beendigung des Beschäftigungsverhältnisses verdienten Arbeitsentgelts vor Abzug der Steuern und Sozialversicherungsbeiträge ohne Unkostenzuschlag und ohne die für den Lohnausfall an Feiertagen, den Arbeitsausfall infolge Krankheit und den Urlaub zu leistenden Zahlungen.
2. War der Anspruchsberechtigte im Berechnungszeitraum nicht ständig beschäftigt, so brauchen unbeschadet des Anspruches auf Urlaubsentgelt nach Nummer 1 nur so viele Urlaubstage gegeben zu werden, wie durchschnittliche Tagesverdienste, die er in der Regel erzielt hat, in dem Urlaubsentgelt nach Nummer 1 enthalten sind.
3. Das Urlaubsentgelt für die in Nummer 1 bezeichneten Personen soll erst bei der letzten Entgeltzahlung vor Antritt des Urlaubs ausgezahlt werden.
4. Hausgewerbetreibende (§ 1 Abs. 1 Buchstabe b des Heimarbeitsgesetzes) und nach § 1 Abs. 2 Buchstaben b und c des Heimarbeitsgesetzes Gleichgestellte erhalten von ihrem Auftraggeber oder, falls sie von einem Zwischenmeister beschäftigt werden, von diesem als eigenes Urlaubsentgelt und zur Sicherung der Urlaubsansprüche der von ihnen Beschäftigten einen Betrag von 6¾ vom Hundert des an sie ausgezahlten Arbeitsentgelts vor Abzug der Steuern und Sozialversicherungsbeiträge ohne Unkostenzuschlag und ohne die für den Lohnausfall an Feiertagen, den Arbeitsausfall infolge Krankheit und den Urlaub zu leistenden Zahlungen.
5. Zwischenmeister, die den im Heimarbeit Beschäftigten nach § 1 Abs. 2 Buchstabe d des Heimarbeitsgesetzes gleichgestellt sind, haben gegen ihren Auftraggeber Anspruch auf die von ihnen nach den Nummern 1 und 4 nachweislich zu zahlenden Beträge.
6. Die Beträge nach den Nummern 1, 4 und 5 sind gesondert im Entgeltbeleg auszuweisen.

7. Durch Tarifvertrag kann bestimmt werden, daß Heimarbeiter (§ 1 Abs. 1 Buchstabe a des Heimarbeitsgesetzes), die nur für einen Auftraggeber tätig sind und tariflich allgemein wie Betriebsarbeiter behandelt werden, Urlaub nach den allgemeinen Urlaubsbestimmungen erhalten.

## 8. Heimarbeitsgesetz

(Auszug)

### § 1 Geltungsbereich

(1) In Heimarbeit Beschäftigte sind
a) die Heimarbeiter (§ 2 Abs. 1);
b) die Hausgewerbetreibenden (§ 2 Abs. 2).

(2) Ihnen können, wenn dieses wegen ihrer Schutzbedürftigkeit gerechtfertigt erscheint, gleichgestellt werden
a) Personen, die in der Regel allein oder mit ihren Familienangehörigen (§ 2 Abs. 5) in eigener Wohnung oder selbstgewählter Betriebsstätte eine sich in regelmäßigen Arbeitsvorgängen wiederholende Arbeit im Auftrage eines anderen gegen Entgelt ausüben, ohne daß ihre Tätigkeit als gewerblich anzusehen oder daß der Auftraggeber ein Gewerbetreibender oder Zwischenmeister (§ 2 Abs. 3) ist;
b) Hausgewerbetreibende, die mit mehr als zwei fremden Hilfskräften (§ 2 Abs. 6) oder Heimarbeitern (§ 2 Abs. 1) arbeiten;
c) andere im Lohnauftrag arbeitende Gewerbetreibende, die infolge ihrer wirtschaftlichen Abhängigkeit eine ähnliche Stellung wie Hausgewerbetreibende einnehmen;
d) Zwischenmeister (§ 2 Abs. 3).
Für die Feststellung der Schutzbedürftigkeit ist das Ausmaß der wirtschaftlichen Abhängigkeit maßgebend. Dabei sind insbesondere die Zahl der fremden Hilfskräfte, die Abhängigkeit von einem oder mehreren Auftraggebern, die Möglichkeiten des unmittelbaren Zugangs zum Absatzmarkt, die Höhe und die Art der Eigeninvestitionen sowie der Umsatz zu berücksichtigen.

(3) Die Gleichstellung erstreckt sich, wenn in ihr nichts anderes bestimmt ist, auf die allgemeinen Schutzvorschriften und die Vorschriften über die Entgeltregelung, den Entgeltschutz und die Auskunftspflicht über Entgelte (Dritter, Sechster, Siebenter und Achter Abschnitt). Die Gleichstellung kann auf einzelne dieser Vorschriften beschränkt oder auf weitere Vorschriften des Gesetzes ausgedehnt werden. Sie kann für bestimmte Personengruppen oder Gewerbezweige oder Beschäftigungsarten allgemein oder räumlich begrenzt

ergehen; auch bestimmte einzelne Personen können gleichgestellt werden.

(4) Die Gleichstellung erfolgt durch widerrufliche Entscheidung des zuständigen Heimarbeitsausschusses (§ 4) nach Anhörung der Beteiligten. Sie ist vom Vorsitzenden zu unterschreiben und bedarf der Zustimmung der zuständigen Arbeitsbehörde (§ 3 Abs. 1) und der Veröffentlichung im Wortlaut an der von der zuständigen Arbeitsbehörde bestimmten Stelle. Sie tritt am Tage nach der Veröffentlichung in Kraft, wenn in ihr nicht ein anderer Zeitpunkt bestimmt ist. Die Veröffentlichung kann unterbleiben, wenn die Gleichstellung nur bestimmte einzelne Personen betrifft; in diesem Falle ist in der Gleichstellung der Zeitpunkt ihres Inkrafttretens festzusetzen.

## § 29 Allgemeiner Kündigungsschutz

(1) Das Beschäftigungsverhältnis eines in Heimarbeit Beschäftigten kann beiderseits an jedem Tag für den Ablauf des folgenden Tages gekündigt werden.

(2) Wird ein in Heimarbeit Beschäftigter von einem Auftraggeber oder Zwischenmeister länger als vier Wochen beschäftigt, so kann das Beschäftigungsverhältnis beiderseits nur mit einer Frist von zwei Wochen gekündigt werden.

(3) Wird ein in Heimarbeit Beschäftigter überwiegend von einem Auftraggeber oder Zwischenmeister beschäftigt, so erhöht sich die Kündigungsfrist für eine vom Auftraggeber oder Zwischenmeister ausgesprochene Kündigung
auf einen Monat zum Monatsende, wenn das Beschäftigungsverhältnis fünf Jahre,
auf zwei Monate zum Monatsende, wenn das Beschäftigungsverhältnis zehn Jahre und
auf drei Monate zum Ende eines Kalendervierteljahres, wenn das Beschäftigungsverhältnis zwanzig Jahre
bestanden hat. Bei der Berechnung der Beschäftigungsdauer werden vor Vollendung des 35. Lebensjahres liegende Beschäftigungszeiten nicht berücksichtigt. Für die in Satz 1 und in Absatz 2 genannten Kündigungsfristen gilt § 622 Abs. 3 des Bürgerlichen Gesetzbuches entsprechend.

(4) Für die Kündigung aus wichtigem Grund gilt § 626 des Bürgerlichen Gesetzbuches entsprechend.

(5) Für die Dauer der Kündigungsfrist nach den Absätzen 2 und 3 hat der Beschäftigte auch bei Ausgabe einer geringeren Arbeitsmenge Anspruch auf Arbeitsentgelt in Höhe von einem Zwölftel bei einer Kündigungsfrist von zwei Wochen, zwei Zwölfteln bei einer Kündigungsfrist von einem Monat, vier Zwölfteln bei einer Kündigungsfrist

von zwei Monaten und sechs Zwölfteln bei einer Kündigungsfrist von drei Monaten des Gesamtbetrags, den er in den dem Zugang der Kündigung vorausgegangenen 24 Wochen als Entgelt erhalten hat. Bei Entgelterhöhungen während des Berechnungszeitraums oder der Kündigungsfrist ist von einem erhöhten Entgelt auszugehen. Zeiten des Bezugs von Krankengeld oder Kurzarbeitergeld sind in den Berechnungszeitraum nicht mit einzubeziehen.

(6) Die Absätze 2 bis 5 gelten entsprechend, wenn ein Auftraggeber oder Zwischenmeister die Arbeitsmenge, die er mindestens ein Jahr regelmäßig an einen Beschäftigten, auf den die Voraussetzungen des Absatzes 2 oder 3 zutreffen, ausgegeben hat, um mindestens ein Viertel verringert, es sei denn, daß die Verringerung auf einer Festsetzung gemäß § 11 Abs. 2 beruht. Hat das Beschäftigungsverhältnis im Falle des Absatzes 2 ein Jahr noch nicht erreicht, so ist von der während der Dauer des Beschäftigungsverhältnisses ausgegebenen Arbeitsmenge auszugehen. Die Sätze 1 und 2 finden keine Anwendung, wenn die Verringerung der Arbeitsmenge auf rechtswirksam eingeführter Kurzarbeit beruht.

### § 29a Kündigungsschutz im Rahmen der Betriebsverfassung

(1) Die Kündigung des Beschäftigungsverhältnisses eines in Heimarbeit beschäftigten Mitglieds eines Betriebsrats oder einer Jugend- und Auszubildendenvertretung ist unzulässig, es sei denn, daß Tatsachen vorliegen, die einen Arbeitgeber zur Kündigung eines Arbeitsverhältnisses aus wichtigem Grund ohne Einhaltung einer Kündigungsfrist berechtigen würden, und daß die nach § 103 des Betriebsverfassungsgesetzes erforderliche Zustimmung vorliegt oder durch gerichtliche Entscheidung ersetzt ist. Nach Beendigung der Amtszeit ist die Kündigung innerhalb eines Jahres, jeweils vom Zeitpunkt der Beendigung der Amtszeit an gerechnet, unzulässig, es sei denn, daß Tatsachen vorliegen, die einen Arbeitgeber zur Kündigung eines Arbeitsverhältnisses aus wichtigem Grund ohne Einhaltung einer Kündigungsfrist berechtigen würden: dies gilt nicht, wenn die Beendigung der Mitgliedschaft auf einer gerichtlichen Entscheidung beruht.

(2) Die Kündigung eines in Heimarbeit beschäftigten Mitglieds eines Wahlvorstands ist vom Zeitpunkt seiner Bestellung an, die Kündigung eines in Heimarbeit beschäftigten Wahlbewerbers vom Zeitpunkt der Aufstellung des Wahlvorschlags an jeweils bis zur Bekanntgabe des Wahlergebnisses unzulässig, es sei denn, daß Tatsachen vorliegen, die einen Arbeitgeber zur Kündigung eines Arbeitsverhältnisses aus wichtigem Grund ohne Einhaltung einer Kündigungsfrist berechtigen würden, und daß die nach § 103 des Betriebsverfassungsgesetzes erforderliche Zustimmung vorliegt oder durch

eine gerichtliche Entscheidung ersetzt ist. Innerhalb von sechs Monaten nach Bekanntgabe des Wahlergebnisses ist die Kündigung unzulässig, es sei denn, daß Tatsachen vorliegen, die einen Arbeitgeber zur Kündigung eines Arbeitsverhältnisses aus wichtigem Grund ohne Einhaltung einer Kündigungsfrist berechtigen würden; dies gilt nicht für Mitglieder des Wahlvorstands, wenn dieser nach § 18 Abs. 1 des Betriebsverfassungsgesetzes durch gerichtliche Entscheidung durch einen anderen Wahlvorstand ersetzt worden ist.

(3) Wird die Vergabe von Heimarbeit eingestellt, so ist die Kündigung des Beschäftigungsverhältnisses der in den Absätzen 1 und 2 genannten Personen frühestens zum Zeitpunkt der Einstellung der Vergabe zulässig, es sei denn, daß die Kündigung zu einem früheren Zeitpunkt durch zwingende betriebliche Erfordernisse bedingt ist.

## 9. Gesetz zur Förderung eines gleitenden Übergangs älterer Arbeitnehmer in den Ruhestand (Altersteilzeitgesetz)

(Auszug)

### § 1 Grundsatz

Die Bundesanstalt für Arbeit (Bundesanstalt) fördert den gleitenden Übergang älterer Arbeitnehmer vom Erwerbsleben in den Ruhestand, die ihre Arbeitszeit verkürzen und damit die Einstellung eines Arbeitslosen ermöglichen, durch Leistungen nach diesem Gesetz.

### § 2 Begünstigter Personenkreis

(1) Leistungen werden für Arbeitnehmer gewährt, die
1. das 58. Lebensjahr vollendet haben,
2. nach dem 31. Dezember 1988 in einer Vereinbarung mit dem Arbeitgeber ihre Arbeitszeit auf die Hälfte der tariflichen regelmäßigen wöchentlichen Arbeitszeit, auf mindestens jedoch 18 Stunden wöchentlich, vermindert haben (Altersteilzeitarbeit) und
3. innerhalb der letzten fünf Jahre vor Beginn der Altersteilzeitarbeit mindestens 1080 Kalendertage in einer die Beitragspflicht begründenden Beschäftigung im Sinne des § 168 des Arbeitsförderungsgesetzes gestanden haben und deren vereinbarte Arbeitszeit der tariflichen regelmäßigen wöchentlichen Arbeitszeit entsprach. § 107 Satz 1 Nr. 3, 4 und 6 und Satz 2 des Arbeitsförderungsgesetzes in der bis zum 31. Dezember 1989 geltenden Fassung gilt entsprechend. Zeiten mit Anspruch auf Arbeitslosengeld oder Arbeitslosenhilfe sowie Zeiten im Sinne des § 107 Satz 1 Nr. 5 des

Arbeitsförderungsgesetzes stehen diesen Beschäftigungszeiten gleich, wenn die Leistungen nach der tariflichen regelmäßigen wöchentlichen Arbeitszeit bemessen worden sind. Zeiten, in denen der Arbeitnehmer nur wegen Vollendung des 63. Lebensjahres beitragsfrei war, gelten als Zeiten einer die Beitragspflicht begründenden Beschäftigung. § 249c Abs. 8 Satz 1 des Arbeitsförderungsgesetzes gilt in dem in Artikel 3 des Einigungsvertrages genannten Gebiet entsprechend.

(2) Sieht die Vereinbarung über die Altersteilzeitarbeit unterschiedliche wöchentliche Arbeitszeiten vor, ist die Voraussetzung nach Absatz 1 Nr. 2 auch erfüllt, wenn

1. die wöchentliche Arbeitszeit im Jahresdurchschnitt die Hälfte der tariflichen regelmäßigen wöchentlichen Arbeitszeit nicht überschreitet und 18 Stunden nicht unterschreitet und
2. das Arbeitsentgelt für die Altersteilzeitarbeit einschließlich des Aufstockungsbetrages nach § 3 Abs. 1 Nr. 1 Buchstabe a fortlaufend gezahlt wird.

### § 3 Anspruchsvoraussetzungen

(1) Der Anspruch auf die Leistungen nach § 4 setzt voraus, daß
1. der Arbeitgeber aufgrund eines Tarifvertrages, einer Regelung der Kirchen und der öffentlich-rechtlichen Religionsgesellschaften, einer Betriebsvereinbarung oder einer Vereinbarung mit dem Arbeitnehmer
    a) das Arbeitsentgelt für die Altersteilzeitarbeit um mindestens 20 vom Hundert aufgestockt hat und
    b) für den Arbeitnehmer Beiträge zur Höherversicherung in der gesetzlichen Rentenversicherung mindestens in Höhe des Pflichtbeitrags entrichtet hat, der auf den Differenzbetrag zwischen 90 vom Hundert des Vollzeitarbeitsentgelts und dem Arbeitsentgelt für die Altersteilzeitarbeit entfällt, sowie
2. der Arbeitgeber aus Anlaß des Übergangs des Arbeitnehmers in die Altersteilzeitarbeit einen beim Arbeitsamt arbeitslos gemeldeten Arbeitnehmer auf dem freigemachten oder auf einem in diesem Zusammenhang durch Umsetzung freigewordenen Arbeitsplatz beitragspflichtig im Sinne des § 168 des Arbeitsförderungsgesetzes beschäftigt und
3. die freie Entscheidung des Arbeitgebers bei einer über 5 vom Hundert der Arbeitnehmer des Betriebes hinausgehenden Inanspruchnahme sichergestellt ist oder eine Ausgleichskasse der Arbeitgeber oder eine gemeinsame Einrichtung der Tarifvertragsparteien besteht, wobei beide Voraussetzungen in Tarifverträgen verbunden werden können.

(2) Die Voraussetzung des Absatzes 1 Nr. 1 Buchstabe b ist auch erfüllt, wenn der Beitrag für mehrere Monate zusammengefaßt gezahlt worden ist, weil in einem Monat der Mindestbeitrag nicht erreicht wurde.

### § 4 Leistungen

(1) Die Bundesanstalt erstattet dem Arbeitgeber
1. den Aufstockungsbetrag nach § 3 Abs. 1 Nr. 1 Buchstabe a in Höhe von 20 vom Hundert des für die Altersteilzeitarbeit gezahlten Arbeitsentgelts,
2. den Beitrag, der nach § 3 Abs. 1 Nr. 1 Buchstabe b in Höhe des Pflichtbeitrags geleistet worden ist, der auf den Differenzbetrag zwischen 90 vom Hundert des Vollzeitarbeitsentgelts und dem Arbeitsentgelt für die Altersteilzeitarbeit entfällt.

(2) Bei Arbeitnehmern, die nach § 7 Abs. 2 des Angestelltenversicherungsgesetzes, nach Artikel 2 § 1 Abs. 1 und 2 des Angestelltenversicherungs-Neuregelungsgesetzes oder nach Artikel 2 § 1 Abs. 1 und 1a des Knappschaftsrentenversicherungs-Neuregelungsgesetzes jeweils in der am 31. Dezember 1991 geltenden Fassung von der Versicherungspflicht befreit sind oder in Artikel 2 § 1 Abs. 4 Satz 1 des Angestelltenversicherungs-Neuregelungsgesetzes oder in Artikel 2 § 1 Abs. 1b Satz 1 des Knappschaftsrentenversicherungs-Neuregelungsgesetzes genannt sind und auf ihre Befreiung von der Versicherungspflicht nicht verzichtet haben, werden Leistungen nach Absatz 1 auch erbracht, wenn die Voraussetzung des § 3 Abs. 1 Nr. 1 Buchstabe b nicht erfüllt ist. Dem Beitrag nach Absatz 1 Nr. 2 stehen in diesem Fall vergleichbare Aufwendungen des Arbeitgebers bis zur Höhe des Beitrags gleich, den die Bundesanstalt nach § 166 b Abs. 1 und 1a des Arbeitsförderungsgesetzes zu tragen hätte, wenn eine der in dieser Vorschrift genannten Leistungen in Höhe des Differenzbetrages nach Absatz 1 Nr. 2 zu zahlen wäre.

### § 5 Erlöschen und Ruhen des Anspruchs

(1) Der Anspruch auf die Leistungen nach § 4 erlischt
1. mit Ablauf des Monats, in dem der Arbeitnehmer die Altersteilzeitarbeit aufgibt oder das 65. Lebensjahr vollendet,
2. mit Beginn des Monats, für den der Arbeitnehmer Altersrente, Knappschaftsausgleichsleistung oder ähnliche Bezüge öffentlichrechtlicher Art bezieht. Diesen Leistungen stehen vergleichbare Leistungen einer Versicherungs- oder Versorgungseinrichtung oder eines Versicherungsunternehmens gleich, wenn der Arbeitnehmer von der Versicherungspflicht in der gesetzlichen Rentenversicherung befreit war.

(2) Der Anspruch auf die Leistungen besteht nicht, solange der Arbeitgeber auf dem freigemachten oder durch Umsetzung freigewordenen Arbeitsplatz keinen Arbeitnehmer mehr beschäftigt, der bei Beginn der Beschäftigung die Voraussetzungen des § 3 Abs. 1 Nr. 2 erfüllt hat. Dies gilt nicht, wenn der Arbeitsplatz mit einem Arbeitnehmer, der diese Voraussetzuungen erfüllt, innerhalb von drei Monaten erneut wiederbesetzt wird oder der Arbeitgeber insgesamt für zwei Jahre die Leistungen erhalten hat.

(3) Der Anspruch auf die Leistungen ruht während der Zeit, in der der altersteilzeitarbeitende Arbeitnehmer neben seiner Teilzeitbeschäftigung Beschäftigungen oder selbständige Tätigkeiten ausübt, die die Geringfügigkeitsgrenze des § 8 des Vierten Buches Sozialgesetzbuch überschreiten oder aufgrund solcher Beschäftigungen eine Lohnersatzleistung erhält; die Grenze hinsichtlich des Sechstels des Gesamteinkommens ist dabei nicht anzuwenden. Der Anspruch auf die Leistungen erlischt, wenn er mindestens 150 Kalendertage geruht hat. Mehrere Ruhenszeiträume sind zusammenzurechnen. Beschäftigungen oder selbständige Tätigkeiten bleiben unberücksichtigt, soweit der altersteilzeitarbeitende Arbeitnehmer sie auch schon innerhalb der letzten fünf Jahre vor Beginn der Altersteilzeitarbeit ausgeübt hat.

### § 8 Schutzvorschriften

(1) Die Berechtigung eines Arbeitnehmers zur Inanspruchnahme von Altersteilzeitarbeit gilt nicht als eine die Kündigung des Arbeitsverhältnisses durch den Arbeitgeber begründende Tatsache im Sinne des § 1 Abs. 2 Satz 1 des Kündigungsschutzgesetzes; sie kann auch nicht bei der sozialen Auswahl nach § 1 Abs. 3 Satz 1 des Kündigungsschutzgesetzes zum Nachteil des Arbeitnehmers berücksichtigt werden.

(2) Die Verpflichtung des Arbeitgebers zur Zahlung von Leistungen nach § 3 Abs. 1 Nr. 1 kann nicht für den Fall ausgeschlossen werden, daß der Anspruch des Arbeitgebers auf die Leistungen nach § 4 nicht besteht, weil die Voraussetzung des § 3 Abs. 1 Nr. 2 nicht vorliegt. Das gleiche gilt für den Fall, daß der Arbeitgeber die Leistungen nur deshalb nicht erhält, weil er den Antrag nach § 12 nicht, nicht richtig, nicht vollständig oder nicht rechtzeitig gestellt hat oder seinen Mitwirkungspflichten nicht nachgekommen ist, ohne daß dafür eine Verletzung der Mitwirkungspflichten des Arbeitnehmers ursächlich war.

### § 10 Soziale Sicherung des Arbeitnehmers bei Arbeitslosigkeit, Krankheit und Kurzarbeit

(1) Bezieht ein Arbeitnehmer, für den die Bundesanstalt Leistungen nach § 4 erbracht hat, Arbeitslosengeld, Arbeitslosenhilfe, Kranken-

geld, Versorgungskrankengeld, Verletztengeld, Unterhaltsgeld oder Übergangsgeld und liegt der Bemessung dieser Leistungen ausschließlich die Altersteilzeit zugrunde, gewährt die Bundesanstalt anstelle des Arbeitgebers die Leistungen des § 3 Abs. 1 Nr. 1 in Höhe der Erstattungsleistungen nach § 4.

(2) Bezieht der Arbeitnehmer Kurzarbeitergeld oder Schlechtwettergeld, gilt für die Berechnung der Leistungen des § 3 Abs. 1 Nr. 1 und des § 4 das Entgelt für die vereinbarte Arbeitszeit als Arbeitsentgelt für die Altersteilzeitarbeit.

(3) Die Leistungen nach Absatz 1 gelten nicht als Einkommen im Sinne des § 138 Abs. 1 Nr. 1 des Arbeitsförderungsgesetzes.

### § 14 Befristung der Regelung

Für die Zeit ab 1. Januar 1993 ist dieses Gesetz nur noch anzuwenden, wenn die Voraussetzungen des § 2 und des § 3 Abs. 1 Nr. 2 erstmals vor diesem Zeitpunkt vorgelegen haben.

## 10. Gesetz zur Verbesserung der betrieblichen Altersversorgung

(Auszug)

### § 6

Einem Arbeitnehmer, der die Altersrente aus der gesetzlichen Rentenversicherung vor Vollendung des 65. Lebensjahres in voller Höhe in Anspruch nimmt, sind auf sein Verlangen nach Erfüllung der Wartezeit und sonstiger Leistungsvoraussetzungen Leistungen der betrieblichen Altersversorgung zu gewähren. Fällt die Altersrente aus der gesetzlichen Rentenversicherung wieder weg oder wird sie auf einen Teilbetrag[1] beschränkt, so können auch die Leistungen der betrieblichen Altersversorgung eingestellt werden. Der ausgeschiedene Arbeitnehmer ist verpflichtet, die Aufnahme oder Ausübung einer Beschäftigung oder Erwerbstätigkeit, die zu einem Wegfall oder zu einer Beschränkung der Altersrente aus der gesetzlichen Rentenversicherung führt, dem Arbeitgeber oder sonstigen Versorgungsträger unverzüglich anzuzeigen.

---

[1] Die gesetzliche Altersrente kann ab 1. 1. 1992 auch als Teilrente in Anspruch genommen werden.

## 11. Arbeitszeitordnung

(Auszug)

### § 2 Begriff der Arbeitszeit

(1) Arbeitszeit ist die Zeit vom Beginn bis zum Ende der Arbeit ohne die Ruhepausen.

(3) Arbeitszeit ist auch die Zeit, während der ein im übrigen im Betrieb Beschäftigter in seiner eigenen Wohnung oder Werkstätte oder sonst außerhalb des Betriebes beschäftigt wird. Werden *Gefolgschaftsmitglieder* von mehreren Stellen beschäftigt, so dürfen die einzelnen Beschäftigungen zusammen die gesetzliche Höchstgrenze der Arbeitszeit nicht überschreiten.

### § 3 Regelmäßige Arbeitszeit

Die regelmäßige werktägliche Arbeitszeit darf die Dauer von acht Stunden nicht überschreiten.

### § 4 Andere Verteilung der Arbeitszeit

(1) Wird die Arbeitszeit an einzelnen Werktagen regelmäßig verkürzt, so kann die ausfallende Arbeitszeit auf die übrigen Werktage derselben sowie der vorhergehenden oder der folgenden Woche verteilt werden. Dieser Ausgleich ist ferner zulässig, soweit die Art des Betriebes eine ungleichmäßige Verteilung der Arbeitszeit erfordert; das Gewerbeaufsichtsamt kann bestimmen, ob diese Voraussetzung vorliegt.

(2) Die durch Betriebsferien, Volksfeste, öffentliche Veranstaltungen oder aus ähnlichem Anlaß an Werktagen ausfallende Arbeitszeit kann auf die Werktage von fünf zusammenhängenden, die Ausfalltage einschließenden Wochen verteilt werden. Dasselbe gilt, wenn in Verbindung mit Feiertagen die Arbeitszeit an Werktagen ausfällt, um den *Gefolgschaftsmitgliedern* eine längere zusammenhängende Freizeit zu gewähren.

(3) Die tägliche Arbeitszeit darf bei Anwendung der Vorschriften der Absätze 1 und 2 zehn Stunden täglich nicht überschreiten. Das Gewerbeaufsichtsamt kann eine Überschreitung dieser Grenze zulassen.

### § 12 Arbeitsfreie Zeiten und Ruhepausen

(2) Den männlichen *Gefolgschaftsmitgliedern* sind bei einer Arbeitszeit von mehr als sechs Stunden mindestens eine halbstündige Ruhepause oder zwei viertelstündige Ruhepausen zu gewähren, in denen eine Beschäftigung im Betrieb nicht gestattet ist. Für den Aufenthalt

während der Pausen sind nach Möglichkeit besondere Aufenthaltsräume oder freie Plätze bereitzustellen. Bei Arbeiten, die einen ununterbrochenen Fortgang erfordern, sind die in Wechselschichten beschäftigten *Gefolgschaftsmitglieder* ausgenommen; jedoch müssen ihnen Kurzpausen von angemessener Dauer gewährt werden. Die Vorschriften des § 20 Abs. 3 über eine andere Regelung durch das Gewerbeaufsichtsamt finden entsprechende Anwendung.

### § 18 Ruhepausen

(1) Den weiblichen *Gefolgschaftsmitgliedern* müssen bei einer Arbeitszeit von mehr als viereinhalb Stunden eine oder mehrere im voraus feststehende Ruhepausen von angemessener Dauer innerhalb der Arbeitszeit gewährt werden. Die Ruhepausen müssen mindestens betragen bei mehr als viereinhalb bis zu sechs Stunden Arbeitszeit zwanzig Minuten, bei mehr als sechs Stunden bis zu acht Stunden eine halbe Stunde, bei mehr als acht bis zu neun Stunden dreiviertel Stunden und bei mehr als neun Stunden eine Stunde. Bei mehr als acht bis achteinhalb Stunden Arbeitszeit dürfen die Ruhepausen auf eine halbe Stunde verkürzt werden, wenn die Verlängerung der Arbeitszeit über acht Stunden dazu dient, durch andere Verteilung der Arbeitszeit einen Frühschluß vor Sonn- und Feiertagen herbeizuführen. Länger als viereinhalb Stunden hintereinander dürfen weibliche *Gefolgschaftsmitglieder* nicht ohne Ruhepause beschäftigt werden.

(2) Als Ruhepausen gelten nur Arbeitsunterbrechungen von mindestens einer Viertelstunde.

(3) Während der Ruhepausen darf den weiblichen *Gefolgschaftsmitgliedern* eine Beschäftigung im Betrieb nicht gestattet werden. Für den Aufenthalt während der Pausen sind nach Möglichkeit besondere Aufenthaltsräume oder freie Plätze bereitzustellen. Der Aufenthalt in den Arbeitsräumen darf nur gestattet werden, wenn die Arbeit in den Teilen des Betriebes, in denen die weiblichen *Gefolgschaftsmitglieder* sich aufhalten, während der Pausen völlig eingestellt und auch sonst die notwendige Erholung nicht beeinträchtigt wird.

## 12. Sozialgesetzbuch IV
### – Gemeinsame Vorschriften für die Sozialversicherung –

(Auszug)

### § 8 Geringfügige Beschäftigung und geringfügige selbständige Tätigkeit

(1) Eine geringfügige Beschäftigung liegt vor, wenn
1. die Beschäftigung regelmäßig weniger als fünfzehn Stunden in der Woche ausgeübt wird und das Arbeitsentgelt regelmäßig im Monat

a) in der Zeit bis zum 31. Dezember 1984 390 Deutsche Mark,
b) in der Zeit ab 1. Januar 1985 ein Siebtel der monatlichen Bezugsgröße (§ 18),
bei höherem Arbeitsentgelt ein Sechstel des Gesamteinkommens nicht übersteigt.
2. die Beschäftigung innerhalb eines Jahres seit ihrem Beginn auf längstens zwei Monate oder fünfzig Arbeitstage nach ihrer Eigenart begrenzt zu sein pflegt oder im voraus vertraglich begrenzt ist, es sei denn, daß die Beschäftigung berufsmäßig ausgeübt wird und ihr Entgelt die in Nummer 1 genannten Grenzen übersteigt.

(2) Bei der Anwendung des Absatzes 1 sind mehrere geringfügige Beschäftigungen nach Nummer 1 oder Nummer 2 zusammenzurechnen. Eine geringfügige Beschäftigung liegt nicht mehr vor, sobald die Voraussetzungen des Absatzes 1 entfallen.

(3) Die Absätze 1 und 2 gelten entsprechend, soweit anstelle einer Beschäftigung eine selbständige Tätigkeit ausgeübt wird.

## § 22 Zusammentreffen mehrerer Beschäftigungen

(2) Bestehen mehrere versicherungspflichtige Beschäftigungen innerhalb desselben Zeitraumes und übersteigen die Arbeitsentgelte die für das jeweilige Versicherungsverhältnis maßgebliche Beitragsbemessungsgrenze, so vermindern sich zum Zwecke der Beitragsberechnung die Arbeitsentgelte nach dem Verhältnis ihrer Höhe so zueinander, daß die beitragspflichtigen Arbeitsentgelte zusammen höchstens die Bemessungsgrenze erreichen. Satz 1 gilt im Bereich der Rentenversicherung nur für die Rentenversicherung der Arbeiter und der Angestellten.

(3) Absatz 2 gilt entsprechend, wenn eine Beschäftigung und eine selbständige Tätigkeit oder mehrere selbständige Tätigkeiten zusammentreffen.

## § 28 g Beitragsabzug

Der Arbeitgeber hat gegen den Beschäftigten einen Anspruch auf den vom Beschäftigten zu tragenden Teil des Gesamtsozialversicherungsbeitrags. Dieser Anspruch kann nur durch Abzug vom Arbeitsentgelt geltend gemacht werden. Ein unterbliebener Abzug darf nur bei den drei nächsten Lohn- oder Gehaltszahlungen nachgeholt werden, danach nur dann, wenn der Abzug ohne Verschulden des Arbeitgebers unterblieben ist.

Die Sätze 2 und 3 gelten nicht, wenn der Beschäftigte seinen Pflichten nach § 28 o Abs. 1 Satz 1 vorsätzlich oder grob fahrlässig nicht nachkommt.

## § 95 Grundsatz

(1) Jeder Beschäftigte erhält einen Sozialversicherungsausweis. Der Sozialversicherungsausweis ist nach Maßgabe der nachfolgenden Vorschriften bei Ausübung der Beschäftigung mitzuführen, beim Arbeitgeber und bei Kontrollen zur Aufdeckung von illegalen Beschäftigungsverhältnissen vorzulegen sowie zur Verhinderung von Leistungsmißbrauch bei dem zuständigen Leistungsträger zu hinterlegen.

(2) Der Sozialversicherungsausweis darf nur für die in Absatz 1 genannten Zwecke und zur Erhebung der Versicherungsnummer verwendet werden.

(3) Der Sozialversicherungsausweis darf nicht zum automatischen Abruf personenbezogener Daten verwendet werden. Abweichend von Satz 1 dürfen die Bundesanstalt für Arbeit, die Einzugsstellen und die Träger der Rentenversicherung den Sozialversicherungsausweis zum automatischen Abruf von Daten über die Meldungen zur Sozialversicherung (§ 28a), über die Kontrollmeldung (§ 102), über die Sofortmeldung (§ 103), über die Meldungen für geringfügig Beschäftigte (§ 104) sowie von Daten über Leistungsbezug bei der Bundesanstalt für Arbeit und über erteilte Arbeitserlaubnisse verwenden, soweit dies zur Aufdeckung von illegalen Beschäftigungsverhältnissen und von Leistungsmißbrauch erforderlich ist. Aufzeichnungen über personenbezogene Daten, die nach Satz 2 abgerufen worden sind, sind unverzüglich zu vernichten, soweit sich keine Anhaltspunkte für illegale Beschäftigung oder Leistungsmißbrauch ergeben haben.

## § 98 Pflichten des Arbeitgebers

(1) Der Arbeitgeber hat sich bei Beginn der Beschäftigung den Sozialversicherungsausweis des Beschäftigten vorlegen zu lassen.

(2) Der Arbeitgeber hat den Beschäftigten, für den eine Mitführungspflicht nach § 99 Abs. 2 oder Abs. 3 Satz 2 besteht, hierüber zu belehren.

## § 99 Pflichten des Beschäftigten

(1) Der Beschäftigte hat seinen Sozialversicherungsausweis bei Beginn der Beschäftigung dem Arbeitgeber vorzulegen. Kann der Beschäftigte seinen Sozialversicherungsausweis nicht vorlegen, hat er dies unverzüglich nachzuholen.

(2) Der Beschäftigte hat seinen Sozialversicherungsausweis bei Ausübung einer Beschäftigung im Baugewerbe, im Schaustellergewerbe

und im Gebäudereinigungsgewerbe mitzuführen und auf Verlangen den in § 107 Abs. 1 genannten Behörden vorzulegen. Satz 1 gilt auch für Beschäftigte von Unternehmen, die sich am Auf- und Abbau von Messen und Ausstellungen beteiligen, sowie für Beschäftigte in Wirtschaftsbereichen oder einzelnen Wirtschaftszweigen, die der Bundesminister für Arbeit und Sozialordnung durch Rechtsverordnung nach § 101 Nr. 2 bestimmt.

(3) Der geringfügig Beschäftigte kann mit seinem Arbeitgeber die Aufbewahrung seines Sozialversicherungsausweises durch den Arbeitgeber vereinbaren. In diesem Fall gilt Absatz 2 mit der Maßgabe, daß der Beschäftigte ein anderes, mit einem Lichtbild ausgestattetes Personaldokument mitzuführen und vorzulegen hat.

### § 100 Hinterlegung

(1) Gewährt
1. die Bundesanstalt für Arbeit Arbeitslosengeld, Arbeitslosenhilfe, Unterhaltsgeld oder Übergangsgeld oder
2. ein Träger der Sozialhilfe laufende Hilfe zum Lebensunterhalt,

soll der Leistungsträger die Hinterlegung des Sozialversicherungsausweises verlangen; hiervon darf nur abgesehen werden, wenn überwiegende Interessen des Leistungsberechtigten einer Hinterlegung entgegenstehen. Gewährt eine Krankenkasse Krankengeld oder Verletztengeld, kann sie die Hinterlegung des Sozialversicherungsausweises verlangen. Der Sozialversicherungsausweis ist spätestens bei Wegfall der Leistung unverzüglich zurückzugeben. Kommt der Leistungsempfänger der Aufforderung zur Hinterlegung aus von ihm zu vertretenden Gründen nicht nach, können die Bundesanstalt für Arbeit und die Krankenkasse die Leistung bis zur Nachholung der Hinterlegung ganz oder teilweise versagen oder entziehen, der Träger der Sozialhilfe kann die Leistung bis zu dem in § 25 Abs. 2 und 3 des Bundessozialhilfegesetzes genannten Umfang beschränken; § 66 Abs. 3 und § 67 des Ersten Buches gelten.

(2) Während einer Lohn- oder Gehaltsfortzahlung wegen Arbeitsunfähigkeit kann der Arbeitgeber die Hinterlegung des Sozialversicherungsausweises verlangen; er ist spätestens bei Beendigung der Lohnfortzahlung unverzüglich zurückzugeben. Hat der Arbeitgeber die Hinterlegung des Sozialversicherungsausweises verlangt, ist er berechtigt, die Lohn- oder Gehaltsfortzahlung zu verweigern, solange der Arbeitnehmer den Sozialversicherungsausweis nicht hinterlegt; dies gilt nicht, wenn der Arbeitnehmer die Verletzung seiner Hinterlegungspflicht nicht zu vertreten hat.

## § 104 Meldung für geringfügig Beschäftigte[1]

(1) Der Arbeitgeber hat der Einzugsstelle für jeden geringfügig Beschäftigten (§ 8)
1. bei Beginn einer geringfügigen Beschäftigung,
2. bei Ende einer geringfügigen Beschäftigung,
3. bei Änderung des Familiennamens oder des Vornamens,
4. bei Änderungen der Art der geringfügigen Beschäftigung
eine Meldung zu erstatten. § 102 Abs. 2 gilt.

(2) Die Meldungen enthalten für jeden Beschäftigten insbesondere
1. die Daten im Sinne des § 103 Abs. 2 Nr. 1 bis 3,
2. Angaben darüber, ob eine geringfügige Beschäftigung nach § 8 Abs. 1 Nr. 1 oder Nr. 2 ausgeübt wird,
3. die Betriebsnummer seines Beschäftigungsbetriebes,
4. die zuständige Einzugsstelle.

Zusätzlich sind anzugeben
1. bei der Anmeldung
   a) die Anschrift,
   b) der Beginn der Beschäftigung,
   c) sonstige für die Vergabe der Versicherungsnummer erforderliche Angaben,
2. bei der Abmeldung
   a) eine Anschriftenänderung, wenn die neue Anschrift noch nicht gemeldet worden ist,
   b) das Ende der Beschäftigung,
3. bei einer Änderungsmeldung
   eine Anschriftenänderung, wenn die neue Anschrift noch nicht gemeldet worden ist.

(3) Der Arbeitgeber hat dem Beschäftigten den Inhalt der Meldung schriftlich mitzuteilen.

## § 105 Auskunftspflicht des Beschäftigten und Aufgaben der Einzugsstellen

(1) Bei Meldungen nach § 102 hat der Beschäftigte auf Verlangen der Einzugsstelle unverzüglich Auskunft über die Art einer Leistung nach § 100 Abs. 1 und den zuständigen Leistungsträger zu erteilen; § 98 Abs. 2 Satz 2 Zehntes Buch gilt entsprechend. Darüber hinaus kann die Einzugsstelle den zuständigen Leistungsträger über die Nichtvorlage des Sozialversicherungsausweises informieren und die ihr bekannten, zur Beurteilung der Berechtigung eines weiteren Leistungsbezugs erforderlichen Daten offenbaren.

(2) Die Einzugsstelle hat die Meldungen nach § 103 auf maschinell verwertbare Datenträger zu übernehmen und mit den Anmeldungen

---

[1] Beitrittsgebiet: gilt ab 1. 7. 1992.

zu vergleichen; sofern eine Anmeldung nach Ablauf der Meldefrist nicht eingegangen ist, hat sie die unverzügliche Abgabe der Anmeldung durch den Arbeitgeber zu veranlassen.

(3) Die Einzugsstelle hat die Meldungen nach § 104 auf maschinell verwertbare Datenträger zu übernehmen und spätestens am siebten Tag nach dem Eingang der Meldung an die Datenstelle der Rentenversicherungsträger zu übermitteln. Enthält die Meldung keine Versicherungsnummer, hat die Einzugsstelle vor Weiterleitung der Meldung an die Datenstelle die Vergabe einer Versicherungsnummer zu veranlassen. Die Datenstelle speichert die Meldungen in einer besonderen Datei, übermittelt sie an die Bundesanstalt für Arbeit zum Zwecke der Erfüllung deren Aufgaben und gleicht sie mit dem Bestand dieser Datei daraufhin ab, ob für einen Beschäftigten mehrere Beschäftigungen nach § 8 Abs. 1 Nr. 1 gemeldet oder die Zeitgrenzen des § 8 Abs. 1 Nr. 2 überschritten sind. Ist das der Fall, veranlaßt die Datenstelle unverzüglich bei den Einzugsstellen eine Überprüfung der Beschäftigungsverhältnisse. Die Datenstelle hat die Meldungen fünf Jahre nach Ablauf des Kalenderjahres, in dem die Abmeldung erfolgt ist, unverzüglich zu löschen.

## § 109 Ausnahmen

(1) Die Regelungen dieses Abschnitts gelten nicht für
1. Beschäftigte, die in der jeweiligen Beschäftigung in der Krankenversicherung und Rentenversicherung versicherungsfrei oder von der Versicherungspflicht befreit sind und keine Beiträge an die Bundesanstalt für Arbeit zu entrichten haben, es sei denn, die jeweilige Beschäftigung wird geringfügig ausgeübt,
2. Beschäftigte im Haushalt, wenn die einzelne Beschäftigung die Grenzen des § 8 Abs. 1 nicht überschreitet,
3. mitarbeitende Familienangehörige eines landwirtschaftlichen Unternehmers,
4. Beschäftigte, die im Rahmen eines außerhalb des Geltungsbereichs dieses Gesetzes bestehenden Beschäftigungsverhältnisses in den Geltungsbereich dieses Gesetzes entsandt worden sind, und
5. Beschäftigte bis zum vollendeten 16. Lebensjahr, die eine allgemeinbildende Schule besuchen, wenn die einzelne Beschäftigung die Grenzen des § 8 Abs. 1 nicht überschreitet,

soweit in dem folgenden Absatz keine abweichenden Regelungen getroffen worden sind.

(3) Die Regelungen des Zweiten Titels dieses Abschnitts gelten nicht für Beschäftigte, die ihre Beschäftigung im Schaustellergewerbe oder im Rahmen des Auf- und Abbaus von Messen und Ausstellungen ausüben und deren Beschäftigung innerhalb eines Monats nach ihrer Eigenart auf längstens sechs Tage begrenzt zu sein pflegt oder im

voraus auf diesen Zeitraum vertraglich begrenzt ist, es sei denn, daß die Beschäftigung berufsmäßig ausgeübt wird. Satz 1 gilt auch für Beschäftigte in der Land- und Forstwirtschaft, deren Beschäftigung innerhalb von drei Monaten nach ihrer Eigenart auf längstens 18 Tage begrenzt zu sein pflegt oder im voraus auf diesen Zeitraum vertraglich begrenzt ist, es sei denn, daß die Beschäftigung berufsmäßig ausgeübt wird.

## 13. Sozialgesetzbuch – Fünftes Buch
### Gesetzliche Krankenversicherung

(Auszug)

### § 7 Versicherungsfreiheit bei geringfügiger Beschäftigung

Wer eine geringfügige Beschäftigung nach § 8 des Vierten Buches ausübt, ist in dieser Beschäftigung versicherungsfrei; dies gilt nicht für eine Beschäftigung
1. im Rahmen betrieblicher Berufsbildung,
2. nach dem Gesetz zur Förderung eines freiwilligen sozialen Jahres.

### § 8 Befreiung von der Versicherungspflicht

(1) Auf Antrag wird von der Versicherungspflicht befreit, wer versicherungspflichtig wird
1. wegen Erhöhung der Jahresarbeitsentgeltgrenze,
2. durch Aufnahme einer nicht vollen Erwerbstätigkeit nach § 2 des Bundeserziehungsgeldgesetzes während des Erziehungsurlaubs; die Befreiung erstreckt sich nur auf die Zeit des Erziehungsurlaubs,
3. weil seine Arbeitszeit auf die Hälfte oder weniger als die Hälfte der regelmäßigen Wochenarbeitszeit vergleichbarer Vollbeschäftigter des Betriebes herabgesetzt wird; dies gilt auch für Beschäftigte, die im Anschluß an ihr bisheriges Beschäftigungsverhältnis bei einem anderen Arbeitgeber ein Beschäftigungsverhältnis aufnehmen, das die Voraussetzungen des vorstehenden Halbsatzes erfüllt; Voraussetzung ist ferner, daß der Beschäftigte seit mindestens fünf Jahren wegen Überschreitens der Jahresarbeitsentgeltgrenze versicherungsfrei ist,
5. durch die Einschreibung als Student oder die berufspraktische Tätigkeit (§ 5 Abs. 1 Nr. 9 oder 10), . . . .

(2) Der Antrag ist innerhalb von drei Monaten nach Beginn der Versicherungspflicht bei der Krankenkasse zu stellen. Die Befreiung wirkt vom Beginn der Versicherungspflicht an, wenn seit diesem Zeitpunkt noch keine Leistungen in Anspruch genommen wurden, . . . .

## § 10 Familienversicherung

(1) Versichert sind der Ehegatte und die Kinder von Mitgliedern, wenn diese Familienangehörigen
1. ihren Wohnsitz oder gewöhnlichen Aufenthalt im Inland haben,
2. nicht nach § 5 Abs. 1 Nr. 1 bis 8, 11 oder 12 oder nicht freiwillig versichert sind,
3. nicht versicherungsfrei oder nicht von der Versicherungspflicht befreit sind; dabei bleibt die Versicherungsfreiheit nach § 7 außer Betracht,
4. nicht hauptberuflich selbständig erwerbstätig sind und
5. kein Gesamteinkommen haben, das regelmäßig im Monat ein Siebtel der monatlichen Bezugsgröße nach § 18 des Vierten Buches überschreitet; bei Renten wird der Zahlbetrag berücksichtigt.

(2) Kinder sind versichert
1. bis zur Vollendung des achtzehnten Lebensjahres,
2. bis zur Vollendung des dreiundzwanzigsten Lebensjahres, wenn sie nicht erwerbstätig sind,
3. bis zur Vollendung des fünfundzwanzigsten Lebensjahres, wenn sie sich in Schul- oder Berufsausbildung befinden oder ein freiwilliges soziales Jahr im Sinne des Gesetzes zur Förderung eines freiwilligen sozialen Jahres leisten; wird die Schul- oder Berufsausbildung durch Erfüllung einer gesetzlichen Dienstpflicht des Kindes unterbrochen oder verzögert, besteht die Versicherung auch für einen der Dauer dieses Dienstes entsprechenden Zeitraum über das fünfundzwanzigste Lebensjahr hinaus,
4. ohne Altersgrenze, wenn sie wegen körperlicher, geistiger oder seelischer Behinderung außerstande sind, sich selbst zu unterhalten; Voraussetzung ist, daß die Behinderung zu einem Zeitpunkt vorlag, in dem das Kind nach Nummer 1, 2 oder 3 versichert war.

(3) Kinder sind nicht versichert, wenn der mit den Kindern verwandte Ehegatte des Mitglieds nicht Mitglied einer Krankenkasse ist und sein Gesamteinkommen regelmäßig im Monat ein Zwölftel der Jahresarbeitsentgeltgrenze übersteigt und regelmäßig höher als das Gesamteinkommen des Mitglieds ist; bei Renten wird der Zahlbetrag berücksichtigt.

## § 45 Krankengeld bei Erkrankung des Kindes

(1) Versicherte haben Anspruch auf Krankengeld, wenn es nach ärztlichem Zeugnis erforderlich ist, daß sie zur Beaufsichtigung, Betreuung oder Pflege ihres erkrankten und versicherten Kindes der Arbeit fernbleiben, eine andere in ihrem Haushalt lebende Person das Kind nicht beaufsichtigen, betreuen oder pflegen kann und das Kind das

# 13. Sozialgesetzbuch V

zwölfte Lebensjahr noch nicht vollendet hat. § 10 Abs. 4 und § 44 Abs. 1 Satz 2 gelten.

(2) Anspruch auf Krankengeld nach Absatz 1 besteht in jedem Kalenderjahr für jedes Kind längstens für 10 Arbeitstage, für alleinerziehende Versicherte längstens für 20 Arbeitstage. Der Anspruch nach Satz 1 besteht für Versicherte für nicht mehr als 25 Arbeitstage, für alleinerziehende Versicherte für nicht mehr als 50 Arbeitstage je Kalenderjahr.

(3) Versicherte mit Anspruch auf Krankengeld nach Absatz 1 haben für die Dauer dieses Anspruchs gegen ihren Arbeitgeber Anspruch auf unbezahlte Freistellung von der Arbeitsleistung, soweit nicht aus dem gleichen Grund Anspruch auf bezahlte Freistellung besteht. Wird der Freistellungsanspruch nach Satz 1 geltend gemacht, bevor die Krankenkasse ihre Leistungsverpflichtung nach Absatz 1 anerkannt hat, und sind die Voraussetzungen dafür nicht erfüllt, ist der Arbeitgeber berechtigt, die gewährte Freistellung von der Arbeitsleistung auf einen späteren Freistellungsanspruch zur Beaufsichtigung, Betreuung oder Pflege eines erkrankten Kindes anzurechnen. Der Freistellungsanspruch nach Satz 1 kann nicht durch Vertrag ausgeschlossen oder beschränkt werden.

## § 47 Höhe und Berechnung des Krankengeldes

(3) Die Satzung kann bei nicht kontinuierlicher Arbeitsverrichtung und -vergütung abweichende Bestimmungen zur Zahlung und Berechnung des Krankengeldes vorsehen, die sicherstellen, daß das Krankengeld seine Entgeltersatzfunktion erfüllt.

## § 74 Stufenweise Wiedereingliederung

Können arbeitsunfähige Versicherte nach ärztlicher Feststellung ihre bisherige Tätigkeit teilweise verrichten und können sie durch eine stufenweise Wiederaufnahme ihrer Tätigkeit voraussichtlich besser wieder in das Erwerbsleben eingegliedert werden, soll der Arzt auf der Bescheinigung über die Arbeitsunfähigkeit Art und Umfang der möglichen Tätigkeiten angeben und dabei in geeigneten Fällen die Stellungnahme des Betriebsarztes oder mit Zustimmung der Krankenkasse die Stellungnahme des Medizinischen Dienstes (§ 275) einholen.

## § 192 Fortbestehen der Mitgliedschaft Versicherungspflichtiger

(1) Die Mitgliedschaft Versicherungspflichtiger bleibt erhalten, solange

1. das Beschäftigungsverhältnis ohne Entgeltzahlung fortbesteht, längstens für einen Monat, im Falle eines rechtmäßigen Arbeitskampfes bis zu dessen Beendigung,
2. Anspruch auf Krankengeld oder Mutterschaftsgeld besteht oder eine dieser Leistungen oder Erziehungsurlaub in Anspruch genommen wird oder
3. von einem Rehabilitationsträger während einer medizinischen Maßnahme zur Rehabilitation Verletztengeld, Versorgungskrankengeld oder Übergangsgeld gezahlt wird.

(2) Während der Schwangerschaft bleibt die Mitgliedschaft Versicherungspflichtiger auch erhalten, wenn das Beschäftigungsverhältnis vom Arbeitgeber zulässig aufgelöst oder das Mitglied unter Wegfall des Arbeitsentgelts beurlaubt worden ist, es sei denn, es besteht eine Mitgliedschaft nach anderen Vorschriften.

### § 249 Tragung der Beiträge bei versicherungspflichtiger Beschäftigung

(1) Die nach § 5 Abs. 1 Nr. 1 versicherungspflichtig Beschäftigten und ihre Arbeitgeber tragen die nach dem Arbeitsentgelt zu bemessenden Beiträge jeweils zur Hälfte.

(2) Der Arbeitgeber trägt den Beitrag allein
1. für Beschäftigte, deren monatliches Arbeitsentgelt ein Siebtel der monatlichen Bezugsgröße nach § 18 des Vierten Buches nicht übersteigt; solange ein Siebtel der monatlichen Bezugsgröße den Betrag von sechshundertzehn Deutsche Mark unterschreitet, ist dieser Betrag maßgebend.

(3) Wird infolge einmalig gezahlten Arbeitsentgelts (§ 227) die in Absatz 2 Nr. 1 genannte Grenze überschritten, tragen der Versicherungspflichtige und der Arbeitgeber den Beitrag von dem diese Grenze übersteigenden Teil des Arbeitsentgelts jeweils zur Hälfte; im übrigen trägt der Arbeitgeber den Beitrag allein.

## 14. Sechstes Buch des Sozialgesetzbuches

(Auszug)

### § 34 Voraussetzungen für einen Rentenanspruch und Hinzuverdienstgrenze

(2) Eine Rente wegen Alters wird vor Vollendung des 65. Lebensjahres nur geleistet, wenn die Hinzuverdienstgrenze nicht überschritten wird. Sie wird nicht überschritten, wenn das Arbeitsentgelt oder Arbeitseinkommen aus einer Beschäftigung oder selbständigen Tätigkeit im Monat die in Absatz 3 genannten Beträge nicht übersteigt, wobei

ein zweimaliges Überschreiten um jeweils einen Betrag bis zur Höhe der Hinzuverdienstgrenze nach Absatz 3 im Laufe eines jeden Jahres seit Rentenbeginn außer Betracht bleibt. Dem Arbeitsentgelt aus einer Beschäftigung steht der Bezug von Vorruhestandsgeld gleich. Mehrere Beschäftigungen und selbständige Tätigkeiten werden zusammengerechnet.

(3) Die Hinzuverdienstgrenze beträgt
1. bei einer Rente wegen Alters als Vollrente ein Siebtel der monatlichen Bezugsgröße,
2. bei einer Rente wegen Alters als Teilrente von
    a) einem Drittel der Vollrente das 70fache,
    b) der Hälfte der Vollrente das 52,5fache,
    c) zwei Dritteln der Vollrente das 35fache
    des aktuellen Rentenwerts (§ 68), vervielfältigt mit den Entgeltpunkten (§ 66 Abs. 1 Nr. 1 bis 3) des letzten Kalenderjahres vor Beginn der ersten Rente wegen Alters, mindestens jedoch mit 0,5 Entgeltpunkten.

## § 42 Vollrente und Teilrente

(1) Versicherte können eine Rente wegen Alters in voller Höhe (Vollrente) oder als Teilrente in Anspruch nehmen.

(2) Die Teilrente beträgt ein Drittel, die Hälfte oder zwei Drittel der erreichten Vollrente.

(3) Versicherte, die wegen der beabsichtigten Inanspruchnahme einer Teilrente ihre Arbeitsleistung einschränken wollen, können von ihrem Arbeitgeber verlangen, daß er mit ihnen die Möglichkeiten einer solchen Einschränkung erörtert. Macht der Versicherte hierzu für seinen Arbeitsbereich Vorschläge, hat der Arbeitgeber zu diesen Vorschlägen Stellung zu nehmen.

## § 44 Rente wegen Erwerbsunfähigkeit

(2) Erwerbsunfähig sind Versicherte, die wegen Krankheit oder Behinderung auf nicht absehbare Zeit außerstande sind, eine Erwerbstätigkeit in gewisser Regelmäßigkeit auszuüben oder Arbeitsentgelt oder Arbeitseinkommen zu erzielen, das ein Siebtel der monatlichen Bezugsgröße übersteigt. Erwerbsunfähig ist nicht, wer eine selbständige Tätigkeit ausübt.

## § 97 Einkommensanrechnung auf Renten wegen Todes

(1) Einkommen (§§ 18a bis 18e Viertes Buch) von Berechtigten, das mit einer
1. Witwenrente oder Witwerrente,

2. Erziehungsrente oder
3. Waisenrente an ein über 18 Jahre altes Kind

zusammentrifft, wird hierauf angerechnet. Dies gilt nicht bei Witwenrenten oder Witwerrenten, solange deren Rentenartfaktor mindestens 1,0 beträgt.

(2) Anrechenbar ist das Einkommen, das monatlich
1. bei Witwenrenten, Witwerrenten oder Erziehungsrenten das 26,4fache des aktuellen Rentenwerts,
2. bei Waisenrenten das 17,6fache des aktuellen Rentenwerts

übersteigt. Das nicht anrechenbare Einkommen erhöht sich um das 5,6fache des aktuellen Rentenwerts für jedes Kind des Berechtigten, das Anspruch auf Waisenrente hat oder nur deshalb nicht hat, weil es nicht ein Kind des Verstorbenen ist. Von dem danach verbleibenden anrechenbaren Einkommen werden 40 vom Hundert angerechnet.

(3) Für die Einkommensanrechnung ist bei Anspruch auf mehrere Renten folgende Rangfolge maßgebend:
1. Waisenrente,
2. Witwenrente oder Witwerrente,
3. Witwenrente oder Witwerrente nach dem vorletzten Ehegatten.

Die Einkommensanrechnung auf eine Hinterbliebenenrente aus der Unfallversicherung hat Vorrang vor der Einkommensanrechnung auf eine entsprechende Rente wegen Todes. Das auf eine Hinterbliebenenrente anzurechnende Einkommen mindert sich um den Betrag, der bereits zu einer Einkommensanrechnung auf eine vorrangige Hinterbliebenenrente geführt hat.

(4) Trifft eine Erziehungsrente mit einer Hinterbliebenenrente zusammen, ist der Einkommensanrechnung auf die Hinterbliebenenrente das Einkommen zugrunde zu legen, das sich nach Durchführung der Einkommensanrechnung auf die Erziehungsrente ergibt.

**Übergangsvorschrift bezüglich der Hinzuverdienstgrenze:**

**§ 236 Hinzuverdienstgrenze**

(1) Für Versicherte, für die am 31. Dezember 1991 Anspruch auf eine Altersrente vor Vollendung des 65. Lebensjahres bestand und die
1. vor dem 2. Dezember 1928 geboren sind oder
2. vor dem 2. Dezember 1929 geboren sind und als Schwerbehinderte (§ 1 Schwerbehindertengesetz) anerkannt, berufsunfähig oder erwerbsunfähig sind,

beträgt die Hinzuverdienstgrenze statt eines Siebtels der monatlichen Bezugsgröße 1000 Deutsche Mark, wenn die Wartezeit von 35 Jahren erfüllt ist.

(2) Bestand am 31. Dezember 1991 Anspruch auf eine Altersrente vor Vollendung des 65. Lebensjahres, wird die Hinzuverdienstgrenze nicht überschritten, wenn eine Beschäftigung oder selbständige Tätigkeit ausgeübt wird, die innerhalb eines Jahres seit ihrem Beginn auf längstens zwei Monate oder 50 Arbeitstage nach ihrer Eigenart begrenzt zu sein pflegt oder im voraus vertraglich begrenzt ist.

(3) Bestand am 31. Dezember 1991 Anspruch auf eine Altersrente für langjährig unter Tage beschäftigte Bergleute, tritt an die Stelle der Hinzuverdienstgrenze die Voraussetzung, daß eine Beschäftigung in einem knappschaftlichen Betrieb nicht ausgeübt wird.

(4) Bestand am 31. Dezember 1991 Anspruch auf eine Rente wegen Erwerbsunfähigkeit, die spätestens am 1. Januar 1984 begonnen hat, tritt an die Stelle des Siebtels der monatlichen Bezugsgröße mindestens der Betrag von 625 Deutsche Mark monatlich.

## 15. Arbeitsförderungsgesetz

(Auszug)

### § 44 [Unterhaltsgeld]

(1) Teilnehmern an Maßnahmen zur beruflichen Fortbildung mit ganztägigem Unterricht wird ein Unterhaltsgeld gewährt.

(2b) In der Zeit vom 1. Januar 1986 bis zum 31. Dezember 1995 wird Teilnehmern an Maßnahmen zur beruflichen Fortbildung mit Teilzeitunterricht,
1. die bei Beginn der Maßnahme das 25. Lebensjahr nicht vollendet haben, eine Teilzeitbeschäftigung von mindestens 12 und höchstens 24 Stunden wöchentlich ausüben und deren Teilnahme an der Bildungsmaßnahme zur Aufnahme einer Vollzeitbeschäftigung notwendig ist oder
2. die im Rahmen einer Allgemeinen Maßnahme zur Arbeitsbeschaffung eine Teilzeitbeschäftigung von mindestens 12 und höchstens 24 Stunden wöchentlich ausüben und deren Teilnahme an der Bildungsmaßnahme zur Aufnahme einer Vollzeitbeschäftigung auf dem allgemeinen Arbeitsmarkt notwendig ist oder
3. die nach der Betreuung und Erziehung eines Kindes in das Erwerbsleben zurückkehren oder nach ihrer Rückkehr nicht länger als ein Jahr erwerbstätig gewesen sind und die Voraussetzungen nach Absatz 2 Satz 2 Nr. 1 oder 3 erfüllen und von denen die Teilnahme an einer Maßnahme mit ganztägigem Unterricht wegen der Betreuung aufsichtsbedürftiger Kinder oder pflegebedürftiger Personen nicht erwartet werden kann,

ein Unterhaltsgeld gewährt. Der Unterricht muß mindestens 12 Unterrichtsstunden in der Woche umfassen. Absatz 2 Satz 1 und Absatz 3 gelten mit der Maßgabe, daß der Bemessung des Unterhaltsgeldes die Hälfte des Arbeitsentgelts im Sinne des § 112 zugrunde zu legen ist. Teilnehmern, die vor dem 1. Januar 1996 in eine Maßnahme eingetreten sind, werden die Leistungen nach diesem Absatz bis zum Ende der Maßnahme gewährt.

(4) Einkommen, das der Bezieher von Unterhaltsgeld aus einer neben der Teilnahme an der Maßnahme ausgeübten unselbständigen oder selbständigen Tätigkeit erzielt, wird auf das Unterhaltsgeld angerechnet, soweit es nach Abzug der Steuern, der Sozialversicherungsbeiträge, der Beiträge zur Bundesanstalt und der Werbungskosten dreißig Deutsche Mark wöchentlich übersteigt. Einmalige und wiederkehrende Zuwendungen im Sinne des § 112 Abs. 1 Satz 2 bleiben außer Betracht. Satz 1 gilt nicht, soweit das Einkommen aus einer Teilzeitbeschäftigung im Sinne des Absatzes 2b Nr. 1 oder Nr. 2 erzielt wird.

(5) Leistungen, die der Bezieher von Unterhaltsgeld
1. von seinem Arbeitgeber wegen der Teilnahme an einer Maßnahme oder
2. auf Grund eines früheren oder bestehenden Arbeitsverhältnisses ohne Ausübung einer Beschäftigung

für die Zeit der Teilnahme erhält oder zu beanspruchen hat, werden auf das Unterhaltsgeld angerechnet, soweit sie nach Abzug der Steuern, der Sozialversicherungsbeiträge und der Beiträge zur Bundesanstalt zusammen mit dem Unterhaltsgeld das für den Leistungssatz maßgebende Arbeitsentgelt nach § 111 übersteigen. Absatz 4 Satz 2 gilt entsprechend. § 117 Abs. 1a bis 4 gilt entsprechend.

### § 65 [Anspruch auf Kurzarbeitergeld]

(1) Anspruch auf Kurzarbeitergeld hat, wer
1. nach Beginn des Arbeitsausfalls in einem Betrieb, in dem nach § 64 Kurzarbeitergeld gewährt wird, eine die Beitragspflicht begründende Beschäftigung (§ 168 Abs. 1) ungekündigt fortsetzt oder aus zwingenden Gründen aufnimmt und
2. infolge des Arbeitsausfalls ein vermindertes Arbeitsentgelt oder kein Arbeitsentgelt bezieht.

### § 68 [Bemessung]

(1) Das Kurzarbeitergeld wird für die Ausfallstunden gewährt. Es bemißt sich
1. nach dem Arbeitsentgelt, das der Arbeitnehmer ohne den Arbeitsausfall in der Arbeitsstunde erzielt hätte, und

## 15. Arbeitsförderungsgesetz

2. nach der Zahl der Arbeitsstunden, die der Arbeitnehmer am Ausfalltag innerhalb der Arbeitszeit (§ 69) geleistet hätte; Stunden, für die ein Anspruch auf Arbeitsentgelt besteht oder für die Arbeitsentgelt gezahlt wird, sind nicht zu berücksichtigen.

(5) Einkommen, das der Arbeitnehmer aus einer anderen unselbständigen oder einer selbständigen Tätigkeit an Tagen erzielt, für die er Kurzarbeitergeld erhält, wird nach Abzug der Steuern, der Sozialversicherungsbeiträge und der Werbungskosten auf das Kurzarbeitergeld zur Hälfte angerechnet.

### § 101 [Begriffsbestimmung]

(1) Arbeitslos im Sinne dieses Gesetzes ist ein Arbeitnehmer, der vorübergehend nicht in einem Beschäftigungsverhältnis steht oder nur eine kurzzeitige Beschäftigung ausübt. Der Arbeitnehmer ist jedoch nicht arbeitslos, wenn er

1. eine Tätigkeit als mithelfender Familienangehöriger oder Selbständiger ausübt, die die Grenze des § 102 überschreitet, oder
2. mehrere kurzzeitige Beschäftigungen oder Tätigkeiten entsprechenden Umfanges ausübt, die zusammen die Grenze des § 102 überschreiten.

(2) Arbeitnehmer im Sinne der Vorschriften dieses Abschnittes sind auch die im Rahmen betrieblicher Berufsbildung Beschäftigten und die Heimarbeiter (§ 12 Abs. 2 des Vierten Buches Sozialgesetzbuch).

### § 102 [Kurzzeitige Beschäftigung]

(1) Kurzzeitig im Sinne des § 101 Abs. 1 ist eine Beschäftigung, die auf weniger als 18 Stunden wöchentlich der Natur der Sache nach beschränkt zu sein pflegt oder im voraus durch einen Arbeitsvertrag beschränkt ist. Gelegentliche Abweichungen von geringer Dauer bleiben unberücksichtigt.

(2) Eine Beschäftigung ist nicht kurzzeitig, soweit die wöchentliche Arbeitszeit

1. zusammen mit der für die Ausübung erforderlichen Vor- und Nacharbeit die Arbeitskraft des Beschäftigten in der Regel mindestens 18 Stunden wöchentlich in Anspruch nimmt oder
2. wegen stufenweiser Wiedereingliederung in das Erwerbsleben nach § 74 des Fünften Buches Sozialgesetzbuch oder aus einem sonstigen der in § 105b Abs. 1 Satz 1 genannten Gründe, wegen Arbeitsmangels oder eines Naturereignisses 18 Stunden wöchentlich nicht erreicht oder
3. zur Erleichterung des Übergangs in den Ruhestand auf weniger als 18 Stunden herabgesetzt und hierfür ein Entgeltausgleich vereinbart worden ist, der dem Arbeitnehmer mindestens ein durch-

schnittliches wöchentliches Arbeitsentgelt gewährleistet, das er zuletzt vor Herabsetzung der Arbeitszeit innerhalb von 18 Stunden erzielt hätte.

### § 103 [Der Arbeitsvermittlung zur Verfügung stehende Arbeitslose]

(1) Der Arbeitsvermittlung steht zur Verfügung, wer
1. eine zumutbare, nach § 168 die Beitragspflicht begründende Beschäftigung unter den üblichen Bedingungen des allgemeinen Arbeitsmarktes ausüben kann und darf,
2. bereit ist,
   a) jede zumutbare Beschäftigung anzunehmen, die er ausüben kann und darf, sowie
   b) an zumutbaren Maßnahmen zur beruflichen Ausbildung, Fortbildung und Umschulung, zur Verbesserung der Vermittlungsaussichten sowie zur beruflichen Rehabilitation teilzunehmen, sowie
3. das Arbeitsamt täglich aufsuchen kann und für das Arbeitsamt erreichbar ist.

Die Dauer der Arbeitszeit braucht nicht den üblichen Bedingungen des allgemeinen Arbeitsmarktes zu entsprechen, wenn der Arbeitslose wegen tatsächlicher oder rechtlicher Bindungen nur eine Teilzeitbeschäftigung ausüben kann. Der Arbeitsvermittlung steht nicht zur Verfügung, wer
1. wegen häuslicher Bindungen, die nicht in der Betreuung aufsichtsbedürftiger Kinder oder pflegebedürftiger Personen bestehen, Beschäftigungen nur zu bestimmten Arbeitszeiten ausüben kann,
2. wegen seines Verhaltens nach der im Arbeitsleben herrschenden Auffassung für eine Beschäftigung als Arbeitnehmer nicht in Betracht kommt.

(2) Bei der Beurteilung der Zumutbarkeit sind die Interessen des Arbeitslosen und die der Gesamtheit der Beitragszahler gegeneinander abzuwägen. Näheres bestimmt die Bundesanstalt durch Anordnung.

(3) Kann der Arbeitslose nur Heimarbeit übernehmen, so schließt das nicht aus, daß er der Arbeitsvermittlung zur Verfügung steht, wenn er innerhalb der Rahmenfrist eine die Beitragspflicht begründende Beschäftigung als Heimarbeiter so lange ausgeübt hat, wie zur Erfüllung einer Anwartschaftszeit erforderlich ist (§ 104).

### § 103 a [Arbeitslose Schüler und Studenten]

(1) Ist der Arbeitslose Schüler oder Student einer Schule, Hochschule oder sonstigen Ausbildungsstätte, so wird vermutet, daß er nur Beschäftigungen ausüben kann, die nach § 169 b beitragsfrei sind.

## 15. Arbeitsförderungsgesetz

(2) Die Vermutung nach Absatz 1 ist widerlegt, wenn der Arbeitslose darlegt und nachweist, daß der Ausbildungsgang eine die Beitragspflicht begründende Beschäftigung bei ordnungsgemäßer Erfüllung der in den Ausbildungs- und Prüfungsbestimmungen vorgeschriebenen Anforderungen zuläßt.

### § 105 a [Weiterer Anspruch auf Arbeitslosengeld]

(1) Anspruch auf Arbeitslosengeld nach § 100 Abs. 1 hat auch, wer die in den §§ 101 bis 103 genannten Voraussetzungen für den Anspruch auf Arbeitslosengeld allein deshalb nicht erfüllt, weil er wegen einer nicht nur vorübergehenden Minderung seiner Leistungsfähigkeit keine längere oder kurzzeitige Beschäftigung unter den üblichen Bedingungen des allgemeinen Arbeitsmarktes ausüben kann, wenn weder Berufsunfähigkeit noch Erwerbsunfähigkeit im Sinne der gesetzlichen Rentenversicherung festgestellt worden ist. Die Feststellung, ob Berufsunfähigkeit oder Erwerbsunfähigkeit vorliegt, trifft der zuständige Träger der gesetzlichen Rentenversicherung.

(2) Das Arbeitsamt soll den Arbeitslosen, der Anspruch auf Arbeitslosengeld nach Absatz 1 hat, unverzüglich auffordern, innerhalb eines Monats einen Antrag auf Maßnahmen zur Rehabilitation zu stellen. Stellt der Arbeitslose diesen Antrag fristgemäß, so gilt er im Zeitpunkt des Antrags auf Arbeitslosengeld als gestellt. Stellt der Arbeitslose den Antrag nicht, ruht der Anspruch auf Arbeitslosengeld nach Absatz 1 vom Tage nach Ablauf der Frist an bis zum Tage, an dem der Arbeitslose einen Antrag auf Maßnahmen zur Rehabilitation oder einen Antrag auf Rente wegen Berufsunfähigkeit oder Erwerbsunfähigkeit stellt.

### § 105 c [Anspruch auf Arbeitslosengeld – Antrag auf Altersrente]

(1) Anspruch auf Arbeitslosengeld nach § 100 Abs. 1 hat auch, wer das 58. Lebensjahr vollendet hat und die in den §§ 101 bis 103 genannten Voraussetzungen für den Anspruch auf Arbeitslosengeld allein deshalb nicht erfüllt, weil er nicht bereit ist, jede zumutbare Beschäftigung anzunehmen oder an zumutbaren beruflichen Bildungsmaßnahmen teilzunehmen (§ 103 Abs. 1 Satz 1 Nr. 2). Der Anspruch nach Satz 1 wird nicht dadurch ausgeschlossen, daß der Arbeitslose nur Beschäftigungen ausüben kann, die nach § 169b Nr. 2 beitragsfrei sind. Vom 1. Januar 1996 an gilt Satz 1 nur noch, wenn der Anspruch vor dem 1. Januar 1996 entstanden ist und der Arbeitslose vor diesem Tage das 58. Lebensjahr vollendet hat.

(2) Das Arbeitsamt soll den Arbeitslosen, der nach Unterrichtung über die Regelung des Satzes 2 drei Monate Arbeitslosengeld nach Absatz 1 bezogen hat und in absehbarer Zeit die Voraussetzungen für

den Anspruch auf Altersrente voraussichtlich erfüllt, auffordern, innerhalb eines Monats Altersrente zu beantragen. Stellt der Arbeitslose den Antrag nicht, ruht der Anspruch auf Arbeitslosengeld vom Tage nach Ablauf der Frist an bis zu dem Tage, an dem der Arbeitslose Altersruhegeld Altersrente beantragt.

(3) Der Anspruch nach Absatz 1 ist ausgeschlossen, wenn dem Arbeitslosen eine Teilrente wegen Alters aus der gesetzlichen Rentenversicherung oder eine ähnliche Leistung öffentlich-rechtlicher Art zuerkannt ist.

### § 107 [Der beitragspflichtigen Beschäftigungszeit gleichstehende Zeiten]

Den Zeiten einer die Beitragspflicht begründenden Beschäftigung stehen gleich:

5. Zeiten
   b) des Bezuges von Sonderunterstützung nach dem Mutterschutzgesetz oder von Mutterschaftsgeld, wenn durch Schwangerschaft oder Mutterschaft eine die Beitragspflicht begründende Beschäftigung oder der Bezug einer laufenden Lohnersatzleistung nach diesem Gesetz unterbrochen worden ist,
   c)[1] für die der Arbeitslose Erziehungsgeld oder eine entsprechende Leistung der Länder bezogen oder nur wegen der Berücksichtigung von Einkommen nicht bezogen hat, wenn durch die Betreuung und Erziehung des Kindes eine die Beitragspflicht begründende Beschäftigung oder der Bezug einer laufenden Lohnersatzleistung nach diesem Gesetz unterbrochen worden ist.

### § 110 [Minderung der Dauer des Anspruchs auf Arbeitslosengeld]

Die Dauer des Anspruchs auf Arbeitslosengeld mindert sich um

1. Tage, für die der Anspruch auf Arbeitslosengeld erfüllt worden ist; dabei gilt der Anspruch auf Arbeitslosengeld für so viele Tage als nicht erfüllt, als das wöchentliche Arbeitslosengeld nach der auf Grund des § 111 Abs. 2 erlassenen Rechtsverordnung durch Anrechnung von Nebenverdienst nach § 115 um volle Sechstel gemindert ist,
5. Tage der Arbeitslosigkeit nach der Erfüllung der Voraussetzungen für den Anspruch auf Arbeitslosengeld, an denen der Arbeitslose nicht bereit ist, jede zumutbare Beschäftigung aufzunehmen, die er ausüben kann und darf, ohne für sein Verhalten einen wichtigen Grund zu haben.

In den Fällen der Nummern 4 und 5 mindert sich die Dauer des Anspruchs auf Arbeitslosengeld höchstens um vier Wochen.

---

[1] Nummer 5 Buchstabe c gilt nicht für Zeiten, in denen der Arbeitslose die Voraussetzungen für einen Anspruch auf Arbeitslosengeld erfüllt.

## 15. Arbeitsförderungsgesetz

**§ 112 [Arbeitsentgelt als Bemessungsgrundlage]**

(2) Der Bemessungszeitraum umfaßt die beim Ausscheiden des Arbeitnehmers abgerechneten Lohnabrechnungszeiträume der letzten drei Monate der die Beitragspflicht begründenden Beschäftigungen vor der Entstehung des Anspruchs, in denen der Arbeitslose Arbeitsentgelt erzielt hat. Zeiten, in denen der Arbeitslose Erziehungsgeld bezogen oder nur wegen der Berücksichtigung von Einkommen nicht bezogen hat, sowie Zeiten einer stufenweisen Wiedereingliederung in das Erwerbsleben nach § 74 des Fünften Buches Sozialgesetzbuch bleiben außer Betracht, soweit wegen der Betreuung oder Erziehung eines Kindes oder wegen der Wiedereingliederung das auf die Arbeitsstunde entfallende Arbeitsentgelt oder nicht nur vorübergehend die tarifliche regelmäßige wöchentliche Arbeitszeit gemindert war.

(4) Als tarifliche regelmäßige wöchentliche Arbeitszeit ist zugrunde zu legen,
1. wenn ein Tarifvertrag für Teile des Jahres eine unterschiedliche regelmäßige wöchentliche Arbeitszeit vorsah, die wöchentliche Arbeitszeit, die sich als Jahresdurchschnitt ergibt,
2. wenn keine tarifliche Arbeitszeit bestand, die tarifliche Arbeitszeit für gleiche oder ähnliche Beschäftigungen oder, falls auch eine solche tarifliche Regelung nicht bestand, die für gleiche oder ähnliche Beschäftigungen übliche Arbeitszeit,
3. wenn nicht nur vorübergehend weniger als die tariflichen oder üblichen regelmäßigen wöchentlichen Arbeitsstunden vereinbart waren, die vereinbarte Arbeitszeit.

(6) Bei Arbeitslosen, die im Bemessungszeitraum als Heimarbeiter beschäftigt waren, ist Arbeitsentgelt das durchschnittliche Entgelt, das der Beitragsberechnung in den letzten zehn Wochen der letzten Beitragspflicht begründenden Beschäftigung vor der Entstehung des Anspruchs zugrunde gelegt worden ist. In den Zeitraum von zehn Wochen sind Tage der Krankheit und Wochenfeiertage nicht einzurechnen, für die das Arbeitsentgelt nicht oder nur teilweise gewährt worden ist. Absatz 2 Satz 3 gilt entsprechend.

(7) Wäre es mit Rücksicht auf die von dem Arbeitslosen in den letzten drei Jahren vor der Arbeitslosenmeldung überwiegend ausgeübte berufliche Tätigkeit unbillig hart, oder liegt der letzte Tag des Bemessungszeitraumes bei Entstehung des Anspruchs länger als drei Jahre zurück, so ist von dem am Wohnsitz oder gewöhnlichen Aufenthaltsort des Arbeitslosen (§ 129) maßgeblichen tariflichen oder mangels einer tariflichen Regelung von dem ortsüblichen Arbeitsentgelt derjenigen Beschäftigung auszugehen, für die der Arbeitlose nach seinem Lebensalter und seiner Leistungsfähigkeit unter billiger Berücksichti-

gung seines Berufes und seiner Ausbildung nach Lage und Entwicklung des Arbeitsmarktes in Betracht kommt.

(8) Kann der Arbeitslose infolge tatsächlicher oder rechtlicher Bindungen nicht mehr die Zahl von Arbeitsstunden leisten, die sich als Durchschnitt der tariflichen regelmäßigen wöchentlichen Arbeitszeit der Beschäftigungsverhältnisse im Bemessungszeitraum ergibt, so ist bei der Feststellung des Arbeitsentgelts nach Absatz 2 für die Zeit, während der die Bindungen vorliegen, statt des Durchschnitts der tariflichen regelmäßigen wöchentlichen Arbeitszeit die Zahl von Arbeitsstunden zugrunde zu legen, die der Arbeitslose wöchentlich zu leisten imstande ist. Eine Begrenzung der durchschnittlichen Zahl von Arbeitsstunden infolge einer Minderung der Leistungsfähigkeit bleibt unberücksichtigt. Sätze 1 und 2 gelten sinngemäß in den Fällen, in denen das Arbeitslosengeld nach Absatz 5 Nr. 4 und 8, Absatz 6 oder 7 bemessen worden ist oder zu bemessen wäre.

(11) Hat der Arbeitslose das achtundfünfzigste Lebensjahr vollendet, so wird das Arbeitsentgelt nach der Enstehung des Anspruchs auf Arbeitslosengeld nicht mehr nach Absatz 8 vermindert. Für die Zeit, für die dem Arbeitslosen eine Teilrente wegen Alters aus der gesetzlichen Rentenversicherung oder eine ähnliche Leistung öffentlich-rechtlicher Art zuerkannt ist, bemißt sich das Arbeitslosengeld höchstens nach einem Arbeitsentgelt in Höhe der Hinzuverdienstgrenze.

### § 115 [Anrechnung von Nettoarbeitsentgelt]

(1) Übt der Arbeitslose während einer Zeit, in der ihm Arbeitslosengeld zusteht, eine kurzzeitige Beschäftigung aus, so mindert sich das Arbeitslosengeld, das sich nach § 111 für die Kalenderwoche, in der die Beschäftigung ausgeübt wird, ergibt, um die Hälfte des um die Steuern, die Sozialversicherungsbeiträge und die Werbungskosten verminderten Arbeitsentgelts aus dieser Beschäftigung (Nettoarbeitsentgelt), soweit dieses Nettoarbeitsentgelt 30 Deutsche Mark übersteigt. Das Nettoarbeitsentgelt wird voll berücksichtigt, soweit es zusammen mit dem nach Satz 1 verbleibenden Arbeitslosengeld 80 vom Hundert des für das Arbeitslosengeld nach § 111 maßgebenden Arbeitsentgelts übersteigt. Einmalige und wiederkehrende Zuwendungen im Sinne des § 112 Abs. 1 Satz 2 bleiben außer Betracht.

(2) Hat der Arbeitslose während des Bemessungszeitraumes nach § 112 Abs. 2 Satz 1 und 2 eine kurzzeitige Beschäftigung ständig ausgeübt, so bleiben abweichend von Absatz 1 Arbeitsentgelte außer Betracht, soweit sie auf Arbeitszeiten entfallen, die

## 15. Arbeitsförderungsgesetz

1. die durchschnittliche wöchentliche Arbeitszeit der kurzzeitigen Beschäftigung im Bemessungszeitraum und
2. zusammen mit der durchschnittlichen wöchentlichen Arbeitszeit der beitragspflichtigen Beschäftigungsverhältnisse im Bemessungszeitraum die für diese Beschäftigungsverhältnisse nach § 112 Abs. 3 und 4 Nr. 1 oder 2 maßgebende tarifliche regelmäßige wöchentliche Arbeitszeit

nicht übersteigen. Ist bei der Bemessung des Arbeitslosengeldes ein Arbeitsentgelt im Sinne des § 112 Abs. 7 oder eine Arbeitszeit nach § 112 Abs. 8 zugrunde gelegt worden, tritt an die Stelle der in Satz 1 Nr. 2 genannten tariflichen regelmäßigen wöchentlichen Arbeitszeit die Arbeitszeit, die der Bemessung des Arbeitslosengeldes zugrunde liegt. Absatz 1 Satz 2 gilt entsprechend; dabei ist für das Arbeitslosengeld die tarifliche regelmäßige wöchentliche Arbeitszeit nach Satz 1 Nr. 2 oder Satz 2 zugrunde zu legen.

(3) Für selbständige Tätigkeiten gelten die Absätze 1 und 2 entsprechend.

### § 134 [Anspruchsberechtigte]
(1) Anspruch auf Arbeitslosenhilfe hat, wer
1. arbeitslos ist, der Arbeitsvermittlung zur Verfügung steht, sich beim Arbeitsamt arbeitslos gemeldet und Arbeitslosenhilfe beantragt hat,
2. keinen Anspruch auf Arbeitslosengeld hat, weil er die Anwartschaft (§ 104) nicht erfüllt,
3. bedürftig ist und ...

(4) Die Vorschriften des Ersten Unterabschnittes über Arbeitslosengeld gelten entsprechend, soweit die Besonderheiten der Arbeitslosenhilfe nicht entgegenstehen; der Anspruch auf Arbeitslosengeld und der Anspruch auf Arbeitslosenhilfe gelten, soweit nichts anderes bestimmt ist, als ein einheitlicher Anspruch auf Leistungen bei Arbeitslosigkeit. Wer nur mit Einschränkung hinsichtlich der Dauer der Arbeitszeit imstande ist, eine Beschäftigung unter den üblichen Bedingungen des allgemeinen Arbeitsmarktes auszuüben, hat keinen Anspruch auf Arbeitslosenhilfe; das gilt nicht bei entsprechender Anwendung des § 105a. § 118 Abs. 2 gilt nicht. § 128 gilt entsprechend mit der Maßgabe, daß die Arbeitslosenhilfe längstens für 1 248 Tage zu erstatten ist; dabei sind die Tage abzusetzen, für die Arbeitslosengeld zu erstatten ist.

### § 136 [Höhe der Arbeitslosenhilfe]
(2) ... Solange der Arbeitslose aus Gründen, die in seiner Person oder in seinen Verhältnissen liegen, nicht mehr das für die Bemessung der

Arbeitslosenhilfe zuletzt maßgebende Arbeitsentgelt erzielen kann, richtet sich die Arbeitslosenhilfe nach dem Arbeitsentgelt im Sinne des § 112 Abs. 7; bei Anwendung dieser Vorschrift sind alle Umstände des Einzelfalles zu berücksichtigen. Wird Arbeitslosenhilfe in entsprechender Anwendung des § 105a gewährt, so gilt § 112 Abs. 7 mit der Maßgabe, daß die Minderung der Leistungsfähigkeit außer Betracht bleibt.

### § 138 [Bei der Bedürftigkeitsprüfung zu berücksichtigendes Einkommen]

(1) Im Rahmen der Bedürftigkeitsprüfung sind als Einkommen zu berücksichtigen
1. Einkommen des Arbeitslosen einschließlich der Leistungen, die er von Dritten erhält oder beanspruchen kann, soweit es nicht nach § 115 anzurechnen ist; Unterhaltsansprüche gegen Verwandte zweiten oder entfernteren Grades sind nicht zu berücksichtigen,
2. Einkommen des von dem Arbeitslosen nicht dauernd getrennt lebenden Ehegatten und der Eltern eines minderjährigen unverheirateten Arbeitslosen, soweit es jeweils 150 Deutsche Mark in der Woche übersteigt; dieser Betrag erhöht sich um 70 Deutsche Mark für jede Person, der der Angehörige auf Grund einer rechtlichen oder sittlichen Pflicht nicht nur geringfügig Unterhalt gewährt; hierbei wird der Arbeitslose nicht mitgerechnet.

### § 169a [Beitragsfreiheit bei kurzzeitiger oder geringfügiger Beschäftigung]

(1) Beitragsfrei sind Arbeitnehmer in einer kurzzeitigen Beschäftigung (§ 102). Die Arbeitszeiten mehrerer nebeneinander ausgeübter kurzzeitiger Beschäftigungen werden nicht zusammengerechnet.

(2) Beitragsfrei sind Arbeitnehmer in einer geringfügigen Beschäftigung (§ 8 Abs. 1 Nr. 2 und Abs. 2 des Vierten Buches Sozialgesetzbuch).

### § 169b [Beitragsfreiheit während einer Schul- oder Fachausbildung]

Beitragsfrei sind Arbeitnehmer, die während der Dauer
1. ihre Ausbildung an einer allgemeinbildenden Schule oder
2. ihres Studiums als ordentliche Studierende einer Hochschule oder einer der fachlichen Ausbildung dienenden Schule

eine Beschäftigung ausüben. Nummer 1 gilt nicht, wenn der Arbeitnehmer schulische Einrichtungen besucht, die der Fortbildung außerhalb der üblichen Arbeitszeit dienen.

## 16. Richtlinien für die versicherungsrechtliche Beurteilung von geringfügigen Beschäftigungen (Geringfügigkeits-Richtlinien West 1992)

– gültig für die Länder Baden-Württemberg, Bayern, Berlin (West), Bremen, Hamburg, Hessen, Niedersachsen, Nordrhein-Westfalen, Rheinland-Pfalz, Saarland und Schleswig-Holstein –
Beitrittsgebiet: Für die Länder Berlin (Ost), Brandenburg, Mecklenburg-Vorpommern, Sachsen, Sachsen-Anhalt und Thüringen gelten besondere Richtlinien, die aber bis auf die abweichende Geringfügigkeitsgrenze und die daraus abgeleiteten Zahlenangaben und Beispielsfälle den hier abgedruckten Richtlinien inhaltlich gleich sind. Die abweichenden Zahlenangaben sind jeweils in eckigen Klammern hinter den Westwerten angegeben.

Die Bezugsgröße in der Sozialversicherung erhöht sich mit Wirkung vom 1. 1. 1992 auf 3500 [2100] DM monatlich. Damit beträgt die für die Versicherungsfreiheit geringfügig entlohnter Beschäftigungen maßgebende Arbeitsentgeltgrenze (ein Siebtel der monatlichen Bezugsgröße) für das Kalenderjahr 1992 monatlich 500 [300] DM. Die Regelung, wonach Beschäftigungen mit einem höheren Arbeitsentgelt versicherugsfrei bleiben, wenn ein Sechstel des Gesamteinkommens nicht überschritten wird, gilt unverändert weiter. Nach wie vor hängt die Versicherungsfreiheit für geringfügig entlohnte Beschäftigungen aber davon ab, daß die regelmäßige wöchentliche Arbeitszeit weniger als 15 Stunden beträgt.
Die für die Versicherungsfreiheit kurzfristiger Beschäftigungen maßgebende Zeitgrenze von zwei Monaten bzw. 50 Arbeitstagen hat sich nicht geändert.
Beschäftigungen, die bereits am 31. 12. 1991 bestehen und versicherungspflichtig sind, weil das Arbeitsentgelt mehr als 480 [250] DM beträgt, werden vom 1. 1. 1992 an versicherungsfrei, wenn das Arbeitsentgelt ein Siebtel der monatlichen Bezugsgröße (500 [300] DM) nicht überschreitet.
Unabhängig von der Versicherungsfreiheit sind Beginn und Ende einer geringfügigen Beschäftigung innerhalb von sieben Tagen der Krankenkasse zu melden (Beitrittsgebiet: gilt erst ab 1. 7. 1992).
Die Regelung über die Rentenversicherungsfreiheit bei Gewährung von nur freiem Unterhalt ist mit Wirkung vom 1. 1. 1992 gestrichen worden.
Die Spitzenverbände der Krankenkassen, der Verband Deutscher Rentenversicherungsträger und die Bundesanstalt für Arbeit sind übereingekommen, die Geringfügigkeits-Richtlinien unter Berück-

sichtigung der für das Kalenderjahr 1992 geltenden Arbeitsentgeltgrenze neu bekanntzugeben...

## Inhaltsübersicht

| | |
|---|---|
| 1 | **Gesetzliche Grundlagen** |
| 2 | **Geringfügige Beschäftigungen** |
| 2.1 | Geringfügig entlohnte Beschäftigungen |
| 2.1.1 | Wöchentliche Arbeitszeit |
| 2.1.2 | Arbeitsentgeltgrenze von einem Siebtel der monatlichen Bezugsgröße |
| 2.1.3 | Arbeitsentgeltgrenze von einem Sechstel des Gesamteinkommens |
| 2.1.4 | Ermittlung des Arbeitsentgelts |
| 2.1.5 | Zusammenrechnung der Arbeitszeiten und Arbeitsentgelte aus mehreren Beschäftigungen |
| 2.2 | Kurzfristige Beschäftigungen |
| 2.2.1 | Zwei Monate oder 50 Arbeitstage |
| 2.2.2 | Zusammenrechnung mehrerer Beschäftigungen |
| 2.2.3 | Prüfung der Berufsmäßigkeit |
| 3 | **Überschreiten der Arbeitsentgelt- und Zeitgrenzen** |
| 3.1 | Geringfügig entlohnte Beschäftigungen |
| 3.2 | Kurzfristige Beschäftigungen |
| 4 | **Besonderheiten in der Arbeitslosenversicherung** |

Beispiele
Tabellen zu § 22 Nr. 1 Satz 3 Buchst. a EStG und § 55 Abs. 2 EStDV

1 Gesetzliche Grundlagen

Nach § 7 SGB V, § 5 Abs. 2 SGB VI, § 169a AFG ist in der Kranken-, Renten- und Arbeitslosenversicherung versicherungsfrei, wer eine geringfügige Beschäftigung\* ausübt. Der Begriff der geringfügigen Beschäftigung wird in § 8 SGB IV wie folgt definiert:

„(1) Eine geringfügige Beschäftigung liegt vor, wenn
1. die Beschäftigung regelmäßig weniger als fünfzehn Stunden in der Woche ausgeübt wird und das Arbeitsentgelt regelmäßig im Monat
   a) in der Zeit bis zum 31. Dezember 1984 390 Deutsche Mark,

---

\* Die nachfolgenden Ausführungen gelten entsprechend, soweit anstelle einer Beschäftigung eine selbständige Tätigkeit ausgeübt wird. Allerdings ist dies nur noch für den Bereich der Rentenversicherung von Bedeutung. In der Krankenversicherung werden selbständige Tätigkeiten seit dem 1. 1. 1989 nicht mehr der Versicherungspflicht unterstellt.

b) in der Zeit ab 1. Januar 1985 ein Siebtel der monatlichen Bezugsgröße (§ 18),
bei höherem Arbeitsentgelt ein Sechstel des Gesamteinkommens nicht übersteigt,
2. die Beschäftigung innerhalb eines Jahres seit ihrem Beginn auf längstens zwei Monate oder fünfzig Arbeitstage nach ihrer Eigenart begrenzt zu sein pflegt oder im voraus vertraglich begrenzt ist, es sei denn, daß die Beschäftigung berufsmäßig ausgeübt wird und ihr Entgelt die in Nummer 1 genannten Grenzen übersteigt.

(2) Bei der Anwendung des Absatzes 1 sind mehrere geringfügige Beschäftigungen nach Nummer 1 oder Nummer 2 zusammenzurechnen. Eine geringfügige Beschäftigung liegt nicht mehr vor, sobald die Voraussetzungen des Absatzes 1 entfallen."

Nach den einschlägigen Vorschriften der Kranken-, Renten- und Arbeitslosenversicherung kommt Versicherungsfreiheit wegen Vorliegens einer geringfügigen Beschäftigung nicht in Betracht für Beschäftigungen
- im Rahmen betrieblicher Berufsbildung (z.B. Auszubildende und Praktikanten),
- im Sinne des Gesetzes zur Förderung eines freiwilligen sozialen Jahres,
- von Behinderten in geschützten Einrichtungen,
- von Personen in Einrichtungen der Jugendhilfe und Behinderten in Berufsbildungswerken,
- aufgrund einer stufenweisen Wiedereingliederung in das Erwerbsleben nach § 74 SGB V.

## 2 Geringfügige Beschäftigungen

Eine Beschäftigung kann
wegen der geringen wöchentlichen Arbeitszeit und der Höhe des Arbeitsentgelts (geringfügig entlohnte Beschäftigung)
oder
wegen ihrer kurzen Dauer (kurzfristige Beschäftigung)
geringfügig sein. Es ist daher zu unterscheiden, ob es sich bei der zu beurteilenden Beschäftigung um eine geringfügig entlohnte Beschäftigung oder um eine kurzfristige Beschäftigung handelt.
Übt ein Arbeitnehmer bei demselben Arbeitgeber gleichzeitig mehrere Beschäftigungen aus, so ist ohne Rücksicht auf die arbeitsvertragliche Gestaltung sozialversicherungsrechtlich von einem einheitlichen Beschäftigungsverhältnis auszugehen (vgl. Urteil des BSG vom 16. 2. 1983 – 12 RK 26/81 –, USK 8310).

### 2.1 Geringfügig entlohnte Beschäftigungen
Eine geringfügig entlohnte Beschäftigung liegt vor, wenn

die Beschäftigung regelmäßig weniger als 15 Stunden in der Woche ausgeübt wird
und
das Arbeitsentgelt (§ 14 SGB IV) regelmäßig im Monat entweder ein Siebtel der monatlichen Bezugsgröße (§ 18 SGB IV) oder bei höherem Arbeitsentgelt ein Sechstel des Gesamteinkommens (§ 16 SGB IV) nicht überschreitet.

Die Voraussetzungen einer geringfügigen Beschäftigung sind also nur erfüllt, wenn sowohl die wöchentliche Arbeitszeit weniger als 15 Stunden beträgt als auch das Arbeitsentgelt die genannten Grenzen nicht überschreitet (vgl. Beispiel 1). Erfordert die Beschäftigung regelmäßig mindestens 15 Stunden wöchentlich, so liegt – selbst wenn das Arbeitsentgelt nicht mehr als ein Siebtel der monatlichen Bezugsgröße oder nicht mehr als ein Sechstel des Gesamteinkommens beträgt – keine geringfügige Beschäftigung vor (vgl. Beispiel 2).

### 2.1.1 Wöchentliche Arbeitszeit

Maßgebend ist die regelmäßige wöchentliche Arbeitszeit. Sie kann sich aus dem Arbeitsvertrag oder aus der Eigenart der Beschäftigung ergeben. Schwankt die Arbeitszeit von Woche zu Woche, so ist die regelmäßige Wochenarbeitszeit im Wege einer Schätzung zu ermitteln. Zu diesem Zweck sind die voraussichtlichen Arbeitsstunden der drei folgenden Kalendermonate (= 13 Wochen) zu addieren und durch 13 zu dividieren. Ist eine vorausschauende Betrachtung nicht möglich, dann kann auf die Arbeitszeit ggf. vergleichbarer Arbeitnehmer in den letzten drei Kalendermonaten zurückgegriffen werden. Nicht bezahlte Ruhepausen, Mittagspausen u.ä. bleiben bei der Ermittlung der Arbeitszeit außer Betracht. Ebenso können Zeiten, die nur teilweise vergütet werden (z.B. Bereitschaftsdienst), lediglich mit dem entsprechenden (vergüteten) Anteil ans Arbeitszeit angesetzt werden (vgl. auch Urteil des BSG vom 29. 11. 1990 – 7 RAr 34/90 –, USK 9070).

### 2.1.2 Arbeitsentgeltgrenze von einem Siebtel der monatlichen Bezugsgröße

Die Bezugsgröße wird alljährlich vom Bundesminister für Arbeit und Sozialordnung durch Rechtsverordnung mit Zustimmung des Bundesrates festgesetzt. Für das Kalenderjahr 1992 beträgt sie monatlich 3500 [2100] DM. Hieraus ergibt sich vom 1. 1. 1992 an eine Geringfügigkeitsgrenze von 500 [300] DM. Diesem Monatsbetrag entsprechen

| | |
|---|---|
| kalendertäglich (7-Tage-Woche) | 16,67 [10.00] DM |
| wöchentlich | 116,67 [70.00] DM |
| zweiwöchentlich | 233,33 [140.00] DM |
| vierwöchentlich | 466,67 [280.00] DM |
| fünfwöchentlich | 583,33 [350.00] DM |

## 2.1.3 Arbeitsentgeltgrenze von einem Sechstel des Gesamteinkommens

Nach § 16 SGB IV ist unter Gesamteinkommen die Summe der Einkünfte im Sinne des Einkommensteuerrechts zu verstehen. Zum Gesamteinkommen gehören danach

Einkünfte aus selbständiger und nichtselbständiger Arbeit (§ 2 Abs. 1 Nrn. 3 und 4 EStG) einschließlich des Arbeitsentgelts aus der zu beurteilenden Beschäftigung sowie aus versicherungsfreier Beschäftigung oder Tätigkeit,

ferner

Einkünfte aus Land- und Forstwirtschaft
(§ 2 Abs. 1 Nr. 1 EStG),
Einkünfte aus Gewerbebetrieb
(§ 2 Abs. 1 Nr. 2 EStG),
Einkünfte aus Kapitalvermögen
(§ 2 Abs. 1 Nr. 5 EStG),
Einkünfte aus Vermietung und Verpachtung
(§ 2 Abs. 1 Nr. 6 EStG)
und
sonstige Einkünfte im Sinne des § 22 EStG
(§ 2 Abs. 1 Nr. 7 EStG).

Bei der Ermittlung des Gesamteinkommens sind die Betriebsausgaben und Werbungskosten abzusetzen; dies gilt – entgegen dem zum Leistungsrecht ergangenen Urteil des Bundessozialgerichts vom 22. 7. 1981 – 3 RK 7/80 – (USK 81123) – jedoch nicht für Werbungskosten, die im Zusammenhang mit der Ausübung einer Beschäftigung entstehen, da andernfalls das Arbeitsentgelt als Bestandteil des Gesamteinkommens einen anderen Inhalt hätte als bei seinem Vergleich mit einem Sechstel des Gesamteinkommens. Sonderausgaben und ausschließlich für die Berechnung der Lohn- und Einkommensteuer geltende Freibeträge wie Altersentlastungsbetrag, Kinderfreibetrag, Haushaltsfreibetrag und sonstige vom Einkommen abzuziehende Beträge, z. B. für außergewöhnliche Belastungen, dürfen nicht abgezogen werden.

Sonderabschreibungen nach §§ 7a bis 7k EStG dürfen vom Gesamteinkommen nicht abgezogen werden; dies gilt unabhängig davon, ob es sich um Einkünfte aus selbständiger Tätigkeit (aus selbständiger Arbeit, aus Land- und Forstwirtschaft, aus Gewerbebetrieb) oder aus Vermietung und Verpachtung handelt (vgl. Urteile des BSG vom 22. 7. 1981 – 3 RK 7/80 –, USK 81123, und vom 9. 9. 1981 – 3 RK 19/80 –, USK 81223). Die normalen Abschreibungen, also die Absetzungen für Abnutzung oder Substanzverringerung nach § 7 EStG, sind dagegen bei der Ermittlung des Gesamteinkommens grundsätzlich in Abzug zu bringen (vgl. Urteil des BSG vom 9. 3. 1982 – 3 RK 9/80 –,

USK 8281); soweit es sich allerdings um Gebäude handelt, sind nicht nur die Sonderabschreibungen nach § 7b EStG, sondern auch die normalen Abschreibungen nach § 7 Abs. 1 in Verb. mit Abs. 4ff. EStG nicht abzugsfähig (vgl. Urteile des BSG vom 28. 10. 1981 – 3 RK 8/81 –, USK 81190, und vom 26. 10. 1982 – 3 RK 35/81 –, USK 82151).

Renten aus der gesetzlichen Rentenversicherung oder einem privaten Lebensversicherungsvertrag sind sonstige Einkünfte im Sinne des § 22 EStG; sie gehören nicht in vollem Umfang, sondern nur hinsichtlich ihres Ertragsanteils zum Gesamteinkommen (vgl. Urteile des BSG vom 20. 6. 1979 – 5 RKn 7/78 –, USK 7976, vom 22. 6. 1979 – 3 RK 86/78 und 3 RK 8/79 –, USK 7955, und vom 10. 7. 1979 – 3 RK 16/79 –, USK 7987). Dies bedeutet, daß bei der Beurteilung der Frage, ob das Arbeitsentgelt ein Sechstel des Gesamteinkommens übersteigt, Renten aus der gesetzlichen Rentenversicherung oder einem privaten Lebensversicherungsvertrag nur mit dem sich aus den Tabellen zu § 22 Nr. 1 Satz 3 Buchst. a EStG und § 55 Abs. 2 EStDV ergebenden Ertragsanteil berücksichtigt werden können (...). Dabei gilt die Tabelle zu § 22 Nr. 1 Satz 3 Buchst. a EStG für sogenannte lebenslängliche Leibrenten (Altersruhegeld, Witwenrente, Witwerrente); haben diese vor dem 1. 1. 1955 zu laufen begonnen, dann ist als Eintrittsalter in die Rente das vor dem 1. 1. 1955 vollendete Lebensjahr des Rentners maßgebend. Bei sogenannten abgekürzten Leibrenten (Berufsunfähigkeitsrente, Erwerbsunfähigkeitsrente, Waisenrente) ist der Ertragsanteil der Tabelle zu § 55 Abs. 2 EStDV zu entnehmen. Der gegebenenfalls in der Rente enthaltene Kinderzuschuß ist nach § 3 Nr. 1 Buchst. b EStG steuerfrei und deshalb vor Berechnung des Ertragsanteils vom Rentenzahlbetrag abzuziehen. Ferner ist der anhand der Tabelle ermittelte Ertragsanteil noch um den Werbungskostenpauschbetrag des § 9a Satz 1 Nr. 3 EStG von 200 DM jährlich (16,67 DM monatlich) zu vermindern. Der Zuschuß des Rentenversicherungsträgers zu den Aufwendungen für die Krankenversicherung der Rentner ist nach § 3 Nr. 14 EStG steuerfrei und bleibt daher bei der Ermittlung des Ertragsanteils außer Ansatz.

Die Einkünfte des Ehegatten und der Kinder sind bei der Ermittlung des Gesamteinkommens auch dann nicht zu berücksichtigen, wenn eine Zusammenveranlagung zur Einkommensteuer vorgenommen wird (vgl. Urteil des BSG vom 21. 3. 1961 – 3 RK 45/57 –, SozR Nr. 5 zu § 168 RVO); vgl. Beispiele 3 und 4.

2.1.4 Ermittlung des Arbeitsentgelts
Bei der Prüfung der Frage, ob das Arbeitsentgelt ein Siebtel der monatlichen Bezugsgröße (500 [300] DM) oder ein Sechstel des Gesamteinkommens übersteigt, ist vom regelmäßigen Arbeitsentgelt auszugehen. Einmalige Einnahmen, deren Gewährung mit hinreichender

Sicherheit mindestens einmal jährlich zu erwarten ist, sind bei der Ermittlung des Arbeitsentgelts zu berücksichtigen (vgl. Urteil des BSG vom 28. 2. 1984 – 12 RK 21/83 –, USK 8401); vgl. Beispiel 5.
Bei schwankender Höhe des Arbeitsentgelts und in den Fällen, in denen im Rahmen eines Dauerarbeitsverhältnisses saisonbedingte unterschiedliche Arbeitsentgelte erzielt werden, ist der regelmäßige Betrag nach denselben Grundsätzen zu ermitteln, die für die Schätzung des Jahresarbeitsentgelts in der Krankenversicherung bei schwankenden Bezügen gelten (vgl. Beispiel 6); diese Feststellung bleibt für die Vergangenheit auch dann maßgebend, wenn sie infolge nicht sicher voraussehbarer Umstände mit den tatsächlichen Arbeitsentgelten aus der Beschäftigung nicht übereinstimmt (vgl. Urteile des BSG vom 27. 9. 1961 – 3 RK 12/57 –, SozR Nr. 6 zu § 168 RVO, vom 23. 11. 1966 – 3 RK 56/64 –, USK 6698, und vom 23. 4. 1974 – 4 RJ 335/72 –, USK 7443). Das gilt entsprechend, wenn die Höhe der übrigen Einkünfte schwankt und bei Aufnahme der zu beurteilenden Beschäftigung ein für die Feststellung des Gesamteinkommens etwa zugrunde zu legender Einkommensteuerbescheid noch nicht vorliegt (vgl. Urteil des BSG vom 4. 6. 1981 – 3 RK 5/80, –, USK 81134).
Ist ein Nettoarbeitsentgelt vereinbart, so sind diesem Arbeitnehmeranteile an den Sozialversicherungsbeiträgen nicht hinzuzurechnen, solange das Nettoarbeitsentgelt – zuzüglich etwaiger Lohn- und Kirchensteuer, soweit diese nicht nach einem Pauschalsteuersatz erhoben wird – die Geringfügigkeitsgrenze nicht übersteigt.

2.1.5 Zusammenrechnung der Arbeitszeiten und Arbeitsentgelte aus mehreren Beschäftigungen
Werden Beschäftigungen bei verschiedenen Arbeitgebern nebeneinander ausgeübt, dann sind für die Beurteilung der Frage, ob die unter 2.1 genannten Grenzen erreicht bzw. überschritten werden, die wöchentlichen Arbeitszeiten sowie die Arbeitsentgelte aus den einzelnen Beschäftigungen zusammenzurechnen; hierbei können jedoch nur die wöchentlichen Arbeitszeiten sowie die Arbeitsentgelte aus geringfügig entlohnten Beschäftigungen berücksichtigt werden (vgl. Beispiele 7 bis 11). Eine Zusammenrechnung ist nicht vorzunehmen, wenn eine geringfügig entlohnte Beschäftigung (vgl. 2.1) mit einer kurzfristigen Beschäftigung (vgl. 2.2) zusammentrifft (vgl. Beispiel 12).

## 2.2 Kurzfristige Beschäftigungen
Eine kurzfristige Beschäftigung liegt vor, wenn die Beschäftigung für eine Zeitdauer ausgeübt wird, die im Laufe eines Jahres (nicht Kalenderjahres) seit ihrem Beginn auf nicht mehr als
  zwei Monate
  oder
  insgesamt 50 Arbeitstage

nach ihrer Eigenart begrenzt zu sein pflegt oder im Voraus vertraglich begrenzt ist, es sei denn, daß die Beschäftigung berufsmäßig ausgeübt wird (vgl. 2.2.3) und das Arbeitsentgelt aus dieser Beschäftigung die unter 2.1 genannten Entgeltgrenzen überschreitet. Eine zeitliche Beschränkung der Beschäftigung nach ihrer Eigenart liegt vor, wenn sie sich aus der Art, dem Wesen oder dem Umfang der verrichtenden Arbeit ergibt (vgl. Beispiel 13).
Eine kurzfristige Beschäftigung liegt auch vor, wenn innerhalb eines Dauerarbeitsverhältnisses die Zeitdauer von 50 Arbeitstagen im Laufe eines Jahres nicht überschritten wird.

2.2.1 Zwei Monate oder 50 Arbeitstage
Von dem Zweimonatszeitraum ist nur dann auszugehen, wenn die Beschäftigung an mindestens fünf Tagen in der Woche ausgeübt wird (vgl. Urteil des BSG vom 27. 1. 1971 – 12 RJ 118/70 –, USK 7104). Bei Beschäftigungen von regelmäßig weniger als fünf Tagen in der Woche ist bei der Beurteilung auf den Zeitraum von 50 Arbeitstagen abzustellen (vgl. Beispiel 14). Ein Nachtdienst, der sich über zwei Kalendertage erstreckt, gilt als ein Arbeitstag.
Bei einer Zusammenrechnung von mehreren Beschäftigungszeiten (vgl. 3.2) treten an die Stelle des Zweimonatszeitraums 60 Kalendertage; das gilt nicht, wenn es sich bei den einzelnen Beschäftigungszeiten jeweils um volle Kalendermonate handelt. Sind bei einer Zusammenrechnung Zeiten, in denen die Beschäftigung regelmäßig an mindestens fünf Tagen in der Woche ausgeübt wurde, und Beschäftigungszeiten mit einer Arbeitszeit an weniger als fünf Tagen in der Woche zu berücksichtigen, dann ist einheitlich von dem Zeitraum von 50 Arbeitstagen auszugehen.

2.2.2 Zusammenrechnung mehrerer Beschäftigungen
Bei der Prüfung, ob die Zeiträume von zwei Monaten oder 50 Arbeitstagen überschritten werden, sind die Zeiten mehrerer aufeinanderfolgender kurzfristiger Beschäftigungen (mit einer wöchentlichen Arbeitszeit von mindestens 15 Stunden oder einem monatlichen Arbeitsentgelt von mehr als einem Siebtel der monatlichen Bezugsgröße [500/300 DM] bzw. einem Sechstel des Gesamteinkommens) zusammenzurechnen. Dies gilt auch dann, wenn die einzelnen Beschäftigungen bei verschiedenen Arbeitgebern ausgeübt werden. In diesem Fall ist jeweils bei Beginn einer neuen Beschäftigung zu prüfen, ob diese zusammen mit den schon im Laufe eines Jahres ausgeübten Beschäftigungen die nach 2.2 maßgebende Zeitgrenze überschreitet; Endzeitpunkt dieses Jahres ist dabei das voraussichtliche Ende der zu beurteilenden Beschäftigung (vgl. Beispiele 12 und 15).

2.2.3 Prüfung der Berufsmäßigkeit
Eine kurzfristige Beschäftigung erfüllt dann nicht mehr die Voraus-

## 16. Geringfügigkeitsrichtlinien/Meldeformulare 281

setzungen einer geringfügigen Beschäftigung, wenn die Beschäftigung berufsmäßig ausgeübt wird. Die Prüfung der Berufsmäßigkeit ist jedoch nicht erforderlich, wenn die wöchentliche Arbeitszeit in der zu beurteilenden Beschäftigung weniger als 15 Stunden beträgt und das aufgrund dieser Beschäftigung erzielte monatliche Arbeitsentgelt ein Siebtel der monatlichen Bezugsgröße (500 [300] DM) oder ein Sechstel des Gesamteinkommens nicht überschreitet. Darüber hinaus braucht die Berufsmäßigkeit der Beschäftigung auch dann nicht geprüft zu werden, wenn die Beschäftigung bereits infolge Überschreitens der Zeitgrenzen (2.2 und 2.2.2) als nicht geringfügig anzusehen ist.

Berufsmäßig wird eine Beschäftigung dann ausgeübt, wenn sie für die in Betracht kommende Person nicht von untergeordneter wirtschaftlicher Bedeutung ist (vgl. Urteil des BSG vom 28. 10. 1960 – 3 RK 31/56 –, SozR Nr. 1 zu § 166 RVO). Beschäftigungen, die nur gelegentlich (z.B. zwischen Abitur und beabsichtigtem Studium, auch wenn das Studium durch gesetzliche Dienstpflicht hinausgeschoben wird) ausgeübt werden, sind grundsätzlich von untergeordneter wirtschaftlicher Bedeutung und daher als nicht berufsmäßig anzusehen (vgl. Urteil des BSG vom 11. 6. 1980 – 12 RK 30/79 –, USK 80106). Wiederholen sich allerdings solche Beschäftigungen, ist Berufsmäßigkeit ohne weitere Prüfung anzunehmen, wenn die Beschäftigungszeiten im Laufe eines Jahres insgesamt mehr als zwei Monate oder 50 Arbeitstage betragen. Dabei können nur solche Beschäftigungen berücksichtigt werden, in denen die unter 2.1 genannten Grenzen erreicht bzw. überschritten werden (vgl. Beispiel 16). Bei Personen, die aus dem Berufsleben ausgeschieden sind, können nur Beschäftigungszeiten nach dem Ausscheiden angerechnet werden (vgl. Beispiel 17). Im übrigen stehen bei der Prüfung der Berufsmäßigkeit Zeiten des Leistungsbezuges nach dem Arbeitsförderungsgesetz den Beschäftigungszeiten gleich.

Die vorstehenden Grundsätze gelten sinngemäß auch für kurzfristige Beschäftigungen, die neben einer Beschäftigung mit einer wöchentlichen Arbeitszeit oder einem Arbeitsentgelt über den unter 2.1 genannten Grenzen (Hauptbeschäftigung) ausgeübt werden (vgl. Beispiele 18 und 19).

Nehmen Personen, die Leistungen nach dem Arbeitsförderungsgesetz beziehen oder beim Arbeitsamt für eine mehr als kurzfristige Beschäftigung als Arbeitsuchende gemeldet sind, eine Beschäftigung auf, so ist diese als berufsmäßig anzusehen und daher ohne Rücksicht auf ihre Dauer versicherungspflichtig, wenn keine geringfügig entlohnte Beschäftigung (vgl. 2.1) vorliegt (vgl. Beispiel 20). Dies gilt auch für Beschäftigungen, die während des [Mütterjahres] Erziehungsurlaubs oder eines unbezahlten Urlaubs ausgeübt werden.

## 3 Überschreiten der Arbeitsentgelt- und Zeitgrenzen

### 3.1 Geringfügig entlohnte Beschäftigungen

Erreicht die regelmäßige wöchentliche Arbeitszeit mindestens 15 Stunden oder überschreitet das Arbeitsentgelt regelmäßig die unter 2.1 genannten Arbeitsentgeltgrenzen, so tritt vom Tage des Erreichens bzw. Überschreitens an Versicherungspflicht ein (vgl. Beispiel 21). Für die zurückliegende Zeit verbleibt es bei der Versicherungsfreiheit. Ein nur gelegentlich und nicht vorhersehbares Erreichen bzw. Überschreiten der Zeit- oder Arbeitsentgeltgrenzen führt nicht zur Versicherungspflicht. Als gelegentlich ist dabei ein Zeitraum bis zu zwei Monaten innerhalb eines Jahres anzusehen (vgl. Beispiel 22).

### 3.2 Kurzfristige Beschäftigung

Überschreitet eine Beschäftigung, die als kurzfristige Beschäftigung angesehen wird, entgegen der ursprünglichen Erwartung die unter 2.2 angegebene Zeitdauer, so tritt vom Tage des Überschreitens an Versicherungspflicht ein. Stellt sich jedoch schon im Laufe der Beschäftigung heraus, daß sie länger dauern wird, so beginnt die Versicherungspflicht bereits mit dem Tage, an dem das Überschreiten der Zeitdauer erkennbar wird, also nicht erst nach Ablauf der zwei Monate bzw. 50 Arbeitstage; für die zurückliegende Zeit verbleibt es bei der Versicherungsfreiheit (vgl. Beispiel 13).

## 4 Besonderheiten in der Arbeitslosenversicherung

Die Arbeitslosenversicherungsfreiheit geringfügiger Beschäftigungen ergibt sich aus § 169a AFG. Zwar stellt § 169a Abs. 2 AFG nur kurzfristige Beschäftigungen (vgl. 2.2) arbeitslosenversicherungsfrei. Die Arbeitslosenversicherungsfreiheit geringfügig entlohnter Beschäftigungen (vgl. 2.1) folgt aber bereits aus § 169a Abs. 1 AFG; danach bleiben in der Arbeitslosenversicherung kurzzeitige Beschäftigungen versicherungsfrei. Kurzzeitige Beschäftigungen sind solche, die den Arbeitnehmer wöchentlich weniger als 18 Stunden in Anspruch nehmen. Werden mehrere kurzzeitige Beschäftigungen nebeneinander ausgeübt, dann können die Arbeitszeiten dieser Beschäftigungen nicht zusammengerechnet werden (vgl. Beispiele 2, 4, 5 und 8 bis 11 und 21).

**Beispiele**

*Beispiel 1 (zu 2.1):*
Eine Raumpflegerin arbeitet 14 Stunden in der Woche gegen ein monatliches Arbeitsentgelt von 470 [280] DM.
Die Raumpflegerin ist versicherungsfrei, weil die wöchentliche Ar-

## 16. Geringfügigkeitsrichtlinien/Meldeformulare 283

beitszeit weniger als 15 Stunden beträgt und das Arbeitsentgelt ein Siebtel der monatlichen Bezugsgröße (500 [300] DM) nicht übersteigt.

*Beispiel 2 (zu 2.1 und 4):*

Eine Raumpflegerin arbeitet 15 Stunden in der Woche gegen ein monatliches Arbeitsentgelt von 480 [280] DM.
Die Raumpflegerin ist kranken- und rentenversicherungspflichtig, weil die wöchentliche Arbeitszeit mindestens 15 Stunden beträgt; dabei ist unerheblich, daß das Arbeitsentgelt ein Siebtel der monatlichen Bezugsgröße (500 [300] DM) nicht übersteigt. In der Arbeitslosenversicherung besteht Versicherungsfreiheit, weil die wöchentliche Arbeitszeit weniger als 18 Stunden beträgt.

*Beispiel 3 (zu 2.1.3):*

Eine Beamtenwitwe ist bei einer wöchentlichen Arbeitszeit von 14 Stunden gegen ein Arbeitsentgelt von 510 [320] DM im Monat beschäftigt. Ihr monatliches Gesamteinkommen beträgt 3120 [1950] DM. Es setzt sich wie folgt zusammen:

| | |
|---|---:|
| a) Arbeitsentgelt aus der Beschäftigung | 510 [ 320] DM |
| b) Witwenpension | 1450 [1160] DM |
| c) Einkünfte aus Vermietung und Verpachtung | 1160 [ 470] DM |
| zusammen | 3120 [1950] DM |
| ein Sechstel hiervon | 520 [ 325] DM |

Die Witwe ist versicherungsfrei, denn die wöchentliche Arbeitszeit beträgt weniger als 15 Stunden; zwar überschreitet das Arbeitsentgelt ein Siebtel der monatlichen Bezugsgröße (500 [300] DM), nicht jedoch ein Sechstel des Gesamteinkommens (monatlich 520 [325] DM).

*Beispiel 4 (zu 2.1.3 und 4):*

Ein Rentner (64 Jahre) bezieht seit der Vollendung des 63. [60.] Lebensjahres flexibles Altersruhegeld von monatlich 2000 [600] DM. Er ist bei einer wöchentlichen Arbeitszeit von 14 Stunden gegen ein Arbeitsentgelt von 510 [320] DM im Monat beschäftigt. Sein Gesamteinkommen beträgt

| | |
|---|---:|
| Ertragsanteil der Rente (26 [29] v.H. des Rentenzahlbetrages = 520 [174] DM) | |
| ./. Werbungskostenpauschbetrag (= 16,67 DM) | 503,33 [157.33] DM |
| Arbeitsentgelt | 510,00 [320.00] DM |
| zusammen | 1013,33 [477.33] DM |
| ein Sechstel hiervon | 168,89 [ 79.56] DM |

Obwohl die wöchentliche Arbeitszeit weniger als 15 Stunden beträgt, ist der Rentner krankenversicherungspflichtig, denn sein monatliches Arbeitsentgelt übersteigt sowohl ein Siebtel der monatlichen Bezugsgröße (500 [300] DM) als auch ein Sechstel des Gesamteinkommens (168,89 [79.56] DM). In der Rentenversicherung besteht Versicherungsfreiheit wegen Bezuges von Altersruhegeld; der Arbeitgeber hat jedoch den Arbeitgeberbeitragsanteil zur Rentenversicherung zu entrichten. In der Arbeitslosenversicherung besteht Versicherungsfreiheit, weil die wöchentliche Arbeitszeit weniger als 18 Stunden beträgt.

*Beispiel 5 (zu 2.1.4 und 4):*

Eine Raumpflegerin arbeitet 14 Stunden in der Woche gegen eine monatliches Arbeitsentgelt von 480 [290] DM. Außerdem erhält sie jeweils im Dezember ein ihr vertraglich zugesichertes Weihnachtsgeld in Höhe von 360 [180] DM.

Das für die versicherungsrechtliche Beurteilung maßgebende Arbeitsentgelt ist wie folgt zu ermitteln:

| | |
|---|---|
| Laufendes Arbeitsentgelt (480 [290] DM × 12 =) | 5760 [3480] DM |
| Weihnachtsgeld | 360 [180] DM |
| zusammen | 6120 [3660] DM |

Ein Zwölftel dieses Betrages beläuft sich auf (6120 [3660] DM : 12 =) 510 [305] DM und übersteigt die Arbeitsentgeltsgrenze von einem Siebtel der monatlichen Bezugsgröße (500 [300] DM), so daß die Raumpflegerin kranken- und rentenversicherungspflichtig ist. In der Arbeitslosenversicherung besteht Versicherungsfreiheit, weil die wöchentliche Arbeitszeit weniger als 18 Stunden beträgt.

*Beispiel 6 (zu 2.1.4):*

Ein Heizer erzielt in den Monaten September bis April monatlich 610 [400] DM und in den Monaten Mai bis August monatlich 340 [130] DM.

Das für die versicherungsrechtliche Beurteilung maßgebende Arbeitsentgelt ist wie folgt zu ermitteln:

| | | |
|---|---|---|
| September bis April | (8 × 610 [400] DM =) | 4880 [3200] DM |
| Mai bis August | (4 × 340 [130] DM =) | 1360 [ 520] DM |
| zusammen | | 6240 [3720] DM |

Ein Zwölftel dieses Betrages beläuft sich auf (6240 [3720] DM : 12 =) 520 [310] DM und übersteigt die Arbeitsentgeltsgrenze von einem Siebtel der monatlichen Bezugsgröße (500 [300] DM), so daß der Heizer versicherungspflichtig ist.

*Beispiel 7 (zu 2.1.5):*

Eine Raumpflegerin arbeitet
7 Stunden in der Woche beim Arbeitgeber A
gegen ein monatliches Arbeitsentgelt von260 [140] DM
6 Stunden in der Woche beim Arbeitgeber B
gegen ein monatliches Arbeitsentgelt von230 [130] DM

## 16. Geringfügigkeitsrichtlinien/Meldeformulare

Die Raumpflegerin ist in beiden Beschäftigungen versicherungsfrei, weil die wöchentliche Arbeitszeit insgesamt weniger als 15 Stunden beträgt und auch das Arbeitsentgelt aus diesen Beschäftigungen insgesamt ein Siebtel der monatlichen Bezugsgröße (500 [300] DM) nicht übersteigt.

*Beispiel 8 (zu 2.1.5 und 4):*

Eine Raumpflegerin arbeitet
8 Stunden in der Woche beim Arbeitgeber A
gegen ein monatliches Arbeitsentgelt von 260 [150] DM
7 Stunden in der Woche beim Arbeitgeber B
gegen ein monatliches Arbeitsentgelt von 230 [130] DM

Die Raumpflegerin ist in beiden Beschäftigungen kranken- und rentenversicherungspflichtig, weil die wöchentliche Arbeitszeit insgesamt mindestens 15 Stunden beträgt. In der Arbeitslosenversicherung besteht Versicherungsfreiheit weil die wöchentliche Arbeitszeit jeweils weniger als 18 Stunden beträgt.

*Beispiel 9 (zu 2.1.5):*

Eine Raumpflegerin arbeitet
14 Stunden in der Woche beim Arbeitgeber A
gegen ein monatliches Arbeitsentgelt von 510 [310] DM
7 Stunden in der Woche beim Arbeitgeber B
gegen ein monatliches Arbeitsentgelt von 250 [140] DM

Die Raumpflegerin unterliegt in der Beschäftigung beim Arbeitgeber A der Versicherungspflicht in der Kranken- und Rentenversicherung, weil das Arbeitsentgelt ein Siebtel der monatlichen Bezugsgröße (500 [300] DM) übersteigt. In der Arbeitslosenversicherung besteht Versicherungsfreiheit, weil die wöchentliche Arbeitszeit weniger als 18 Stunden beträgt. Die Beschäftigung beim Arbeitgeber B bleibt versicherungsfrei, weil die wöchentliche Arbeitszeit weniger als 15 Stunden beträgt und das Arbeitsentgelt ein Siebtel der monatlichen Bezugsgröße (500 [300] DM) nicht übersteigt. Eine Zusammenrechnung der wöchentlichen Arbeitszeiten sowie der Arbeitsentgelte ist nicht vorzunehmen.

*Beispiel 10 (zu 2.1.5 und 4):*

Eine Raumpflegerin arbeitet regelmäßig
16 Stunden in der Woche beim Arbeitgeber A
gegen ein monatliches Arbeitsentgelt von 490 [290] DM
8 Stunden in der Woche beim Arbeitgeber B
gegen ein monatliches Arbeitsentgelt von 260 [150] DM
6 Stunden in der Woche beim Arbeitgeber C
gegen ein monatliches Arbeitsentgelt von 200 [130] DM

Die Raumpflegerin unterliegt in der Beschäftigung beim Arbeitgeber A der Kranken- und Rentenversicherungspflicht, weil die wöchentliche Arbeitszeit mindestens 15 Stunden beträgt; in der Arbeitslosenversicherung besteht Versicherungsfreiheit, weil die wöchentliche Arbeitszeit weniger als 18 Stunden beträgt. Die beiden übrigen Beschäftigungen bleiben kranken-, renten- und arbeitslosenversicherungsfrei, weil die wöchentliche Arbeitszeit in diesen Beschäftigungen insgesamt weniger als 15 Stunden beträgt und auch das Arbeitsentgelt aus diesen Beschäftigungen insgesamt ein Siebtel der monatlichen Bezugsgröße (500 [300] DM) nicht übersteigt.

*Beispiel 11 (zu 2.1.5 und 4):*
Eine Raumpflegerin arbeitet regelmäßig
14 Stunden in der Woche beim Arbeitgeber A
gegen ein monatliches Arbeitsentgelt von                510 [310] DM
8 Stunden in der Woche beim Arbeitgeber B
gegen ein monatliches Arbeitsentgelt von                280 [170] DM
6 Stunden in der Woche beim Arbeitgeber C
gegen ein monatliches Arbeitsentgelt von                230 [140] DM

Die Raumpflegerin unterliegt beim Arbeitgeber A der Kranken- und Rentenversicherungspflicht, weil das Arbeitsentgelt ein Siebtel der monatlichen Bezugsgröße (500 [300] DM) übersteigt. Hinsichtlich der beiden übrigen Beschäftigungen besteht ebenfalls Versicherungspflicht in der Kranken- und Rentenversicherung, weil das Arbeitsentgelt aus diesen Beschäftigungen insgesamt ein Siebtel der monatlichen Bezugsgröße (500 [300] DM) übersteigt. In der Arbeitslosenversicherung besteht dagegen Versicherungsfreiheit, weil die wöchentliche Arbeitszeit jeweils weniger als 18 Stunden beträgt.

*Beispiel 12 (zu 2.1.5 und 2.2.2):*
Eine Raumpflegerin arbeitet befristet
beim Arbeitgeber A vom
2. 5. bis zum 28. 6. (6-Tage-Woche)                     58 Kalendertage
gegen ein monatliches Arbeitsentgelt von                510 [310] DM
beim Arbeitgeber B vom
2. 5. bis zum 3. 8. (6-Tage-Woche)
14 Stunden in der Woche                                 94 Kalendertage
gegen ein monatliches Arbeitsentgelt von                450 [270] DM

Die Beschäftigung beim Arbeitgeber A ist wegen ihrer Dauer und die Beschäftigung beim Arbeitgeber B wegen der Höhe des Arbeitsentgelts und der wöchentlichen Arbeitszeit geringfügig. Mithin ist die Raumpflegerin in beiden Beschäftigungen versicherungsfrei. Eine Zusammenrechnung der beiden Beschäftigungen kann nicht vorgenommen werden, da es sich bei der Beschäftigung beim Arbeitgeber A um eine kurzfristige Beschäftigung (vgl. 2.2.2) und bei der Beschäftigung beim Arbeitgeber B um eine geringfügig entlohnte Beschäftigung (vgl. 2.1.5) handelt.

*Beispiel 13 (zu 2.2 und 3.2):*

a) Eine Hausfrau nimmt am 1. 5. eine Beschäftigung als Aushilfsverkäuferin (Sechs-Tage-Woche) gegen ein monatliches Arbeitsentgelt von 2800 [1200] DM auf. Sie vertritt nacheinander drei Verkäuferinnen während des Urlaubs. Da die Urlaubsvertretung am 15. 6. beendet sein soll, wird zunächst eine kurzfristige Beschäftigung angenommen, die versicherungsfrei bleibt (vgl. 2.2).
Die zuletzt vertretene Verkäuferin teilt ihrem Arbeitgeber jedoch am 15. 6. mit, daß sie die Arbeit nicht am 16. 6., sondern erst am 1. 7. aufnehmen werde. Damit verlängert sich die Urlaubsvertretung bis zum 30. 6. Da aber auch durch diese Verlängerung die Beschäftigung nicht über zwei Monate ausgedehnt wird, gilt sie weiterhin als eine kurzfristige Beschäftigung und bleibt daher versicherungsfrei (vgl. 2.2).
b) Es liegt der gleiche Sachverhalt wie zu a vor mit der Abweichung, daß die vertretene Verkäuferin entgegen der Mitteilung vom 15. 6. ihre Beschäftigung nicht am 1. 7., sondern erst am 5. 7. wieder aufnimmt, so daß die Urlaubsvertretung bis zum 4. 7. verlängert wird. Diese Beschäftigung ist vom 1. 7. an nicht mehr als kurzfristige Beschäftigung (vgl. 2.2) anzusehen und unterliegt daher von diesem Zeitpunkt an der Versicherungspflicht (vgl. 3.2).
c) Es liegt der gleiche Sachverhalt wie zu a vor mit der Abweichung, daß die vertretene Verkäuferin ihrem Arbeitgeber bereits am 15. 6. mitteilt, daß sie ihre Beschäftigung erst am 5. 7. aufnehmen werde. In diesem Fall gilt die Urlaubsvertretung schon vom 15. 6. an nicht mehr als kurzfristige Beschäftigung (vgl. 2.2); die Versicherungsfreiheit endet daher am 14. 6. (vgl. 3.2).
d) Es liegt der gleiche Sachverhalt wie zu a vor mit der Abweichung, daß die vertretene Verkäuferin ihrem Arbeitgeber am 15. 6. mitteilt, sie sei arbeitsunfähig geworden. Die Aushilfsverkäuferin erklärt sich am selben Tag bereit, die Vertretung für die Dauer der Arbeitsunfähigkeit weiter zu übernehmen. Da nunmehr das Ende dieser Beschäftigung ungewiß ist, liegt vom 15. 6. an keine kurzfristige Beschäftigung (vgl. 2.2) mehr vor; die Versicherungsfreiheit endet daher am 14. 6. (vgl. 3.2). Das gilt auch dann, wenn die Beschäftigung tatsächlich schon vor dem 1. 7. beendet wird.

*Beispiel 14 (zu 2.1.1):*

Ein Arbeitgeber stellt in seinem Betrieb für Saisonarbeiten mehrere Hausfrauen mit einer regelmäßigen Arbeitszeit von

a) sechs Tagen,
b) fünf Tagen und
c) vier Tagen

ein.
Da in den Fällen a und b die Beschäftigung an mindestens fünf Tagen in der Woche ausgeübt wird, ist bei Feststellung, ob die unter 2.2 genannte Zeitdauer (zwei Monate oder 50 Arbeitstage) überschritten wird, von der Zweimonatsfrist auszugehen; im Fall c hingegen ist auf den Zeitraum von 50 Arbeitstagen abzustellen, weil die Beschäftigung weniger als fünf Tage in der Woche in Anspruch nimmt.

*Beispiel 15 (zu 2.2.2)*
Eine Hausfrau nimmt am 2. 5. eine Beschäftigung als Aushilfsverkäuferin (Urlaubsvertretung) auf, die von vornherein bis zum 18. 6. befristet ist und wöchentlich sechs Arbeitstage umfassen soll. Die Hausfrau war seit dem 19. 6. des Vorjahres wie folgt beschäftigt:

| | |
|---|---|
| a) vom 13. 12. bis 5. 1. (Fünf-Tage-Woche) | = 24 Kalendertage |
| b) vom 31. 1. bis 15. 2. (Sechs-Tage-Woche) | = 16 Kalendertage |
| c) vom 2. 5. bis 18. 6. (Sechs-Tage-Woche) | = <u>48 Kalendertage</u> |
| zusammen | = 88 Kalendertage |

Die wöchentliche Arbeitszeit beträgt jeweils 40 Stunden.
Die Beschäftigung zu c ist versicherungspflichtig, weil zu ihrem Beginn feststeht, daß sie zusammen mit den im maßgeblichen Jahreszeitraum bereits verrichteten Beschäftigungen die Grenze von zwei Monaten (60 Kalendertagen) überschreitet. Stehen bereits bei Aufnahme der ersten Beschäftigung (am 13. 12.) die gesamten folgenden Beschäftigungszeiten fest, so unterliegen alle Beschäftigungen der Versicherungspflicht.

*Beispiel 16 (zu 2.2.3):*
Eine Hausfrau nimmt am 12. 6. eine Beschäftigung als Aushilfsverkäuferin gegen ein monatliches Arbeitsentgelt von 2800 [1200] DM auf. Die Beschäftigung ist von vornherein bis zum 20. 7. befristet. Im letzten Jahr vor dem voraussichtlichen Ende dieser Beschäftigung war die Hausfrau wie folgt beschäftigt (die wöchentliche Arbeitszeit betrug 40 Stunden):

| | |
|---|---|
| a) vom 15. 11. bis 28. 2. | = 106 Kalendertage |
| b) vom 12. 6. bis 20. 7. | = <u> 39 Kalendertage</u> |
| zusammen | = 145 Kalendertage |

## 16. Geringfügigkeitsrichtlinien/Meldeformulare

Eine Zusammenrechnung der beiden Beschäftigungszeiten nach 2.2.2 scheidet aus, da hiernach nur geringfügige (d. h. Beschäftigungen von einer Dauer von nicht mehr als zwei Monaten bzw. 50 Arbeitstagen) zusammengerechnet werden können. Für die Prüfung der Berufsmäßigkeit nach 2.2.3 sind die Beschäftigungen jedoch in jedem Falle zusammenzurechnen. Da die Beschäftigungszeiten in der Zeit vom 21. 7. des Vorjahres bis zum Ende der am 12. 6. begonnenen Beschäftigung insgesamt 145 Kalendertage, also im Laufe eines Jahres mehr als zwei Monate, betragen, wird die Beschäftigung berufsmäßig ausgeübt; es besteht deshalb Versicherungspflicht.

*Beispiel 17 (zu 2.2.3):*
Eine Verkäuferin hatte ihre langjährige Beschäftigung (das Arbeitsentgelt betrug mehr als ein Siebtel der monatlichen Bezugsgröße) infolge Verheiratung zum 31. 3. aufgegeben. Von diesem Zeitpunkt an war sie nicht mehr berufstätig. Am 1. 8. nimmt sie eine Beschäftigung als Aushilfsverkäuferin auf, die von vornherein bis zum 31. 8. befristet ist.
Bei der Prüfung der Berufsmäßigkeit bleibt die bis zum 31. 3. ausgeübte Beschäftigung außer Betracht. Die am 1. 8. aufgenommene Beschäftigung wird mithin nicht berufsmäßig ausgeübt und bleibt daher versicherungsfrei.

*Beispiel 18 (zu 2.2 und 2.2.3):*
Ein Arbeiter übt beim Arbeitgeber A eine Dauerbeschäftigung gegen ein monatliches Entgelt von 3500 [1500] DM aus. Am 1. 7. nimmt er zusätzlich eine Beschäftigung beim Arbeitgeber B als Kellner auf, die von vornherein bis zum 31. 8. befristet ist; in dieser Beschäftigung erzielt er ein monatliches Arbeitsentgelt von 1000 [800] DM.
Die Beschäftigung beim Arbeitgeber A unterliegt der Versicherungspflicht, weil es sich nicht um eine geringfügige Beschäftigung handelt. Dagegen bleibt die Beschäftigung beim Arbeitgeber B versicherungsfrei, weil sie von vornherein auf nicht mehr als zwei Monate befristet ist und auch nicht berufsmäßig ausgeübt wird.

*Beispiel 19 (zu 2.2 und 2.2.3):*
Ein Arbeiter übt seit Jahren beim Arbeitgeber A eine Beschäftigung gegen ein monatliches Arbeitsentgelt von 3300 [1500] DM aus. Am 1. 8. nimmt er zusätzlich eine Beschäftigung beim Arbeitgeber B als Taxifahrer auf, die von vornherein bis zum 20. 9. befristet ist; in dieser Beschäftigung erzielt er ein monatliches Arbeitsentgelt von 1200 [700] DM. Neben seiner Beschäftigung beim Arbeitgeber A war der Arbeiter seit dem 21. 9. des Vorjahres wie folgt beschäftigt:

a) vom 10. 1. bis 31. 1.
   (Sechs-Tage-Woche)                    = 22 Kalendertage
b) vom 1. 4. bis 30. 4.
   (Sechs-Tage-Woche)                    = 30 Kalendertage
c) vom 1. 8. bis 20. 9.
   (Sechs-Tage-Woche)                    = <u>51 Kalendertage</u>
zusammen                                 = 103 Kalendertage

Die wöchentliche Arbeitszeit beträgt jeweils 20 Stunden
Die Beschäftigung beim Arbeitgeber A unterliegt der Versicherungspflicht, weil es sich nicht um eine geringfügige Beschäftigung handelt. Das gleiche gilt für die Beschäftigung beim Arbeitgeber B, weil zu ihrem Beginn feststeht, daß sie zusammen mit den – neben der Beschäftigung beim Arbeitgeber A – im maßgeblichen Jahreszeitraum bereits verrichteten Beschäftigungen die Grenze von zwei Monaten (60 Kalendertagen) überschreitet. Stehen bereits bei Aufnahme der ersten Beschäftigung (10. 1.) die gesamten folgenden Beschäftigungszeiten fest, so unterliegen alle Beschäftigungen der Versicherungspflicht.

*Beispiel 20 (zu 2.2.3):*
Ein Bezieher von Arbeitslosengeld vereinbart eine auf zwei Tage (Samstag und Sonntag) befristete Beschäftigung zu je fünf Stunden; das Arbeitsentgelt beträgt pro Tag 70 [30] DM.
Da das Arbeitsentgelt die kalendertägliche Grenze von 16,67 [10.00] DM (vgl. 2.1.2) übersteigt und der Arbeitnehmer als Bezieher von Arbeitslosengeld als berufsmäßig Beschäftigter anzusehen ist (vgl. 2.2.3), besteht Versicherungspflicht.

*Beispiel 21 (zu 3.1 und 4):*
Eine Raumpflegerin arbeitet 14 Stunden in der Woche gegen ein monatliches Arbeitsentgelt von 480 [270] DM. Am 15. 3. wird eine Erhöhung des Arbeitsentgelts auf 510 [310] DM mit Wirkung vom 1. 4. vereinbart.
Da das Arbeitsentgelt vom 1. 4. an ein Siebtel der monatlichen Bezugsgröße (500 [300] DM) überschreitet, endet die Versicherungsfreiheit in der Kranken- und Rentenversicherung am 31. 3. In der Arbeitslosenversicherung besteht weiterhin Versicherungsfreiheit, weil die wöchentliche Arbeitszeit weniger als 18 Stunden beträgt.

*Beispiel 22 (zu 3.1):*
Eine Raumpflegerin arbeitet 10 Stunden in der Woche gegen ein monatliches Arbeitsentgelt von 420 [160] DM. Ende Juni bittet der Arbeitgeber sie wider Erwarten, vom 1. 7. bis zum 31. 8. zusätzlich eine Urlaubsvertretung zu übernehmen. Dadurch erhöht sich die wö-

chentliche Arbeitszeit auf 20 Stunden und das Arbeitsentgelt vom
1. 7. bis zum 31. 8. auf monatlich 840 [320] DM.
Die Raumpflegerin bleibt auch für die Zeit vom 1. 7. bis zum 31. 8.
weiterhin versicherungsfrei in der Kranken-, Renten- und Arbeitslosenversicherung, da es sich nur um ein gelegentliches Überschreiten der unter 2.1 genannten Entgeltsgrenze handelt.

## Tabelle zu § 22 Nr. 1 Satz 3 Buchst. a EStG

| Bei Beginn der Rente vollendetes Lebensjahr des Rentenberechtigten | Ertragsanteil in v. H. | Bei Beginn der Rente vollendetes Lebensjahr des Rentenberechtigten | Ertragsanteil in v. H. | Bei Beginn der Rente vollendetes Lebensjahr des Rentenberechtigten | Ertragsanteil in v. H. |
|---|---|---|---|---|---|
| 0 bis 2 | 72 | 42 | 48 | 66 | 23 |
| 3 bis 5 | 71 | 43 bis 44 | 47 | 67 | 22 |
| 6 bis 8 | 70 | 45 | 46 | 68 | 21 |
| 9 bis 10 | 69 | 46 | 45 | 69 | 20 |
| 11 bis 12 | 68 | 47 | 44 | 70 | 19 |
| 13 bis 14 | 67 | 48 | 43 | 71 | 18 |
| 15 bis 16 | 66 | 49 | 42 | 72 | 17 |
| 17 bis 18 | 65 | 50 | 41 | 73 | 16 |
| 19 bis 20 | 64 | 51 | 39 | 74 | 15 |
| 21 bis 22 | 63 | 52 | 38 | 75 | 14 |
| 23 bis 24 | 62 | 53 | 37 | 76 bis 77 | 13 |
| 25 bis 26 | 61 | 54 | 36 | 78 | 12 |
| 27 | 60 | 55 | 35 | 79 | 11 |
| 28 bis 29 | 59 | 56 | 34 | 80 | 10 |
| 30 | 58 | 57 | 33 | 81 bis 82 | 9 |
| 31 bis 32 | 57 | 58 | 32 | 83 | 8 |
| 33 | 56 | 59 | 31 | 84 bis 85 | 7 |
| 34 | 55 | 60 | 29 | 86 bis 87 | 6 |
| 35 | 54 | 61 | 28 | 88 bis 89 | 5 |
| 36 bis 37 | 53 | 62 | 27 | 90 bis 91 | 4 |
| 38 | 52 | 63 | 26 | 92 bis 93 | 3 |
| 39 | 51 | 64 | 25 | 94 bis 96 | 2 |
| 40 | 50 | 65 | 24 | ab 97 | 1 |
| 41 | 49 | | | | |

## Tabelle zu § 55 Abs. 2 EStDV

| Beschränkung der Laufzeit der Rente auf...Jahre ab Beginn des Rentenbezugs (ab 1. Januar 1955, falls die Rente vor diesem Zeitpunkt zu laufen begonnen hat) | Der Ertragsanteil beträgt, vorbehaltlich der Spalte 3, ...v. H. | Der Ertragsanteil ist der Tabelle in § 22 Nr. 1 Buchstabe a des Gesetzes zu entnehmen, wenn der Rentenberechtigte zu Beginn des Rentenbezugs (vor dem 1. Januar 1955, falls die Rente vor diesem Zeitpunkt zu laufen begonnen hat) das...te Lebensjahr vollendet hatte |
|---|---|---|
| 1 | 2 | 3 |
| 1 | 0 | entfällt |
| 2 | 2 | 97 |
| 3 | 5 | 90 |
| 4 | 7 | 86 |
| 5 | 9 | 83 |
| 6 | 10 | 81 |
| 7 | 12 | 79 |
| 8 | 14 | 76 |
| 9 | 16 | 74 |
| 10 | 17 | 73 |
| 11 | 19 | 71 |
| 12 | 21 | 69 |
| 13 | 22 | 68 |
| 14 | 24 | 66 |
| 15 | 25 | 65 |
| 16 | 26 | 64 |
| 17 | 28 | 62 |
| 18 | 29 | 61 |
| 19 | 30 | 60 |
| 20 | 31 | 60 |
| 21 | 33 | 58 |
| 22 | 34 | 57 |
| 23 | 35 | 56 |
| 24 | 36 | 55 |
| 25 | 37 | 54 |
| 26 | 38 | 53 |
| 27 | 39 | 52 |
| 28 | 40 | 51 |
| 29 | 41 | 51 |
| 30 | 42 | 50 |
| 31 | 43 | 49 |

| Beschränkung der Laufzeit der Rente auf ... Jahre ab Beginn des Rentenbezugs (ab 1. Januar 1955, falls die Rente vor diesem Zeitpunkt zu laufen begonnen hat) | Der Ertragsanteil beträgt, vorbehaltlich der Spalte 3, ... v. H. | Der Ertragsanteil ist der Tabelle in § 22 Nr. 1 Buchstabe a des Gesetzes zu entnehmen, wenn der Rentenberechtigte zu Beginn des Rentenbezugs (vor dem 1. Januar 1955, falls die Rente vor diesem Zeitpunkt zu laufen begonnen hat) das ... te Lebensjahr vollendet hatte |
|---|---|---|
| 1 | 2 | 3 |
| 32 | 44 | 48 |
| 33 | 45 | 47 |
| 34 | 46 | 46 |
| 35 | 47 | 45 |
| 36 | 48 | 43 |
| 37 bis 38 | 49 | 42 |
| 39 | 50 | 41 |
| 40 | 51 | 40 |
| 41 bis 42 | 52 | 39 |
| 43 | 53 | 38 |
| 44 | 54 | 36 |
| 45 bis 46 | 55 | 35 |
| 47 bis 48 | 56 | 34 |
| 49 | 57 | 33 |
| 50 bis 51 | 58 | 31 |
| 52 bis 53 | 59 | 30 |
| 54 bis 55 | 60 | 28 |
| 56 bis 57 | 61 | 27 |
| 58 bis 59 | 62 | 25 |
| 60 bis 62 | 63 | 23 |
| 63 bis 64 | 64 | 21 |
| 65 bis 67 | 65 | 19 |
| 68 bis 70 | 66 | 17 |
| 71 bis 74 | 67 | 15 |
| 75 bis 77 | 68 | 13 |
| 78 bis 82 | 69 | 11 |
| 83 bis 87 | 70 | 9 |
| 88 bis 93 | 71 | 6 |
| **mehr als 93** | Der Ertragsanteil ist immer der Tabelle in § 22 Nr. 1 Satz 3 Buchstabe a des Gesetzes zu entnehmen. | |

## 16. Geringfügigkeitsrichtlinien/Meldeformulare

**Meldeformulare zur Meldung geringfügig Beschäftigter**
nach der 2. Datenerfassungs-Verordnung (DEVO)
– zur maschinellen Datenübermittlung vgl. die 2. Datenübermittlungs-Verordnung (DÜVO) –

---

**Kontrollmeldung / Sofortmeldung / Meldung für geringfügig Beschäftigte**

bei Krankenkasse einreichen

**Wichtiger Hinweis bei der erstmaligen Erhebung von Daten:**
Die hiermit angeforderten personenbezogenen Daten werden unter Beachtung des Bundesdatenschutzgesetzes erhoben; ihre Kenntnis ist zur Durchführung des Meldeverfahrens nach Maßgabe des Vierten Buches Sozialgesetzbuch sowie der Zweiten Datenerfassungs-Verordnung erforderlich.

Name, Vorname — Geburtsdatum (falls Versicherungsnummer nicht bekannt)

Straße und Hausnummer — Postleitzahl und Wohnort

Versicherungsnummer

**A Kontrollmeldung** ☐

**B Sofortmeldung** ☐

Beginn der Beschäftigung [Tag | Monat | Jahr]

Mehrfachbeschäftigt: ja ☐

Geringfügige Beschäftigung: ja ☐

**C Meldung für geringfügig Beschäftigte**

| Anmeldung ☐ | Abmeldung ☐ |
|---|---|
| Beginn der Beschäftigung [Tag | Monat | Jahr] | Ende der Beschäftigung [Tag | Monat | Jahr] |
| Geringfügig entlohnte Beschäftigung ☐ | Geringfügig entlohnte Beschäftigung ☐ |
| Kurzfristige Beschäftigung ☐ | Kurzfristige Beschäftigung ☐ |
| Mehrfachbeschäftigt: ja ☐ | |

**Wenn keine deutsche Versicherungsnummer eingetragen ist:**

Staatsangehörigkeit — Geburtsort

Geburtsname

Geschlecht: ☐ männlich ☐ weiblich

Name der Krankenkasse (Geschäftsstelle): AOK BKK IKK EK LKK See-KK BKN

Name, Anschrift und Unterschrift des Arbeitgebers (Firmenstempel)

Betriebsnummer

Konto-Nr. bei der Krankenkasse (sofern nicht mit der Betriebsnummer identisch)

Eingangsstempel der Krankenkasse

## Meldung von Änderungen, Berichtigungen, Stornierungen für geringfügig Beschäftigte

bei Krankenkasse einreichen

☐ Namensänderung

☐ Berichtigung / Stornierung einer Anmeldung

☐ Berichtigung / Stornierung einer Abmeldung

**ACHTUNG!**
Zutreffendes ankreuzen und die Felder „Name, Vorname" bis „Versicherungsnummer" stets ausfüllen; in den Feldern B und C bei Berichtigung/Stornierung „Es wurden gemeldet" und zusätzlich bei Berichtigung „Es waren zu melden", bei Stornierung lediglich ein „X" ausfüllen.

Name, Vorname — Geburtsdatum

Straße und Hausnummer — Postleitzahl und Wohnort

Versicherungsnummer

**A Namensänderung** (Zutreffender Name)

Anschriftenänderung — eintragen in der Reihenfolge: Straße und Haus-Nr., PLZ Wohnort (Haus-Nr. und PLZ durch Komma trennen)

**B Berichtigung / Stornierung einer Anmeldung**
Betriebsnummer — Es wurden gemeldet | Es waren zu melden | Stornierung

Beginn der Beschäftigung (Tag Monat Jahr)

Geringfügig entlohnte Beschäftigung ☐ ☐

Kurzfristige Beschäftigung ☐ ☐

**C Berichtigung / Stornierung einer Abmeldung**
Betriebsnummer — Es wurden gemeldet | Es waren zu melden | Stornierung

Ende der Beschäftigung (Tag Monat Jahr)

Geringfügig entlohnte Beschäftigung ☐ ☐

Kurzfristige Beschäftigung ☐ ☐

Name der Krankenkasse (Geschäftsstelle) | Name, Anschrift und Unterschrift des Arbeitgebers (Firmenstempel) | Betriebsnummer

AOK  BKK  IKK  EK  LKK  See-KK  BKN

Eingangsstempel der Krankenkasse

Konto-Nr. bei der Krankenkasse (sofern nicht mit der Betriebsnummer identisch)

## 17. Bundeserziehungsgeldgesetz

(Auszug)

### § 2 Nicht volle Erwerbstätigkeit

(1) Der Antragsteller übt keine volle Erwerbstätigkeit aus, wen
1. die wöchentliche Arbeitszeit 19 Stunden nicht übersteigt,
2. bei einer Beschäftigung, die nicht die Beitragspflicht nach dem Arbeitsförderungsgesetz begründet, die durch Gesetz oder auf Grund eines Gesetzes festgelegte Mindestdauer einer Teilzeitbeschäftigung nicht überschritten wird, oder
3. eine Beschäftigung zur Berufsbildung ausgeübt wird.

(2) Einer vollen Erwerbstätigkeit stehen gleich:
1. der Bezug von Arbeitslosengeld, Arbeitslosenhilfe und Eingliederungsgeld,
2. der Bezug von Krankengeld, Verletztengeld, Versorgungskrankengeld, Übergangsgeld und Unterhaltsgeld, wenn der Bemessung dieser Leistung ein Arbeitsentgelt für eine Beschäftigung mit einer wöchentlichen Arbeitszeit von mehr als 19 Stunden oder ein entsprechendes Arbeitseinkommen zugrunde liegt; diese Regelung gilt nicht für die zu ihrer Berufsausbildung Beschäftigten.

(3) Während des Bezugs von Arbeitslosengeld wird Erziehungsgeld gewährt, wenn dem Arbeitnehmer nach der Geburt eines Kindes aus einem Grund gekündigt worden ist, den er nicht zu vertreten hat, die Kündigung nach § 9 des Mutterschutzgesetzes oder § 18 zulässig war und der Wegfall des Erziehungsgeldes für ihn eine unbillige Härte bedeuten würde.

(4) Während des Bezugs von Erziehungsgeld wird der Anspruch auf Arbeitslosenhilfe nicht dadurch ausgeschlossen, daß der Arbeitnehmer wegen der Betreuung und Erziehung eines Kindes die Voraussetzungen des § 103 Abs. 1 Satz 1 Nr. 1 und 2 des Arbeitsförderungsgesetzes nicht erfüllt; insoweit ist § 136 Abs. 2 Satz 2 des Arbeitsförderungsgesetzes nicht anzuwenden.

### § 15 Anspruch auf Erziehungsurlaub

(1) Arbeitnehmer haben Anspruch auf Erziehungsurlaub bis zur Vollendung des dritten Lebensjahres eines Kindes, das nach dem 31. Dezember 1991 geboren ist, wenn sie
1. mit einem Kind, für das ihnen die Personensorge zusteht, einem Stiefkind, einem Kind, das sie mit dem Ziel der Annahme als Kind in ihre Obhut aufgenommen haben, einem Kind, für das sie ohne Personensorgerecht in einem Härtefall Erziehungsgeld gemäß § 1

Abs. 7 beziehen können, oder als Nichtsorgeberechtigte mit ihrem leiblichen Kind in einem Haushalt leben und

2. dieses Kind selbst betreuen und erziehen.

Bei einem angenommenen Kind und bei einem Kind in Adoptionspflege kann Erziehungsurlaub von insgesamt drei Jahren ab der Inobhutnahme, längstens bis zur Vollendung des siebten Lebensjahres des Kindes genommen werden. Bei einem leiblichen Kind eines nicht sorgeberechtigten Elternteils ist die Zustimmung des sorgeberechtigten Elternteils erforderlich.

(2) Ein Anspruch auf Erziehungsurlaub besteht nicht, solange
1. die Mutter als Wöchnerin bis zum Ablauf von acht Wochen, bei Früh- und Mehrlingsgeburten von zwölf Wochen, nicht beschäftigt werden darf,
2. der mit dem Arbeitnehmer in einem Haushalt lebende andere Elternteil nicht erwerbstätig ist, es sei denn, dieser ist arbeitslos oder befindet sich in Ausbildung, oder
3. der andere Elternteil Erziehungsurlaub in Anspruch nimmt,

es sei denn, die Betreuung und Erziehung des Kindes kann nicht sichergestellt werden. Satz 1 Nr. 1 gilt nicht, wenn ein Kind in Adoptionspflege genommen ist oder wegen eines anderen Kindes Erziehungsurlaub in Anspruch genommen wird.

(3) Der Anspruch kann nicht durch Vertrag ausgeschlossen oder beschränkt werden.

(4) Während des Erziehungsurlaubs kann ein Arbeitnehmer eine nach § 1 Abs. 1 Nr. 4 und § 2 Abs. 1 zulässige Teilzeitarbeit nur mit Zustimmung des Arbeitgebers bei einem anderen Arbeitgeber leisten. Die Ablehnung seiner Zustimmung kann der Arbeitgeber nur mit entgegenstehenden betrieblichen Interessen innerhalb einer Frist von vier Wochen schriftlich begründen.

### § 16 Inanspruchnahme des Erziehungsurlaubs

(1) Der Arbeitnehmer muß den Erziehungsurlaub spätestens vier Wochen vor dem Zeitpunkt, von dem ab er ihn in Anspruch nehmen will, von dem Arbeitgeber verlangen und gleichzeitig erklären, für welchen Zeitraum oder für welche Zeiträume er Erziehungsurlaub in Anspruch nehmen will. Eine Inanspruchnahme von Erziehungsurlaub oder ein Wechsel unter den Berechtigten ist dreimal zulässig. Bei Zweifeln hat die Erziehungsgeldstelle auf Antrag des Arbeitgebers mit Zustimmung des Arbeitnehmers zu der Frage Stellung zu nehmen, ob die Voraussetzungen für den Erziehungsurlaub vorliegen. Dazu kann sie von den Beteiligten die Abgabe von Erklärungen und die Vorlage von Bescheinigungen verlangen.

(2) Kann der Arbeitnehmer aus einem von ihm nicht zu vertretenden Grund einen sich unmittelbar an das Beschäftigungsverbot des § 6 Abs. 1 des Mutterschutzgesetzes anschließenden Erziehungsurlaub nicht rechtzeitig verlangen, kann er dies innerhalb einer Woche nach Wegfall des Grundes nachholen.

(3) Der Erziehungsurlaub kann vorzeitig beendet oder im Rahmen des § 15 Abs. 1 verlängert werden, wenn der Arbeitgeber zustimmt. Eine Verlängerung kann verlangt werden, wenn ein vorgesehener Wechsel in der Anspruchsberechtigung aus einem wichtigen Grund nicht erfolgen kann.

(4) Stirbt das Kind während des Erziehungsurlaubs, endet dieser spätestens drei Wochen nach dem Tod des Kindes.

(5) Eine Änderung der Anspruchsberechtigung hat der Arbeitnehmer dem Arbeitgeber unverzüglich mitzuteilen.

### § 17 Erholungsurlaub

(1) Der Arbeitgeber kann den Erholungsurlaub, der dem Arbeitnehmer für das Urlaubsjahr aus dem Arbeitsverhältnis zusteht, für jeden vollen Kalendermonat, für den der Arbeitnehmer Erziehungsurlaub nimmt, um ein Zwölftel kürzen. Satz 1 gilt nicht, wenn der Arbeitnehmer während des Erziehungsurlaubs bei seinem Arbeitgeber Teilzeitarbeit leistet.

(2) Hat der Arbeitnehmer den ihm zustehenden Urlaub vor dem Beginn des Erziehungsurlaubs nicht oder nicht vollständig erhalten, so hat der Arbeitgeber den Resturlaub nach dem Erziehungsurlaub im laufenden oder im nächsten Urlaubsjahr zu gewähren.

(3) Endet das Arbeitsverhältnis während des Erziehungsurlaubs oder setzt der Arbeitnehmer im Anschluß an den Erziehungsurlaub das Arbeitsverhältnis nicht fort, so hat der Arbeitgeber den noch nicht gewährten Urlaub abzugelten.

(4) Hat der Arbeitnehmer vor dem Beginn des Erziehungsurlaubs mehr Urlaub erhalten, als ihm nach Absatz 1 zusteht, so kann der Arbeitgeber den Urlaub, der dem Arbeitnehmer nach dem Ende des Erziehungsurlaubs zusteht, um die zuviel gewährten Urlaubstage kürzen.

### § 18 Kündigungsschutz

(1) Der Arbeitgeber darf das Arbeitsverhältnis ab dem Zeitpunkt, von dem an Erziehungsurlaub verlangt worden ist, höchstens jedoch sechs Wochen vor Beginn des Erziehungsurlaubs, und während des Erziehungsurlaubs, nicht kündigen. In besonderen Fällen kann ausnahmsweise eine Kündigung für zulässig erklärt werden. Die Zuläs-

sigkeitserklärung erfolgt durch die für den Arbeitsschutz zuständige oberste Landesbehörde oder die von ihr bestimmte Stelle. Der Bundesminister für Familie und Senioren wird ermächtigt, mit Zustimmung des Bundesrates allgemeine Verwaltungsvorschriften zur Durchführung des Satzes 2 zu erlassen.

(2) Absatz 1 gilt entsprechend, wenn der Arbeitnehmer
1. während des Erziehungsurlaubs bei seinem Arbeitgeber Teilzeitarbeit leistet oder
2. ohne Erziehungsurlaub in Anspruch zu nehmen, bei seinem Arbeitgeber Teilzeitarbeit leistet und Anspruch auf Erziehungsgeld hat oder nur deshalb nicht hat, weil das Einkommen (§ 6) die Einkommensgrenze (§ 5 Abs. 2) übersteigt. Der Kündigungsschutz nach Nummer 2 besteht nicht, solange kein Anspruch auf Erziehungsurlaub nach § 15 besteht.

### § 19 Kündigung zum Ende des Erziehungsurlaubs

Der Arbeitnehmer kann das Arbeitsverhältnis zum Ende des Erziehungsurlaubs nur unter Einhaltung einer Kündigungsfrist von drei Monaten kündigen.

### § 20 Zur Berufsbildung Beschäftigte; in Heimarbeit Beschäftigte

(1) Die zur ihrer Berufsausbildung Beschäftigten gelten als Arbeitnehmer im Sinne dieses Gesetzes. Die Zeit des Erziehungsurlaubs wird auf Berufsbildungszeiten nicht angerechnet.

(2) Anspruch auf Erziehungsurlaub haben auch die in Heimarbeit Beschäftigten und die ihnen Gleichgestellten (§ 1 Abs. 1 und 2 des Heimarbeitsgesetzes), soweit sie am Stück mitarbeiten. Für sie tritt an die Stelle des Arbeitgebers der Auftraggeber oder Zwischenmeister und an die Stelle des Arbeitsverhältnisses das Beschäftigungsverhältnis.

### § 21 Befristete Arbeitsverträge

(1) Ein sachlicher Grund, der die Befristung eines Arbeitsverhältnisses rechtfertigt, liegt vor, wenn ein Arbeitnehmer zur Vertretung eines anderen Arbeitnehmers für Zeiten eines Beschäftigungsverbotes nach dem Mutterschutzgesetz, eines Erziehungsurlaubs, einer auf Tarifvertrag, Betriebsvereinbarung oder einzelvertraglicher Vereinbarung beruhenden Arbeitsfreistellung zur Betreuung eines Kindes oder für diese Zeiten zusammen oder für Teile davon eingestellt wird.

(2) Über die Dauer der Vertretung nach Absatz 1 hinaus ist die Befristung für notwendige Zeiten einer Einarbeitung zulässig.

(3) Die Dauer der Befristung des Arbeitsvertrages muß kalendermäßig bestimmt oder bestimmbar sein.

(4) Das befristete Arbeitsverhältnis kann unter Einhaltung einer Frist von drei Wochen gekündigt werden, wenn der Erziehungsurlaub ohne Zustimmung des Arbeitgebers vorzeitig beendet werden kann und der Arbeitnehmer dem Arbeitgeber die vorzeitige Beendigung seines Erziehungsurlaubs mitgeteilt hat; die Kündigung ist frühestens zu dem Zeitpunkt zulässig, zu dem der Erziehungsurlaub endet.

(5) Das Kündigungsschutzgesetz ist im Falle des Absatzes 4 nicht anzuwenden.

(6) Absatz 4 gilt nicht, soweit seine Anwendung vertraglich ausgeschlossen ist.

(7) Wird im Rahmen arbeitsrechtlicher Gesetze oder Verordnungen auf die Zahl der beschäftigten Arbeitnehmer abgestellt, so sind bei der Ermittlung dieser Zahl Arbeitnehmer, die sich im Erziehungsurlaub befinden oder zur Betreuung eines Kindes freigestellt sind, nicht mitzuzählen, solange für sie aufgrund von Absatz 1 ein Vertreter eingestellt ist. Dies gilt nicht, wenn der Vertreter nicht mitzuzählen ist. Die Sätze 1 und 2 gelten entsprechend, wenn im Rahmen arbeitsrechtlicher Gesetze oder Verordnungen auf die Zahl der Arbeitsplätze abgestellt wird.

### § 39 Übergangsvorschrift aus Anlaß des Gesetzes vom 6. Dezember 1991 (BGBl.I S. 2142)

Auf Berechtigte, die Anspruch auf Erziehungsgeld oder Erziehungsurlaub für ein vor dem 1. Januar 1992 geborenes Kind haben, sind die Vorschriften dieses Gesetzes in der bis zum 31. Dezember 1991 geltenden Fassung weiter anzuwenden.

## 18. Einkommensteuergesetz

(Auszug)

### § 40 Pauschalierung der Lohnsteuer in besonderen Fällen

(3) Der Arbeitgeber hat die pauschale Lohnsteuer zu übernehmen. Er ist Schuldner der pauschalen Lohnsteuer. Der pauschal besteuerte Arbeitslohn und die pauschale Lohnsteuer bleiben bei einer Veranlagung zur Einkommensteuer und beim Lohnsteuer-Jahresausgleich außer Ansatz. Die pauschale Lohnsteuer ist weder auf die Einkommensteuer noch auf die Jahreslohnsteuer anzurechnen.

### § 40a Pauschalierung der Lohnsteuer für Teilzeitbeschäftigte

(1) Der Arbeitgeber kann unter Verzicht auf die Vorlage einer Lohnsteuerkarte bei Arbeitnehmern, die nur kurzfristig beschäftigt werden, die Lohnsteuer mit einem Pauschsteuersatz von 25 vom Hundert des Arbeitslohns erheben. Eine kurzfristige Beschäftigung liegt vor, wenn der Arbeitnehmer bei dem Arbeitgeber gelegentlich, nicht regelmäßig wiederkehrend beschäftigt wird, die Dauer der Beschäftigung 18 zusammenhängende Arbeitstage nicht übersteigt und
1. der Arbeitslohn während der Beschäftigungsdauer 120 Deutsche Mark durchschnittlich je Arbeitstag nicht übersteigt oder
2. die Beschäftigung zu einem unvorhersehbaren Zeitpunkt sofort erforderlich wird.

(2) Der Arbeitgeber kann unter Verzicht auf die Vorlage einer Lohnsteuerkarte bei Arbeitnehmern, die nur in geringem Umfang und gegen geringen Arbeitslohn beschäftigt werden, die Lohnsteuer mit einem Pauschsteuersatz von 15 vom Hundert des Arbeitslohns erheben. Eine Beschäftigung in geringem Umfang und gegen geringen Arbeitslohn liegt vor, wenn bei monatlicher Lohnzahlung die Beschäftigungsdauer 86 Stunden und der Arbeitslohn 520 Deutsche Mark nicht übersteigt; bei kürzeren Lohnzahlungszeiträumen darf die Beschäftigungsdauer 20 Stunden und der Arbeitslohn 120 Deutsche Mark wöchentlich nicht übersteigen.

(3) Abweichend von den Absätzen 1 und 2 kann der Arbeitgeber unter Verzicht auf die Vorlage einer Lohnsteuerkarte bei Aushilfskräften, die in Betrieben der Land- und Forstwirtschaft im Sinne des § 13 Abs. 1 Nr. 1 bis 4 ausschließlich mit typisch land- oder forstwirtschaftlichen Arbeiten beschäftigt werden, die Lohnsteuer mit einem Pauschsteuersatz von 3 vom Hundert des Arbeitslohns erheben. Aushilfskräfte im Sinne dieser Vorschrift sind Personen, die von Fall zu Fall für eine im voraus bestimmte Arbeit von vorübergehender Dauer in ein Dienstverhältnis treten. Aushilfskräfte sind nicht Arbeitnehmer, die zu den land- und forstwirtschaftlichen Fachkräften gehören.

(4) Die Pauschalierungen nach den Absätzen 1 bis 3 sind unzulässig bei Arbeitnehmern, deren Arbeitslohn während der Beschäftigungsdauer 18 Deutsche Mark durchschnittlich je Arbeitsstunde übersteigt.

(5) Auf die Pauschalierungen nach den Absätzen 1 bis 3 ist § 40 Abs. 3 anzuwenden.

## 19. Lohnsteuer-Durchführungsverordnung 1990

(Auszug)

### § 4 Lohnkonto

(2) Bei jeder Lohnabrechnung ist im Lohnkonto folgendes aufzuzeichnen:

8. Bezüge, die nach den §§ 40 bis 40b des Einkommensteuergesetzes pauschal besteuert worden sind, und die darauf entfallende Lohnsteuer. ... In den Fällen des § 40a des Einkommensteuergesetzes genügt es, wenn der Arbeitgeber Aufzeichnungen führt, aus denen sich für die einzelnen Arbeitnehmer Name und Anschrift, Dauer der Beschäftigung, Tag der Zahlung, Höhe des Arbeitslohns und in den Fällen des § 40a Abs. 3 des Einkommensteuergesetzes auch die Art der Beschäftigung ergeben. Sind in den Fällen der Sätze 3 und 4 Bezüge nicht mit dem ermäßigten Kirchensteuersatz besteuert worden, so ist zusätzlich der fehlende Kirchensteuerabzug aufzuzeichnen und auf die als Beleg aufzubewahrende Unterlage hinzuweisen, aus der hervorgeht, daß der Arbeitnehmer keiner Religionsgemeinschaft angehört, für die die Kirchensteuer von den Finanzbehörden erhoben wird.

## 20. Lohnsteuerrichtlinien 1990

(Auszug)

### 128. Pauschalierung der Lohnsteuer für Teilzeitbeschäftigte

(1) Die Pauschalierung der Lohnsteuer nach § 40a EStG ist sowohl für unbeschränkt als auch für beschränkt einkommensteuerpflichtige Teilzeitbeschäftigte zulässig. Bei der Prüfung der Voraussetzungen für die Pauschalierung ist von den Merkmalen auszugehen, die sich für das einzelne Dienstverhältnis ergeben. Es ist nicht zu prüfen, ob der Teilzeitbeschäftigte noch in einem Dienstverhältnis zu einem anderen Arbeitgeber steht. Die Pauschalierung der Lohnsteuer muß nicht einheitlich für alle in Betracht kommenden Arbeitnehmer durchgeführt werden; der Arbeitgeber kann die Pauschalierung auf bestimmte Arbeitnehmer beschränken (BFH-Urteil vom 3. 6. 1982 – BStBl II S. 710). Der Arbeitgeber darf die Pauschalbesteuerung nachholen, solange keine Lohnsteuerbescheinigung ausgeschrieben ist, eine Lohnsteueranmeldung noch berichtigt werden kann und noch keine Festsetzungsverjährung eingetreten ist. Eine fehlerhafte Pauschalbesteuerung ist für die Veranlagung zur Einkommensteuer und den

Lohnsteuer-Jahresausgleich nicht bindend (BFH-Urteil vom 10. 6. 1988 – BStBl II S. 981).

(2) § 40a Abs. 1 Nr. 2 EStG setzt voraus, daß das Dienstverhältnis dem Ersatz einer ausgefallenen oder dem akuten Bedarf einer zusätzlichen Arbeitskraft dient. Die Beschäftigung von Aushilfskräften, deren Einsatzzeitpunkt längere Zeit vorher feststeht, z. B. bei Volksfesten oder Messen, kann grundsätzlich nicht als unvorhersehbar und sofort erforderlich angesehen werden; eine andere Beurteilung ist aber z. B. hinsichtlich solcher Aushilfskräfte möglich, deren Einstellung entgegen dem vorhersehbaren Bedarf an Arbeitskräften notwendig geworden ist.

(3) Zur Bemessungsgrundlage der pauschalen Lohnsteuer gehören alle Einnahmen, die dem Arbeitnehmer aus der Teilzeitbeschäftigung zufließen (vgl. § 2 LStDV). Auch Direktversicherungsbeiträge des Arbeitgebers zählen dazu, soweit sie nicht nach § 40b EStG besteuert werden. Steuerfreie Einnahmen bleiben für die Lohnsteuererhebung außer Betracht. Der Arbeitslohn darf für die Ermittlung der pauschalen Lohnsteuer nicht um den Altersentlastungsbetrag (§ 24a EStG) gekürzt werden. Wird im Innenverhältnis zum Arbeitgeber die pauschale Lohnsteuer und gegebenenfalls die pauschale Kirchensteuer vom Arbeitnehmer getragen, so gehören diese Beträge nicht zur Bemessungsgrundlage für die Berechnung der pauschalen Lohnsteuer. Der Arbeitnehmer kann Aufwendungen, die mit dem pauschal besteuerten Arbeitslohn zusammenhängen, nicht als Werbungskosten abziehen.

(4) Bei der Prüfung der Pauschalierungsgrenzen des § 40a EStG ist Absatz 3 Sätze 1, 3 bis 5 entsprechend anzuwenden; Direktversicherungsbeiträge des Arbeitgebers sind stets zu berücksichtigen. Bezüge, die nicht zum laufenden Arbeitslohn gehören, sind für die Feststellung, ob die Pauschalierungsgrenzen eingehalten sind, rechnerisch gleichmäßig auf die Lohnzahlungs- oder Lohnabrechnungszeiträume zu verteilen, in denen die Arbeitsleistung erbracht wird, für die sie eine Belohnung darstellen; Weihnachtsgeld, Urlaubsgeld und Einmalbeiträge für eine Direktversicherung sind deshalb im Regelfall auf die gesamte Beschäftigungszeit des Kalenderjahrs zu verteilen. Ergibt sich bei der Verteilung dieser Bezüge, daß die Pauschalierungsgrenzen in dem Lohnzahlungs- oder Lohnabrechnungszeitraum eingehalten sind, in dem sie zugeflossen sind, so wird in diesem Zeitraum der Lohn einschließlich des sonstigen Bezugs pauschal besteuert.

(5) Die für die Pauschalierung maßgebenden Wochengrenzen sind für kürzere als wöchentliche Lohnzahlungs- oder Lohnabrechnungszeiträume nicht umzurechnen. Beschäftigungsdauer im Sinne des § 40a EStG ist stets die Beschäftigungsdauer im Lohnzahlungs- oder Lohn-

abrechnungszeitraum. Zur Beschäftigungsdauer gehören auch solche Zeiträume, in denen der Arbeitslohn wegen Urlaubs, Krankheit oder gesetzlicher Feiertage fortgezahlt wird. Ist in einem Lohnzahlungs- oder Lohnabrechnungszeitraum mindestens eine der für die Pauschalierung maßgebenden Grenzen (Beschäftigungsdauer oder Höhe des Arbeitslohns) überschritten worden, so darf für diesen Zeitraum das Pauschalierungsverfahren nicht angewendet werden; die Zulässigkeit des Pauschalierungsverfahrens für andere Zeiträume wird hiervon nicht berührt.

**Beispiel:**
Das Arbeitsverhältnis einer Teilzeitbeschäftigten beginnt am 1. 3. 1990. Es ist ihr erstes Dienstverhältnis. Sie erhält einen monatlichen Barlohn von 300 DM und hat Anspruch auf Urlaubsgeld. Der Arbeitgeber hat sich außerdem verpflichtet, in Höhe eines monatlichen Betrags von 50 DM eine Direktversicherung für die Teilzeitbeschäftigte abzuschließen.
Im März zahlt der Arbeitgeber neben dem Barlohn von 300 DM den Direktversicherungsbeitrag für ein Jahr in Höhe von 600 DM.
Die rechnerische Verteilung dieses Beitrags auf 10 Monate Beschäftigungszeit im Kalenderjahr 1990 ergibt einen anteiligen Monatsbeitrag von 60 DM. Die Summe aus diesem anteiligen Beitrag und dem Barlohn, nämlich 360 DM, überschreitet nicht die monatliche Pauschalierungsgrenze von 520 DM. Im März werden deshalb 300 DM Barlohn pauschal nach § 40a EStG und 600 DM Direktversicherungsbeitrag nach § 40b EStG pauschal versteuert.
Im Juli wird ein Urlaubsgeld von 200 DM neben dem Barlohn von 300 DM gezahlt.
Die Verteilung auf die Beschäftigungszeit im Kalenderjahr ergibt ein anteiliges monatliches Urlaubsgeld von 20 DM. Die Summe aus diesem Betrag, dem anteiligen Direktversicherungsbeitrag und dem Barlohn ergibt 380 DM. Die monatliche Pauschalierungsgrenze ist nicht überschritten. Im Juli werden deshalb insgesamt 500 DM pauschal nach § 40a EStG versteuert.
Im September wird wegen Überstunden ein Barlohn von 440 DM gezahlt.
Auch unter Berücksichtigung des Urlaubsgeldes und des Direktversicherungsbeitrags ist die Pauschalierungsgrenze nicht überschritten. Der Lohn von 440 DM wird deshalb pauschal nach § 40a EStG versteuert.
Im Dezember zahlt der Arbeitgeber neben dem Barlohn von 300 DM freiwillig ein Weihnachtsgeld von 600 DM.
Nach rechnerischer Verteilung des Weihnachtsgeldes auf 10 Mona-

te Beschäftigungszeit im Kalenderjahr und unter Berücksichtigung des anteiligen Urlaubsgeldes und des anteiligen Direktversicherungsbeitrags zeigt sich, daß auch im Dezember die Pauschalierungsgrenze nicht überschritten ist. Im Dezember werden insgesamt 900 DM pauschal versteuert. Überschritten ist jetzt jedoch die Pauschalierungsgrenze im Monat September. Die Pauschalversteuerung für September war deshalb unzulässig; sie ist rückgängig zu machen. Der Barlohn von 440 DM für September ist nach allgemeinen Grundsätzen zu versteuern.

(6) Eine Pauschalierung der Lohnsteuer nach § 40a Abs. 3 EStG für Aushilfskräfte in der Land- und Forstwirtschaft ist nur zulässig, wenn die Aushilfskräfte in einem Betrieb im Sinne des § 13 Abs. 1 Nr. 1 bis 4 EStG beschäftigt werden. Das gilt auch dann, wenn ein Betrieb, der Land- und Forstwirtschaft betreibt, wegen seiner Rechtsform als Gewerbebetrieb gilt (BFH-Urteil vom 5. 9. 1980 – BStBl 1981 II S. 76). Für Aushilfskräfte, die in einem Gewerbebetrieb im Sinne des § 15 EStG tätig sind, kommt die Pauschalierung nach § 40a Abs. 3 EStG selbst dann nicht in Betracht, wenn sie mit typisch land- und forstwirtschaftlichen Arbeiten beschäftigt werden. Wegen der Abgrenzung des Gewerbebetriebs gegenüber einem Betrieb der Land- und Forstwirtschaft wird auf Abschnitt 135 EStR hingewiesen. Werden die Aushilfskräfte zwar in einem land- und forstwirtschaftlichen Betrieb im Sinne des § 13 Abs. 1 Nr. 1 bis 4 EStG beschäftigt, üben sie aber keine typische land- und forstwirtschaftliche Tätigkeit aus, z. B. Blumenbinden, Verkäufer, oder sind sie abwechselnd mit typisch land- und forstwirtschaftlichen und anderen Arbeiten betraut, z. B. auch im Gewerbebetrieb oder Nebenbetrieb desselben Arbeitgebers tätig, ist eine Pauschalierung der Lohnsteuer nach § 40a Abs. 3 EStG nicht zulässig. Werden Aushilfskräfte laufend mit saisonbedingt wechselnden Arbeiten beauftragt, liegt keine Beschäftigung von Fall zu Fall, sondern ein Dauerarbeitsverhältnis vor, auf das § 40a Abs. 3 EStG keine Anwendung findet. Wegen des Begriffs der Fachkraft im Sinne des § 40a Abs. 3 Satz 3 EStG vgl. BFH-Urteil vom 12. 6. 1986 (BStBl II S. 681 – angelernter Arbeitnehmer als Fachkraft). Hat der Arbeitgeber Arbeitslohn nach § 40a Abs. 3 EStG pauschal besteuert, obwohl die Voraussetzungen nicht erfüllt sind, so kann der Arbeitslohn unter den Voraussetzungen des § 40a Abs. 2 EStG pauschal versteuert werden, wenn sich der Arbeitgeber hierzu eindeutig bereit erklärt hat (vgl. BFH-Urteil vom 25. 5. 1984 – BStBl II S. 569).

(7) Wegen der Aufzeichnungspflichten bei der Pauschalierung der Lohnsteuer für Teilzeitbeschäftigte vgl. § 4 Abs. 2 Nr. 8 letzter Satz LStDV. Als Beschäftigungsdauer ist jeweils die Zahl der tatsächlichen

Arbeitsstunden in dem jeweiligen Lohnzahlungs- oder Lohnabrechnungszeitraum aufzuzeichnen (vgl. BFH-Urteil vom 10. 9. 1976 – BStBl 1977 II S. 17). Die Erfüllung der Aufzeichnungspflichten dient dem Nachweis der Voraussetzungen für die Lohnsteuerpauschalierung nach § 40a EStG. Bei Bezügen im Sinne des Absatzes 4 Satz 2 muß deshalb auch deren Verteilung auf die Beschäftigungszeit aus den Aufzeichnungen ersichtlich sein. Bei fehlenden oder fehlerhaften Aufzeichnungen ist die Lohnsteuerpauschalierung zulässig, wenn die Pauschalierungsvoraussetzungen auf andere Weise, z.B. durch Arbeitsnachweise, Zeitkontrollen, Zeugenaussagen, nachgewiesen oder glaubhaft gemacht werden (vgl. BFH-Urteil vom 12. 6. 1986 – BStBl II S. 681).

(8) Bei der Lohnsteuerpauschalierung für Arbeitslohnbeträge im Sinne des § 23 Nr. 4 Buchstabe a Berlin FG gilt Abschnitt 126 Abs. 5 in Verbindung mit Abschnitt 127 Abs. 4 entsprechend. Die Berliner Pauschsteuersätze betragen danach
a) im Fall der Pauschalierung nach § 40a Abs. 1 EStG 16,2 v.H.
b) im Fall der Pauschalierung nach § 40a Abs. 2 EStG 10 v.H.
c) im Fall der Pauschalierung nach § 40a Abs. 3 EStG 2,1 v.H.

## Stichwortverzeichnis

(die Zahlen bezeichnen die Seiten des Textes)

Altersteilzeit 46 ff., 199
Altersübergangsgeld 170
Änderungskündigung 7, 8, 14, 29 ff., 32, 58, 65 ff.
Anpassung der Arbeitszeit an den Bedarf siehe Arbeit auf Abruf
Anspruch auf Teilzeitbeschäftigung 37 ff.
Arbeit auf Abruf 12 ff., 98, 108, 115, 121, 150
Arbeitnehmerkammerbeiträge 195
Arbeitslosenversicherung 157 ff.
– Anrechnung von Nebeneinkommen 167
– Leistungsanspruch bei eingeschränkter Arbeitszeit 159
– Teilzeitstellen marktüblich 161
– Wünsche an eine spezielle Lage und Verteilung der Arbeitszeit 164
– Zumutbare Wegezeit 165
Arbeitsort zuhause 20
Arbeitsplatzteilung 18
Arbeitsunfall 121, 171
Arbeitsversäumnis, unverschuldete 100
Arbeitszeitverkürzung, allgemeine 34 ff.
– Auswirkungen für Teilzeitkräfte 35
Aufzeichnungspflichten 141
Aushilfen 62, 109, 122, 130, 142, 147, 185, 287 ff.

Beamte, Beamtenpensionäre 133
Befristeter Arbeitsvertrag 62
Beitragslast, Verteilung 134 ff.
Berufsmäßige Beschäftigung 123, 280
Besondere Personengruppen in der Sozialversicherung 130 ff.
Betriebsrat
– Mitbestimmung 48 ff.
– Überwachungsaufgabe 80
– Wahlrecht zum 56
Betriebsrente, gleiche 88 ff.
Beweislast für Verstöße gegen das Gleichbehandlungsgebot 78
Bildungsurlaub 118

Diskriminierungsverbot wegen des Geschlechts 74 ff.
– sonstige 69, 73

EG-Richtlinien 74
Entgeltgrenzen, Übersicht 197 ff.
Essensgeldzuschuß 92
Erziehungsgeld, -urlaub 171 ff.
Erziehungsrente 206, 223
Europäisches Recht 74

Fahrgeldzuschüsse 93
Familienversicherung 147
Feiertagsbezahlung 107
Fernarbeit 20
Freistellung bei Verhinderungen an der Arbeitsleistung, Freistellungskataloge 100

Gehaltserhöhungen, betriebliche 87
Geldwerte Vorteile 91, 94
Gelegentliches Überschreiten der

## Stichwortverzeichnis

Entgeltgrenzen 94, 122, 126, 127, 185, 188, 202, 211 ff., 282, 290
Geringfügig entlohnte Beschäftigung 124 ff., 147, 273 ff.
– gelegentliches Überschreiten 127
– Prognose des Arbeitsentgelts 126
Geringfügige Beschäftigung 122 ff., 147, 273 ff.
– siehe auch geringfügig entlohnte Beschäftigung
– kurzfristige 122, 279, 282
– Mehrfachbeschäftigung 128, 136 ff., 143, 279 ff.
– Meldepflicht 142 ff.
– Sozialversicherungsausweis 143
Geringverdienergrenze 134, 136
– Einmalzahlungen 135
– Mehrfachbeschäftigung 137
Gesamtsozialversicherungsbeitrag 134 ff.
Gleichbehandlungsgebot 69 ff.
– Auswirkungen 81 ff.
– nach dem Beschäftigungsförderungsgesetz 69
– beim Arbeitsentgelt 81 ff.
Gleitzeit 11
Gratifikationen 87, 91

Haftung für Gesamtsozialversicherungsbeitrag 138 ff.
Heimarbeit 20 ff., 166
Hinterbliebenenrenten 206, 218
Hinzuverdienst beim Bezug von Arbeitslosengeld, Arbeitslosenhilfe sowie Unterhaltsgeld 167 ff., 198
– für Rentner 125, 133, 200 ff., 210 ff., 224, 283
– bei Teilvorruhestand 46 ff., 199
– bei Vorruhestand 199
Höchstarbeitszeit 26

Job-sharing 18, 150, 155
Jubiläumsgelder 93

Kapazitätsorientierte variable Arbeitszeit siehe Arbeit auf Abruf
Kindesbetreuung und Teilzeit 39 ff.
Kontoführungsgebühr 93
Kirchensteuer 190
Krankengeld 148 ff.
– bei Abrufarbeit 150
– Berechnung 149
– bei Pflege 152
– Teilkrankengeld 152
Krankenversicherung 121 ff., 145 ff.
Krankheit, Verdienstsicherung 95
Kündigung 7, 26, 29 ff., 58 ff., 176
Kündigungsfrist, verlängerte bei älteren Arbeitnehmern 64
Kündigungsfristen 58 ff.
Kündigungsgrund 65
Kurzarbeit 34, 52
Kurzfristige Beschäftigung 122, 279
Kurzzeitige Beschäftigung 157

Lohn, gleicher 81 ff.
Lohnsteuerpauschalierung 185 ff.

Mehrere Beschäftigungen
– Arbeitszeitordnung 27, 119
– Arbeitslosenversicherung 157
– Beitragshaftung der Arbeitgeber 138, 139
– Erziehungsurlaub 175
– Fragerecht des Arbeitgebers 27, 119, 120, 128, 129, 139
– Geringverdienergrenze 134
– Mutterschaftsgeld, Arbeitgeberzuschuß 102 ff.
– selber Arbeitgeber 128, 275
– Sozialversicherung 128, 134 ff., 157, 275, 280
– Urlaub 111
– Verdienstsicherung bei Krankheit 96
– Wahlrecht zum Betriebsrat 58
– Wettbewerbsverbot 120

## Stichwortverzeichnis 311

Meldepflicht in der Sozialversicherung 137, 143
Mindestruhezeit 27
Mitbestimmung des Betriebsrates bei der Gestaltung der Arbeitszeit 48 ff.
Mutterschaftsgeld 102 ff.
– Zuschuß des Arbeitgebers 103 ff.

Nebenverdienste, Zulässigkeit, Wettbewerbsverbot 119
– Fragerecht des Arbeitgebers 27, 120, 138 ff.
– Anrechnung auf das Arbeitslosengeld 167, 198
– siehe auch Mehrere Beschäftigungen

Pauschalierung der Lohnsteuer 185 ff.
Pausenregelung 26
Pflichtversicherungsgrenze 145
Praktikanten 132
Privatversicherte bei Übergang auf Teilzeitbeschäftigung 146
Putzfrau 130, 138, 144, 282 ff.

Rente n. Mindesteinkommen 156
Rentenversicherung 154 ff.
Rentner 125, 133, 158, 200 ff., 224

Schüler 131, 145
Schwerbehinderung und Teilzeit 43 ff.
Sonderzuwendungen wie 13. Gehalt, Urlaubsgeld, Weihnachtsgeld 87, 94, 124, 185
Sozialversicherungsausweis 143
Statistik zur Teilzeitarbeit 3
Steuer 185 ff.
Stundenlohn, gleicher 81 ff.
Studenten 132, 145

Teilrente 48, 204, 208 ff.
Teilunterhaltsgeld 169
Teilvorruhestand 46, 159, 199
Teilzeitarbeit zur Belastungserprobung 152
Teilzeitstellen marktüblich? 161 ff.

Übergangsgeld 170
Überstunden,
– Verpflichtung zur Ableistung 10, 16, 51
– Vergütung 86
Überwachungsaufgabe der Belegschaftsvertretung 48, 80
Unfallversicherung 121, 171
Ungeschütztes Arbeitsverhältnis
– Arbeitslosenversicherung 157
– Betriebl. Altersversorgung 88
– Frauendiskriminierung 86, 90
– Krankenversicherung 122 ff., 147 ff.
– Kündigungsfrist 61, 62
– Lohnfortzahlung 96, 97
– Mitbestimmung 49, 83
– Rentenversicherung 154
– Statistik 3
– Urlaubsanspruch 109
Unständig Beschäftigte 130
Unterhaltsgeld 169, 198
Unterrichtung der Arbeitnehmer über Teilzeitarbeitsplätze 37
Urlaub, Urlaubsentgelt 109 ff.
– Dauer, Anrechnung arbeitsfreier Tage 111 ff.
– Erhöhung oder Ermäßigung der Stundenzahl vor oder während des Urlaubs 113 ff.
– Urlaubsentgelt 113 ff.
Urlaubsgeld 87

Verdienstsicherung
– bei Feiertagen 107
– bei Krankheit 95
– bei Urlaub 113

- bei unverschuldeter Arbeitsversäumnis 100
Verkürzung der Arbeitszeit
- auf Wunsch des Arbeitnehmers 37 ff.
- auf Wunsch des Betriebes 29 ff.
Verlängerung der Arbeitszeit
- auf Wunsch des Arbeitnehmers 45
- auf Wunsch des Betriebes 10, 67
Vermögenswirksame Leistungen 94
Vorruhestand, Hinzuverdienstgrenze 46, 199

Wahlrecht und Wählbarkeit zum Betriebsrat 56
Waisenrente 206, 221
Weihnachtsgeld 87, 94, 126, 135, 189, 279, 284
Wettbewerbsverbot 120
Wiederaufstockung der Arbeitszeit 45
Witwen-/Witwerrenten 90, 206, 218 ff.

Zeit- und zweckbefristete Verträge 62
Zeitungsausträger 2, 56
Zusatzurlaub für Schwerbehinderte 118
Zusätzliche Leistungen 87, 91, 94
Zuschüsse zu familiären Ereignissen 94
Zuwendungen bei Betriebsveranstaltungen 94
Zweimonatsgrenze in der Sozialversicherung 122, 202, 211 ff., 279 ff.

## *Mit Einigungsvertrag*

# Creifelds
# Rechtswörterbuch

**Den Klassiker** unter den juristischen Wörterbüchern gibt es jetzt wieder neu. Der »Creifelds« stellt in lexikalischer Form über **10.000 Rechtsbegriffe** aus allen Gebieten zusammen und erläutert diese wie immer präzise, kompetent und leicht verständlich.

Der **interessierte Bürger** findet zuverlässigen Rat und nützliche Hinweise, der **Jurist** rasche Orientierung. Vor allem ist das Werk aber auch ein idealer Begleiter für die Bürger und Juristen in den **neuen Bundesländern** auf häufig noch unvertrautem Terrain. Schließlich ist der »Creifelds« eine **hervorragende Lernhilfe** für alle Jurastudenten, denen er die Möglichkeit gibt, sich bei allen unbekannten oder unklaren Begriffen in kürzester Zeit über deren Definition und rechtliche Einordnung zu informieren.

Fundstellenhinweise auf **Rechtsprechung und Spezialliteratur** helfen zusätzlichen Informationen nachzugehen. Die Behandlung der rechtlichen Formen und Zusammenhänge wird ergänzt durch wichtige Begriffe aus den Grenzbereichen von **Recht, Wirtschaft und Politik**, deren Rechtsgrundlagen dargestellt werden.

Der Anhang enthält nützliche **Übersichten**, z.B. über den Weg der Gesetzgebung, das Gerichtswesen, Rechtsmittelzüge, die gesetzliche Erbfolge und die Rentenversicherung.

### Hoch aktuell

ist die Neuauflage des Creifelds mit über **300 neuen Stichwörtern** sowie weit über **1000 Änderungen und Ergänzungen.** Dabei steht naturgemäß die Wiedervereinigung Deutschlands im Vordergrund. Der Einigungsvertrag, Sonderregelungen für die neuen Bundesländer sowie die lebhafte Tätigkeit des Gesetzgebers sorgten für **zahlreiche Neuerungen.**

Schwerpunkte der 11. Auflage bilden deshalb neben der **Rechtsangleichung in Ost- und West-Deutschland** die neuen Gesetze

● zum Betreuungsrecht ● zur Produkthaftung ● zur Kinder- und Jugendhilfe ● zum Kreditvertrag ● zur Adoptionsvermittlung ● zum Ausländerrecht ● zum Embryonenschutz ● zur Gentechnik ● zur Umwelthaftung.

Durch Beschränkung auf das Wesentliche ist es gelungen, den Charakter eines besonders handlichen Nachschlagewerkes zu wahren.

Begründet von Dr. Carl Creifelds, Senatsrat a. D., München.
Herausgegeben von Prof. Dr. h. c. Hans Kauffmann, Ministerialdirigent und Leiter des Bayerischen Landesjustizprüfungsamtes a.D., München.
Bearbeiter: Dr. Dieter Guntz, Vors. Richter am OLG München, Paul Henssler, Steuerberater, Leiter der Akademie für Wirtschaftsberatung, Bad Herrenalb, Prof. Dr. h.c. Hans Kauffmann, Ministerialdirigent und Leiter des Bayerischen Landesjustizprüfungsamtes a. D., München, Prof. Friedrich Quack, Richter am BGH, Heinz Ströer, Ministerialdirektor a.D., München, Walter Weidenkaff, Vors. Richter am Landgericht München I

**11., neubearbeitete Auflage.** 1992
XV, 1462 Seiten. In Leinen DM 74,–
ISBN 3-406-35830-6

---

## VERLAG C.H. BECK